房地产开发与经营

（第3版）

周小平　熊志刚 ◎编著

21世纪经济管理类创新教材

Real Estate Exploitation and Management

清华大学出版社
北　京

内 容 简 介

本书围绕房地产开发程序和房地产开发核心模块两条主线，介绍房地产开发经营与管理中的基本知识、重要问题和前沿内容。全书共分 12 章：第 1 章概述房地产、房地产业、房地产开发与经营、房地产市场及其运行规律等基本知识和理论；第 2 章重点介绍房地产开发与经营程序；第 3～12 章分别介绍房地产开发投资拓展、房地产投资分析、土地储备开发、城市更新、房地产开发前期管理、房地产开发项目管理、房地产营销、物业服务、房地产资产管理、房地产金融。

本书可作为经济管理类房地产专业、物业管理专业本科生和高职高专学生的教材，也可作为房地产开发、房地产评估、资产评估、土地与房地产管理、物业服务、房地产营销等领域从业人员的参考用书。

本书封面贴有清华大学出版社防伪标签，无标签者不得销售。
版权所有，侵权必究。举报：010-62782989，beiqinquan@tup.tsinghua.edu.cn。

图书在版编目（CIP）数据

房地产开发与经营/周小平，熊志刚编著．—3 版．—北京：清华大学出版社，2022.2（2023.8重印）
21 世纪经济管理类创新教材
ISBN 978-7-302-60001-5

Ⅰ. ①房… Ⅱ. ①周… ②熊… Ⅲ. ①房地产开发－高等学校－教材 ②房地产经济－高等学校－教材 Ⅳ. ①F293.3

中国版本图书馆 CIP 数据核字（2022）第 020255 号

责任编辑：杜春杰
封面设计：刘　超
版式设计：文森时代
责任校对：马军令
责任印制：杨　艳

出版发行：清华大学出版社
网　　址：http://www.tup.com.cn，http://www.wqbook.com
地　　址：北京清华大学学研大厦 A 座　　　　邮　编：100084
社 总 机：010-83470000　　　　　　　　　　　邮　购：010-62786544
投稿与读者服务：010-62776969，c-service@tup.tsinghua.edu.cn
质量反馈：010-62772015，zhiliang@tup.tsinghua.edu.cn

印 装 者：大厂回族自治县彩虹印刷有限公司
经　　销：全国新华书店
开　　本：185mm×260mm　　印　张：21.25　　插　页：2　　字　数：510 千字
版　　次：2010 年 4 月第 1 版　　2022 年 3 月第 3 版　　印　次：2023 年 8 月第 2 次印刷
定　　价：69.80 元

产品编号：088961-01

第 3 版前言

2013年本书第2版出版，恰逢中国房地产高速发展的黄金十年，房地产开发企业将高杠杆、高周转模式运作得炉火纯青，但也隐藏着巨大的行业危机。配合房地产行业高速发展的是房地产金融行业，以信托为代表的资产管理行业蓬勃发展，同时也不可避免地带来了房地产金融行业的乱象。近十年来，中国房地产金融化越来越明显，房地产开发企业在开发销售端的利润率逐步走低，房地产金融业务对企业的利润支撑越来越重要，从初级的融资结构调整发展到今天主动开展房地产供应链金融、地产私募基金投资、ABS等，已然成为中国房地产行业的新特点。

随着以"房住不炒"为主基调的房地产长效机制的建立、完善和落实，房地产开发行业也将发生重大变化，投资商与发展商逐步分离，部分房地产开发企业将转变为轻资产型房地产开发经营管理公司，部分房地产开发企业和资产管理机构会转变为投资机构，只有一小部分房地产开发企业会继续保留投资与开发经营管理并重的定位。此外，土地供应端也发生了重大变化。首先，以2013年《国土资源部关于广东省深入推进节约集约用地示范省建设工作方案的批复》和2016年《国土资源部关于印发〈关于深入推进城镇低效用地再开发的指导意见（试行）〉的通知》的发布为标志，它们分别代表着城市更新获得国家层面的试点支持和城市更新在全国展开推广，改变了过去单一的土地储备开发供应模式。其次，2014年中共中央办公厅和国务院办公厅联合印发的《关于农村土地征收、集体经营性建设用地入市、宅基地制度改革试点工作的意见》和2020年发布的《中共中央、国务院关于构建更加完善的要素市场化配置体制机制的意见》标志着集体建设用地的直接入市改变了单一的国有土地供应结构。土地供应端改革将对房地产行业产生深远的影响。

在房地产行业高速发展十年后步入转型发展的关键时期，本书作者深感本书第2版已经无法适应新的行业发展环境，也无法满足读者的诉求，故对本书进行了一次全方位的深度改版。本次改版全面梳理了当前的房地产开发经营流程与模式，更加贴近实践；增加了"城市更新"章节，按照最新的法律法规和实践调整了"土地储备开发"章节并结合上述两个章节的内容对全书做了梳理；同时，随着类REITs的推出和私募房地产投资的发展，房地产资产管理行业在国内逐步成型，故新增了"房地产资产管理"章节，以区别并独立于"物业服务"；基于最近十年中国房地产金融发展的现状和实践经验，重新编写了"房地产金融"章节，呈现当下房地产金融业务的全景。

本次改版继续了前两版的编写模式，由学院派周小平教授和实践派熊志刚先生合作编写。北京师范大学的周小平教授在房地产开发与土地管理专业领域具有很高的造诣，能够为读者深入浅出地阐述房地产开发与经营所涉及的理论知识。熊志刚先生是北京君合恒安风险管理顾问有限公司的总经理，作为国内房地产投后管理行业的开创者，其带领的团队累计服务房地产金融产品规模超过 1000 亿元，在房地产开发经营和房地产金融领域具有丰富的实践经验，能够系统地为读者提供具有实践意义的知识和完整、真实的案例。

  本次改版过程得到了清华大学出版社和编者所在单位的大力支持，同时也得到了广大读者的宝贵建议和鼓励，在此向他们表示衷心的感谢。房地产开发与经营领域不仅知识体系庞大，在发展实践中也瞬息万变，由于编者水平有限，书中难免有不足之处，恳请广大读者、同行提出宝贵的指导意见与建议，这是对编者的最高奖赏和鼓励。

编　者
2021 年 5 月

第 2 版前言

本书开创了按照最新的房地产开发与经营实践模式编写教科书的先河，自第 1 版出版以来，广大读者反响热烈，为我们提供了很多宝贵的意见和资料。在过去的三年里，中国的房地产市场在市场与行政调控的双重影响下发生了新的变化，为了更好地紧跟行业发展，为读者呈现更佳的专业知识，故对此书进行改版。

2011 年至今，随着上一轮房地产调控政策效应的减弱，房地产市场再次迎来了房价的上涨，政府多次追加新的房地产调控政策，高涨的市场热情与持续的政策调控让当前的中国房地产市场出现了三个特点：一是大型房地产开发企业除在一级市场积极购置土地外，在二级市场也是纵横驰骋，通过兼并中小开发企业和在建项目加速自身的壮大，房地产市场从混战走向产业整合的趋势愈加明显；二是房地产企业除了做大自身规模外，更加注重"内功"的修炼，房地产开发与经营的专业化程度提高，更多的房地产企业走向了专注于某一特定细分市场的专业发展道路；三是在国家房地产金融政策的调控下，房地产开发与经营的融资渠道开始多元化并逐步与国际接轨，推动了中国房地产金融市场的大发展。

为了反映中国房地产市场的变化及其所带来的房地产开发与经营方式的转变，本次改版对第 1 版中各章节受新政策影响的内容均做出了调整，特别是第 3 章"土地储备开发"和第 7 章"房地产项目管理"。同时，为了更好地体现出房地产金融市场的最新实践经验，编者重新构思编写了第 10 章"房地产融资"，并附上了最新的房地产融资案例资料，希望给读者全新的认识。

本次改版继续了第 1 版的编写模式，由学院派周小平副教授和实践派熊志刚先生合作编写。北京师范大学的周小平副教授在房地产开发与土地管理专业领域具有很高的造诣，能够为读者深入浅出地阐述房地产开发与经营所涉及的理论知识。熊志刚先生现担任北京中天华资产评估有限责任公司、北京仁达房地产评估有限公司副总经理，同时担任北京中天华房地产投资咨询有限公司董事总经理，在房地产开发经营、房地产金融及资本运作领域具有丰富的实践经验，能够系统地为读者提供具有实践意义的知识和完整、真实的案例。

本次改版得到了清华大学出版社和编者所在单位的大力支持，同时也获得了广大读者的宝贵建议和鼓励，在此向他们表示衷心的感谢。房地产开发与经营领域不仅知识体系庞大，在发展实践中也瞬息万变，由于编者水平有限，书中难免有不足之处，恳请广大读者、同行提出宝贵的指导意见与建议，这是对编者的最高奖赏和鼓励。

编　者
2013 年 5 月 16 日

第1版前言

中国的改革开放已走过三十余个春秋，取得了令世界瞩目的成就。作为中国市场化改革的重要组成部分，房地产市场也写下了浓墨重彩的篇章。自20世纪80年代初邓小平同志提出房改设想开始，中国房地产行业逐渐走上了市场化的征途。1998年，中国取消了实行近50年的住房福利分配制度，自此房地产市场化改革进入快车道。根据估算，2009年，中国的房地产交易总额达到5万亿元，房地产行业已经成为中国经济的重要组成部分，房地产行业的兴衰直接关系到国计民生。

自2003年以来，中国的房地产市场变化较大。从市场角度看，供需矛盾紧张，政策调控频繁，特别是2007—2009年，市场波动剧烈，一方面，市场竞争导致行业整合加速；另一方面，市场变幻又促使行业运行模式发生变化，主要表现在土地取得和融资两个方面。这些变化使得原有的房地产开发与经营工作也发生了一些变化，为此，需要重新梳理房地产开发与经营流程，建立全新的房地产开发经营流程。

迅猛发展的房地产行业"呼唤"对房地产行业管理的规范化、房地产企业运营的稳健化以及项目运作的科学化，这些都对高等教育提出了更高的要求，如何在提升专业教材的科学性的同时贴近行业实践并结合国家宏观调控措施和相关政策调整及时更新内容，成为摆在房地产学者面前的重要任务。

基于上述认识，本书以房地产开发项目为对象，以最新的法律法规、政策为依据，结合行业内最新的运作模式，以房地产开发与经营的新流程为主线，系统地介绍了房地产开发经营的理论、实务和操作技巧。全书共分为10章，涵盖了从房地产开发经营基本概念、理论到房地产开发项目运作、房地产营销、物业服务、房地产融资全过程的必备知识和实践操作技巧。同时，本书紧跟行业发展步伐，创新性地将土地一级开发、开发企业上市、REITs等前沿知识纳入其中。学院派教师和一线操盘人士合作编写此书，也使其充分体现出理论联系实际的特点。

在此次编写过程中，我们得到了北京师范大学房地产研究中心、清华大学出版社和北京中天华房地产投资咨询有限公司的大力支持，在此表示衷心感谢。本书在编写过程中参考了大量论著，除书后所附参考文献外，还借鉴了其他专家学者和媒体的许多研究成果与文章，在此不一一列出，一并向著作权人表示最诚挚的敬意。

由于中国的房地产行业起步较晚，尚未走完一个完整的市场周期，房地产开发经营理论也在不断完善之中，加之编者水平有限，书中难免有不足之处，恳请广大读者批评斧正。

编　者

2010年1月

目　　录

第1章　绪论 ·· 1
  1.1　房地产概述 ··· 1
    1.1.1　房地产的含义 ·· 1
    1.1.2　房地产与不动产的关系 ·· 2
    1.1.3　房地产的属性 ·· 2
    1.1.4　房地产的分类 ·· 4
  1.2　房地产业概述 ··· 4
    1.2.1　房地产业的内涵 ··· 4
    1.2.2　房地产业在国民经济中的定位与作用 ··· 5
    1.2.3　房地产业与金融业 ·· 6
  1.3　房地产开发与经营概述 ·· 9
    1.3.1　房地产开发与经营的含义 ·· 9
    1.3.2　房地产开发与经营的特点 ·· 10
    1.3.3　房地产开发与经营的参与者 ··· 11
  1.4　房地产市场及其运行规律 ··· 13
    1.4.1　房地产市场的含义 ·· 13
    1.4.2　房地产市场的分类 ·· 13
    1.4.3　房地产市场的影响因素 ·· 14
    1.4.4　房地产市场的指标 ·· 16
    1.4.5　房地产周期 ··· 19
  思考与练习 ·· 23
  讨论 ·· 24
  附录1-1：1996年以来中国房地产市场数据一览表 ····································· 24

第2章　房地产开发与经营程序 ·· 26
  2.1　房地产开发与经营程序的演变 ·· 26
    2.1.1　新政引起的房地产开发行业变化 ··· 26
    2.1.2　三代房地产开发与经营程序的演进 ··· 28
  2.2　土地储备开发程序概述 ·· 31
    2.2.1　土地储备开发的概念与内涵 ··· 31
    2.2.2　土地储备开发工作的原则 ·· 32
    2.2.3　土地储备开发的基本程序 ·· 33
  2.3　城市更新程序概述 ·· 35

2.3.1　城市更新的概念与内涵 ·················· 35
　　2.3.2　城市更新工作的原则 ·················· 37
　　2.3.3　城市更新的基本程序 ·················· 38
2.4　房地产二级开发程序概述 ·················· 39
　　2.4.1　投资决策阶段 ·················· 39
　　2.4.2　前期工作阶段 ·················· 40
　　2.4.3　项目管理阶段 ·················· 42
　　2.4.4　经营与物业服务阶段 ·················· 42
思考与练习 ·················· 43
讨论 ·················· 43
附录2-1：2002年以来房地产开发行业主要政策一览表 ·················· 44

第3章　房地产开发投资拓展 ·················· 47

3.1　房地产开发投资拓展概述 ·················· 47
　　3.1.1　投资与房地产投资的含义 ·················· 47
　　3.1.2　房地产投资的类型 ·················· 48
　　3.1.3　房地产投资的目的 ·················· 49
　　3.1.4　房地产开发投资拓展的含义 ·················· 49
　　3.1.5　房地产开发投资拓展信息渠道 ·················· 50
　　3.1.6　房地产开发投资拓展的程序 ·················· 51
3.2　土地管理制度及其演变 ·················· 52
　　3.2.1　土地管理基本制度 ·················· 52
　　3.2.2　土地使用权的类型与权能 ·················· 54
　　3.2.3　土地使用权获取方式的历史演变 ·················· 55
　　3.2.4　土地市场及类型 ·················· 57
3.3　一级市场项目拓展 ·················· 57
　　3.3.1　土地使用权出让概述 ·················· 57
　　3.3.2　土地使用权的出让方式 ·················· 59
　　3.3.3　土地使用权收回与终止 ·················· 65
3.4　二级市场项目拓展 ·················· 66
　　3.4.1　二级市场项目拓展概述 ·················· 66
　　3.4.2　在建项目收购 ·················· 67
　　3.4.3　项目公司入股 ·················· 68
　　3.4.4　两种并购方式的比较 ·················· 70
3.5　房地产开发投资决策 ·················· 70
　　3.5.1　房地产开发投资决策概述 ·················· 70
　　3.5.2　投资方案分类 ·················· 71
　　3.5.3　方案的比选 ·················· 72
　　3.5.4　投资决策的程序 ·················· 76

思考与练习 ··· 76
　　讨论 ·· 76
　　附录 3-1:《国有建设用地使用权出让合同》范本 ······························· 77
　　附录 3-2: 深圳市光明区人民政府、深圳市规划和自然资源局光明管理局
　　　　　　国有土地使用权招标出让公告 ·· 87
　　附录 3-3: 唐山市自然资源和规划局丰润区分局国有土地使用权拍卖出让
　　　　　　公告 ·· 91
　　附录 3-4: 南宁市 2019 年第一百二十三期国有建设用地使用权公开出让
　　　　　　公告 ·· 92
　　附录 3-5:《不动产权证书》范本 ·· 95

第4章 房地产投资分析 ·· 96
4.1 房地产投资分析概述 ·· 96
4.1.1 房地产投资分析的含义与任务 ······································ 96
4.1.2 房地产投资分析的内容 ·· 98
4.1.3 房地产投资分析的发展状况 ·· 99
4.2 市场与区位分析 ·· 100
4.2.1 市场分析 ··· 100
4.2.2 区位条件分析 ·· 102
4.3 基础数据的分析估算 ·· 102
4.3.1 房地产开发项目投资与成本的分析估算 ···························· 103
4.3.2 房地产开发项目收入的分析估算 ··································· 105
4.3.3 资金筹措分析 ·· 106
4.4 财务分析 ·· 107
4.4.1 财务分析概述 ·· 107
4.4.2 财务分析基本报表 ·· 107
4.4.3 财务分析指标 ·· 108
4.5 不确定性分析与风险分析 ·· 110
4.5.1 不确定性分析 ·· 110
4.5.2 风险分析 ·· 112
4.6 房地产投资分析的运用 ·· 115
4.6.1 房地产投资分析的运用领域 ······································· 115
4.6.2 可行性研究报告的主要内容 ······································· 116
4.6.3 项目申请报告的主要内容 ··· 116
　　思考与练习 ··· 117
　　讨论 ··· 117
　　附录 4-1: 房地产投资财务分析基本报表 ······································· 118
　　附录 4-2: 可行性研究报告范例 ··· 121
　　附录 4-3: 项目申请报告范例 ·· 121

第5章 土地储备开发 ... 122

5.1 土地储备开发准备工作 ... 122
- 5.1.1 土地储备开发计划的编制与审查 ... 122
- 5.1.2 土地储备开发实施方案的编制与审查 ... 124
- 5.1.3 土地储备开发实施主体的确定 ... 128
- 5.1.4 潜在土地储备开发实施主体竞争者的前期工作 ... 130

5.2 土地储备开发的行政审批 ... 130
- 5.2.1 建设项目用地预审 ... 130
- 5.2.2 项目立项 ... 131
- 5.2.3 专业意见征询 ... 133
- 5.2.4 规划意见申报 ... 135
- 5.2.5 土地征收报批 ... 136

专栏 5-1 ××市人民政府土地征收启动公告 ... 136
专栏 5-2 ××县人民政府征地补偿安置方案公告 ... 138
专栏 5-3 征地补偿协议书 ... 139
专栏 5-4 ××项目国有土地上房屋征收补偿方案 ... 142
专栏 5-5 征收公告 ... 144

5.3 土地储备开发的实施与交付 ... 145
- 5.3.1 集体土地征收的实施程序 ... 145
- 5.3.2 集体土地征收的原则与方式 ... 146
- 5.3.3 国有土地征收的实施程序 ... 148
- 5.3.4 国有土地征收工作的原则与方式 ... 150
- 5.3.5 市政基础设施建设 ... 151
- 5.3.6 土地储备开发项目的验收 ... 152

思考与练习 ... 153
讨论 ... 154
附录 5-1：××县 2009 年度土地储备开发计划 ... 154
附录 5-2：建设项目环境影响报告书 ... 155
附录 5-3：国家建设征收土地结案申请表、结案证明和结案表 ... 158
附录 5-4：土地储备开发案例 ... 159

第6章 城市更新 ... 160

6.1 城市更新申报 ... 160
- 6.1.1 评估 ... 160

专栏 6-1 深圳市福田区车公庙片区城市更新规划研究公众调查问卷 ... 161
专栏 6-2 上海市城市更新项目公共要素清单深度建议 ... 163

- 6.1.2 申报主体确认 ... 164
- 6.1.3 计划申报审批 ... 166

6.2 城市更新规划的编制与审批···167
  6.2.1 基础信息核查···167
  6.2.2 城市更新单元规划的编制···168
  6.2.3 城市更新单元规划的审批···170
6.3 城市更新的实施···171
  6.3.1 实施方案制定···171
专栏6-3 深圳市宝安区××街道××项目城市更新单元实施方案·············171
  6.3.2 实施主体确定···174
专栏6-4 CQ市HZ区TY街ML村城市更新项目公开选择合作企业
    公告···174
  6.3.3 拆迁与房地产权注销··179
  6.3.4 用地审批与土地出让··180
思考与练习··181
讨论···181
附录6-1：CQ市HZ区TY街ML村旧村全面更新项目合作协议·············181

第7章 房地产开发前期管理···185
7.1 房地产开发前期管理概述··185
  7.1.1 房地产开发前期管理的概念与作用·································185
  7.1.2 房地产开发前期管理的内容与程序·································186
  7.1.3 《建筑工程施工许可证》和《商品房预售许可证》············187
  7.1.4 招投标管理···189
7.2 房地产开发规划管理··191
  7.2.1 建设用地选址管理···191
  7.2.2 建设用地规划管理···193
  7.2.3 建设工程规划管理···194
7.3 房地产开发项目的规划设计···196
  7.3.1 居住项目的规划与设计指标···196
  7.3.2 非居住项目规划与设计指标···202
  7.3.3 房地产开发项目规划设计方案的编制·······························203
  7.3.4 房地产开发项目规划设计方案评价·································208
思考与练习··210
讨论···210

第8章 房地产开发项目管理···211
8.1 房地产开发项目管理概述··211
  8.1.1 项目与项目管理··211
  8.1.2 房地产开发项目的特点···211
  8.1.3 房地产开发项目管理的概念···212
  8.1.4 房地产开发项目管理的目标与职能·································212

8.2 房地产开发项目质量控制 ………………………………………………………… 213
　8.2.1 房地产开发项目质量概述 ………………………………………………… 213
　8.2.2 房地产开发项目质量的特点 ……………………………………………… 213
　8.2.3 质量控制的内容 …………………………………………………………… 214
　8.2.4 施工阶段质量控制手段 …………………………………………………… 215
8.3 房地产开发项目进度控制 ………………………………………………………… 216
　8.3.1 房地产开发项目进度控制概述 …………………………………………… 216
　8.3.2 进度控制工作的内容 ……………………………………………………… 217
　8.3.3 影响项目进度的因素分析 ………………………………………………… 218
　8.3.4 进度控制的措施 …………………………………………………………… 218
　8.3.5 进度计划的编制程序 ……………………………………………………… 219
　8.3.6 进度计划的编制方法 ……………………………………………………… 220
8.4 房地产开发项目成本控制 ………………………………………………………… 222
　8.4.1 房地产开发项目成本控制概述 …………………………………………… 222
　8.4.2 房地产开发项目成本构成及其估算方法 ………………………………… 223
　8.4.3 成本控制的原则 …………………………………………………………… 223
　8.4.4 成本控制的主要方法 ……………………………………………………… 225
　8.4.5 成本控制的措施 …………………………………………………………… 225
8.5 房地产开发项目合同管理 ………………………………………………………… 226
　8.5.1 房地产开发项目合同管理概述 …………………………………………… 226
　8.5.2 房地产开发项目主要合同关系 …………………………………………… 227
　8.5.3 合同管理的主要内容 ……………………………………………………… 228
8.6 房地产开发项目安全管理 ………………………………………………………… 230
　8.6.1 房地产开发项目安全管理概述 …………………………………………… 230
　8.6.2 安全风险的类别 …………………………………………………………… 230
　8.6.3 安全管理内容 ……………………………………………………………… 231
思考与练习 ……………………………………………………………………………… 231
讨论 ……………………………………………………………………………………… 231

第9章 房地产营销 ……………………………………………………………………… 232

9.1 房地产营销概述 …………………………………………………………………… 232
　9.1.1 房地产营销的概念 ………………………………………………………… 232
　9.1.2 房地产营销的新观念 ……………………………………………………… 232
　9.1.3 房地产营销三阶段 ………………………………………………………… 234
9.2 房地产营销理论 …………………………………………………………………… 235
　9.2.1 房地产营销的"4P"理论 ………………………………………………… 235
　9.2.2 房地产营销的"4C"理论 ………………………………………………… 236
　9.2.3 房地产销售中的"5S"规则 ……………………………………………… 237

9.3 房地产营销模式及其选择 ··· 238
    9.3.1 房地产营销模式 ··· 238
    9.3.2 委托代理的工作内容 ··· 239
    9.3.3 选择委托代理机构的注意事项 ··· 240
9.4 房地产营销方案的制定 ··· 241
    9.4.1 租售选择 ··· 241
    9.4.2 进度安排 ··· 241
    9.4.3 价格确定 ··· 241
思考与练习 ··· 245
讨论 ··· 245
附录9-1：东海花苑二期营销推广策划方案 ··· 246

第10章 物业服务 ··· 256

10.1 物业服务概述 ··· 256
    10.1.1 物业与物业服务的概念 ··· 256
    10.1.2 物业服务的特征 ··· 257
    10.1.3 我国物业服务的发展 ··· 258
10.2 物业服务的基本制度 ··· 260
    10.2.1 业主大会制度 ··· 260
    10.2.2 住房专项维修资金制度 ··· 261
    10.2.3 其他制度 ··· 261
10.3 物业服务的程序与内容 ··· 262
    10.3.1 物业服务的策划阶段 ··· 262
    10.3.2 物业服务的前期准备阶段 ··· 263
    10.3.3 物业服务的启动阶段 ··· 264
    10.3.4 物业服务的日常运作阶段 ··· 265
10.4 不同类型的物业服务 ··· 266
    10.4.1 居住物业服务 ··· 266
    10.4.2 办公物业服务 ··· 266
    10.4.3 商业物业服务 ··· 269
思考与练习 ··· 271
讨论 ··· 271

第11章 房地产资产管理 ··· 272

11.1 房地产资产管理概述 ··· 272
    11.1.1 房地产资产管理的概念 ··· 272
    11.1.2 房地产资产管理与物业服务、设施管理的关系 ······························· 273
    11.1.3 房地产资产管理的作用 ··· 274
11.2 房地产资产管理的程序与内容 ··· 275
    11.2.1 房地产资产管理的程序 ··· 275

11.2.2　房地产资产管理的内容 ·· 277
　思考与练习 ·· 279
　讨论 ··· 280
　附录11-1：汇贤产业信托业绩公告 ··· 280

第12章　房地产金融 ·· 286
12.1　房地产金融概述 ·· 286
　　12.1.1　金融与金融市场 ··· 286
　　12.1.2　房地产金融与房地产金融市场 ······································· 287
　　12.1.3　我国的房地产融资 ·· 289
12.2　房地产项目融资 ·· 291
　　12.2.1　房地产开发贷款 ··· 291
　　12.2.2　房地产开发前期融资 ·· 294
12.3　股票与债券融资 ·· 299
　　12.3.1　股票融资与债券融资概述 ··· 299
　　12.3.2　首次公开发行股票 ·· 300
　　12.3.3　上市公司发行新股 ·· 302
　　12.3.4　债券发行 ··· 305
12.4　房地产资产证券化 ·· 307
　　12.4.1　资产证券化概述 ··· 307
　　12.4.2　房地产资产证券化概述 ·· 310
　　12.4.3　物业费资产证券化 ··· 311
　　12.4.4　购房尾款资产证券化 ·· 313
　　12.4.5　房地产供应链资产证券化 ··· 315
　　12.4.6　商业房地产抵押贷款支持证券 ·· 316
　　12.4.7　房地产信托投资基金 ·· 318
　　12.4.8　类房地产信托投资基金 ·· 321
　　12.4.9　房地产资产证券化增信措施 ··· 322
　思考与练习 ·· 323
　讨论 ··· 323

参考文献 ·· 324

第1章 绪　　论

学习目标

本章系统地对房地产、房地产业、房地产开发与经营及房地产市场等基本知识进行阐述。本章是学习房地产开发经营知识的基础章节，通过本章的学习，应当能够掌握以下专业知识。

- 房地产的含义、属性和分类
- 房地产业的内涵及其与金融业的关系
- 房地产开发经营的含义、特点和参与者
- 房地产市场的分类、影响因素、市场指标及运行周期

在本章的学习中，最好将理论知识与生活中的、各类媒体报道中的知识相结合、比较，以加深对理论的理解并纠正实践中的错误认知。

1.1 房地产概述

1.1.1 房地产的含义

房地产是房产与地产的总称。严格地说，房地产是指土地及定着在土地之上的建筑物和其他附属物的总称。

土地是陆地表面具有固定位置的空间客体，一般是指地面、地面以上和地面以下的一定空间范围，是由近地表气候、地貌、表层地质、水文、土壤、动植物以及过去和现在人类活动的结果相互作用而形成的物质系统。

建筑物是指人工建筑而成，由建筑材料、建筑构配件和设备等组成的整体物。建筑物不是简单的物质组合，而是为了满足人们的需要，运用物质技术手段，在科学规律和美学知识的指导下，通过对空间的限定、组织而人为创造的空间场所。建筑物可分为两大类，即房屋和构筑物。房屋是指能够遮风避雨并供人居住、生产、储藏物品或进行其他活动的工程建筑，一般由基础、墙、门、窗、柱、屋顶等主要构件组成。构筑物是除房屋以外的工程建筑，人们一般不直接在构筑物内进行生产和生活，如水塔、堤坝、烟囱等。现实生活中有时狭隘地将建筑物特指为房屋。

其他附属物是指为提高房地产的使用价值或功能而建造的附属物体，包括种植在土地上的花草、树木，人工建造的假山、抽水井，埋设在地下的管线、设施等附属物体。

从法律层面看，人们拥有房地产是指人们对土地房屋拥有的权利，这些权利由法律赋予及保护，同时在使用时也会受到法律的约束。房地产权利一般包括所有权及其衍生的使

用权、租赁权、抵押权、地役权、典当权等。在目前的经济活动中，房地产交易行为的实质是房地产权利的交易行为。

对房地产概念进行界定，除基于以上认识外，还需要有一个界定的原则，即统一口径。

（1）"房和地不可分"原则。房地产是由房和地有机整合而成的复合概念，"房依地建，地为房载"。既没有空中楼阁，也不能把与房屋建筑无关的"地"拉入房地产。

（2）一般只有承载用地才是构成房地产复合概念中的"地"。土地作为生产要素，就其经济用途可分为三大类：一是承载用地（建筑用地、城市用地等）；二是养用地（种植、养殖用地）；三是富源地（矿藏等）。但是只有承载用地才能成为房地产复合概念中的"地"，其他两类用地只有转为建筑用地后才能成为房地产中的"地"。

（3）界定房地产一般要从房屋建筑出发。地是先于房屋建筑的天然存在物，"地产"或土地不仅完全可以作为一个独立的概念，而且还可以与房地产并列作为不动产独立经营；而房屋建筑等是后天依地而建造的人工建筑物，只有有了房屋建筑以后，才有房地产这个复合概念，所以要以房为基础，从房屋建筑出发来定义房地产。

综合上述各个方面的内容，可以将房地产定义为土地、建筑物和其他附属物以及由这些实物所衍生出的各种财产权利。

这个概念表明，房地产包括土地、建筑物及附属物三者之间的四种组合方式（见表1-1）及其所衍生的法律权利，同时也表明房地产包括其物化的实体和无形的权利。

表1-1 房地产实物形态的四种组合方式

组合种类	土地	建筑物	附属物	示例
I	√			堆场
II	√	√		写字楼
III	√		√	林场
IV	√	√	√	度假村

1.1.2 房地产与不动产的关系

目前，行业内存在一种观点，即认为房地产与不动产的含义是一致的。严格地说，两者存在一定的区别。不动产是从财产分类的角度划分的，其对应的是动产。不动产是不能移动或移动后会改变其原来性质、形状或失去原价值的物。不动产包括土地、地上改良物和地下矿产资源及其衍生的权利。地上改良物包括定着在土地之上的房屋、构筑物、其他附属物和树木。将不动产与房地产所包括的范围加以对比，我们可以发现，不动产包括房地产、矿产、林产，而房地产是不动产的一个重要组成部分。

1.1.3 房地产的属性

房地产与其他经济物品相比，有许多不同点，这些不同点取决于房地产的特有属性。

1. 房地产位置的固定性

从前述房地产的定义中就可以看出，房地产必须定着在一定的土地上，因而具有空间上的不可移动性，使得房地产的利用具有鲜明的地域特点。每一处房地产所处的位置直接关系到其利用价值。这里的位置不仅指房地产的自然区位，也指房地产所处的经济与社会关系的网络。因此，任何房地产都是独一无二的，这也是产生"异质性"这一房地产的另一重要特征的主要原因。

2. 房地产使用的耐久性

一般的物品在使用过程中会较快地磨损、消耗，但房地产的利用则具有长期性，一经建成，房地产就可以在此后数十年乃至上百年的时间段内持续不断地为使用者提供效用，直至其灭失（因为火灾等意外事故损毁或者被人为拆除）。当然，物业的各种特征并非在使用期间始终保持不变，物业可能会发生老化和损坏，也可能受到修缮或改建。因此，房地产的物质使用价值相对其他商品具有耐久性。

3. 房地产的异质性（独特性）

由于房地产位置固定，不同区位的自然、社会、经济条件各不相同，建筑物的式样、朝向、规模、装饰、设备等千差万别，加上使用过程中的老化或翻新改造所造成的特征变化不同，使房地产成为一种典型的异质商品或差异化商品，可以说没有两宗完全相同的房地产。

4. 土地供给的稀缺性

但凡经济物品，都具有稀缺性，但土地供给的稀缺性具有特殊性。首先，土地的总供给量固定，这是由于土地是自然的产物，是不可复制、生产的自然资源。虽然人类活动可以影响土地的相对位置的变化及土地的占有、分配、利用，却无法创造土地。土地不可再生就使得土地的总供给量固定。其次，人们利用土地总是首先开发、利用位置较为优越或肥力较高的土地。随着对土地需求的不断增加，劣等地也会投入使用，这会导致优等地的地租、地价不断上涨，从而加剧了土地的稀缺性。最后，土地的异质性与固定性使可利用的土地具有一定的垄断性，在短期内，土地的自然供给缺乏弹性。但从长期看，土地用途的转换会使土地的经济供给具有一定的弹性。

5. 房地产投资与消费的双重性

房地产可以作为一种生产要素用于生产消费（如厂房），也可以用于生活消费（如住房），但房地产的固定性、耐久性及稀缺性也使之成为一种重要的投资品。虽然房地产的变现能力较差、流动性较低，但在通货膨胀的情况下，投资房地产比投资其他资产更具保值功能。

6. 房地产的相互影响性

房地产的价值不仅与其本身的状况有直接关系，还受其周围房地产利用即环境变动的影响，这种情况称为溢出效应或外部性。例如，住宅的利用需要有一定的配套服务设施，新建道路的投资会使路旁土地升值等。

7. 房地产的易受限制性

政府对房地产的限制一般通过下列四种特权来实现。

（1）警察权。政府为增进公众安全、健康、道德和一般福利，可以直接限制某些房地产的使用，如通过城市规划对土地用途、建筑高度、容积率、建筑密度和绿地率等做出规定。

（2）征用权。政府为了社会公共利益的需要，如修公路、建学校等，可以强行取得单位和个人的房地产，但是政府需要给予被征收方相应的补偿。

（3）征税权。政府为了提高财政收入，可以对房地产征税或提高房地产税收，只要这些税收是公平课征的。

（4）充公权。政府可以在房地产业主死亡或消失而无继承人或亲属的情况下，无偿收回房地产。

此外，房地产的不可移动性使其难以规避未来制度、政策变化的影响。这一点既说明了房地产投资的风险性，也说明了政府制定长远房地产政策的重要性。

8. 房地产的难以变现性

由于房地产价值巨大且具有不可移动性和独一无二性，使得针对同一宗房地产的买卖并不频繁，一旦需要买卖，要花费相当长的时间来寻找合适的买者并进行讨价还价。所以，当急需资金或有其他特殊情况时，房地产难以在短期内变现；如果需要快速变现，只能降价或者提供其他优惠条件吸引买家。

1.1.4 房地产的分类

对房地产进行分类的标准很多，不同的分类标准会导致不同的分类结果。

房地产按其用途划分，可以分为居住物业（各类住宅）、商业物业（酒店、商场、娱乐场所等）、工业物业（厂房、研发用房与仓储物业）、旅游房地产、农业房地产（生态旅游农业展示场及其附属服务设施）、特殊用途物业（飞机场、加油站、高尔夫球场）等。

房地产按其是否产生收益来划分，主要分为收益性房地产（商店、商务办公楼、出租住房、旅馆、餐馆、影剧院、游乐场、加油站、厂房、农地等）和非收益性房地产（自住房、政府办公楼、宗教场所、军事用地等特殊用途房地产）。

房地产按其经营使用的方式划分，可以分为自用型房地产、营业型房地产、出租型房地产、出售型房地产。

房地产按开发程度划分，可以分为土地（生地、毛地、熟地）、在建工程和建成后物业（含土地）。

1.2　房地产业概述

1.2.1 房地产业的内涵

房地产业与房地产有紧密的联系。如果将房地产视作一种产品，那么，房地产业就是从事生产、经营房地产这种产品的行业。目前，学术界对房地产业的内涵及由其引致的产业定位尚没有统一的描述。

联合国在 2009 年修订的《所有经济活动的国际标准行业分类》（修订本第 4 版）中把经济活动分为二十一个门类，房地产活动属于第十二类，由两个部分组成：用自有或租赁财产进行的房地产活动；在收费或合同基础上进行的房地产活动。具体来说，房地产活动包括出租者、代理人和/或经纪人在以下几个方面的活动：房地产的买卖、房地产的租赁、提供其他房地产服务，如房地产估价服务或房地产契约代管人服务，同时还包括建筑结构设计以及此类结构的拥有权和出租活动、房地产物业管理者的活动。在美国的产业分类标准中，房地产业包括五个子行业：房地产经营（除去开发商）和租赁房屋经纪人；拍卖和管理者；房地产产权服务公司；小区规划分类和开发；自建自卖的建筑商。我国 2019 年修订实施的《国民经济行业分类》把经济活动分为二十个门类，房地产业列为第十一类，包含房地产开发经营、物业管理、房地产中介服务、房地产租赁经营及其他房地产业。

目前，学术界对房地产业的内涵存在不同的认识。第一种观点认为房地产业是从事房地产开发、经营、管理、服务的行业，这也是目前最主要的一种观点。第二种观点认为房地产业是从事房地产投资、开发、经营、服务和管理的行业，包括房地产开发经营、物业管理、房地产中介服务和其他房地产活动。第一种观点没有明确房地产业是属于生产领域还是属于流通领域或横跨两个领域。第二种观点同样具有第一种观点的缺点，但其增加了中介服务和其他房地产活动这两部分内容，该观点是将房地产业定义为某些经济活动的集合体。与此同时，还存在另外一种观点，它继承并发展了第二种观点，即认为房地产业除包括第二种观点中所提出的所有活动以外，还包括产生这些活动的主体。

综合上述观点，目前对于房地产业的定义存在两个方面的分歧：一是房地产业属于第二产业（生产领域）还是属于第三产业（流通领域）；二是房地产业是否包括各类房地产经济活动中的主体。

本书认为，房地产业既属于第二产业（生产领域），也属于第三产业（流通领域），是一种跨产业的产业类型，如房地产业中的建筑属于第二产业，而房地产交易服务属于第三产业。同时，任何一种经济活动以及由一系列经济活动所形成的行业行为都是以一系列经济主体的存在为前提的，所以应当将房地产业行为主体纳入房地产业。

综上所述，房地产业是从事房地产投资、开发、经营、服务和管理活动的主体及其所进行的上述经济活动的有机结合。这里的主体主要包括房地产投资主体、房地产开发主体、房地产经营管理主体、房地产金融机构、建筑商、物业管理服务商、房地产中介组织和其他主体；经济活动主要包括房地产投资、房地产开发、房地产经营管理、建筑施工、房地产金融活动（信贷、保险等）、物业管理、房地产中介服务（经纪、评估、法律等）及其他经济活动。

1.2.2　房地产业在国民经济中的定位与作用

房地产业与国民经济有着密切的联系，两者相互依存、相互促进。一方面，房地产业的发展受到国民经济的制约，国民经济的发展水平决定房地产业的发展水平；另一方面，房地产业的发展又能促进国民经济的持续、快速、健康发展。因此，房地产业在国民经济中占有重要的地位。

1. 房地产业在国民经济中的定位

（1）房地产业是国民经济的基础产业。所谓基础产业，是指在国民经济生活中有重要影响，能较大程度地制约其他产业和部门发展的产业。房地产是社会经济活动的基本要素和场所，是居民生活、消费的载体。从事房地产开发经营的房地产业势必成为国民经济中不可替代的基础产业。

房地产业作为基础产业体现在四个方面：① 房地产业是社会经济活动的基本物质前提，是国民经济发展的基本保证；② 房地产业是人口素质提高和社会全面进步的基本条件；③ 房地产业是城市经济发展和城市现代化的重要基础；④ 房地产业是社会财富创造的重要源泉。

（2）房地产业是国民经济的支柱产业。所谓支柱产业，是指在国民经济中生产发展速度较快，对整体经济起引导和推动作用的先导性产业。支柱产业具有较强的连锁效应，能诱导新产业崛起，对为其提供生产资料的各部门、所处地区的经济结构及相应发展变化有着深刻而广泛的影响。目前，我国的房地产业具有上述支柱产业的特征。

2. 房地产业在国民经济中的作用

房地产业在国民经济中的重要作用体现在以下七个方面。

（1）为国民经济发展提供重要的物质条件。房地产是国民经济发展的基本生产要素，任何行业的发展都离不开房地产。

（2）房地产业的发展能带动其他相关产业的发展。在房地产商品的生产、流通、消费过程中，需要大量的物资和资金，房地产业与许多产业部门都存在着比较密切的关系。因此，房地产业的振兴和发展势必带动众多相关产业的发展，如建筑业、建材业、交通运输业、金融业、通信业、商业、服务业等。

（3）改善人们的住房条件和生活环境。

（4）加快旧城改造和城市基础设施建设，改善落后的城市面貌。

（5）有利于优化产业结构、改善投资硬环境。

（6）有利于扩大城乡就业。房地产业中既有资金密集、技术密集和知识密集型企业，又有劳动力密集型企业，房地产业本身的就业容量大，再加上它能促进其他相关产业的繁荣，从而在促进就业方面具有显著的作用。

（7）可以增加政府财政收入。

1.2.3 房地产业与金融业

房地产业是基础产业，其产业关联性极强，与建筑业、建材业、交通运输业等各产业形成了极强的产业关系网。房地产业与相关产业之间互相影响，如房地产业的低迷会直接造成相关产业发展停滞甚至衰退，石油价格的上涨会通过交通运输业将成本压力传导给房地产业。在这些相关产业中，金融业同房地产业的关系尤为密切，下面主要对金融业与房地产业的关系及其相互作用做详细的阐述。

1. 房地产业与金融业的关系

（1）房地产业的发展需要金融业的支持。房地产开发需要大量资金投入且投资周期长、资金回收慢，因此，占用的资金及支付的利息比较多，企业的自有资本根本不可能保证项目资金的连续投入。如果没有金融支持，企业就会出现资金周转困难的问题，甚至发生财务危机。从国内外的情况来看，银行贷款普遍是房地产企业的一项重要资金来源，占企业开发投入总额的 1/4～1/3。目前我国房地产开发企业的开发投资资金中有 30%～70%来源于金融机构的支持。此外，房地产开发企业还可以通过房地产投资信托、企业上市等多种方式获得资金支持。

同样地，房地产消费也需要金融业提供消费信贷支持。事实证明，家庭如果单依靠自身的资金积累来满足对住房消费的需求是很困难的，而如果借助于住房消费信贷，则家庭的资金积累过程就会大大缩短，住房消费可以提前得到实现。

（2）房地产信贷是金融业的一项重要业务。房地产的保值增值性和耐久性使得房地产成为优良的抵押品，可以降低银行遭受抵押物灭失或者抵押物价值下降的风险的可能性。在一些发达国家，住房抵押贷款一直是银行的一项重要资产。例如，美国商业银行信贷资产中 30%以上是住房抵押贷款；英国为 20%～25%；在我国香港，这个比重要超过 40%。

伴随着金融业全面介入房地产业，特别是金融工具和资产经营方式的不断创新，如抵押支持证券（mortgage backed securities，MBS）、抵押担保债券（collateralized mortgage obligation，CMO），房地产抵押贷款成为金融机构的一项重要业务。

2. 金融业对房地产业发展的作用

（1）房地产消费信贷使家庭摆脱"流动性约束"，增进效用。根据弗里德曼的持久收入假说（permanent income hypothesis），家庭一般偏好"平滑"的消费。如果预期收入增加，家庭就会通过借贷来增加当前消费。当家庭无法获得信贷时，它就陷入了"流动性约束"。住房是一种能够在较长时间内提供消费服务流的耐用品，因此住房消费不仅取决于家庭的当前收入，还取决于其预期收入。在预期收入增加的条件下，家庭可以通过借贷来购买住房，使家庭的福利得到增加。

（2）房地产信贷是房地产业发展的动力。一方面，房地产开发信贷可以推动房地产开发投资的增长，为房地产开发提供资金保障；另一方面，房地产消费信贷促进了房地产消费市场的发展，为房地产开发所产生的商品提供销售市场保障，从而间接地推动房地产开发。

（3）金融业促进房地产投资多元化。金融业通过自身的不断发展，通过开辟股权融资、投资基金、抵押贷款证券等现代金融市场，使得更多的社会闲置资金进入房地产业，促使房地产投资逐步实现多元化，减轻了房地产开发经营主体的资金筹措压力，更好地保障了房地产业的发展。

3. 房地产金融业的发展

随着房地产业的发展，它与金融业的联系也越来越密切，逐步形成了一种新的行业分支，即房地产金融业。在部分经济发达国家或地区以及中国的香港、台湾地区，房地产金融业发展迅猛，影响力远远超出了行业和地区范围，对全球的经济都产生了重要的影响。以美国为例，2020年四季度住房抵押贷款规模为10.9万亿美元，上市的房地产投资信托基金（real estate investment trusts，REITs）市值达到1.2万亿美元，上市REITs占全美GDP的5.73%，上市REITs总收入是开发商总收入的1.5倍，但总市值是开发商总市值的9倍；前五大上市REITs总收入是前五大开发商总收入的52%，但总市值是前五大开发商总市值的5倍。房地产金融业的发展不仅体现在规模上，还体现在产品的丰富度上，除了基础的房地产贷款、发行股票和债券外，还有上市REITs、私募REITs、夹层投资产品、资产证券化以及上市产品的组合衍生金融产品。房地产金融业创新的速度远远超出了其他行业。在众多的房地产金融产品中，最主流的就是REITs，全球有27个国家或地区在推行REITs并为之立法，如表1-2所示。

表1-2 全球REITs立法状况

国家/地区	起始年	国家/地区	起始年	国家/地区	起始年
新西兰	1969年	美国	1960年	中国大陆	研究中
卢森堡	1988年	澳大利亚	1971年	马来西亚	20世纪80年代后期
比利时	1995年	巴西	1993年	加拿大	1994年
韩国	2001年	土耳其	1998年	日本	2000年
中国香港	2003年	新加坡	2002年	法国	2003年
墨西哥	2004年	中国台湾	2003年	泰国	2003年
以色列	2006年	保加利亚	2005年	迪拜	2006年
德国	2007年	意大利	2007年	英国	2007年
印度	研究中	菲律宾	2010年	智利	研究中

中国目前的房地产金融主要还局限在房地产贷款、发行股票和债券以及房地产资产管理产品之中，资产证券化尚处于起步阶段，从法律、法规到操作手法均存在不足之处。无论是从工业化与城市化的角度看，还是从各参与主体的角度看，中国房地产金融的广阔发展前景都毋庸置疑，但房地产金融的大发展还需要政府通过税收政策和其他法律措施予以保障，解决好房地产金融的收益性、成长性和流动性问题。

中国人民银行和中国银行业监督管理委员会（以下简称中国银监会）于2005年4月20日发布的《信贷资产证券化试点管理办法》和中国银监会于2005年11月7日发布的《金融机构信贷资产证券化试点监督管理办法》均为房地产抵押贷款资产证券化提供了政策保障。截至2020年3月5日，国内信贷资产证券化产品存量已达13 907.8亿元，其中住房抵押贷款证券化产品存量为10 242.41亿元。

2008年12月8日，国务院办公厅发布《关于当前金融促进经济发展的若干意见》（国办发〔2008〕126号），这标志着房地产信托投资基金作为拓宽企业融资渠道的创新融资方式首次在国务院层面被提出，文件要求开展相关试点工作，此举大大加速了中国REITs的进程。2012年8月3日，中国银行间市场交易商协会发布《银行间债券市场非金融企业资产支持票据指引》。2012年9月26日，中国证券监督管理委员会（以下简称中国证监会）发布了《基金管理公司特定客户资产管理业务试点办法》及其细则，紧接着在10月18日发布了《证券公司客户资产管理业务管理办法》及其细则。2014年1月16日，中国证监会根据《关于核准中信证券股份有限公司设立中信启航专项资产管理计划的批复》，同意中信证券设立中信启航专项资产管理计划，中国首只私募 REITs 产生。2015 年 6 月 8 日，中国证监会正式批复核准"鹏华前海万科 REITs"，中国首只投资 REITs 项目的公募基金产生。2016 年 8 月 24 日，"高和招商-金茂凯晨专项资产管理计划"作为中国首单商业按揭支持证券（commercial mortgage-backed securities，CMBS）在上海证券交易所成功发行。截至 2020 年 3 月 5 日，中国 CMBS 存量规模为 2457.3 亿元，REITs 存量规模为 1252.32 亿元，与中国年销售额 16 万亿的市场规模相比，房地产证券化只能算刚刚"试水"。2020 年 4 月 24 日，中国证监会、国家发展和改革委员会发布《关于推进基础设施领域不动产投资信托基金（REITs）试点相关工作的通知》（证监发〔2020〕40 号），自此，中国版本公募 REITs 正式开闸。

市场在推动着中国房地产金融的发展，政府也积极出台相关政策，但是，我们也看到目前所出台的规范均是由各个部门自行推进的，缺乏整体的协调性，中国的房地产金融发展规划中还缺乏全国人民代表大会和国务院层面的顶层法律设计。

1.3　房地产开发与经营概述

1.3.1　房地产开发与经营的含义

房地产开发与经营是一个广义的概念，包括房地产开发和房地产经营。

《中华人民共和国城市房地产管理法》第二条规定："房地产开发，是指在依据本法取得国有土地使用权的土地上进行基础设施、房屋建设的行为。"

房地产开发是一种经济行为，是通过对土地、建筑材料、基础设施、劳动力、资金等资源的优化、组合、利用，为人类提供生产、生活空间，满足社会对房地产商品的需求的经济活动。

房地产经营有广义和狭义之分。狭义的房地产经营是指房地产经营者对房屋和建筑地块的销售、租赁及售后服务管理等活动，活动范围主要是在流通领域。广义的房地产经营是指房地产经营者对房屋的建造、买卖、信托、交换、维修、装饰以及对土地使用权的出让、转让等按价值规律所进行的有目标、有组织的经济活动，活动范围贯穿房地产产品生产、流通、消费的全部过程，而非仅仅局限于流通领域。

综上所述，房地产开发与经营是指房地产开发经营主体在国家法律允许的范围内，通过对土地、建材、基础设施、劳动力、信息等多种资源的优化、组合、利用，进行基础设施、房屋建设和土地开发并对开发成果进行转移、运营、管理等的一系列经济活动。这一概念包含以下两层含义。

（1）房地产开发与经营是一个系统的过程，是使房地产商品从投资决策、勘察、规划设计、建设到生产竣工并能够顺利进入市场流通运营、管理，实现房地产商品价值的复杂的系统过程。

（2）房地产开发与经营的全过程必须在法律框架内进行。在我国，要依法取得土地使用权，就要遵守《中华人民共和国土地管理法》《中华人民共和国城市房地产管理法》和《中华人民共和国环境保护法》等相关法律或规定；在基础设施建设、房屋建设的过程中必须遵守《中华人民共和国建筑法》和《中华人民共和国招标投标法》等相关法律、法规；在房地产商品的流通过程中，需要遵守《中华人民共和国城镇国有土地使用权出让和转让暂行条例》《中华人民共和国土地增值税暂行条例》和《城市房地产开发经营管理条例》等相关法律、法规。

1.3.2 房地产开发与经营的特点

由于房地产本身的特点，房地产开发与经营和其他商品的经营相比也具有许多不同点。

1. 房地产开发与经营活动的复杂性

房地产开发与经营活动的复杂性体现在以下两个方面。

（1）活动协调的复杂性。由于房地产业的关联产业较多，房地产开发与经营活动需要对众多的资源进行优化组合，这必然使房地产开发与经营活动涉及大量的参与单位、利益相关者和管理部门，从而使得房地产开发与经营活动所需要协调的关系、程序极为复杂。

（2）项目操作的复杂性。房地产开发与经营包括生产、流通和消费三个基本环节，每个环节都包含许多工作内容，每项工作都具有较强的专业性，需要由专业人员完成，而且每一个项目所面对的个别因素、市场因素、宏观环境等各项影响因素均不相同，这些问题必然使得房地产开发与经营项目的操作较为复杂，这就需要房地产开发与经营主体针对具体情况，认真地进行综合分析、统筹安排，以制定完善的开发与经营方案。

2. 房地产开发与经营的区域性

房地产的位置固定性决定了房地产开发与经营市场是一个区域性市场，而不是一个完全的、统一的市场。从宏观层面来看，房地产开发的地域性主要表现在投资地区的社会经济发展水平、城市化水平、国民收入状况、历史文化背景以及房地产政策等特征对项目的影响。这些特征的不同导致各地区房地产的投资环境、开发类型、市场需求状况、消费结构和消费行为存在明显差异。从微观层面来看，房地产开发与经营项目所处的区位决定了交通、基础配套设施、环境、升值潜力等很多重要因素，同时其自身的自然条件、规划设计条件等个体因素与区位因素相结合会对房地产开发与经营项目的效益产生决定性影响。

3. 房地产开发与经营活动的长期性

房地产开发从投入资本到资本回收需要集中大量的资金和劳动力，通过对多种资源的综合利用最终形成产品，因此整个过程往往需要较长的时间。一般来说，普通的开发项目需要2~3年，规模稍大的综合性项目需要4~5年，而一些成片开发的大型项目需要的时间则更长。同样地，房地产经营活动从投资到持续经营收回成本、盈利也需要很长的周期。

4. 房地产开发与经营活动的资金密集性

房地产商品的价值较大，其开发与经营活动需要投入大量的资金，资金链是房地产开发与经营主体的生命线。另外，房地产开发经营活动具有长期性的特点，故房地产开发与经营会产生高额的财务成本。由此可见，房地产开发与经营业是一个资金密集型行业。很多房地产开发与经营企业倒闭是因为资金链的断裂。以2006年被路劲基建收购的顺驰地产为例，顺驰的营业回款只有40亿元，但是从2003年起，顺驰在华北、华东等地区开始进行涉及资金总额高达70亿元的"圈地运动"；而且，在一个新项目还没有获得收入之前，顺驰就不断地开发其他新项目，导致顺驰的负债率高达70%，成为当时行业内负债率最高的地产公司。随着各项债务和应付账款的到期，顺驰地产的资金链开始出现裂痕并最终断裂，被迫走上了被收购的道路。

5. 房地产开发与经营活动的高收益性和高风险性

由于人口的增加、经济的发展，人们对房地产的需求日益增加，而房地产供给受到土地资源稀缺性的约束。长期来看，房地产价格总体呈上升趋势，房地产价格与通货膨胀率呈正相关，与存款利率呈负相关。在通货膨胀时期，货币贬值，为了吸引储户储蓄，银行被迫提高利率。由于房地产价格与存款利率呈负相关，此时的房地产价格将处于一个相对较低的水平，人们可以用较低的价格买入房地产。而随着通货膨胀加剧，市场流动性更为充裕，大量资金涌入房地产业等行业，从而推高房地产的价格。同时，由于房地产价格存在着"价格黏性"，即价格不能随着总需求的变动而迅速变化，其结果便是房地产成为广大资金的"避风港"。由此可见，房地产商品具有很强的保值增值性。这就意味着房地产开发与经营活动具有很高的投资回报性。但是，由于房地产开发经营环节多、周期长，不确定因素较多，加之高财务杠杆的运用，使得房地产开发与经营活动具有高风险性。

6. 房地产开发与经营活动的政策性

房地产业的特点、地位和作用决定了房地产开发与经营受政策的强烈影响。房地产业是国民经济的基础产业和支柱产业，直接关系到国计民生等重大问题，因此国家对房地产业、房地产市场、房地产经营主体及其活动加倍给予关注，通过制定一系列法律法规和政策来规范房地产业的发展、房地产市场秩序以及房地产开发与经营活动。此外，房地产开发与经营活动必须在国家法律法规的框架下进行，国家的每一项相关政策都会对房地产开发与经营活动产生重大的影响，甚至是根本性影响。因此，房地产开发与经营活动具有很强的政策性。

1.3.3 房地产开发与经营的参与者

房地产开发与经营活动是一项庞大的系统工程，需要由房地产开发与经营主体通过对参与者的组织管理，使项目科学、有序地进行。同时，需要政府各部门对房地产开发与经营活动进行监管并提供支持服务。房地产开发与经营的主要参与者包括以下八类。

1. 政府

政府在参与房地产开发与经营活动的过程中既有制定规则的权力，又有监督、管理的职能，在有些方面还会提供有关服务。其主要职能体现于以下三个方面。

(1) 通过经济手段、法律手段、行政手段对房地产业进行宏观调控。
(2) 通过土地一级市场对房地产开发与经营活动进行市场供给调控。
(3) 通过规划、计划、土地、建设、质量等政府各类管理部门对房地产开发与经营活动及其主体进行监督、管理。

2. 房地产开发主体

房地产开发主体包括房地产开发企业和房地产开发个人（又称为开发商或建设单位）。房地产开发主体参与并控制从策划、建造、销售产品到提供售后服务的全部过程，是项目的出资者、组织者、管理者与协调者，是全部房地产开发工作的直接决策人、受益人和责任人。房地产开发主体开发房地产产品的目的是在兼顾社会效益和环境效益的前提下，通过实施开发过程来获取直接的经济利益。

3. 土地使用权人

土地是房地产开发与经营的基础，开展房地产开发与经营活动必须首先获得土地使用权。在我国，国家所有土地的所有权由国务院代表国家行使。房地产开发与经营活动中的土地征收、拆迁必然要涉及原土地使用权人；房地产开发主体通过二级市场购置土地使用权或与原土地使用权人进行合作也涉及原土地使用权人。因此，土地使用权人的态度和行为直接决定着房地产开发与经营活动的程序与成果。

4. 投资主体

我国从计划经济转向社会主义市场经济后，国家的宏观调控能力增强、微观操作能力减弱，投资主体呈现多元化的发展趋势，涌现出数量可观的投资主体。房地产开发与经营活动的高资本回报率吸引着众多投资主体进入房地产业，而且房地产业是一个资金密集型行业，在客观上要求房地产投资实现多元化。投资主体投资开发、经营房地产的主要目的与房地产开发主体相同，即获得经济利益。投资主体投资房地产开发与经营活动有两种方式：一种是通过直接或间接（股票、信托、债券等）的投资方式投资房地产开发主体；另一种是通过直接或间接的方式购置房地产商品进行长期出租、经营和转售。

5. 金融机构

金融机构是房地产金融市场中重要的资金供给者，不但能为房地产开发与经营活动提供资金支持，而且能为房地产消费者提供消费信贷资金支持，此方面的作用在本章1.2.3部分已有论述，在此不再赘述。

6. 建筑承包商

建筑承包商（或施工单位）是开发过程中房屋等建筑产品的直接生产者，是房地产开发过程中规划、设计、建筑施工、物资供应、建筑质量、投资成本注入等几乎全部物质工作的直接承担者。承包商在开发项目的建设过程中起着十分重要的作用，其队伍素质、管理水平的高低直接关系着房地产产品的质量高低。目前，房地产开发中普遍采用由建筑承包商垫资施工建设的方式，这就使得建筑承包商在房地产开发中发挥着一定的融资作用。

7. 专业顾问

由于房地产开发与经营的过程相对复杂，房地产开发与经营中的参与者不可能有足够的经验和技能来处理在房地产生产、交易、运营过程中遇到的所有问题。因此，房地产开发与经营的参与者有必要在不同阶段聘请专业顾问提供咨询服务。这些专业顾问包括：① 建筑师；② 工程师；③ 会计师；④ 造价工程师或经济师；⑤ 房地产估价师及房地产经纪人；⑥ 律师；⑦ 营销与策划人员。对于这些专业顾问的巨大需求推动了房地产行业以及相关领域里中介咨询机构的迅速发展。

8. 消费者

消费者是房地产商品的最终使用者，也是使房地产开发与经营活动产生收益的最终实现者。消费者的支付能力、消费心理等各种状况决定了房地产开发与经营活动的结果，通过一级一级地传导，最终影响其他所有的参与者。

1.4 房地产市场及其运行规律

1.4.1 房地产市场的含义

市场是社会分工和商品交易的产物，是经济主体进行经济活动的场所，是维系商品经济的纽带。市场有狭义和广义之分。狭义的市场是买卖双方就某种商品进行交易的有形场所，如超市、商场、证券交易所、期货交易所等。广义的市场是指经济主体之间的交易活动及其经济关系的总和。

在市场经济条件下，房地产的商品属性毋庸置疑。虽然土地和地上建筑物不能移动，但它们可以被某个人或某个机构拥有并为之带来利益，因此就产生了房地产交易行为。房地产市场也具有狭义和广义之分。狭义的房地产市场是指房地产商品需求者和房地产商品供给者之间进行交易活动的有形场所，如房地产交易中心等。广义的房地产市场是指经济主体之间进行房地产交易活动及其在活动中所形成的经济关系和作用机制。

1.4.2 房地产市场的分类

在我国，基于不同的研究目的，房地产市场分类的标准及分类的结果也不同。通常，我国的房地产市场可以按区域、用途、功能和交易方式等进行分类。

1. 按照区域划分

根据房地产的地域特性不同，可以将房地产市场分为地域市场，如安徽房地产市场、北京房地产市场；华北房地产市场、华东房地产市场等。

2. 按照用途划分

根据房地产用途的不同，可以将房地产市场划分为住宅市场、商业房地产市场、工业房地产市场及特殊用途房地产市场等。每一个分类还可以再进行细分，如将住宅市场继续划分为别墅市场、公寓市场、普通住宅市场等。

3. 按照功能划分

根据房地产市场中各子市场的功能不同，可以将房地产市场划分为房产市场、土地市场、房地产金融市场、房地产信息技术市场等。

4. 按照交易方式划分

根据房地产交易方式的不同，可以将房地产市场划分为房地产销售市场、房地产租赁市场、房地产担保市场和房地产保险市场等。

除上述四种最主要的划分方式外，还可以按照交易顺序、购置目的、权属交易内容等对房地产市场进行划分。上述划分方式不是孤立的，有的时候根据需要可以将两种或多种划分方式进行组合利用，如北京地区的住宅市场、上海地区的商业房地产租赁市场等。

1.4.3 房地产市场的影响因素

影响房地产市场的因素很多，而且彼此牵连、互相影响，可以从不同的角度对这些因素进行分类。本书依据因素的自身特性将房地产市场影响因素分为内部因素和外部因素。所谓内部因素，是指房地产市场自身的因素；外部因素是指整体自然、经济、社会环境中的因素。

1. 房地产市场的内部因素

房地产市场的内部因素主要包括时滞、生产者和消费者的心理因素、技术和理念的革新等。

（1）时滞。某一因素的变动经过一定的时间传导后才会影响到其他因素并使后者发生变化，这一传导过程所使用的时间造成后者不能在前者发生变化的同时做出反应，这种时间的滞后性被称为时滞。房地产市场的时滞一般包括建造时滞和资讯时滞。在市场处在供不应求状态的时期，当生产者觉察到市场机会后就会注入投资进行开发，但当房屋建成真正投入市场时，由于已经过了很长一段时间，很可能这时的市场需求已经饱和；而在供过于求的时期，生产者发觉市场已经饱和并决定停止投资开发，但正在建造的房屋难以撤资停工，这就属于建造时滞。资讯不畅所引起的时滞也是如此，房地产市场并不能像股票市场那样随时反映价格和交易的变动情况，而是需要一段较长的调查和统计时间。同时，海量的信息不仅复杂，而且存在调查统计的口径、标准不一甚至信息失真的情况，这样就使得供求双方难以及时、确切地了解市场行情。

（2）生产者和消费者的心理因素。生产者和消费者的心理因素包括非理性预期、追涨不追跌以及投机心理等。当市场景气时，为了追求高额利润，生产者常常一拥而上，投资明显超过需求,"泡沫"逐渐产生直至破灭,从而使市场行情下跌、利润率下降;而在市场不景气时,由于信息的不完全或者害怕遭受投资的损失,生产者往往因看不到需求的增长趋势而迟迟不愿入市,从而导致市场行情的进一步下跌。当生产者和消费者的心理因素叠加在一起共同起作用时,往往造成房地产市场的供给和需求产生剧烈的波动。

(3)技术和理念的革新。技术和理念的革新会给房地产市场或其子市场带来不小的冲击。例如,高速电梯和钢结构建造技术的出现使得建筑物的建造高度不断攀升,极大地提高了土地的利用效率,使得同样的土地面积可以为人类活动提供更大的房地产空间供给。除此之外,技术和理念的革新对房地产市场的供需双方都会产生深远的影响并通过市场影响房地产业的发展。例如,20 世纪 80 年代流行的小客厅被现在的大客厅消费理念所替代,这就促使房地产业调整布局设计策略以满足市场的需求;消费者对高层住宅的接受度的提高使得人们在房地产开发过程中可以逐步提高土地容积率和利用率以降低土地成本,从而为市场提供更多合适价位的房地产商品。

2. 房地产市场的外部因素

房地产市场的外部因素主要有政治制度,国民经济,政策、法律措施,金融业发展状况,通信技术,人文社会环境,自然环境等。其中,政治制度是房地产市场的基础影响因素。

(1)政治制度。政治制度决定着国家的经济制度,从根本上影响着房地产市场,同时还通过对国民经济、社会环境等因素的影响而间接地影响着房地产市场。

(2)国民经济。国民经济是房地产市场的重要影响因素。当国民经济扩张时,对空间的需求也会增加,使得房地产市场出现供不应求的情况,从而使得价格和租金上扬。这时,追求高利润的投资者会纷纷入市,加大供给,也就反过来刺激了国民经济的繁荣。但是,当供给扩大到一定程度进而带来过剩,就会使价格和租金下挫,投资者的投资积极性降低,撤出资金,最终导致供给量下降。

(3)政策、法律措施。为了稳定本国的房地产市场,减轻房地产行业运行周期对房地产市场的影响,各国政府都会通过政策、法律措施对房地产市场进行调控,如人口政策、土地供应政策、产业结构调整政策等。当然,政策、法律措施不仅仅用于反房地产经济周期,更多地用于规范房地产市场秩序,确保房地产业健康发展,从而为国民经济发展服务。

(4)金融业发展状况。房地产业作为产业出现时,金融资本供给方的决策会直接影响房地产市场的价格,进而影响市场供给及人们对房地产租金价格水平的预期,从而导致市场空置情况及实际租金水平的变化。金融和资本市场的有力支持对我国房地产市场的迅速发展和房地产价格水平的提升起到了不可替代的重要作用,而且随着房地产金融和房地产投资工具的创新力度的加强,这种支持和提升的作用还会得到进一步强化。

(5)通信技术。通信技术的发展大大缩短了不同物业之间的相对距离,加速了不同地域之间消费品的流通,降低了劳动力的沟通成本和时间,这无疑会改变人们固有的物业区位观念,增加对不同位置物业的选择机会,促进不同地区的资本流动。

(6)人文社会环境。人口老龄化、家庭小型化、受教育程度的提高等人文社会环境的变化使人们对住房的认识以及住房消费观念与消费模式发生了巨大的变化,老年人住宅、青年公寓、第二住宅和季节性住宅等概念应运而生。

（7）自然环境。自然环境的变化也会对房地产市场造成很大的影响。例如，城市发展后期带来的严重的"城市病"使更多的人从市中心搬迁到郊区生活，以享受更好的自然环境。

1.4.4 房地产市场的指标

房地产市场的状况及其变动可以用一系列量化指标来描述，如价格、租金、租金增长率、交易额、空置率（居住率、吸纳率）、投资回报率（收益率）、房地产市场增长率等。这些量化指标是反映房地产市场景气与否的"晴雨表"，可反映房地产市场的运行情况和在景气循环中所处的位置。房地产市场指标可以划分为供给指标、需求指标和交易指标三大类。

1. 供给指标

（1）新竣工量（new completions，NC_t），指报告期（如第 t 年或半年、季度、月，下同）内新竣工房屋的数量，单位为建筑面积或套数，可按物业类型分别统计。目前，我国是按照竣工面积统计新竣工量，指报告期内房屋建筑按照设计要求已全部完工，达到入住和使用条件，经验收鉴定合格（或达到竣工验收标准），可正式移交使用的房屋建筑面积的总和。

（2）灭失量（vanishing amount of estate，$\&t$），指房屋存量在报告期内由于各种原因（毁损、拆迁等）灭失掉的部分。

（3）存量（stock，S_t），指某一时点（报告期期初或期末）全社会已占用和空置的物业空间总量，单位为建筑面积或套数；在数值上，期初（$t-1$）和期末（t）房屋存量的关系是：$S_t = S_{t-1}+NC_t-\&t$。

（4）空置量（vacancy，VC_t），指某一时点（报告期期初或期末）房屋存量中没有被占用的部分。我国目前的空置量统计是不完整的，指的是在报告期期末已竣工的可供销售或出租的商品房屋建筑面积中尚未销售或出租的商品房屋建筑面积，包括以前年度竣工及本期竣工的房屋面积，但不包括报告期已竣工的拆迁还建、统建代建、公共配套建筑、房地产公司自用及周转房等不可销售或出租的房屋面积。

我国对于空置量的定义与国外的定义不同，如美国的空置房是指中介机构手中的可租可售但半年以上未租出或售出的房屋面积，而空置率则是由空置房面积除以全社会房屋面积得出的。我国与美国等国家在空置量及空置率统计计算方式上的不同是由于我国的中介行业发展缓慢以及我国房地产登记制度、统计制度不完善等原因导致的。

（5）空置率（vacancy rate，VR_t），指某一时点（报告期期初或期末）房屋空置量占房屋存量的比例，即 $VR_t=VC_t\div S_t$。在实际应用中，可以根据房屋的类型特征和空置特征分别进行统计，包括不同类型房屋空置率、新竣工房屋空置率、出租房屋空置率、自用房屋空置率等。

空置率是表示空置情况的主要指标。除非市场上所有的使用者都缺乏理性，见到房子就买或租，否则市场上不可能出现零空置率。零空置（或接近零空置）将意味着使用者没有任何选择的余地，而如果使用者不能在空置房屋中充分地进行选择，将很难找到满意而又合适的房屋。从宏观的角度看，空置率过高对卖方意味着显而易见的利益损失，而空置率过低则意味着买方可选择的余地很小甚至没有，很难在适当的租金水平下找到满意的物业。也就是说，正如过高的空置率将使卖方处境艰难一样，过低的空置率也必然抑制买方的需求愿望，在过高和过低的两个极端之间必然存在一个正常的空置率，也就是维持市场正常运转所必需的空置率水平，这一空置率水平一般被称为自然空置率、理想空置率、正常空置率或结构空置率。这一空置率水平一方面可以保证买方有充分的选择权利，另一方面又能保证卖方有足够的投资积极性。西方学者认为，自然空置率是使供给和需求保持平衡协调时的正常空置率，不会对市场的实质租金造成上升或下降的压力。目前，自然空置率仅仅是一个理论概念，在实际操作中很难给出一个自然空置率比例，这是由于房地产市场每时每刻都在发生着变化并且具有很强的地域性。

（6）可供租售量（houses for sale/rental，HSR_t），指报告期内可供销售或出租的房屋数量，单位为建筑面积或套数。可供租售量=上期可供租售量-上期吸纳量+本期新竣工量。在实际统计中，我们可按销售或出租、存量房屋和新建房屋、不同物业类型等分别统计，因为并非所有的空置房屋都在等待出售或出租，所以在某个时点的空置量通常大于该时点可供租售的数量。

（7）房屋施工面积（buildings under construction，BUC_t），指在报告期内施工的全部房屋的建筑面积，包括本期新开工的房屋面积和上期开工跨入本期继续施工的房屋面积以及上期已停建而在本期恢复施工的房屋面积。本期竣工和本期施工后又停建、缓建的房屋面积同样包括在施工面积内。

（8）房屋新开工面积（construction starts，CS_t），指在报告期内新开工建设的房屋面积，不包括上期跨入本期继续施工的房屋面积和上期停、缓建而在本期恢复施工的房屋面积。房屋的开工日期应以房屋正式开始破土刨槽（地基处理或打永久桩）的日期为准。

（9）平均建设周期（construction period，CP_t），指某种类型的房地产开发项目从开工到竣工交付使用所占的时间长度。在数值上，平均建设周期=房屋施工面积÷新竣工面积。

（10）竣工房屋价值（value of buildings completed，VBC_t），指在报告期内竣工房屋本身的建造价值。竣工房屋的价值一般按房屋设计和预算规定的内容计算，包括竣工房屋本身的基础、结构、屋面、装修以及水、电、卫等附属工程及建筑价值，也包括作为房屋建筑组成部分而列入房屋建筑工程预算内的设备（如电梯、通风设备等）的购置和安装费用；不包括厂房内的工艺设备、工艺管线的购置和安装、工艺设备基础的建造、办公和生活家具的购置等费用，也不包括购置土地的费用、拆迁补偿费和场地平整的费用及城市建设配套投资。竣工房屋价值一般按工程施工结算价格计算。

2. 需求指标

房地产市场的需求指标多是通过间接作用影响房地产市场需求，如GDP、人口数等。通过对宏观经济指标的统计，能从侧面而不是直接地反映当地的房地产市场需求状况。例如，GDP数据的高速增长说明当地宏观经济向好，消费者的收入会增加，会有更多的资金进入房地产市场，促进房地产市场需求量放大。

（1）国内生产总值（GDP），指在一定时期内（一个季度或一年），一个国家或地区的经济中所生产出的全部最终产品和劳务的市场价值总和，被公认为衡量国家经济状况的最佳指标。一般来说，国内生产总值共有四个不同的组成部分，其中包括消费、投资、政府支出和净出口额，用公式表示为

$$GDP = CA + I + CB + X$$

式中：CA 为消费、I 为私人投资、CB 为政府支出、X 为净出口额。

国内生产总值有三种表现形态，即价值形态、收入形态和产品形态。根据上述三种表现形态，在实际核算中，国内生产总值有三种计算方法，即生产法、收入法和支出法。三种方法分别从不同的方面反映国内生产总值及其构成。

（2）人口数，指一定时点、一定地区范围内有生命的个体总和，包括户籍人口、常住人口和现有人口。常住人口与一个地区的社会经济关系更为密切。

（3）就业人员数量，指从事一定社会劳动并取得劳动报酬或经营收入的人员的数量，包括在岗职工、再就业的离退休人员、私营业主、个体户主、私营和个体就业人员、乡镇企业就业人员、农村就业人员、其他就业人员（包括民办教师、宗教职业者、现役军人等）。这一指标反映了一定时期内全部劳动力资源的实际利用情况，是研究国家基本国情、国力的重要指标。

（4）城镇登记失业率，指在报告期期末城镇登记失业人数占期末城镇从业人员与期末城镇登记失业人数之和的比重。城镇登记失业率是当前衡量我国城镇失业状况的主要指标。

（5）城市家庭可支配收入，指家庭成员得到可用于最终消费支出和其他非义务性支出以及储蓄的总和，即居民家庭可以用来自由支配的收入。它是家庭总收入扣除缴纳的所得税、个人缴纳的社会保障费以及记账补贴后的收入。

（6）城市家庭总支出，指除借贷支出以外的全部家庭支出，包括消费性支出、购房建房支出、转移性支出、财产性支出、社会保障支出等。

（7）商品零售价格指数，是反映一定时期内城市商品零售价格变动趋势和程度的相对数。商品零售价格的变动直接影响到城乡居民的生活支出和国家的财政收入，影响居民购买力和市场供需的平衡，影响到消费与积累的比例关系。

（8）城市居民消费价格指数，是反映一定时期内城市居民家庭所购买的生活消费品价格和服务项目价格变动趋势与程度的相对数。该指数可以用来观察和分析消费品的零售价格与服务项目价格变动对职工货币工资的影响，是研究职工生活和确定工资政策的依据。

3. 交易指标

（1）销售量（houses sold，HS_t），指报告期内销售房屋的数量，单位为建筑面积或套数。在统计过程中，可按存量房屋和新建房屋或不同物业类型分别统计。我国房地产开发统计中采用的销售面积包括当期增量房屋预售面积和当期增量房屋现房销售面积。

（2）出租量（houses rented，HR_t），指报告期内出租房屋的数量，单位为建筑面积或套数。在统计过程中，可按房屋类型分别统计。我国房地产开发统计中的出租面积是指在报

告期期末房屋开发单位出租的商品房屋的全部面积，但不包括普通家庭和非开发机构在市场上出租的房屋的面积。

（3）吸纳量（absorption volume，AV_t），指报告期内销售和出租房屋的数量之和，单位为建筑面积或套数。吸纳量为销售量和出租量之和，在实际统计过程中，可按销售或出租、存量房屋和新建房屋、不同物业类型等分别统计。

（4）吸纳率（absorption rate，AR_t），指报告期内吸纳量占同期可供租售量的比例，以百分数表示，有季度吸纳率、年吸纳率等。在实际计算过程中，可按销售或出租、存量房屋和新建房屋、不同物业类型等分别计算。

（5）吸纳周期（absorption period，AP_t），指按报告期内的吸纳速度（单位时间内的吸纳量）计算，同期可供租售量可以全部被市场吸纳所需要花费的时间，单位为年、季度或月，在数值上等于吸纳率的倒数。在计算过程中，可按销售或出租、存量房屋和新建房屋、不同物业类型等分别计算。在新建商品房销售市场，吸纳周期又称为销售周期。

（6）预售面积，指在报告期期末仍未竣工交付使用，但已签订预售合同的正在建设的商品房屋的面积。

（7）房地产价格，指报告期内房地产市场中的价格水平，通常用不同类型房屋的中位数价格表示。我国现有房地产价格统计是基于各类物业平均价格的统计。

（8）房地产租金，指报告期内房地产市场中的租金水平，通常用不同类型房屋的中位数租金表示。我国现有房地产租金统计是基于各类物业平均租金的统计。

（9）房地产价格指数，是反映一定时期内房地产价格变动趋势和程度的相对数，它是通过百分制的形式来反映房价在不同时期的涨跌幅度，包括房屋销售价格指数、房屋租赁价格指数和土地交易价格指数。目前，我国由政府统一制定的房地产价格指数仅有地价指数，而房屋销售价格指数和房屋租赁价格指数多由商业机构制定。同时，目前我国颁布的房地产价格指数计算规范也仅有《城市地价动态监测技术规范》。

除了上述的三类指标外，我国政府还制定了国房景气指数。国房景气指数是全国房地产开发景气指数的简称，由房地产开发投资、本年资金来源、土地开发面积、房屋施工面积、商品房空置面积和商品房平均销售价格六个分类指数构成。根据房地产开发统计汇报的数据，确定基期后，分别计算出六个分类指数，再加权计算出国房景气指数，国房景气指数是对全国房地产开发综合发展水平的客观反映。国房景气指数以 100 为临界值，指数值高于 100 为景气空间，低于 100 则为不景气空间。该指数由国家统计局按月计算并对外发布。

1.4.5 房地产周期

经济的发展带动或产生了对商业、居住和服务设施的空间需求，从而带来房地产市场的兴起和繁荣。因此从本质上讲，房地产业的发展是由整体经济的发展决定的。正是因为房地产发展取决于经济发展，所以经济周期波动也会造成房地产周期波动。

1. 房地产周期的含义

房地产周期是指房地产行业发展水平起伏波动、周期循环的经济现象，表现为房地产业在经济运行过程中交替出现扩张与收缩两大阶段并循环往复地经历复苏—扩张—收缩—衰退四个环节。

房地产周期应当从三个方面理解：第一，长度不同、振幅不等的房地产周期具有相似的波动模式，即都表现为扩张与收缩交替循环、复苏—扩张—收缩—衰退往复运行的周期性波动形态或者说房地产周期具有相同的展开过程，由此形成房地产周期的规律性；第二，具有相似波动模式的房地产周期虽然在引发波动的具体原因和波动路径上存在各不相同的表现形式，但在本质上仍然具有相似的波动传导机制，大体都可以从外部冲击与内部传导两个方面进行分析；第三，具有相似波动机制和展开过程的房地产周期，在波动的持续时间、振动频率、波动幅度等方面存在明显的差异，从而形成各具特色、千差万别的波动形态，由此构成房地产周期波动的特殊性。

2. 房地产周期产生的原因

房地产周期产生的主要原因包括宏观经济周期波动、供需因素、市场信息不对称、市场主体心理因素、政策因素、制度因素等。房地产周期的产生不是由某一个因素单独造成的，而是在下列但不限于下列的多种因素组合作用下而产生的。

（1）宏观经济周期波动。房地产周期和经济周期有很密切的关系，宏观经济从市场供给和需求两个方面对房地产市场产生影响，宏观经济周期波动自然就会造成房地产周期波动。如果不考虑房地产市场的时滞，宏观经济周期与房地产周期同步波动，则可以通过图1-1予以说明。

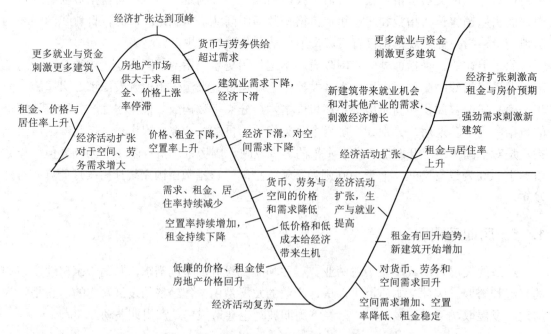

图1-1 宏观经济周期对房地产周期的影响

(2) 供需因素。供需因素不仅包括房地产商品自身的供给和需求，还包括房地产关联行业所提供商品的供给与需求。特别是金融业，信贷扩张与紧缩是政府对宏观经济或相关行业调整的一种重要调控手段，一般也与宏观经济周期波动一样存在周期性，这种周期性会通过金融资金的供给变化传导给房地产市场。再举一个关联行业变化对房地产商品需求产生影响的例子，随着固定资产投资的高速增长，水泥、钢材、电力等相关产品的需求也会高速增长，使得市场对生产此类产品所需的特殊房地产商品（如厂房）的需求也高速增长。同样地，如果此时国家经济出现危机，就会迫使水泥、钢材、电力等产品的市场需求锐减，导致市场对生产此类产品所需的特殊房地产商品的需求也急速减少。

(3) 市场信息不对称。房地产商品的特性造成房地产市场是一个不能充分竞争的市场，供需双方对市场信息掌握的程度存在着不对称。在我国，由于市场经济尚在完善之中，房地产市场监管制度落后，造成需求方对市场信息的获取能力大大弱于供给方，所获信息的准确程度更不能与供给方相比。由于市场信息的不对称，供需双方对同一信息的获取时间必然不同，两者对市场预期的调整、投资建设与消费量的调整均存在时间上的不均衡，加之时滞的存在，往往造成房地产市场的周期波动。

(4) 市场主体心理因素。在经济学上，一般将市场主体都假设为理性人，但在实际市场中，市场主体不可能是一个完全的理性人，其会受市场信息的影响而变得非理性，这主要表现在对市场的预期判断上，最典型的是追涨不追跌和一窝蜂地投机。这就会造成市场需求非理性增长，市场供给随后疯狂增加，直到市场需求无法消化市场供给，随后，市场主体对市场预期非理性地悲观，疯狂抛售现象发生，市场价格飞速下跌，房地产市场新增建设基本停滞。

(5) 政策因素。政策因素是多方面的，如城市规划的调整、土地征收方式与补偿标准的变化、小城镇建设政策的出台与完善等，这些都将影响到房地产的需求和供给。例如，小城镇建设政策的出台会促使大量的农村人口进入小城镇，进而使得房地产需求增长；城市规划中控制容积率的调整会使得房地产供给发生变化。

(6) 制度因素。制度因素包括国家的政治制度和房地产市场制度，其中房地产市场制度更直接地影响到房地产市场变动，包括预售制度、价格管制制度、课税制度、中介管理制度、交易申报制度等。例如，预售制度的调整会促使市场主体对房地产市场预期产生变化。在我国，20 世纪 90 年代时预售制度尚不规范，出现了炒楼花、炒图纸的疯狂市场表现，随着预售制度的完善，市场主体因预售制度所产生的市场预期逐步恢复理性。

3. 房地产周期过程

与经济周期的波动形态一样，房地产周期也可分为扩张与收缩两大过程或者进一步细分为复苏（recovery）、扩张（expansion）、收缩（contraction）、衰退（recession）四个阶段，如图 1-2 所示。

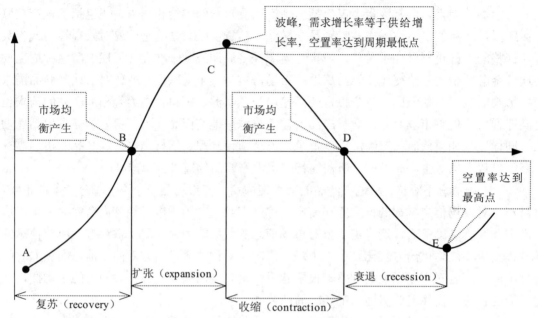

图1-2 房地产周期

（1）复苏阶段。在图中的表现是A到B段。其中，A是周期波动的谷底，空置率达到了顶峰，供给严重过剩。在收缩和衰退阶段被压制的需求开始缓慢增长，市场供给新增量基本为零或者极少，市场租金增长率继续下滑。随着需求对市场空置房屋的消化，空置率开始下降，房地产租金逐步从稳定状态向上涨状态转变。随着市场复苏的继续，房地产市场预期开始谨慎地变得乐观，市场租金及供给开始上涨，最终是空置率达到自然空置率水平，市场供需也达到了均衡状态。

（2）扩张阶段。在图中表现在B到C段。其中B点是市场均衡点，市场空置率达到自然空置率水平，但这个时间很短暂。由于市场的持续复苏，造成市场预期发生深刻变化，市场主体开始变得积极、乐观。

从需求方面看，由于租金及房价的高速增长，市场利润率远高于其他行业的投资利润，造成大量投资与投机资金进入房地产市场进行消费，刺激了房地产市场需求疯狂增加。在追涨心理的作用下，投资、投机与自用需求在短期内叠加，特别是价格的疯涨所造成的市场紧张局面迫使未来拟进入市场的资金和主体不得不提前进入市场。

从供给方面看，由于市场需求、投资利润持续高速增长，其他行业的资金快速进入房地产开发领域，越来越多的房地产开发主体制订并逐步落实了庞大的投资开发计划，房地产投资增长率、新开工面积增长率均呈加速增长趋势。

从市场方面看，房地产价格和租金快速增长，特别是房地产价格。楼花与期房价格紧追现房价格，期房与楼花价格逐步与现房价格持平并逐步超越现房价格，三者之间的差距也越拉越大。楼花与期房价格在市场上起到上涨的带头作用，并成为市场预期的参照目标。随着炒楼现象的越发强劲，市场泡沫不断加大，楼价逐步上涨到超过市场承受能力范围，大量自用购楼者被迫减小购买量或退出市场。在租赁方面，消费者也逐步减小租赁面积，市场资金构成逐步变得单一化，仅留下投机资金支撑市场，有价无市局面开始出现。

出于房地产市场稳定和国家经济安全的考虑，政府逐步出台收缩政策。在这个阶段，市场需求增长率从开始的高于供给增长率逐步变化到与供给增长率相等。在波峰的 C 点，需求增长率等于供给增长率，房地产空置率达到周期最低点。

（3）收缩阶段。在图中的表现是 C 到 D 段。扩张阶段造成房地产价格疯狂上涨，最终脱离了市场所能承受的范围，将市场主体中的最终使用者排斥出了市场，仅靠投机资金支撑。同时，政府收缩政策的作用逐步显现，房地产周期开始由盛转衰。

从需求方面看，由于房地产价格和租金上涨，市场需求结构发生变化，投机需求在失去实际使用需求的支撑后，市场需求者的预期发生变化，同时会受一部分突发利空消息的影响，使得市场需求开始逐步萎缩。

从供给方面看，由于时滞的存在，在扩张阶段拟订并执行新建计划的房地产开发项目在此时已经逐步完成开发。由于市场预期发生变化，房地产开发企业为了赶在衰退阶段到来前尽快完成销售以回笼资金，一方面均采取不同的策略加快推盘，造成现房和期房供给的高速增长；另一方面开始逐步停止新开发计划的实施。在存量房供给方面，由于市场预期的变化，投资和投机主体在资金压力下开始逐步转让房地产，其挂牌出售数量呈现加速增长趋势。

从市场方面看，在时滞存在的情况下，供给增长速度超过需求增长速度，市场交易量锐减，房地产价格和租金开始仍然在上涨，但增长速度已经逐步放缓，最终受供需变化的影响，房地产价格和租金开始下跌，空置率逐步增长，直至达到新的自然空置率水平（D 点）。由于交易量的锐减，大量房地产开发企业和中介机构因营业收入和利润的降低而濒临破产，行业从业人员失业率也逐步增长。

（4）衰退阶段。在图中的表现是 D 到 E 段。在收缩阶段，房地产市场状况开始恶化，严重打击了房地产市场主体的信心。

从需求方面看，由于对未来市场预期悲观并逐步加深，市场需求急速下滑，原先准备在此时进入市场购买房地产以自用的消费者更多地采取了观望、等待的态度。

从供给方面看，新开工项目减少甚至停止，但受时滞的影响，新开盘项目仍然在涌入市场。由于市场预期悲观，大量投资和投机客开始疯狂抛售，而大量房地产贷款合同违约，银行开始收回抵押房地产并通过拍卖使其大量涌入市场，加剧了市场供给竞争。

从市场方面看，供给仍然在增长，增长速度逐步放缓，市场交易量持续萎缩并最终达到稳定状态，交易价格持续下跌，特别是期房和楼花，部分房地产价格跌破其成本价，房地产空置率持续增长，最终达到新的最高点，即谷底 E 点。大量房地产开发企业和中介机构破产倒闭，从业人员大量失业，烂尾楼现象普遍出现，房地产市场泡沫逐步被挤出。

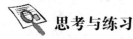 **思考与练习**

1. 从法律层面进行界定，房地产的含义是什么？

2. 房地产的属性包括哪些?
3. 请论述房地产业与金融业未来融合发展的方向。
4. 房地产开发与经营的含义是什么?
5. 房地产开发与经营的特点是什么?
6. 房地产开发与经营的参与者包括哪些?在这些参与者中,我国的专业顾问尚处在起步阶段,请尝试论述未来专业顾问在房地产开发与经营领域如何更好地发挥作用。
7. 房地产市场的含义是什么?
8. 房地产市场的影响因素包括哪些?尝试对你所在城市某区域的房地产市场影响因素进行调查并分析它们对该区域的房地产市场的影响程度。
9. 尝试分析房地产市场各指标之间是如何互相影响的。
10. 描述房地产市场周期不同阶段的表现,尝试结合房地产市场指标知识对房地产市场周期不同阶段的指标进行定性描述。

讨论

当前,我国房地产与金融业深度关联,国家监管层深刻认识到房地产是现阶段我国金融风险方面最大的"灰犀牛",就"十四五"期间应如何系统性地进行金融监管体系改革进行深入探讨。具体操作上,基于"一城一策"的战略部署,中央加大涉及房地产领域的金融调控并对地方政府实施的房地产调整政策进行督导,同时加快房地产长效机制的建立和落实。请以房地产金融调控为切入点,讨论在房地产调控中,如何破解地方政府在房地产调控与经济财政增长诉求之间的矛盾,中央与地方政府在房地产调控中如何分工协作。

附录1-1: 1996年以来中国房地产市场数据一览表

年 度	GDP总量/亿元	GDP增长率/%	房地产开发投资额/亿元	房地产开发投资额增长率/%	房地产开发投资额占GDP比重/%
1996年	71 813.6	9.9	3 216	2.1	4.48
1997年	79 715.0	9.2	3 178	-1.2	3.99
1998年	85 195.5	7.8	3 614	13.7	4.24
1999年	90 564.4	7.7	4 103	13.5	4.53
2000年	100 280.1	8.5	4 984	21.5	4.97
2001年	110 863.1	8.3	6 344	27.3	5.72
2002年	121 717.4	9.1	7 791	22.8	6.40
2003年	137 422.0	10.0	10 154	30.3	7.39
2004年	161 840.2	10.1	13 158	29.6	8.13
2005年	187 318.9	11.4	15 909	20.9	8.49
2006年	219 438.5	12.7	19 423	22.1	8.85
2007年	270 092.3	14.2	25 289	30.2	9.36

续表

年　度	GDP总量/亿元	GDP增长率/%	房地产开发投资额/亿元	房地产开发投资额增长率/%	房地产开发投资额占GDP比重/%
2008年	319 244.6	9.7	31 203	23.4	9.77
2009年	348 517.7	9.4	36 242	16.1	10.40
2010年	412 119.3	10.6	48 259	33.2	11.71
2011年	487 940.2	9.6	61 797	28.1	12.66
2012年	538 580.0	7.9	71 804	16.2	13.33
2013年	592 963.2	7.8	86 013	19.8	14.51
2014年	643 563.1	7.3	95 036	10.5	14.82
2015年	688 858.2	6.9	95 979	1.0	13.99
2016年	746 395.1	6.7	102 581	6.9	13.86
2017年	832 035.9	6.8	109 799	7.0	13.37
2018年	919 281.1	6.6	120 264	9.4	13.36
2019年	990 865.1	6.1	132 194	10.0	13.34
2020年	1 015 986	2.3	141 443	7.0	13.92

数据来源：1996—2019年数据来自《中国统计年鉴—2020》，2020年数据来自国家统计局（http://www.stats.gov.cn/）。

注：此表数据是1996年以来我国房地产业在国民经济中的比重及发展趋势，在一定程度上反映了我国房地产发展规律与经济发展规律的契合性，但是我国房地产比较独特，发展时间又短，这里仅从数据上提供参考，还难以总结清晰的规律。下面是两个相关的曲线图。

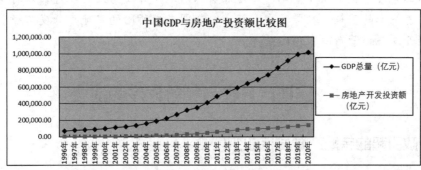

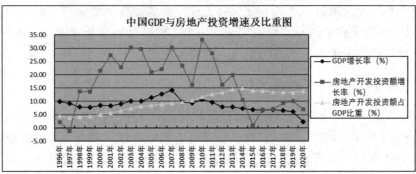

第 2 章 房地产开发与经营程序

学习目标

本章系统地阐述了房地产开发与经营程序并介绍房地产行业相关政策的变化及其所带来的开发与经营程序的改变。根据目前房地产行业发展的状态,将房地产开发与经营程序分成土地开发与经营和房产开发与经营两大阶段,其中土地开发与经营又分为土地储备开发与城市更新两个类别。本章将围绕房地产开发与经营程序两大阶段的基本运作步骤展开介绍。通过本章的学习,需要掌握以下基本知识。

- 房地产开发行业相关政策的变化
- 房地产开发与经营新程序及其特征
- 土地储备开发的概念、内涵及其基本程序
- 城市更新的概念、内涵及其基本程序
- 房地产二级开发程序中四个阶段的基本内容

在本章的学习中,建议先查询、学习原有的房地产开发与经营程序,以对房地产开发与经营程序有基本的了解。在学习中,请同时翻阅本书所附的房地产开发与经营程序图,注意房地产开发与经营新旧程序的差异。

2.1 房地产开发与经营程序的演变

2.1.1 新政引起的房地产开发行业变化

房地产开发与经营项目能否顺利获取并完成,其关键在于资金与土地利用两个方面。自 2002 年以来,国家在金融与土地利用管理两个方面陆续出台新政策(见本章附录 2-1),给房地产开发行业带来了前所未有的变化,主要体现在以下四个方面。

1. 土地使用权获取方式发生变化

2002 年,国土资源部颁发《招标拍卖挂牌出让国有土地使用权规定》(国土资源部令第 11 号),严格禁止商业、旅游、娱乐和商品住宅等各类经营性用地在土地一级市场以协议的方式出让。2004 年,国土资源部、监察部共同颁发《关于继续开展经营性土地使用权招标拍卖挂牌出让情况执法监察工作的通知》(国土资发〔2004〕71 号),要求各地严格执行经营性土地使用权招标拍卖挂牌出让制度且在 2004 年 8 月 31 日将历史遗留的用地问题解决完毕,8 月 31 日后,禁止以任何借口将经营性用地协议出让。这就是行业内有名的"8·31 大限"。2007 年,《招标拍卖挂牌出让国有建设用地使用权规定》(国土资源部令第 39 号)

颁布，将工业用地也纳入招标、拍卖、挂牌出让的范畴。这一系列新政策迫使房地产开发企业在土地一级市场上只能通过招标、挂牌、拍卖方式去获得土地使用权或者通过二级市场与股权市场获取土地使用权。2019年颁布的修订后的《中华人民共和国土地管理法》（以下简称《土地管理法》）明确了集体经营性建设用地入市的合法性，为房地产开发企业获取集体经营性建设用地用于房地产开发提供了新渠道，但目前该类用地一般不得用于商品住宅开发。

2. 房地产金融政策更加规范

房地产开发与经营属于资金密集型业务，房地产开发企业多采用高财务杠杆的策略，从获取土地使用权开始，所使用的资金多来自银行。此策略给房地产开发企业带来了丰厚的利润并有效地降低了房地产开发企业自有资金风险，但由于将过多的风险转嫁给金融机构，促使房地产开发企业在风险把握上放松警惕，急于冒进。为防范房地产市场泡沫和系统性金融风险的出现，国家陆续出台房地产金融调控政策，其中影响最深远的主要有以下两个文件。

2003年6月5日，《中国人民银行关于进一步加强房地产信贷业务管理的通知》（银发〔2003〕121号）发布，文件规定：商业银行严禁以房地产开发流动资金贷款及其他形式贷款科目发放房地产开发贷款，并要求企业自有资金不低于开发项目总投资的30%；对土地储备机构发放抵押贷款，贷款额度不得超过所收购土地评估价值的70%，贷款期限最长不得超过2年；对未取得土地使用权证书、建设用地规划许可证、建设工程规划许可证和施工许可证（以上合称"四证"）的项目，不得发放任何形式的贷款；商业银行发放的房地产贷款，严禁跨地区使用；商业银行不得发放用于缴交土地出让金的贷款。

2009年3月25日，《中国银监会关于支持信托公司创新发展有关问题的通知》（银监发〔2009〕25号）发布，文件规定：不得向不满足"四证"要求的项目发放贷款，申请贷款的房地产企业必须具备房地产开发二级资质，申请贷款的房地产开发项目资本金比例应不低于35%（经济适用房除外）。

新政策出台迫使房地产开发企业动用更多的自有资金，更多地考虑项目的可行性、自有资金的安全性，同时更多地关注自身的财务安全，寻求更稳妥的融资安排，对房地产企业的财务运营技术提出了更高的要求。新政的陆续出台提高了房地产开发企业获取资金的难度，提高了资金成本，大部分房地产开发企业都走向了高周转发展模式，同时充分利用政策执行中的漏洞积极开展各类表外融资业务。

2019年5月8日，《中国银保监会关于开展"巩固治乱象成果 促进合规建设"工作的通知》（银保监发〔2019〕23号）发布，全面禁止地价款融资和违规表外融资业务。此文件深刻改变了房地产融资模式和发展模式，粗放、高杠杆、高周转的模式慢慢地走到了尽头。

2020年"三道杠""两道杠"（见附录2-1）的推出进一步加大了房地产开发行业持续数年的"高周转"模式终结的步伐，到本书编写时，房地产开发企业大规模地出现了财务危机，行业的转型发展已经迫在眉睫。

3. 房地产开发与经营业务链的分割、重整

房地产开发与经营业务链是指房地产开发项目全程各项细分业务的前后承接所形成的一种组合关系。

过去房地产开发业务链是从房地产开发企业获得毛地、生地开始，通过自行征地拆迁为熟地，进而进行商品房建设。现在这一业务链被分割、重整，土地开发与房产开发相分离，土地开发将生地或毛地开发成熟地后进入土地一级市场，房地产开发企业以公开竞争方式自土地一级市场或二级市场获取土地使用权并进行房产的开发与经营。为了和土地市场划分相匹配，我们将土地开发、房产开发与经营也分别称为土地一级开发和房地产二级开发。土地一级开发与房地产二级开发是两条相互衔接的业务链。在新的业务链中，土地一级开发和房地产二级开发均大量引入了市场竞争机制。例如，过去征收实施工作多由政府自行进行或者由房地产二级开发企业自行负责，而现在通过招标等市场竞争方式选取具有市场竞争力的企业负责征收实施工作，有效地控制了成本与进度。另外，新的业务链组合加强了政府对房地产行业的宏观调控能力，促使房地产开发企业按照国家新政策重组自己的业务架构以增强自身盈利能力，也使得房地产行业进一步分工，一部分企业重点经营土地一级开发业务，而另一部分企业专心从事房地产二级开发业务。

4. 城市更新业务快速发展

改革开放四十余年来，我国的城市化迅猛发展，人口高速集聚，城市建成区面积快速扩张。随着我国经济转型升级，过去的城市化发展模式遇到了巨大的挑战，主要体现于两个方面：一方面，城市发展使可供开发的新增建设用地越来越稀缺，靠增量发展的粗放模式无以为继；另一方面，由于规划的滞后和城市管理的不到位，造成大量建成区土地利用率低下、公共基础设施落后、生活环境恶化，甚至有演变为"贫民窟"的趋势。为了提高城市发展的可持续性，增加城市资源承载力，对老城区、城中村、老旧工业区等低效利用土地进行更新发展就成为必由之路。

2009年以前，城市更新业务在各地零星开展，模式各异，发展缓慢，问题丛生。2008年12月20日，广东省人民政府与国土资源部签署《国土资源部广东省人民政府关于共同建设节约集约用地试点示范省合作协议》，自此，广东省在城市更新实践（"三旧改造"）中起到了全国先行先试的模范作用。2016年，在充分肯定了广东城市更新模式的基础上，国土资源部印发《关于深入推进城镇低效用地再开发的指导意见（试行）》（国土资发〔2016〕147号），向全国推行城市更新工作，自此，城市更新业务发展政策、城市更新模式逐步清晰。由此，土地一级开发从单一的土地储备开发模式发展为土地储备开发与城市更新两种模式并存的现状。

2.1.2 三代房地产开发与经营程序的演进

1. 第一代房地产开发与经营程序（2004年以前）

第一代房地产开发与经营程序可以划分为投资决策分析、土地使用权获取、前期准备、建设施工、销售、物业管理六个阶段。各阶段的具体情况如下。

投资决策分析阶段必须编制可行性研究报告报送政府计划管理部门以获取项目立项批复。

土地使用权获取可以通过划拨或出让方式，其中出让方式大多采用协议出让和毛地出让，房地产开发企业可能需要自行开展土地征收和拆迁工作。毛地出让使得房地产开发企业成为征地拆迁主体，造成社会矛盾激化，拉长了房地产开发周期，加大了房地产开发投资风险；划拨或协议出让土地使得国有资产流失严重，造成行业竞争无序。

前期准备工作中的融资工作环境相对宽松，获取资金方式灵活，由于城市规划申报在土地获取之后，房地产开发商基于自身利益所做的规划申报不利于城市规划的落实和土地的集约利用。

建设施工管理宽松，特别是工程款支付和农民工工资保障缺乏管理，造成工程诉讼频发，农民工利益无法保障，社会矛盾突出。

销售阶段的预售管理政策宽松，在预售条件设置和预售资金监管方面均管理缺失，造成烂尾项目频现，期房购房人利益无法保障，群体上访事件时有发生。

房地产开发企业和居民普遍忽视物业管理的重要性，物业管理由于利润低下，在房地产企业发展战略中处于支出型配套作业。

2. 第二代房地产开发与经营程序（2004年至2016年）

随着房地产市场的蓬勃发展，第一代房地产开发与经营程序暴露出来的问题在积累下变得越发严重，随着政府各类新政策逐步出台落实，房地产开发与经营产业发生了很大的变化，特别是2004年3月18日国土资源部、监察部共同发布的《关于继续开展经营性土地使用权招标拍卖挂牌出让情况执法监察工作的通知》彻底终结了经营性用地的协议出让。2007年，国土资源部、财政部、中国人民银行联合制定《土地储备管理办法》，毛地出让逐步被禁止，土地储备开发以独立的房地产开发业务走入行业。

第二代房地产开发与经营程序在总体上划分为土地储备开发和房地产二级开发两大阶段。土地储备开发又被称为土地一级开发，所以我们将后续的商品房开发与经营阶段称为房地产二级开发（详细程序请参考本书最后的附图1-1和附图1-2）。土地储备开发阶段又可以划分为准备工作、行政审批、项目实施与交付三个阶段。房地产二级开发阶段可以划分为投资决策、前期工作、项目管理、经营与物业管理四个阶段。

第二代房地产开发与经营程序更多地引入了市场竞争机制，表现出优于第一代程序的特征，这些特征包括以下五个方面。

（1）土地开发市场脱离了土地供应市场。第二代程序改变过去生地、毛地出让进行房地产综合开发经营的做法，将土地储备开发从房地产开发中分离出来，建立土地开发市场并引入市场机制，有利于控制土地开发成本，实现政府利益最大化，也有利于保障被征用、征收人的合法利益。

（2）土地供应更加透明。在原有的土地供应方式下，大量的毛地进入市场，获取土地使用权不仅仅依靠报价，更多地受制于其他因素，顺利完成征地拆迁需要房地产开发企业与原土地使用权人具有良好的关系，引发了不公平竞争。通过储备开发，土地基本达到了熟地状态，在土地供应市场的竞争中，免除了竞争者因非市场因素产生的顾虑，使其能够

（3）程序更加简练，更有利于监管。程序调整后，房地产开发不再是一、二级开发混合进行，很多审批程序都调整进入土地储备开发阶段，而土地储备开发是由政府主导的，这就减轻了二级开发阶段中房地产开发企业的负担。虽然程序更简练，但由于更多的市场竞争机制的进入，更多的透明化操作，反而加强了政府监管的能力。

（4）实现了房地产开发与经营风险的分割。在过去的开发模式中，从土地征收工作开始直至房地产开发完成后的销售与经营，整个项目的周期长，风险高度集中。在新的开发模式下，一级开发、二级开发及房地产经营相分离，实现了各个环节风险的隔离，缩短了单个环节的开发运行周期，使风险偏好不同的投资人能够专注于某一个开发环节，有效地分割并降低了风险。

（5）有效地降低了房地产开发与经营成本。过去的开发模式由于周期长、风险高度集中，造成投资人资金成本高企，机会成本难以分解，整体成本过高。新的开发模式通过收益分配机制的调整实现了资本与风险的匹配，在整个开发经营流程中实现了对资金成本的结构化处理，从整体上有效地降低了房地产开发与经营成本。

3. 第三代房地产开发与经营程序（2016年至今）

第二代房地产开发与经营程序经过十多年的发展和检验，其存在的问题也逐渐暴露，主要表现在两个方面。

（1）土地储备业务被政府垄断，行政效率低下和财政资金紧缺严重制约了土地储备业务的发展，特别是大中型城市广泛存在的城中村、老旧居民区、老旧工业区的改造进展缓慢。土地储备业务完全由政府主导，业务推动自上而下，市场各方主体的能动性和市场积极性都无法被调动，协调各方诉求的难度较大，造成容易、大拆大建的项目快速推进，复杂但涉及民生的项目进展缓慢。

（2）纯价格导向型土地出让竞争模式使得城市配套设施建设滞后、住房保障供应欠账严重等问题越发突出，同时，随着经济发展的转型升级，价高者得的模式使得战略性产业发展成本居高不下。

上述问题严重制约着城市发展的可持续性，对此，从国家政策层面到地方执行管理层面均逐步进行了改革。首先，引入令市场各方主体积极性更高的城市更新业务，该业务独立于土地储备业务，刺激城中村、老旧居民区、老旧工业区的改造市场；其次，在土地出让环节增加产业导入、保障房供应、长租住房供应等要求，积极推动城市可持续发展。

第三代房地产开发与经营程序分成土地开发与经营和房产开发与经营两大阶段，其中房产开发与经营和第二代房地产开发与经营程序中的二级开发程序基本相同，只是在实操层面出现了一些变化，如土地获取时引入了勾地模式、在销售环节增加了保障房供应和长租住房经营等。土地开发与经营分成了土地储备开发和城市更新两个类别。土地储备开发与第二代房地产开发与经营程序中的土地储备开发基本相同，只是在土地储备主体、土地征收管理等方面进行了改善。城市更新在实施主体完成土地征收拆除等手续后，不再需要纳入土地储备供应，而由实施主体直接申请协议出让，然后进入二级开发程序。

2.2 土地储备开发程序概述

2.2.1 土地储备开发的概念与内涵

1. 土地储备开发的概念

对于土地储备开发的概念，目前尚未形成统一的表述并且土地储备开发在各地所采用的名称不同，其概念表述差异较大。比较典型的概念表述有如下几种。

(1)《中关村科技园区土地一级开发暂行办法》(京政办〔2002〕16号)中规定：土地一级开发是指政府对中关村科技园区范围内的国有土地统一进行拆迁、市政基础设施建设的行为。

(2)《北京市土地一级开发管理暂行办法》(2002年)中规定："本办法所称土地一级开发，是指政府委托市土地整理储备中心(以下简称市土地储备中心)及分中心，按照土地利用总体规划、城市总体规划及控制性详细规划和年度土地一级开发计划，对确定的存量国有土地、拟征用和农转用土地，统一组织进行征地、农转用、拆迁和市政道路等基础设施建设的行为。"

(3)《土地储备管理办法》(2018年)规定："土地储备是指县级(含)以上国土资源主管部门为调控土地市场、促进土地资源合理利用，依法取得土地，组织前期开发、储存以备供应的行为。"

综合以上表述，结合土地储备开发实践，我们可以将土地储备开发的概念归纳为：按照国民经济发展计划、国土空间总体规划、国土空间详细规划、土地利用年度计划，由政府统一确定土地用途与规划设计指标，有计划地委托土地储备开发实施主体负责实施土地征收(收购)、补偿安置、土地平整、市政基础设施建设、公用配套设施建设以按期达到土地既定开发标准的土地开发行为并由政府统一组织验收，将验收合格的已开发土地纳入储存以备供应。

2. 土地储备开发的内涵

土地储备开发的概念包括以下六点内涵。

(1) 土地储备管理主体是市、县人民政府的自然资源主管部门。根据《土地储备管理办法》的规定，土地储备管理主体是市、县人民政府的自然资源主管部门，市、县人民政府自然资源主管部门会同财政及当地人民银行等部门，按照职责分工，各负其责，互相配合，保证土地储备工作顺利开展。

(2) 土地储备实施主体是土地储备机构。根据《土地储备管理办法》的规定，土地储备工作的具体实施由土地储备机构承担。土地储备机构是市、县人民政府批准成立，具有独立的法人资格，隶属于自然资源主管部门，统一承担所属行政辖区内土地储备工作的事业单位。

(3) 土地储备开发实施主体可以是土地储备机构，也可以是社会企业。根据财政部、国土资源部、中国人民银行、银监会联合发布的《关于规范土地储备和资金管理等相关问题的通知》（财综〔2016〕4号）第七条规定："地方国土资源主管部门应当积极探索政府购买土地征收、收购、收回涉及的拆迁安置补偿服务。土地储备机构应当积极探索通过政府采购实施储备土地的前期开发，包括与储备宗地相关的道路、供水、供电、供气、排水、通信、照明、绿化、土地平整等基础设施建设。"土地储备开发具体工作可以由土地储备机构自行承担，也可以以政府采购的形式委托社会企业。

（4）土地储备开发的目标包括战略目标和现实目标。土地储备开发的战略目标是增强政府对土地市场的宏观调控能力，加强国有土地资产管理，优化土地资源配置，促进土地资源合理利用；土地储备开发的现实目标是实现土地一级市场的透明化，使未来的土地使用权人不再承担与建筑物等建设无关的涉及土地开发及基础设施建设的工作，降低开发成本。

（5）土地储备开发工作的依据是国民经济发展计划、国土空间总体规划、国土空间详细规划、土地利用年度计划。

（6）土地储备开发工作的内容是编制土地储备开发计划与方案、实施土地征收（收购）、补偿安置、土地平整、市政基础设施与公用设施建设、已开发土地储存、土地入市交易。

2.2.2　土地储备开发工作的原则

土地储备开发工作主要遵循以下五个原则。

1. 政府主导原则

从法律规定的角度来讲，国家是土地的所有者，地方政府代表国家对土地拥有占有、使用、处分等权力。因此，政府对土地一级开发拥有主导权，尤其对具有"公共产品"特征的市政基础设施建设，政府有义务和责任进行控制与指导。

2. 统一规划原则

鉴于先进国家的做法以及《中华人民共和国城乡规划法》的有关要求，在土地储备开发之前，土地用途、容积率、各种市政管线的布局与容量等规划必须确定，而且不得随意变更，只有经过法律程序批准，才能进行调整。每个土地储备开发项目都涉及土地利用规划、市政规划等各项规划内容，必须符合城市规划，这就需要由政府按照城市规划、土地利用规划的要求统一安排规划设计工作。

3. 计划调节与市场调节相结合原则

在城市规划确定的基础上，土地储备开发的规模、布局以及进度安排应遵循计划调节与市场调节相结合的原则。土地储备开发工作应先在哪些地区进行，后在哪些地区进行，也就是每年的土地供应量与供应区位的确定，应遵循计划调节与市场调节相结合的原则，即按照城市规划和企事业单位的搬迁要求，一方面采用计划手段明确规定一批需要进行一级开发的土地，另一方面以市场化方式公开确定土地储备开发实施主体，如此既可以使土地储备开发的成本透明化，保证政府收益，也有利于实现土地储备开发市场的公平竞争，达到资源优化配置，同时能够促进政府建立合理、高效的土地收购储备和公开供地制度。

4. 投资多元化原则

土地储备开发资金一般包括土地收购资金、土地征收资金、居民安置补偿资金、各项市政建设资金等。根据《关于规范土地储备和资金管理等相关问题的通知》（财综〔2016〕4号）和《自然资源部办公厅关于进一步规范储备土地抵押融资加快批而未供土地处置有关问题的通知》（自然资办发〔2019〕3号），土地储备资金从以下渠道筹集：一是财政部门从已供应储备土地产生的土地出让收入中安排给土地储备机构的征地和拆迁补偿费用、土地开发费用等储备土地过程中发生的相关费用；二是财政部门从国有土地收益基金中安排用于土地储备的资金；三是发行地方政府债券筹集的土地储备资金；四是经财政部门批准可用于土地储备的其他资金；五是上述资金产生的利息收入。

土地储备开发资金数额较大，财政资金渠道很难满足土地储备开发项目对资金的需求，通过委托社会企业作为土地储备开发实施主体可以使社会资本进入土地储备开发领域，于土地储备完成甚至土地出让完成后再向社会企业支付服务费。投资多元化一方面降低了政府的投资风险，另一方面也使土地开发的收益分配机制得到优化。

5. 收益共享原则

在保障政府对土地所有权的收益基础上实现多方投资主体收益共享有利于各方资本持续进入土地储备开发市场，政府可以利用有限的资本吸引更多的资本力量为土地储备开发服务。

土地储备开发工作除遵循以上五个原则外，还应该努力建立一种合理的开发模式，处理好政府、土地储备开发实施主体和各经济体之间的关系，使其符合市场化运作的公开透明原则，从而最大限度地适应现阶段社会经济发展的要求，同时通过不断地改进和优化，进一步协调好土地市场供需关系，优化资源配置，合理、高效地利用土地。

2.2.3 土地储备开发的基本程序

土地储备开发的基本程序可划分为三个阶段：准备工作阶段、行政审批阶段、项目实施与交付阶段（见本书附图1-1）。

1. 准备工作阶段

按照工作顺序，准备阶段又可划分为五个细分阶段：土地储备开发计划编制与审批、土地储备开发实施方案编制与审查、土地储备开发实施主体确定、土地储备开发项目投资分析、参与项目竞争。其中，前三个阶段（土地储备开发计划编制与审批、土地储备开发实施方案编制与审查、土地储备开发实施主体确定）由政府主导，后两个阶段（土地储备开发项目投资分析、参与项目竞争）则由社会企业主导。

土地储备开发计划是为了规范土地储备和一级开发行为、更好地实施城市总体规划和土地利用总体规划、确保有计划地供应"熟地"而编制的。编制的主要依据是项目所在地的国民经济发展计划、土地利用年度计划和土地供应计划。编制好的土地储备开发计划应上报市或县人民政府审批。

土地储备开发实施方案主要是为土地储备开发招标、投标与实施提供参考，也是土地储备开发的标准。土地储备开发实施方案的主要编制依据是对储备开发项目区域范围内的土地权利、地上物现状、基础设施状况、金融环境和地形等的调查成果。

土地储备开发实施主体是指具体从事土地征收、收购、收回涉及的拆迁安置补偿服务和前期开发服务的机构，可以是土地储备机构自身，也可以是土地储备机构依据《国务院关于创新重点领域投融资机制鼓励社会投资的指导意见》（国发〔2014〕60号）和《关于规范土地储备和资金管理等相关问题的通知》等法律、法规和政策要求委托的社会企业。土地储备开发实施主体的确定可以通过直接授权委托和招标两种方式，而土地储备开发实施模式有三种，分别是：①土地储备中心自任土地储备开发实施主体；②选择开发企业进行开发管理；③选择开发企业实施开发，又称为带资开发。

土地储备开发项目如果按照以上第二种和第三种实施模式进行，就必须委托社会企业作为土地储备开发的实施主体。要竞争成为土地储备开发实施主体，企业就必须根据土地储备开发实施方案，结合自身条件进行项目投资分析，以保证在获取项目土地储备开发权并实施后，其结果能够满足自身在战略发展、财务、社会效益等多方面的需求。

企业通过投资分析后，如果认为项目符合自身的总体要求，即可参与项目竞争，以获取土地储备开发权。土地储备开发权的获取是社会企业和机构进入土地储备开发领域的第一道门槛，也是建立规范的土地储备开发市场的关键之处。项目投资分析与项目实施主体确定之间具有一定的时间顺序性，但这种时间顺序性取决于项目实施的模式，两者可能是同步进行，也可能是项目投资分析先于项目实施主体确定，本书第5章将会对此进行详细介绍，此处仅做简单描述。

2. 行政审批阶段

按照工作顺序，行政审批阶段的内容包括项目立项申请、建设用地预审、投资核准、专业意见征询、规划意见申报、土地征收批准。

项目立项申请与建设用地预审工作一般同时进行。专业意见征询根据各地方政府的要求进行，包括环境影响评价、社会影响评价、交通评价、文物保护意见、林木处理意见、市政配套与管线综合意见等各个方面。市政配套与管线综合意见需要向各市政专业部门征询并根据各市政专业部门的意见由市政规划设计部门制定市政配套与管线综合方案。

行政审批的程序根据拟储备土地的来源不同而有所区别。如果是征收的集体土地，土地储备开发实施主体必须办理征地批复；如果涉及农用地，还必须办理农用地转用审批手续；如果是收回国有土地，需要办理国有土地收回批准；涉及国有土地上房屋征收，需要办理征收范围内暂停事项申请，如冻结户口迁移、建筑物新建批准等，同时根据《国有土地上房屋征收与补偿条例》需要办理征收决定。

3. 项目实施与交付阶段

按照工作顺序，项目实施与交付阶段包括征收、安置建设、市政建设、储备开发验收、储存或入市。

征收工作包括征收补偿评估、谈判、签约、拆除平整。如果征收补偿方案中涉及安置建设，土地储备开发实施主体还需要进行安置建设，如居民回迁楼、公共服务设施与市政设施异地重建等。在完成或部分完成征收工作后，在条件许可的时候，可以同时依据土地储备开发方案中的市政建设方案进行市政建设，包括红线外管网铺设、道路建设等。

在完成征收、安置建设、市政建设后，土地储备开发实施主体可以提出储备开发验收申请，由委托人、规划、建设、市政等各政府主管部门分别对各自分管部分进行验收工作。验收合格后，储备开发后的土地交付政府自然资源主管部门或土地储备机构，由自然资源主管部门或储备机构对土地进行储存、利用或入市交易，如果直接入市交易，就进入房地产二级开发程序（见本书附图1-2）。

2.3 城市更新程序概述

2.3.1 城市更新的概念与内涵

1. 城市更新的概念

城市更新并非现代才出现的经济活动，国外罗马古城的改建，我国古代西安、南京、扬州等古城的历次重建，都属于城市更新活动。人类历史上规模最大的城市更新活动是二战结束后的欧洲重建。虽然城市更新活动在人类历史上频繁出现，人们对其概念的描述却一直没有统一，文献中多使用城市复兴、城市振兴、城市再开发、城市重建等描述城市更新。造成概念不统一的原因除了文化背景差异外，还有在不同发展阶段中人类对城市更新的诉求、理念的变化。

基于对改革开放近四十年来粗放经营所造成的城市发展不具可持续性的认识，2013年，中央城镇化工作会议明确提出"严控增量，盘活存量，优化结构，提升效率""由扩张性规划逐步转向限定城市边界、优化空间结构的规划"等政策方针。2015年，中央城市工作会议再次指出，城市"要坚持集约发展，框定总量、限定容量、盘活存量、做优增量、提升质量"。2016年11月11日，国土资源部印发《关于深入推进城镇低效用地再开发的指导意见（试行）》（国土资发〔2016〕147号），向全国推行城市更新工作。自此，城市更新逐步在全国形成统一的政策标准。

基于当前我国政策指向和实践活动，城市更新概念可以归纳为以提升土地利用效率，完善城市功能，促进经济、社会与生态可持续发展为目标，依据法律法规、城市规划，按照一定的程序，对低效利用土地盘活利用，对城市功能欠缺、环境恶劣区域进行综合整治的经济活动。

2. 城市更新的内涵

城市更新的概念包括以下四点内涵。

（1）城市更新目标分为战略目标和现实目标。战略目标是通过城市功能完善、产业结构优化、社会经济与生态环境的改善，促进经济、社会与生态可持续发展。现实目标是通过盘活存量土地、改造低效利用土地、改善人居和产业发展环境、完善城市功能，提高城市土地价值，提高城区环境品质，促进区域社会和经济平稳发展。

（2）城市更新参与主体广泛。城市更新涉及的主体包括政府、权利主体、市场主体和专业机构。政府是城市更新的规则制定者、规划统筹者、审批决策者、活动监督者和支持者；权利主体是城市更新的推动者、受益者，在有些城市更新项目中还是发起者；市场主体是城市更新的发起者、投资者、实施者、受益者；专业机构是城市更新技术的提供者、社会利益的维护者。

（3）城市更新必须依法依规，按照一定程序开展。城市更新工作的依据包括政策法规、城市更新工作规则、年度城市更新计划和城市规划。为保障各方利益、实现城市更新目标，城市更新工作必须按照政府规定的程序执行。

（4）城市更新工作内容包括对低效利用土地盘活利用，对城市功能欠缺、环境恶劣区域综合整治，工作方式包括拆除重建、功能改变和综合整治。房地产开发投资涉及的城市更新工作方式主要是拆除重建和功能改变这两种。

3. 城市更新与旧改、棚改

旧改即"三旧改造"，是现有城市更新业务的原始版本，是指依据土地规划、城市规划和三旧改造计划对旧城镇、旧厂房、旧村庄等进行改造。三旧改造的出发点是节约集约用地，改造方式包括土地储备开发、土地权利人自主改造或引入市场主体改造，后两种改造方式与城市更新类似，但城市更新的目标要高于三旧改造。

棚改即"棚户区改造"，是我国政府为改造城镇危旧住房、改善困难家庭住房条件而推出的一项民心工程，改造对象为城市、国有工矿、国有林区（林场）、国有垦区（农场）棚户区，改造方式主要为土地储备开发，对原住户采取货币补偿、回迁安置、异地安置等补偿方式，其出发点是改善居民住房条件、提高基础设施和公共服务设施的建设水平。棚户区改造与三旧改造相比，改造对象更特定并且具有中央明确的财政、金融支持政策和税收优惠政策。城市更新与旧改、棚改的基本要素比较如表2-1所示。

表2-1 城市更新与旧改、棚改的基本要素比较

	三旧改造	棚户区改造	城市更新
对象	旧城镇、旧厂房、旧村庄，范围中等	城市、国有工矿、国有林区（林场）、国有垦区（农场）棚户区，范围较小	低效用地，城市功能缺失、环境恶劣、存在安全隐患、影响城市规划实施等区域，范围较大
目标	土地节约集约利用	改善居民住房条件、提高基础设施和公共服务设施的建设水平	提升土地利用效率、完善城市功能，促进经济、社会与生态的可持续发展
模式	土地储备、权利人自主改造、引入市场主体改造	土地储备	权利人自主改造、引入市场主体改造
方式	拆除重建、功能改变和综合整治	拆除重建	拆除重建、功能改变和综合整治
政策支持	允许土地协议出让，允许土地出让金返回	财政专项资金、专项贷款、税费减免	允许土地协议出让，财政专项资金

2.3.2 城市更新工作的原则

城市更新工作主要遵循以下四个原则。

1. 规划引导原则

城市更新不仅涉及城市土地资产盘活、产业优化、功能完善和社会治理等众多方面，还涉及政府、权利人、市场主体和专业机构等多元化主体，存在复杂的利益关系。因此，需要明确政府在城市更新中的责任主体地位，发挥规划的调控和引导作用，制定更新的目标和方向，明确更新规模、布局及方式。城市更新要以规划为引导，统筹协调各方利益，保障更新项目的有序开展，实现城市发展既定目标。

2. 公众参与原则

城市更新涉及的权利人、利益相关方较多，关系复杂，主要矛盾体现在以下几个方面。

（1）权利人内部的利益诉求矛盾，包括权利人自身在改善人居环境与博取经济利益间的矛盾、不同权利人之间的利益矛盾等。

（2）权利人与市场主体之间的矛盾，两者的诉求都是自身利益最大化，在规划等政策约束下，双方利益容易对立。

（3）权利人、市场主体与政府之间的矛盾，权利人与市场主体的诉求均为自身利益最大化，但这种利益最大化有可能损害外部效益，政府从城市可持续发展角度代表公众利益，其诉求包括城市功能完善、社会治理改善、产业结构优化、区域布局合理等，这就造成权利人、市场主体与政府之间形成矛盾。

要平衡利益、有效化解各方矛盾、推进城市更新工作，公众参与至关重要，在城市更新中，从城市更新计划、城市更新规划到补偿方案，均需要广泛征求各方意见。

3. 市场运作原则

从全国城市更新实践来看，市场化运作越明显的地区，城市更新工作的推进效率越高、成果越显著。以广州市为例，2009—2012 年，广州市采取"市场主动、效率优先"政策，充分调动市场主体参与城市更新的积极性，三年实现城市更新面积达 19.48 平方千米；2012—2015 年，广州市调整政策为"强化政府主导"，城市更新陷入停滞；2015 年年底调整政策后，市场化略有放松，但仍以"政府主导"，城市更新进展缓慢；截至 2018 年年末，城市更新完工项目仅占广州市标图建库项目总量的 1.88%。

城市更新成功的关键之一就是市场化运作，否则会与土地储备开发走向同质化。在市场化运作的过程中，城市更新工作在保障市场主体的投资利益的同时需要保障参与各方和社会公众的利益，实现利益共享。

4. 可持续发展原则

可持续发展是在保持环境系统更新能力及其所提供服务的前提下的发展，城市更新是对城市系统的调整和改造活动，其战略目标是实现城市的可持续发展。具体表现为通过调整土地功能、优化产业结构实现经济可持续发展；通过完善城市功能、改善人居环境实现社会可持续发展；通过提升土地集约利用、加强生态建设实现生态可持续发展。为实现城市更新战略目标，在城市更新计划、规划等方面的编制、落地中，均要贯彻可持续发展原则。

2.3.3 城市更新的基本程序

城市更新的基本程序可以划分为城市更新申报、城市更新规划编制与审批和城市更新实施三个阶段。

1. 城市更新申报

城市更新申报按照工作顺序可以划分为评估、申报主体确认和计划申报审批三个步骤。

评估一般由潜在的申报主体或政府部门负责。首先，对项目进行前期调研，初步划定城市更新单元，了解相关规划要求，对城市更新区域进行详细摸底，调查权利主体对城市更新项目的意愿；其次，在前期调研的基础上，要明确公共要素清单，对城市更新项目的开发规模、功能配比、实施分期、预期收益、法律风险等方面进行评估并决定是否正式启动城市更新项目。

申报主体确认一般有三种模式，分别是权利主体自行申报、权利主体委托单一市场主体申报、政府相关部门申报。需要注意的是，申报主体确认并不是确定城市更新的实施主体，而是确定负责计划申报工作的主体。

计划申报审批由申报主体编制城市更新单元计划并提交给城市更新主管部门，城市更新主管部门对城市更新单元计划进行审查，审查内容主要包括城市更新意愿达成情况、申报主体资格认定、现有建设核查情况、城市更新的必要性和更新单元划定的合理性，审查后对计划进行公告。

2. 城市更新规划编制与审批

城市更新规划编制与审批按照工作顺序可以划分为基础信息核查、城市更新单元规划编制、城市更新单元规划审批三个步骤。

基础信息核查是由申报主体对城市更新单元内的土地、房产等资料进行搜集、汇总并向城市更新主管部门申请对城市更新单元内的土地、房产信息进行核查并将核查结果反馈给申报主体。城市更新主管部门协调国土、规划、建设等相关部门依据相关法律、法规对产权缺失的土地、房产进行产权认定。

城市更新单元规划由申报主体委托城市规划机构编制。城市规划机构应结合基础信息核查结果、城市规划和规划编制技术标准编制城市更新单元规划，重点确定城市更新的范围、目标、方式和规划控制指标。

城市更新单元规划审批具体包括城市更新申报主体向城市更新主管部门申报城市更新单元规划、城市更新主管部门及各政府职能部门对城市更新单元规划的审查、城市更新单元规划公示和政府批准四个部分。

3. 城市更新实施

城市更新实施在程序上分为实施方案制定、实施主体确定、拆迁与房地产权注销、用地审批与土地出让四个步骤。

实施方案制定一般由城市更新主管部门依据城市更新单元规划编制，其内容包括项目进度安排、单一主体形成指导方案、拆迁安置补偿指导方案等。

实施主体确定包括单一主体形成、拆迁安置补偿协议签署、实施主体资格审查、公示四个部分，其中单一主体形成由权利人决定，拆迁安置补偿协议签署由单一主体与权利人完成，实施主体资格审查、公示则由城市更新主管部门负责。

拆迁与房地产权注销工作包括拆迁补偿发放、被拆除房屋交付并拆除、土地平整，在上述基础上，由实施主体向城市更新主管部门申请原有产权登记注销。

用地审批与土地出让工作包括建设用地审批、土地出让手续办理并缴纳地价款。此项工作结束后，城市更新项目进入房地产二级开发程序。

2.4 房地产二级开发程序概述

2.4.1 投资决策阶段

投资决策是整个开发过程中最为重要的一环，是影响项目成败的关键。房地产投资决策过程是指在房地产投资决策中提出问题、分析问题和解决问题的过程，主要包括投资机会选择和投资分析决策两个步骤。

1. 投资机会选择

投资机会选择可以细分为开发设想提出、投资机会寻找和投资机会选择三个步骤。

出于对市场和企业自身的了解，投资人首先提出开发设想并将开发设想进行细化，确定房地产开发项目的类型以及开发内容。例如，投资人了解到所在城市区域的公寓住宅项目极少，市场容量较大，此时可以提出建造公寓住宅出售的设想或者某区域有商业地块挂牌出让，某企业根据对区域情况的初步判断，提出一个开发构思。一般来说，开发设想的形成需要大量的信息，而且需要专业人士具有较强的信息敏感度。这个设想在一开始也许只是一个比较模糊的概念，如大致的建设地点、项目的基本类型、主要目标客户群的确定等，还需要进一步的市场研究才能决定是否进行下一步的开发行动。

在提出开发设想后，投资人就需要根据开发设想寻找投资机会，原则上，可供选择的范围越广越好，可供选择的项目数量越多越好。常用的寻找投资机会的方法有以下几种：① 在自然资源主管部门寻找其准备出让的土地；② 关注媒体广告或自行发布广告寻找投资机会；③ 通过中介、咨询机构寻找投资机会；④ 直接寻找拥有土地使用权的单位（如拥有划拨土地的国有企业等）。

在寻获投资机会后，投资人可凭经验对未来做粗略的初步判断，对一些明显无市场需求、无开发价值的项目予以剔除，其余项目则保持与项目或土地供应方进一步接触的机会。

2. 投资分析决策

针对初步挑选出来的投资机会，需要进行深入、系统、科学的投资分析，这个工作可以由投资人自己进行，如果投资人自身不具备投资分析的能力，可以委托专业机构承担。

投资分析是指综合运用技术、经济、管理等自然科学和社会科学的相关知识等，从可行性和合理性的角度，对房地产二级开发项目所涉及的工程、经济、社会、外部协作条件等因素进行全面的分析论证并进行多方案比较，选择最优的方案，为开发项目决策提供依据，减少项目决策的盲目性。通过投资分析决策可以将房地产二级开发项目落实到一个真正的项目之上，明确项目的开发性质、类型、规模，资金的投入和使用，项目的建设周期，项目的经营和项目投资的回收等，保证项目的开发有一个内外部合理、可靠的基础并为项目的顺利开发建设、经营以及项目的现金流量计划提供合理的预测。

2.4.2 前期工作阶段

前期工作阶段包括土地使用权获取、专业评价与项目核准、规划设计报批以及合作单位的选择。

1. 土地使用权获取

土地是人们生产和生活必不可少的物质基础，对这种重要且稀缺的资源实行有偿使用不仅是实现所有权的重要方式，而且是商品经济发展的客观要求。房地产开发的成功与土地是息息相关的，若是没有取得土地使用权，再优秀的开发设想也只能是空中楼阁。尤其是在城市飞速发展、城市空间拓展越来越困难的今天，怎样获得一块地理位置合适的地块是每一个开发企业都非常关心的问题。通过上一个阶段的投资分析，可能做出参与土地储备开发、城市更新或者直接获取土地的决策，前两者完成后再进入土地使用权获取阶段。随着经济的发展和政策、法规的完善，获取土地使用权的方式也在不断地发生着变化，目前最主要的三种模式是：① 参与土地出让竞争；② 在建项目收购；③ 入股项目公司。

2. 专业评价与项目核准

在获取土地使用权后，按照国家规定，需要编写项目申请报告，向计划管理部门申请项目立项，核准项目。

根据《国务院关于加强节能工作的决定》（国发〔2006〕28号）的规定，部分房地产二级开发项目在申请立项前必须进行节能评估，具体需要节能评估的项目标准由各地政府规定。例如，《北京市固定资产投资项目节能评估和审查管理办法（试行）》规定，建筑面积在2万平方米以上（含2万平方米）的公共建筑项目和建筑面积在20万平方米以上（含20万平方米）的居住建筑项目均应进行节能评估。再如，《上海市固定资产投资项目节能评估和审查管理办法（试行）》规定，单体建筑面积在2万平方米以上（含2万平方米）的公共建筑项目和建筑面积在20万平方米以上（含20万平方米）的居住建筑项目必须委托专业的咨询机构进行节能评估。

为了减少投资项目对环境的破坏，对于投资项目还需要进行环境影响评价，建设项目的环境影响报告书应当包括：①建设项目概况；②建设项目周围环境现状；③建设项目对环境可能造成影响的分析、预测和评估；④建设项目环境保护措施及其技术、经济论证；⑤建设项目对环境影响的经济损益分析；⑥对建设项目实施环境监测的建议；⑦环境影响评价的结论。

随着经济的发展，部分城市的规模迅速扩大，城市交通系统压力较大，为了防止拟投资项目在未来对区域交通产生超负荷压力，部分大城市要求房地产投资项目必须进行交通影响评价。在北京，交通影响评价的目的是评价和分析建设项目建成投入使用后，新增的交通需求对周围交通环境产生影响的程度和范围，从而在满足一定服务水平的条件下提出对策，减小项目所带来的负面影响，缓解项目产生的交通量对周围道路交通的压力。交通影响评价的主要内容有：①建设项目的背景及其建设方案；②建设项目的影响范围确定；③区域交通现状分析；④建设项目交通量预测；⑤交通影响程度分析；⑥交通设施改进和相关措施；⑦结论和建议。

由于部分项目在土地储备开发阶段已经进行了环境影响评价、交通影响评价等专业评价，是否需要在房地产二级开发环节再次进行此方面的专业评价需要根据项目的具体情况和在土地储备开发阶段的专业评价报告结论而定。

3. 规划设计报批

投资项目通过各类专业评价和项目核准后，即进入规划设计报批环节。在此环节，最重要的工作是办理建设用地规划许可证、建设工程规划许可证和建筑工程施工许可证。

在原有房地产开发与经营程序中，这一环节还需要办理规划意见书，由于土地储备开发政策的落实，规划意见书目前已经放在了土地储备开发阶段办理。另外，依据2007年修订的《中华人民共和国城乡规划法》，除以划拨方式提供国有土地使用权的项目外，其余建设项目不需要申请选址意见书，以出让方式取得土地使用权的建设项目可以提供相关文件后直接申请建设用地规划许可证。

在取得了建设用地规划许可证后，开发企业应向规划主管部门申报规划设计条件，选择规划设计机构，根据批准的规划设计条件编制规划设计方案。由于部分城市的规划意见书中已经明确了规划设计条件，因此，开发企业不需要另行申报规划设计条件，可以直接按照规划意见书的要求编制规划设计方案。规划设计方案审查既不属于行政许可，也不属于行政审批，而是申请建设工程规划许可证之前必须进行的技术审查。在完成规划设计方案审查、施工图审查等工作后，开发企业即可申请建设工程规划许可证。

在取得建设工程规划许可证，选择施工方、监理方等合作单位后，开发企业即可向建设主管部门申请建筑工程施工许可证。

4. 合作单位的选择

合作单位的选择在前期工作阶段是跳跃式进行的，是不连贯的，包括规划设计阶段的规划设计单位选择，申请建设工程施工许可证前的施工方、监理方选择，施工前的材料供应商、设备供应商选择等。

2.4.3　项目管理阶段

项目管理阶段是从项目正式施工到竣工使用之间的过程。项目管理是将开发过程涉及的人力、材料、机械设备、资金等资源聚集在一个特定的空间与时间点上的施工生产活动。项目建设一开始，就意味着在选定的开发地点，以在特定时间段上分布的特定成本来开发建设一栋或一组特定的建筑物。此时，对有些问题的处理就不像前面那些过程那样具有弹性，尤其对许多小项目而言，一旦签署了承包合同，就几乎不再有变动的机会了。项目管理阶段包括建设施工阶段、竣工验收阶段。

1. 建设施工阶段

开发商在建设施工阶段的主要任务是"三控两管一协调"。"三控"包括：① 成本控制，即如何使建筑成本支出不突破预算；② 进度控制，即如何确保工程按预先进度计划实施；③ 质量控制，即如何保证设计质量、材料与设备采购质量及施工质量等。"两管"即合同管理和安全管理。"一协调"即全面的组织协调。

由于在建设施工阶段存在着追加成本或工期拖延的可能性，因此，开发商必须密切注意项目建设施工过程的进展，定期视察现场，定期与派驻工地的监理工程师约谈，以了解整个建设施工过程。

2. 竣工验收阶段

项目的竣工验收工作是全面考核建设成果的最终环节。竣工验收的主要作用是对工程的质量、投资计划、工期等的完成情况进行验收并做好资料的整理和保存工作。竣工验收一般分为三个阶段：①自检阶段，也称为预验收，即在单项工程或开发小区完工后，由开发单位自行组织的检查；②初步验收阶段，即由开发企业会同施工、设计及使用单位等进行检查、验收、评定；③正式全部验收阶段，即根据验收报告及施工验收标准等由政府组织有关部门对工程质量等进行全面的验收并对一些遗留问题进行处理或提出处理意见。

2.4.4　经营与物业服务阶段

经营与物业服务阶段并不是承接于项目管理阶段之后，而是与项目管理阶段有时间上的重叠部分并延伸至前期工作阶段，如商品房的预售、开盘前的推广等活动。经营与物业服务阶段的工作内容是由两大部分组成的，包括房地产经营和物业服务。

1. 房地产经营

房地产项目通常的经营方式主要有出售、出租、自营以及多种经营方式的某种组合。对开发与经营方式的选择主要遵循项目利润最大化和对开发项目现金流量进行合理安排的要求。房地产营销策略取决于房地产项目的经营方式、市场状况。如果市场需求旺盛，一般的开发商都愿意采用出售策略，以便早日收回资金，进入下一轮开发，利用市场的形势获取更多的利润；对于资金短缺、底子薄的开发商，一般应以出售为主，以便加快资金周转,反之可考虑出租或从事商务性经营,扩大业务范围;对于物业类型而言,居住物业一般应以出售为主,写字楼和商业用房以大宗出租为主,而酒店或酒楼则一般应考虑业务范围的扩大而采用自我经营方式。如果建成的物业用于出租,开发商还必须决定是永久出租还是出租一段时间后将其卖掉,因为这将涉及财务安排上的问题,开发商必须按有关贷款合约在租售阶段全部还清项目贷款。如果开发商将建成的物业用于长期出租,开发商就成了物业所有者或置业投资者。

2. 物业服务

物业服务是对房地产开发与经营的延续与完善,主要任务是保证入住者方便、安全地使用物业及配套设施,能为其提供一系列生活服务并通过对建筑物的维修与保养、对机电设备和公共设施的维护与管理、小区内的治安保卫及清洁绿化来保证物业的使用寿命及价值,同时力求实现物业的保值、增值。另外,开发商还要对业主提供专项及特约服务并进行物业的经营等。物业服务的质量对开发商的市场信誉和品牌价值有很大的影响,因而这项工作已被越来越多的开发商所重视。

以上是房地产二级开发基本程序,开发过程中的每一个环节都会对其后续环节产生重要的影响。例如,如果开发商在选择投资机会时选择了错误的投资机会,就会"一招不慎,满盘皆输"。如果投资项目选择正确,但规划设计方案和建筑设计方案有问题,那么不仅对建设过程中的施工难易、成本高低有影响,更对市场营销阶段使用者对建筑物功能的满意程度、物业日常维修管理费用的高低有影响。所以,开发商对整个开发过程中的每一个环节都不可掉以轻心。确切地说,房地产的投资价值能否实现与上述程序的每一个环节都密切相关。

 思考与练习

1. 最近几年房地产开发行业相关政策的变化主要体现在哪些方面?
2. 第三代房地产开发与经营程序包括哪些阶段?
3. 第三代房地产开发与经营程序的特征包括哪些?
4. 对比分析第一代、第二代、第三代房地产开发与经营程序的差异。
5. 土地储备开发的概念与内涵是什么?
6. 城市更新的概念与内涵是什么?对比分析城市更新与旧改、棚改的联系与区别。

 讨论

当前,城市更新已然进入房地产开发领域并有蓬勃发展之势,那么,城市更新在我国大陆出现的背景是什么?会对我国房地产市场造成什么样的影响?未来,城市更新的发展可能会面临什么挑战?

附录 2-1： 2002 年以来房地产开发行业主要政策一览表

分 类	文件名称	颁布时间	核心条款摘要
金融管理	《建设部、国家计委、财政部、国土资源部、中国人民银行、国家税务总局关于加强房地产市场宏观调控促进房地产市场健康发展的若干意见》（建住房〔2002〕217号）	2002年8月26日	对未取得土地使用权证书、建设用地规划许可证、建设工程规划许可证和施工许可证（开工报告）的项目，商业银行不得发放任何形式的贷款
	《中国人民银行关于进一步加强房地产信贷业务管理的通知》（银发〔2003〕121号）	2003年6月5日	房地产开发企业申请银行贷款，其自有资金（指所有者权益）应不低于开发项目总投资的30%；对土地储备机构发放的贷款为抵押贷款，贷款额度不得超过所收购土地评估价值的70%，贷款期限最长不得超过2年；重申"四证齐全"的要求；商业银行不得向房地产开发企业发放用于缴交土地出让金的贷款
	《国务院关于调整部分行业固定资产投资项目资本金比例的通知》（国发〔2004〕13号）	2004年4月26日	房地产开发项目（不含经济适用房项目）资本金比例由20%及以上提高到35%及以上
	《流动资金贷款管理暂行办法》（中国银行业监督管理委员会令2010年第1号）	2010年2月12日	流动资金贷款不得用于固定资产和股权等投资
	《国土资源部、财政部、中国人民银行、中国银行业监督管理委员会关于加强土地储备与融资管理的通知》（国土资发〔2012〕162号）	2012年11月5日	对土地储备开发规模和融资规模进行额度控制
	《国务院关于调整和完善固定资产投资项目资本金制度的通知》国发〔2015〕51号	2015年9月9日	房地产开发项目最低资本金比例：保障性住房和普通商品住房项目维持20%不变，其他项目由30%调整为25%
	《关于规范土地储备和资金管理等相关问题的通知》（财综〔2016〕4号）	2016年2月2日	全面清理土地储备机构；规范土地储备机构行为和土地储备资金使用管理；限制土地储备规模；妥善处置存量土地储备债务；调整土地储备筹资方式
	《中国银保监会关于开展"巩固治乱象成果 促进合规建设"工作的通知》（银保监发〔2019〕23号）	2019年5月8日	全面禁止地价款融资和违规表外融资业务

续表

分 类	文 件 名 称	颁 布 时 间	核心条款摘要
金融管理	住房城乡建设部、人民银行在北京召开重点房地产企业座谈会出台"重点房地产企业资金监测和融资管理规则"	2020年8月20日	央行、住建部出台"三道杠"（红线1：剔除预收款后的资产负债率大于70%；红线2：净负债率大于100%；红线3：现金短债比小于1.0倍），根据"三道红线"触线情况不同，将所有的房企分为"红、橙、黄、绿"四档，每档给予不同的融资限制政策
	《中国人民银行 中国银行保险监督管理委员会关于建立银行业金融机构房地产贷款集中度管理制度的通知》（银发〔2020〕322号）	2020年12月28日	央行、银保监会将银行业金融机构分为五档，针对每一档银行，设置了房地产贷款占比上限和个人住房贷款占比上限，俗称"两道杠"，严控房地产信贷增长
土地利用管理	《招标拍卖挂牌出让国有土地使用权规定》（国土资源部令第11号）	2002年5月9日	商业、旅游、娱乐和商品住宅等各类经营性用地必须以招标、拍卖或者挂牌方式出让
	《国务院关于促进房地产市场持续健康发展的通知》（国发〔2003〕18号）	2003年8月12日	严禁以科技、教育等产业名义取得享受优惠政策的土地后用于房地产开发；严禁任何单位和个人与乡村签订协议圈占土地，使用农村集体土地进行房地产开发
	《国土资源部、监察部关于继续开展经营性土地使用权招标拍卖挂牌出让情况执法监察工作的通知》（国土资发〔2004〕71号）	2004年3月18日	国土资源部第11号令实施后，除原划拨土地使用权人不改变原土地用途申请补办出让手续和按国家有关政策规定属于历史遗留问题之外，商业、旅游、娱乐和商品住宅等经营性用地必须采用招标拍卖挂牌方式供应，其他土地的供地计划公布后，同一宗地有两个或两个以上意向用地者的，也要采用招标拍卖挂牌方式供应。各地要严格按国家政策规定界定11号令实施前的历史遗留问题，不得擅自扩大范围，不得弄虚作假、变相搭车，同时要加快工作进度，于2004年8月31日前将历史遗留问题处理完毕；对8月31日后以历史遗留问题为由采用协议方式出让经营性土地使用权的，要从严查处
	《关于调整住房供应结构稳定住房价格的意见》（国办发〔2006〕37号）	2006年5月24日	自2006年6月1日起，凡新审批、新开工的商品住房建设，套型建筑面积90平方米以下住房（含经济适用住房）面积所占比重必须达到开发建设总面积的70%以上

续表

分 类	文件名称	颁布时间	核心条款摘要
土地利用管理	《关于印发〈招标拍卖挂牌出让国有土地使用权规范〉(试行)和〈协议出让国有土地使用权规范〉(试行)的通知》(国土资发〔2006〕114号)	2006年5月31日	规范了国有土地使用权在出让中的程序
	《招标拍卖挂牌出让国有建设用地使用权规定》(国土资源部令第39号)	2007年9月28日	工业、商业、旅游、娱乐和商品住宅等经营性用地以及同一宗地有两个以上意向用地者的,应当以招标、拍卖或者挂牌方式出让
	《国土资源部、住房和城乡建设部关于进一步加强房地产用地和建设管理调控的通知》(国土资发〔2010〕151号)	2010年9月21日	因企业原因造成土地闲置一年以上的竞买人及其控股股东禁止参与土地竞买
	《国土资源部关于印发〈关于深入推进城镇低效用地再开发的指导意见(试行)〉的通知》(国土资发〔2016〕147号)	2016年11月11日	提出城镇低效用地再开发的指导思想、基本原则和总体目标,向全国推行城市更新工作
	《国土资源部、财政部、人民银行、银监会关于印发〈土地储备管理办法〉的通知》(国土资规〔2017〕17号)	2018年1月3日	规范了土地储备工作的内容、程序、监管等事项
	《2021年住宅用地供应分类调控相关工作要点》	2021年2月18日	自然资源部对22个重点城市住宅用地出让实行集中公告、集中供应并在全年分三批次出让的"两集中"供地模式
	《住房和城乡建设部关于在实施城市更新行动中防止大拆大建问题的通知》(建科〔2021〕63号)	2021年8月30日	严控大拆大建和大规模搬迁,规范城市更新行动
市场调控	《国务院关于坚决遏制部分城市房价过快上涨的通知》(国发〔2010〕10号)	2010年4月17日	限制异地购房,提高二套房贷标准,保障性住房、棚户区改造和中小套型普通商品住房用地不低于住房建设用地供应总量的70%
	《关于加快发展公共租赁住房的指导意见》(建保〔2010〕87号)	2010年6月8日	加快发展公共租赁住房,解决城市中低收入人群住房问题
	国务院常务会议研究部署继续做好房地产市场调控工作	2013年2月20日	按照保持房价基本稳定的原则,制定并公布年度新建商品住房价格控制目标,建立健全稳定房价工作的考核问责制度,扩大个人住房房产税改革试点范围
	《中共中央国务院关于构建更加完善的要素市场化配置体制机制的意见》	2020年3月30日	推进土地要素市场化配置,建立健全城乡统一的建设用地市场,深化产业用地市场化配置改革,鼓励盘活存量建设用地和完善土地管理体制

第 3 章 房地产开发投资拓展

 **学习目标**

本章将系统介绍房地产开发投资拓展知识,包括房地产开发投资拓展的基本概念、土地管理制度概述、一二级市场项目拓展及房地产开发投资决策方案。通过本章学习,应当掌握以下主要知识。

- 房地产开发投资拓展的概念与程序
- 我国主要的土地管理制度
- 土地使用权的获取方式
- 土地使用权出让方式、收回与终止的规定
- 二级市场项目拓展的方式及不同方式之间的区别与联系
- 投资方案的分类比选指标
- 房地产开发投资决策的程序

在本章的学习中,学习者可以梳理国家相关土地制度的演变以理解国家土地制度演变的脉络并结合实际案例加深对房地产开发投资拓展流程与方法的理解,为后续学习打下扎实的基础。

3.1 房地产开发投资拓展概述

3.1.1 投资与房地产投资的含义

广义的投资是指人们的一种有目的的经济行为。狭义的投资是指经济主体(个人、家庭、企业等)以获得所期望的未来货币增值或收益为目的,预先投入一定的资源(资金、不动产、技术等),经营某项事业的经济行为。简单地说,狭义的投资是指为了获得可能的未来收益而做出的确定的现值的牺牲。

投资行为的四项基本要素包括投资主体、投资客体、投资目标和投资方式。

(1)投资主体。投资主体即投资者,是指组织投资活动,筹集和提供投资资金,进行投资决策并实施投资的行为主体。

(2)投资客体。投资客体即投资对象或标的物,如房地产、设备、技术、股票等。

(3)投资目标。投资目标是指投资活动要达到的目的和投资者的投资动机。一般而言,投资目标通常表现为反映经济利益的,以资本的回收和增值为表象的营利性目标;反映社会效益的,以社会综合效益为表象的社会性目标;反映环境效益的,以投资环境的改善为表象的环境性目标。营利性目标是投资的动力源。

（4）投资方式。投资方式是指投资过程的运行方式或投资活动的运行方式，通常可分为直接投资和间接投资两类。直接投资是指把资金直接投入建设项目，形成实物资产（房屋、设备、建筑地块等）或投入社会生产经营活动（商业、开发等）的投资；间接投资是指通过购置有价证券（期货、债券、股票等）进行的投资。

房地产投资是指经济主体以获得未来的房地产资产增值或收益为目的，预先垫付一定数量的货币与实物，直接或间接地从事或参与房地产开发经营活动的经济行为。

3.1.2 房地产投资的类型

房地产投资可以分为直接投资和间接投资（见图 3-1）。房地产直接投资的对象是房地产实物资产，而房地产间接投资的对象是权益资产。权益资产包括房地产开发企业的股票、债券、资产管理类产品、资产证券化产品、REITs 等金融产品。

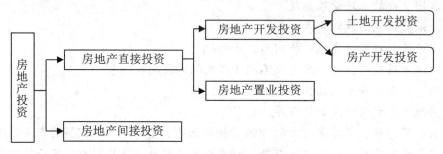

图 3-1 房地产投资类型体系

房地产直接投资又分为房地产开发投资和房地产置业投资。

房地产开发投资包括土地开发投资和房产开发投资。土地开发投资是指投资人对尚未满足房地产开发条件的土地进行投资，以完成征地拆迁、土地平整及基础设施建设，使土地满足建筑开发条件，包括土地储备开发和三旧改造及城市更新中的前期开发。房产开发投资是指投资人对已经满足建筑开发条件的土地进行投资，建成可以满足人们居住、使用或经营需要的房地产产品并对已经开发完成的房地产进行销售、出租、自用或自营。目前，我国房产开发投资涉及的房地产主要包括居住类房地产、商业类房地产和工业类房地产。

房地产置业投资是指通过购买建成后的房地产资产以取得其所有权，是以获得物业收益、保值、增值和消费为目的的投资，也包含房地产开发投资主体在完成商品房开发后，将全部或部分商品房出租、自用或自营的投资。由于房地产置业投资[①]主要针对现有的土地和房地产资产，这些土地和房地产资产在开发过程中曾经被纳入房地产开发投资范围，所以我国房地产投资统计仅包含房地产开发投资。也就是说，未进行开发工程，只进行单纯的土地或房地产资产交易的活动不计入房地产开发投资统计。

房地产间接投资是指投资人通过对房地产金融类产品的投资间接投资于房地产资产，投资人不直接参与房地产开发与经营管理活动，通过房地产金融类产品获取收益。可见，房地产间接投资并不直接作用于房地产资产，但其获取的收益来源于房地产资产。按照投

---

① 此类投资在过去的很多资料中都被归入房地产开发投资范畴。本书认为，在开发完成后进行出租、自用或自营的投资，在财务上已经从存货调整为固定资产，所以此类投资应当归结为置业投资，这也符合我国的财税政策。

资标的的类型可以将房地产间接投资分为标品投资和非标投资。标品应符合等分化、可交易、信息充分披露、集中登记、独立托管、公允定价、流动性机制完善、在固定的交易场所交易等条件，在我国主要包括股票、债券、资产证券化产品、REITs 等，标品的投资者主要是专业的投资机构。对标品以外的金融产品进行投资的行为均称为非标投资，非标投资在我国主要包括信托计划、资产管理计划、私募基金、定向融资工具等，目前除保险资产管理计划外，其余均允许由自然人投资者进行投资。

3.1.3　房地产投资的目的

由于具有抗通货膨胀、风险适中等特点，房地产投资逐渐成为世界上最具吸引力的投资方式之一。近年来，随着我国工业化和城市化的不断发展，房地产投资越来越引起人们的重视，已成为广大投资者获取高额利润或使资产快速增值的重要方式和当前投资领域的一个热点。下面分别从房地产投资的不同类型阐述其投资目的。

房地产开发投资的目的是指在完成房地产开发后，通过销售获得房地产投资利润，以实现房地产开发企业的正常经营获利，也包括在房地产价格上涨阶段，通过储备土地、减缓销售速度等方式获得房地产增值收益。

房地产置业投资的目的包括以下四个。

（1）购置物业以满足自身生活居住需求，即自用（主要是居住类房地产的投资）。

（2）购置物业以满足生产经营需要，获取较为稳定的生产经营收入。

（3）作为投资的物业出租给最终使用者，获取较为稳定的经常性收入。

（4）作为投资的物业进行储备，待物业增值后进行转售，获取价差收益，以实现房地产的保值（主要是抵御通货膨胀）、增值。

房地产间接投资的目的是通过购买房地产开发企业的股票、债券以及房地产抵押支持证券等有价证券，并长期持有以获得利息收入，同时实现保值、增值并在合适的价格出售以获得利差收益。

综合来说，房地产投资的目的就是通过开发和经营获取未来收益，使财富最大化。这些未来收益的来源渠道是多样的，包括直接出售、租赁经营、房地产融资、房地产转售、用房地产免税项目抵补其他纳税收入等。这些未来收益具体包括现金流量收益、避税收入[①]、销售收益等。

3.1.4　房地产开发投资拓展的含义

房地产开发投资是房地产投资中的基础性投资，通过房地产开发投资形成房地产资产，

---

① 避税收入是指因提取房地产折旧而降低纳税基数给投资者带来的收益。它是房地产投资者因拥有房地产而间接获得的收益。从会计的角度来说，建筑物随使用年限的增长，每年的收益能力都在下降，但税法中规定的折旧年限相对于建筑物的自然寿命和经济寿命来说要短得多，这就使建筑物每年的折旧额要比物业年收益能力的实际损失高得多，致使物业投资者账面上的净经营收益减少。房地产每年提取折旧并不影响现金流量，因而可以说房地产折旧是一项隐性开销。如果投资于其他领域，则没有折旧或折旧额小于房地产折旧，所以房地产投资比起其他投资而言，所需缴纳的所得税少，这就是房地产投资的避税。

为其他房地产投资创造前提。房地产开发投资首先要解决投资标的获取问题，投资标的的选择是房地产开发投资的战略性工作，直接决定着房地产开发投资的成败。所以，房地产开发投资是整个房地产开发过程中最重要的阶段。

房地产开发投资拓展是指依据投资者的投资策略，对房地产开发市场信息进行收集储备、筛选、调研，以此为基础进行投资分析并依据研究结果做出投资决策的行为。房地产开发投资拓展的主体是投资人，包括但不限于土地储备机构、房地产开发企业、资产管理机构（如保险公司等）甚至自然人，房地产开发投资拓展对象是投资标的项目，包括土地储备开发项目、城市更新项目、房地产二级开发项目等。因为土地储备开发由土地储备机构主导，城市更新目前尚未在全国形成市场，所以目前市场上的房地产开发投资拓展主要围绕房地产二级开发项目展开。

在房地产开发投资拓展过程中所获取的市场信息包括销售市场信息、土地市场信息、政策信息和项目信息。其中，销售市场信息、土地市场信息和政策信息主要用于市场跟踪、研究判断，是投资分析和决策的客观依据；项目信息是指潜在的有可能获取的房地产开发项目信息，包括项目背景、现状、位置、规划条件、报价、竞争状况等信息。

3.1.5 房地产开发投资拓展信息渠道

房地产开发投资拓展工作的基础是获取足够多且全面的项目信息并以此为基础，按照房地产开发企业的发展战略和产品定位诉求，对项目信息进行研究、筛选。获取项目信息的渠道主要包括以下几种。

（1）政府土地出让信息平台。政府土地出让信息平台包括中国土地市场网、公共资源交易中心、土地储备中心、自然资源管理部门等。上述信息平台基本都实现了网上信息实时公开，提供土地出让公告服务。这是获取最权威、最有效的土地出让信息的渠道。

（2）政府招商部门。地方政府招商部门的主要职责是负责拟定招商引资的发展规划及年度计划，研究制定和完善招商引资相关政策措施并组织实施。企业拓展人员可以通过对接政府招商部门渠道获取招商信息，利用自身优势条件和政府诉求的匹配性获取土地进行开发。随着产业地产的发展和带产业勾地模式①的兴起，此类项目信息获取渠道越来越重要。

（3）中介渠道。房地产中介主要是为房地产业的生产、流通和消费提供多元化的中介服务。中介渠道包括房地产中介公司、中介网站、同行圈子等信息来源点。这是进行土地二级市场拓展、获取项目转让信息最重要的信息渠道。

（4）新闻媒体。房地产作为国家经济支柱行业，是各新闻媒体重点关注的行业板块，新闻媒体能够及时提供项目信息，是获取项目信息的补充渠道。

（5）现场调查。此类信息来源主要用于新进入的区域，通过现场调查获得潜在项目信息，但效率较低，成功概率更小。

---

① 勾地制度源自香港，目的在于防止土地流拍。据国土资源部的解释，勾地是指单位和个人对具体宗地有使用意向的，可以提出勾地申请并承诺愿意支付的土地价格。勾地成功后，进入招拍挂阶段。"带产业勾地"是指用地意向者带产业项目去协商勾地。

3.1.6 房地产开发投资拓展的程序

房地产开发投资拓展的程序包括以下九个步骤。

（1）信息搜集，即通过前述信息渠道尽可能地搜集相关信息，根据搜集的项目信息，初步摒弃明显存在硬伤、风险无法化解的项目，同时要注意信息的时效性。根据对信息的整理，房地产开发投资拓展人员定期编制项目简报向部门和房地产开发公司领导报送。

（2）项目筛选，即以项目简报报送的项目为对象，对项目外部环境和内部因素进行有针对性的分析，锁定重点推进项目。外部环境主要是指城市发展规划及政策影响、宗地所属区域的城市定位，项目本身的性质、主要特点和特殊性等；内部因素主要是指项目对公司总体发展战略的影响、项目在公司发展规划中的定位、项目的利润贡献等。

（3）立项，即投资拓展部门对重点推进项目分别编制投资项目立项材料，主要包括项目概况、投资设想、风险与应对。其中，投资设想需要借助信息搜集中所获取的销售市场信息、土地市场信息和政策信息对项目的成本收益进行初步估算。项目经房地产开发公司立项评审后，进入现场调研环节。

（4）现场调研。现场调研即对项目区域环境、房地产市场、目标客户群等进行深入调查并对项目进行现场勘查，为项目定位和投资分析提供客观依据。项目现场勘查包括项目现状勘查和规划条件调查。项目现状勘查工作内容主要包括宗地形状、地面（工程）现状、地下情况、地质情况、土地完整性等。规划条件调查工作的内容主要包括总占地面积、代征地面积、净用地面积、绿化面积、道路面积、公建面积（区分经营性、非经营性公建面积）、综合容积率、建筑密度、控高等。项目区域环境、房地产市场、目标客户群等的调查分析内容将在第4章做详细介绍。

（5）初步论证，即在现场调研的基础之上编制项目分析报告。项目分析报告包括项目概况、项目开发环境分析、市场定位、初步规划设计分析、项目销售计划、成本概算、开发节点安排等。房地产开发企业应组织各部门和决策层对项目进行初步论证。

（6）项目定位，即在项目初步论证通过后，根据项目具体情况、项目所在区域市场情况及潜在目标客户，完成项目定位及产品建议。在产品定位过程中，房地产开发企业需要充分考虑房地产政策和规划要求。

（7）方案优化。完成项目定位后，房地产开发企业需进一步了解和跟踪项目，结合市场调查，在分析收集到的资料和数据的基础上，建立若干可供选择的开发方案；对可选方案进行反复的论证和比较，各职能部门共同明确有关方案选择的重大原则问题和优选标准，采用技术经济分析的方法，研究论证项目在技术上的可行性，进一步完善项目规模、构成、开发方式和开发进度等并评选出合理的方案。

（8）投资分析，即依据优化的方案和调研资料编制投资分析报告，从市场、区域、数据估算、财务分析、不确定性与风险分析等各方面进行投资分析论证并给出投资建议。投资分析是房地产开发投资拓展中非常重要的技术性工作，将在第4章做详细介绍。

（9）投资决策。房地产开发公司按照内部制度要求召开投资决策会议，各职能部门对拟投资项目发表意见，各投资决策人员就拟投资的项目开展质询，对项目各种投资方案进行比较和选择，最终按照投资决策机制形成投资决策。

3.2 土地管理制度及其演变

土地是房地产开发投资的基本要素，也是投资拓展标的项目的核心构成部分，而土地在国民经济中作为核心生产要素，在任何国家都是法律、法规和政策调整的重要对象。房地产开发投资拓展工作必须在土地相关的法律、法规和政策框架下展开，相关主体不仅需要熟悉当前的土地管理制度，还需要熟悉其演变过程，以便于在拓展存续时间较久的标的项目时能够准确地把握项目适用的最新法律、法规和政策，故在具体学习一、二级市场项目拓展前，本节将详细介绍我国的土地管理制度及其演变。

3.2.1 土地管理基本制度

我国《土地管理法》中明确规定了我国土地管理的基本制度，包括社会主义土地公有制度、土地使用制度（国有土地有偿使用制度、集体土地使用制度）、土地用途管制制度、占用耕地补偿制度、永久基本农田保护制度、土地征收制度、土地调查和统计制度、土地登记发证制度等。其中，土地公有制度、土地使用制度、土地用途管制制度对房地产开发投资影响较大，下面分别介绍其基本情况。

1. 土地所有制度

我国的土地所有制度是社会主义土地公有制，《土地管理法》第二条规定："中华人民共和国实行土地的社会主义公有制，即全民所有制和劳动群众集体所有制。"第九条规定："城市的土地属于国家所有。农村和城市郊区的土地，除由法律规定属于国家所有的以外，属于集体所有；宅基地和自留地、自留山，也属于集体所有。"

劳动群众集体所有制的土地采取的是农民集体所有的形式，该种所有制的土地被称为农民集体所有土地，简称集体土地。农民集体的范围包括：① 村农民集体；② 村内两个以上农村集体经济组织的农民集体；③ 乡（镇）农民集体。《土地管理法》第十一条规定："农民集体所有的土地依法属于村农民集体所有的，由村集体经济组织或者村民委员会经营、管理；已经分别属于村内两个以上农村集体经济组织的农民集体所有的，由村内各该农村集体经济组织或者村民小组经营、管理；已经属于乡（镇）农民集体所有的，由乡（镇）农村集体经济组织经营、管理。"

农村和城市郊区的土地一般属于农民集体所有，即除法律规定属于国家所有的土地以外，其他土地属于农民集体所有。对此，我国《宪法》中除了第十条的规定之外，第九条也有相关规定，即"矿藏、水流、森林、山岭、草原、荒地、滩涂等自然资源都属于国家所有，即全民所有；由法律规定属于集体所有的森林和山岭、草原、荒地、滩涂除外"。

2. 土地使用制度

（1）国有土地有偿使用制度。在计划经济时期，我国城市土地使用制度实行的是行政划拨、无偿无限期使用、禁止土地使用者转让土地的制度，这种制度存在严重的弊端。经过几十年的摸索改革，我国形成了一种既能维护土地公有制，又有利于市场经济运行的土地使用制度：在不改变城市土地国有的前提下，采取招标、拍卖、挂牌、协议等方式将土地使用权有偿、有限期地出让给土地使用者；土地使用者的土地使用权在使用年限内可以转让、出租、抵押或者用于其他经济活动，其合法权益受国家法律保护；需要继续使用的，按规定申请续期，经批准，土地使用期限可以延长，需要重新签订土地使用权出让合同并且依照规定支付土地使用权出让金。

《土地管理法》第二条规定："国家依法实行国有土地有偿使用制度。但是，国家在法律规定的范围内划拨国有土地使用权的除外。"《土地管理法实施条例》第十七条规定："国有土地有偿使用的方式包括：①国有土地使用权出让；②国有土地租赁；③国有土地使用权作价出资或者入股。"

《土地管理法》第五十四条规定："建设单位使用国有土地，应当以出让等有偿使用方式取得。"《中华人民共和国城镇国有土地使用权出让和转让暂行条例》第八条也明确规定："土地使用权出让是指国家以土地所有者的身份将土地使用权在一定年限内让与土地使用者并由土地使用者向国家支付土地使用权出让金的行为。"

除《土地管理法》中所明确的划拨、出让、租赁、作价出资或者入股等土地使用制度外，在实际土地资源管理中，我国还存在授权经营等特殊的土地使用制度，一般用于国有企业获取土地使用权的情况。

（2）集体土地使用制度。在计划经济时期，我国集体土地使用制度实行的是集体所有、集体经营，禁止个人拥有集体土地使用权的制度。在这种制度下，农民的生产积极性不高，土地利用效率低下。1978年，安徽小岗村的"大包干"开创了集体农用地使用制度新模式。随着十一届三中全会改革政策的推进，农村集体农用地基本实行"集体所有、家庭承包经营"制度。2016年，中共中央办公厅、国务院办公厅印发了《关于完善农村土地所有权承包权经营权分置办法的意见》，将集体农用地的承包权和经营权分离，形成所有权、承包权、经营权三权分置，经营权流转的格局。

相比之下，农村集体建设用地使用制度的改革一直滞后于经济发展需要。2013年，党的十八届三中全会通过的《中共中央关于全面深化改革若干重大问题的决定》指出"建立城乡统一的建设用地市场。在符合规划和用途管制的前提下，允许农村集体经营性建设用地出让、租赁、入股，实行与国有土地同等入市、同权同价"，该决定明确了农村土地制度改革的方向和任务。

我国《土地管理法》第六十、六十一、六十二条规定，农村集体经济组织兴办企业或者与其他单位、个人以土地使用权入股、联营等形式共同举办企业的，建设乡（镇）村公共设施、公益事业，农村村民建住宅的可以使用集体建设用地。同时，第六十三条规定，"土地利用总体规划、城乡规划确定为工业、商业等经营性用途并经依法登记的集体经营性建设用地，土地所有权人可以通过出让、出租等方式交由单位或者个人使用"。自此，集体经营性建设用地入市被法律规定予以明确。

3. 土地用途管制制度

为了保证土地合理利用，保护农用地，同时落实城市规划政策，维护社会公众利益，我国实行土地用途管制制度。土地用途管制制度是指国家为保证土地资源的合理利用，通过编制国土空间规划规定土地用途，明确土地使用条件，土地所有者、使用者必须严格按照规划确定的用途和条件使用土地的制度。我国《土地管理法》第四条规定："国家编制土地利用总体规划，规定土地用途，将土地分为农用地、建设用地和未利用地。"根据《土地利用现状分类》（GB/T 21010—2017），建设用地包括商服用地（分类编码为05）、工矿仓储用地（分类编码为06）、住宅用地（分类编码为07）、公共管理与公共服务用地（分类编码为08）、特殊用地（分类编码为09）和交通运输用地（分类编码为10）。

按照《土地管理法》，土地用途管制制度包含两个层面的管制：一是严格限制农用地转为建设用地，控制建设用地总量，对耕地实行特殊保护；二是使用土地的单位和个人必须严格按照土地利用总体规划确定的用途使用土地。其中，第二点对房地产开发的影响最大，在土地规划和利用管理中均得到了贯彻。

3.2.2 土地使用权的类型与权能

土地使用权可分为两类：一类是土地所有权人对自己拥有的土地所享有的使用权，称为所有权能的使用权，又称为所有人的使用权；另一类是非土地所有权人对土地享有的权利，称为与所有权相分离的使用权或者非所有人的使用权。前者并不是独立的权利，只是所有权的一项权能；后者则是一种独立的民事权利，是与所有权有关但独立于所有权的一种财产权利。现实中的土地使用权通常指的是后者。

土地使用权具有占有、使用、收益和处分四项权能。

（1）占有。占有是指使用人对土地实行控制或支配的权利，它是产生使用权的前提和基础。

（2）使用。使用是指对土地的利用和运用的权利。使用必须依照法律和合同的规定进行。例如，企业使用土地是利用土地进行生产经营，那么企业不得擅自把土地改作他用，也不得征而不用。

（3）收益。收益是指使用人享有使用土地利益的权利，这里的利益是基于使用土地而取得的经济收入。使用人占有土地，取得使用权，其目的就是经营土地，以获得一定的利益。

（4）处分。这里的处分不同于所有权人的处分。拥有使用权的非所有权人无权决定土地的最终"命运"，只能依照法律和合同的规定转让土地使用权。所以，这里的处分是指使用人依照法律和合同的规定转让土地使用权的权利。

3.2.3 土地使用权获取方式的历史演变

我国土地使用权获取方式的演变经历了五个阶段。

1. 第一阶段：建国初期土地市场化阶段（1949—1954年）

1954年以前，国家从制度上承认城市土地的商品属性，对城市国有土地实行有偿使用制度，无论全民所有制单位还是集体所有制单位，只要使用城市国有土地，就必须向国家缴纳租金和有关税费。这种有偿使用制度实际上是具有市场配置含义的。

2. 第二阶段：土地"三无"使用阶段（1955—1987年）

1954年以后，我国建立了高度集中的计划经济体制，土地管理制度也由市场配置转变为计划配置，对城市土地取消了有偿使用制度，确立了行政划拨土地制度。国有土地的行政划拨制度具有划拨手段的行政性、使用期限的无限性、土地获取和使用的无偿性、土地物权的无流动性四个特征。

3. 第三阶段：土地有偿使用阶段（1988—2000年）

1987年，深圳市敲响了国有土地拍卖的第一槌。1988年通过的《宪法修正案》规定："土地的使用权可以依照法律的规定转让。"这标志着我国的根本大法承认了土地使用权具有商品属性，可以入市流转。1990年，国务院出台《中华人民共和国城镇国有土地使用权出让和转让暂行条例》，以行政法规的形式确立了国家实行城镇国有土地使用权出让、转让制度。1995年1月1日起施行的《中华人民共和国城市房地产管理法》规定："国家依法实行国有土地有偿、有限期使用制度。"1998年修订的《土地管理法》进一步明确规定，国家依法实行国有土地有偿使用制度，建设单位使用国有土地应当以出让等有偿方式取得。自此，国有土地有偿使用制度正式确立。

但是，这一阶段的土地出让以协议出让为主，市场配置与计划配置同时存在，并不能完全体现土地的市场价值，甚至造成了大量土地的不规范出让，进而滋生腐败现象，损害了国家利益。由于出让市场的不规范，土地二级市场发展缓慢，市场需求多通过一级市场解决。

4. 第四阶段：土地市场化程度深化阶段（2001年至2019年）

为了解决第三阶段中存在的土地出让问题，真正发挥市场在土地资源配置中的作用，2001年，国务院下发的《关于加强国有土地资产管理的通知》（国发〔2001〕15号）明确提出"为体现市场经济原则，确保土地使用权交易的公开、公平和公正，各地要大力推行土地使用权招标、拍卖"。这份文件标志着国有土地使用权出让进入了一个新的历史阶段。同年，为了规范土地划拨行为，保证土地市场的正常发展，国土资源部发布了《划拨用地目录》，规定不符合目录的建设用地不得划拨供地，必须有偿供应。2002年、2003年、2004年，国土资源部相继发布了《招标拍卖挂牌出让国有土地使用权规定》《协议出让国有土使用权规定》《关于继续开展经营性土地使用权招标拍卖挂牌出让情况执法监察工作的通知》。在这三年间，国有土地划拨供应的范围进一步得到明确，招拍挂出让和协议出让有了具体、细化的范围与操作程序，国有土地使用权出让的市场配置制度框架得到初步确立。

在这一阶段，房地产开发项目中，除经济适用房、廉租房等保障性住房可以通过划拨方式获得土地使用权外，其他房地产开发项目获取国有土地使用权只能通过一级市场的土地出让和二级市场的项目并购。

5. 第五阶段：城乡统一土地市场阶段（2020年至今）

长期以来，我国城乡二元土地制度限制了集体土地资产资本化过程，广大农村消费市场不发达，导致我国经济发展内需不足。同时，国有土地一级市场的垄断使得地方政府对土地财政的依赖日渐加重，抬升了经济建设中的土地要素成本。为破解上述难题，2014年12月2日，中央全面深化改革领导小组第七次会议审议通过了《关于农村土地征收、集体经营性建设用地入市、宅基地制度改革试点工作的意见》，该意见于2015年1月由中共中央办公厅和国务院办公厅联合印发，标志着我国农村土地制度改革进入试点阶段[①]。试点任务包括建立农村集体经营性建设用地入市制度，完善农村集体经营性建设用地产权制度，赋予农村集体经营性建设用地出让、租赁、入股权能；明确农村集体经营性建设用地的入市范围和途径；建立健全市场交易规则和服务监管制度等。

上述试点工作于2019年年底完成，为进一步巩固试点成果，将集体经营性建设用地入市制度推向全国，2019年8月26日，第十三届全国人民代表大会常务委员会第十二次会议表决通过关于修改《土地管理法》《城市房地产管理法》的决定，新修订的《土地管理法》于2020年1月1日起实施。本次修订将集体经营性建设用地入市纳入法律范畴，在全国范围内实行，即"土地利用总体规划、城乡规划确定为工业、商业等经营性用途并经依法登记的集体经营性建设用地，土地所有权人可以通过出让、出租等方式交由单位或者个人使用"，改变了过去农村的土地必须征为国有才能进入市场的状况，为农民集体直接增加财产性收入扫除了制度障碍。

2020年4月9日，中共中央、国务院发布的《关于构建更加完善的要素市场化配置体制机制的意见》强调：建立健全城乡统一的建设用地市场；加快修改、完善《土地管理法》实施条例，完善相关配套制度，制定、出台农村集体经营性建设用地入市指导意见；建立公平合理的集体经营性建设用地入市增值收益分配制度。2020年5月14日，自然资源部发布《关于加快宅基地和集体建设用地使用权确权登记工作的通知》，明确要求在2020年年底完成集体建设用地使用权确权登记工作，为集体建设用地市场构建形成基础性支撑。目前，农村集体经营性建设用地入市的具体办法还有待各地在实践中探索。

---

① 33个试点县（市、区）名单：北京市大兴区、天津市蓟州区、河北省定州市、山西省泽州县、内蒙古自治区和林格尔县、辽宁省海城市、吉林省长春市九台区、黑龙江省安达市、上海市松江区、江苏省常州市武进区、浙江省义乌市、浙江省德清县、安徽省金寨县、福建省晋江市、江西省余江区、山东省禹城市、河南省长垣市、湖北省宜城市、湖南省浏阳市、广东省佛山市南海区、广西壮族自治区北流市、海南省文昌市、重庆市大足区、四川省成都市郫都区、四川省泸县、贵州省湄潭县、云南省大理市、西藏自治区曲水县、陕西省西安市高陵区、甘肃省陇西县、青海省湟源县、宁夏回族自治区平罗县、新疆维吾尔自治区伊宁市。

3.2.4 土地市场及类型

自国有土地有偿使用制度建立后，除部分保障性住房以外的房地产开发用地均实行土地有偿、公开出让方式，土地市场逐步形成。土地市场是土地在流通过程中发生的经济关系的总和，是土地供求双方为确定土地交换价格而进行的一切活动或安排。土地市场的主体是交易双方；土地市场的客体为土地，确切地讲，客体为土地权利；土地市场的中心是土地价格。

土地市场具有的功能包括：①优化配置土地资源；②调整产业结构，优化生产力布局；③健全市场体系，实现生产要素的最佳组合。

由于我国实行土地所有权公有制，土地市场的客体不包括土地所有权。依据供给方的不同，土地市场可划分为一级市场和二级市场。土地一级市场是指土地所有权人将土地使用权交易给受让人的市场，土地所有权人包括代表国家的政府和集体土地所有权人，交易方式包括出让、租赁、作价出资、作价入股、授权经营。原则上，除部分保障性住房项目外，房地产开发用地均采用出让方式交易，故3.3"一级市场项目拓展"主要是围绕土地出让展开阐述。土地二级市场是指土地使用者使符合规定、可以交易的土地使用权进入流通领域进行交易的市场，交易方式包括转让、租赁、抵押、互换、出资，其中互换、出资方式仅限用于集体经营性建设用地。因为我国的土地市场分为一级市场和二级市场，所以下面将按照房地产开发项目拓展标的项目的土地所处的市场类别划分为一级市场项目拓展和二级市场项目拓展。

3.3 一级市场项目拓展

目前我国的土地一级市场供应的土地包括国有土地使用权（含建设用地、农用地等）和集体经营性建设用地使用权，均采用出让方式进行交易，其中集体经营性建设用地使用权的出让又被称为流转。需要注意的是，集体经营性建设用地使用权在原则上不能用于可销售的房地产开发项目，主要用于公益设施、产业发展、保障性住房、集体经营资产开发等。目前市场上的商业性投资主要围绕产业地产、养老地产、长租住房等领域展开。

3.3.1 土地使用权出让概述

1. 土地使用权出让的概念

土地使用权出让（以下简称土地出让）是指土地所有者将土地使用权在一定年限内让与土地使用者并由土地使用者向土地所有者支付土地使用权出让金的行为。

土地使用权出让金是指通过有偿有限期出让方式取得土地使用权的受让者，按照合同规定的期限，一次性或分期提前支付的整个使用期间的地租的总和。

2. 土地出让的内涵

（1）土地出让的主体。出让方是土地的所有者——国家或集体经济组织，土地使用权的受让方是中华人民共和国境内外的公司、企业、其他组织和个人。国家是一个抽象的主体，因而在具体行使国有土地出让权时，一般是由土地所在地的政府作为具体代表。村或乡集体经济组织出让集体经营性建设用地应当经本集体经济组织成员的村民会议，取得三分之二以上成员或者三分之二以上村民代表的同意。

（2）土地出让的客体。土地出让的客体是城镇国有土地和集体经营性建设用地，城镇国有土地即城市、县城、建制镇、工矿区、开发区范围内属于全民所有的土地。集体经营性建设用地即土地所有权归集体经济组织所有，在国土空间规划内被确定为工业、商业等经营性用途并依法登记的建设用地。

（3）土地出让的内容。土地出让是土地出让方将一定年限的土地使用权转让给受让方，由受让方支付相应出让金的行为。受让人取得的是具有独立意义的土地使用权，受让人具有占有权能、使用权能、收益权能和一定程度的处分权能，具体表现为对土地的使用权、转让权、出租权、抵押权等。

3. 土地使用权出让的特点

（1）出让方的唯一性。土地使用权出让也称批租或土地一级市场，由土地所有者垄断，任何单位和个人不得出让土地使用权。虽然由于集体经营性建设用地的入市，看似出现了新的出让方，即集体经济组织，但其出让行为仍然受到政府的调控、管理，纳入统一的土地一级市场管控，并不能形成供给层面的有效市场竞争，所以出让方的唯一性并未改变。

（2）出让权利的局限性。经出让取得土地使用权的单位和个人，对受让土地只有使用权，即在使用期限内对土地拥有占有、使用、收益权能和一定程度的处分权能；土地使用权可以进入市场，可以进行转让、出租、抵押等经营活动，但地下埋藏物归国家所有。

（3）出让客体的单一性。土地出让客体必须是建设用地。我国农用地和"四荒用地"（荒山、荒沟、荒丘、荒滩等）无论是国有还是集体所有，均采用承包经营方式，土地出让范围内的城镇国有土地和集体经营性建设用地均属于建设用地。

（4）出让主体的平等性。土地使用权出让体现为土地所有者与土地使用者之间关于权利、义务的经济关系，具有平等、自愿、有偿、有期限的特点。

4. 土地使用权的出让年限

《城镇国有土地使用权出让和转让暂行条例》第十二条规定："土地使用权出让最高年限按下列用途确定：（一）居住用地七十年；（二）工业用地五十年；（三）教育、科技、文化、卫生、体育用地五十年；（四）商业、旅游、娱乐用地四十年；（五）综合或者其他用地五十年。"

《土地管理法》第六十三条规定："集体建设用地使用权的出让及其最高年限、转让、互换、出资、赠予、抵押等，参照同类用途的国有建设用地执行。"

3.3.2 土地使用权的出让方式

《民法典》第二百四十七条规定:"工业、商业、旅游、娱乐和商品住宅等经营性用地以及同一土地有两个以上意向用地者的,应当采取招标、拍卖等公开竞价的方式出让。"需要注意的是,该条文并没有限定其所列土地出让方式仅限于国有土地。

《城镇国有土地使用权出让和转让暂行条例》(1990年)第十三条规定:"土地使用权出让可以采取拍卖、招标或者双方协议的方式。"2002年,国土资源部出台的《招标拍卖挂牌出让国有土地使用权规定》(国土资源部令第11号)增加了有关国有土地使用权挂牌出让方式的规定。

集体经营性建设用地的出让方式在《土地管理法》及国家相关政策文件中并未获得明确,需要等待相关实施细则的出台。从集体经营性建设用地入市试点来看,各地政策趋同于参照国有土地使用权出让方式。例如,《安徽省集体建设用地有偿使用和使用权流转试行办法》第十六条规定:"集体建设用地可以参照国有土地使用权招标、拍卖、挂牌出让的程序和办法,采用招标、拍卖、挂牌出让等方式出让土地使用权。"《广州市集体建设用地使用权流转管理办法》第九条规定:"工业用地和商业、旅游、娱乐等经营性集体建设用地以及同一宗地有两个以上意向用地者的,应当在区一级农村集体资产交易服务机构或市公共资源交易中心以招标、拍卖或者挂牌方式公开出让、出租并取得区一级农村集体资产交易服务机构或市公共资源交易中心出具的成交确认书或中标通知书。其他用途的集体建设用地使用权的流转可以采用协议方式进行。"

综上所述,目前,土地使用权主要有招标、拍卖、挂牌和协议出让四种出让方式。

国有土地出让的实施主体是市、县自然资源主管部门,土地使用权的招标、拍卖、挂牌出让在具体组织上可以由市、县自然资源主管部门自行办理,其也可委托下属事业单位或具有资质的社会中介机构承办。集体经营性建设用地出让的实施主体是集体经济组织,土地使用权的招标、拍卖、挂牌出让在具体组织上一般委托市、县自然资源主管部门及其下属事业单位或具有资质的社会中介机构承办,市、县自然资源主管部门负责对集体经营性建设用地出让的监督管理。

竞买申请人可以是中华人民共和国境内外的法人、自然人和其他组织,但法律、法规对申请人另有限制的除外。申请人可以单独申请,也可以联合申请。在国有土地出让前,自然资源主管部门首先应当公布供地计划,确定土地出让方式,编制土地出让方案并报市、县人民政府批准。在集体经营性建设用地出让前,应当经本集体经济组织成员的村民会议,取得三分之二以上成员或者三分之二以上村民代表的同意,土地出让方案报经自然资源主管部门批准。

1. 招标出让

招标出让土地使用权是指出让实施主体发布招标公告或者发出投标邀请书,邀请特定或者不特定的法人、自然人和其他组织参加土地使用权投标,根据投标结果确定土地使用者的行为。

招标出让的程序一般包括以下几个步骤。

（1）前期准备工作。出让实施主体委托土地评估机构对拟招标土地进行地价评估，经过集体决策，综合确定出让底价、投标保证金和标底。

（2）编制招标出让文件。在完成前期工作后，出让实施主体应当根据前期工作的决定及拟招标土地的实际情况编制招标出让文件。招标出让文件包括招标出让公告或投标邀请书、招标出让须知、标书、投标申请书、宗地界址图、宗地规划指标要求、中标通知书、土地使用权出让合同（《国有建设用地使用权出让合同》示范文本见本章附录3-1）、其他相关文件。

（3）发布招标公告。招标公告应当至少在招标活动开始前20日发布，招标公告包括以下内容（招标公告示例见本章附录3-2）。

① 出让人的名称、地址、联系电话等，授权或指定下属事业单位以及委托代理机构进行招标的，还应注明其机构的名称、地址和联系电话等。

② 招标地块的位置、面积、用途、开发程度、规划指标要求、土地使用年限和建设时间等。

③ 投标人的资格要求及申请取得投标资格的办法。

④ 获取招标文件的时间、地点及方式。

⑤ 招标活动实施时间、地点，投标的期限、地点和方式等。

⑥ 确定中标人的标准和方法。

⑦ 其他需要公告的事项。

（4）投标申请与资格审查。出让人在收到申请人的申请材料后应当进行资格审查，对经审查符合规定条件的，出让人应当确认申请人的投标资格并通知其参加招标活动。每宗土地，符合资格的投标人不得少于三个。申请人对招标文件有疑问的，可以通过书面或口头形式向出让人咨询，根据需要，出让人可以组织申请人对拟出让地块进行现场踏勘。

（5）投标。市、县自然资源主管部门应当按照出让公告规定的时间、地点组织招、投标活动。投标活动应当由土地招标拍卖挂牌主持人主持。投标开始前，主持人应当现场组织开启标箱，检查标箱情况后加封。投标前，投标人必须按照招标文件的规定缴纳投标保证金或提供投标保函。投标人应当在规定的时间内将标书及其他文件送达指定的投标地点，经招标人登记后，将标书投入标箱。

（6）开标。招标人按照招标出让公告规定的时间、地点开标，邀请所有投标人参加。开标应当由土地招标拍卖挂牌主持人主持。主持人邀请投标人或其推选的代表检查标箱的密封情况后，当众开启标箱。标箱开启后，主持人应当组织逐一检查标箱内的投标文件，经确认无误后，由工作人员当众拆封，宣读投标人名称、投标价格和投标文件的其他主要内容。

（7）评标。按照"价高者得"的原则确定中标人的，可以不成立评标小组；按照"综合条件最佳者得"的原则确定中标人的，招标人应当成立评标小组进行评标。评标小组由出让人、有关专家组成，成员人数为五人以上的单数。评标小组可以要求投标人对投标文件中含义不明确的内容做出必要的澄清或者说明，但澄清或者说明不得超出投标文件的范围或者改变投标文件的实质性内容。评标小组应当按照招标文件确定的评标标准和方法，对投标文件进行综合评分，根据综合评分结果确定中标候选人。评标小组应当根据评标结果，按照综合评分确定中标候选人排序，但低于底价或标底者除外。有两个或两个以上申请人的综合评分相同的，按报价排名，报价也相同的，可以由综合评分相同的申请人通过现场竞价确定排名顺序。投标人的投标价均低于底价或投标条件均不能够满足标底要求的，投标活动终止。

（8）定标。招标人应当根据评标小组推荐的中标候选人确定中标人。招标人也可以授权评标小组直接确定中标人。按照"价高者得"的原则确定中标人的，由主持人根据开标结果直接宣布报价最高且不低于底价者为中标人。有两个或两个以上申请人的报价相同且同为最高报价的，可以由相同报价的申请人在限定时间内再行报价或者采取现场竞价方式确定中标人。

（9）中标及后续工作。确定中标人后，招标人应当向中标人发出《中标通知书》并同时将中标结果通知其他投标人。中标人应当在规定的时限内与出让人签订土地使用权出让合同并在缴纳地价款及各类税费后办理《不动产权证》（见本章附录3-5）。

2. 拍卖出让

拍卖出让土地使用权是指出让人发布拍卖公告，由竞买人在指定时间、地点进行公开竞价，根据出价结果确定土地使用者的行为。

拍卖出让的程序一般包括以下几个步骤。

（1）前期准备工作。出让人委托土地评估机构评估拟拍卖土地的正常市场价格，经过集体决策，综合确定出让底价、起叫价和竞价保证金。

（2）编制拍卖出让文件。出让人根据经批准的拍卖出让方案，组织编制土地使用权拍卖出让文件，主要包括拍卖出让公告、拍卖出让须知、竞买申请书、宗地界址图、宗地规划指标要求、成交确认书、土地使用权出让合同、其他相关文件。

（3）发布拍卖公告。拍卖公告应当至少在拍卖活动开始前20日发布，拍卖公告包括以下内容（拍卖公告示例见本章附录3-3）。

① 出让人的名称、地址、联系电话等，授权或指定下属事业单位以及委托代理机构进行拍卖的，还应注明其名称、地址和联系电话等。

② 拍卖地块的位置、面积、用途、开发程度、规划指标要求、土地使用年限和建设时间等。

③ 竞买人的资格要求及申请取得竞买资格的办法。

④ 获取拍卖文件的时间、地点及方式。

⑤ 拍卖会的地点、时间和竞价方式。

⑥ 支付竞买保证金的数额、方式和期限。

⑦ 其他需要公告的事项。

（4）竞拍申请与资格审查。申请人在拍卖公告规定的期限内按拍卖公告的规定缴纳竞买保证金或提供竞买保函，然后向出让人提出竞拍申请。出让人对申请人所提交的资料进行审查，对经审查，符合规定条件的，出让人应当确认申请人的竞买资格并通知其参加拍卖活动。每宗土地，符合资格的竞买人不得少于三个。申请人对拍卖文件有疑问的，可以通过书面或口头形式向出让人咨询，根据需要，出让人可以组织申请人对拟出让地块进行现场踏勘。

（5）举办拍卖会。出让人应当按照出让公告规定的时间、地点组织拍卖活动。拍卖活动应当由土地招标拍卖挂牌主持人主持。拍卖会按下列程序进行。

① 主持人宣布拍卖会开始。

② 主持人宣布竞买人到场情况；设有底价的，出让人应当现场将密封的拍卖底价交给主持人，主持人现场开启密封件。

③ 主持人介绍拍卖地块的位置、面积、用途、使用年限、规划指标要求、建设时间等。

④ 主持人宣布竞价规则和拍卖宗地的起叫价、增价规则、增价幅度并明确提示是否设有底价。在拍卖过程中，主持人可根据现场情况调整增价幅度。

⑤ 主持人报出起叫价，宣布竞价开始。

⑥ 竞买人举牌应价或者报价。

⑦ 主持人确认竞买人应价或者报价后继续竞价。

⑧ 主持人连续三次宣布同一应价或报价而没有人再应价或出价且该价格不低于底价的，主持人落槌表示拍卖成交并宣布最高应价者为竞得人。成交结果对拍卖人、竞得人和出让人均具有法律效力。最高应价或报价低于底价的，主持人宣布拍卖终止。

（6）签订《成交确认书》及后续工作。确定竞得人后，拍卖人与竞得人当场签订《成交确认书》。拍卖人或竞得人不按规定签订《成交确认书》的，应当承担法律责任，即使竞得人拒绝签订《成交确认书》也不能对抗拍卖成交结果的法律效力。根据《成交确认书》的约定，双方在限定的时间内签订土地使用权出让合同并按照合同约定缴纳地价款及各类税费，在完成上述手续后方可办理《不动产权证》（见本章附录3-5）。

3. 挂牌出让

挂牌出让土地使用权是指出让人发布挂牌公告，按公告规定的期限将拟出让宗地的交易条件在指定的土地交易场所挂牌公布，接受竞买人的报价申请并更新挂牌价格，根据挂牌期限截止时的出价结果或现场竞价结果确定土地使用者的行为。

挂牌出让土地使用权的程序一般包括以下几个步骤。

（1）前期准备工作。出让人委托土地评估机构评估拟挂牌土地的正常市场价格，经过集体决策，综合确定出让底价、起始价和竞价保证金。

（2）编制挂牌出让文件。出让人根据经批准的挂牌出让方案，组织编制土地使用权挂牌出让文件。挂牌出让文件包括挂牌出让公告、挂牌出让须知、竞买申请书、挂牌竞买报价单、宗地界址图、宗地规划指标要求、成交确认书、土地使用权出让合同、其他相关文件。

（3）发布挂牌公告。挂牌公告应当至少在挂牌活动开始前20日发布，挂牌公告包括以下内容（挂牌公告示例见本章附录3-4）。

① 出让人的名称、地址、联系电话等，授权或指定下属事业单位以及委托代理机构进行挂牌的，还应注明其机构名称、地址和联系电话等。

② 挂牌地块的位置、面积、用途、开发程度、规划指标要求、土地使用年限和建设时

间等。

③ 竞买人的资格要求及申请取得竞买资格的办法。

④ 获取挂牌文件的时间、地点及方式。

⑤ 挂牌地点和起止时间。

⑥ 支付竞买保证金的数额、方式和期限。

⑦ 其他需要公告的事项。

（4）竞拍申请与资格审查。申请人应在挂牌公告规定的期限内缴纳挂牌公告规定的竞买保证金并根据公告的规定向出让人提出竞拍申请。出让人对申请人所提交的资料进行审查，对经审查符合规定条件的，出让人应当确认申请人的竞买资格并通知其参加拍卖活动。每宗土地，符合资格的竞买人不得少于三个。申请人对拍卖文件有疑问的，可以通过书面或口头形式向出让人咨询，根据需要，出让人可以组织申请人对拟出让地块进行现场踏勘。

（5）公布挂牌信息。在挂牌公告规定的挂牌起始日，挂牌人应将挂牌宗地的位置、面积、用途、使用年期、规划指标要求、起始价、增价规则及增价幅度等在挂牌公告规定的土地交易地点挂牌公布。挂牌时间不得少于 10 个工作日。

（6）报价。符合条件的竞买人应当填写报价单报价。有条件的地方，可以采用计算机系统报价。招标拍卖挂牌主持人确认该报价后，更新挂牌价格，继续接受新的报价。有两个或两个以上竞买人报价相同的，先提交报价单者为该挂牌价格的出价人。

（7）挂牌截止。挂牌截止应当由招标拍卖挂牌主持人主持确定。设有底价的，出让人应当在挂牌截止前将密封的挂牌底价交给主持人，主持人现场打开密封件。在公告规定的挂牌截止时间，竞买人应当出席挂牌现场，主持人宣布最高报价及其报价者并询问竞买人是否愿意继续竞价。主持人连续三次报出最高挂牌价格，没有竞买人表示愿意继续竞价的，主持人宣布挂牌活动结束。最高挂牌价格不低于底价的，主持人宣布挂牌出让成交，最高挂牌价格的出价人为竞得人；最高挂牌价格低于底价的，主持人宣布挂牌出让不成交。此时，如果有竞买人表示愿意继续竞价的，即属于挂牌截止时有两个或两个以上竞买人要求报价的情形，主持人应当宣布挂牌出让转入现场竞价并宣布现场竞价的时间和地点，通过现场竞价确定竞得人。

（8）现场竞价。现场竞价应当由土地招标拍卖挂牌主持人主持进行，取得宗地挂牌竞买资格的竞买人均可参加现场竞价。现场竞价按下列程序举行。

① 主持人宣布现场竞价的起始价、竞价规则和增价幅度并宣布现场竞价开始。现场竞价的起始价为挂牌活动截止时的最高报价增加一个加价幅度后的价格。

② 参加现场竞价的竞买人按照竞价规则应价或报价。

③ 主持人确认该竞买人应价或者报价后继续竞价。

④ 主持人连续三次宣布同一应价或报价而没有人再应价或出价且该价格不低于底价的，主持人落槌表示现场竞价成交并宣布最高应价或报价者为竞得人。成交结果对竞得人和出让人均具有法律效力。最高应价或报价低于底价的，主持人宣布现场竞价终止。

在现场竞价中无人参加竞买或无人应价或出价的，以挂牌截止时出价最高者为竞得人，但低于挂牌出让底价者除外。

（9）签订《成交确认书》及后续工作。确定竞得人后，挂牌人与竞得人当场签订《成交确认书》。挂牌人或竞得人不按规定签订《成交确认书》的，应当承担法律责任，即使竞得人拒绝签订《成交确认书》也不能对抗挂牌成交结果的法律效力。根据《成交确认书》的约定，双方在限定的时间内签订土地使用权出让合同并按照合同约定缴纳地价款及各类税费，在完成上述手续后方可办理《不动产权证》（见本章附录3-5）。

4. 协议出让

协议出让国有土地使用权是指出让人以协议方式将土地使用权在一定年限内出让给土地使用者，由土地使用者支付土地使用权出让金的行为。

（1）协议出让的适用范围。出让土地使用权，除依照法律、法规和规章规定采用招标、拍卖或者挂牌方式外，也可采取协议方式，主要包括以下情况。

① 供应商业、旅游、娱乐和商品住宅等各类经营性用地以外用途的土地，其供地计划公布后，同一宗地只有一个意向用地者的。

② 原划拨、承租土地使用权人申请办理协议出让，经依法批准，可以采取协议方式，但《国有土地划拨决定书》《土地租赁合同》及法律、法规、行政规定等明确应当收回土地使用权重新公开出让的除外。

③ 划拨土地使用权转让申请办理协议出让，经依法批准，可以采取协议方式，但《国有土地划拨决定书》及法律、法规、行政规定等明确应当收回土地使用权重新公开出让的除外。

④ 土地使用权出让人申请续期，经审查准予续期的，可以采用协议方式。

⑤ 法律、法规、行政规定明确可以协议出让的其他情形。

（2）协议出让的程序。协议出让的一般程序包括以下几个步骤。

① 用地单位提出用地申请。

② 编制协议出让方案。出让人应当会同规划等部门编制国有土地使用权协议出让方案，协议出让方案应当包括拟出让地块的位置、四至、用途、面积、年限、土地使用条件、供地时间、供地方式等。

③ 确认底价。出让人委托土地评估机构对拟出让土地进行地价评估，出让人应当根据土地估价结果、产业政策和土地市场情况等进行集体决策，综合确定协议出让底价。

④ 报批。出让人应当按规定将协议出让方案、底价报有批准权的人民政府批准。

⑤ 协商、签订意向书。出让人依据经批准的协议出让方案和底价，与意向用地者就土地出让价格等进行充分协商、谈判。协商、谈判时，参加谈判的出让人代表应当不少于两人。双方协商、谈判达成一致并且议定的出让价格不低于底价的，出让人应当与意向用地者签订土地使用权出让意向书。

⑥ 公示。出让人将意向出让地块的位置、用途、面积、出让年限、土地使用条件、意向用地者、拟出让价格等内容在当地土地有形市场等指定场所以及中国土地市场网进行公示并注明意见反馈途径和方式，公示时间不得少于5日。

⑦ 签订土地使用权出让合同并公布出让结果。

⑧ 受让方按照合同约定缴纳地价款及各类税费，在完成上述手续后方可办理《不动产权证》（见本章附录3-5）。

5. 竞价规则

土地使用权出让方式不同，但基本目标一致，即使出让人获得最大化的经济利益。基于上述目标，在土地使用权出让中，均把出让价格作为评选受让对象的核心指标，特别是在拍卖和挂牌这两种出让方式中。但出让人的经济利益最大化有可能会出现外部不经济现象，特别是在商品住宅用地出让领域，高地价与高房价轮番驱动，挤占了保障房的土地供应。

为了解决上述问题，各地都在尝试通过改革竞价规则的方式来控制地价、增强外部经济性。目前，竞价规则改革的主要方向包括以下几个方面。

（1）价中者得。这是指计算各竞价人的报价与报价均值的偏差，以偏差最小的报价为中标报价。此竞价规则增加了竞价难度，可以有效地抑制土地市场的狂热。

（2）限地价、竞房价。限地价是指设定土地出让价格上限，当报价达到上限后，竞买者仍愿意继续竞价的，则转为竞房价，竞房价是指竞买者竞报未来完成开发销售房产的销售价，以价低者得。如果进入竞房价阶段，其房价明显低于市场价格，则该土地未来开发销售房产的销售对象受政府限制。此竞价规则促使竞买人理性报价，可有效平抑上涨的房价。

（3）竞地价、竞配建。这是指设定土地出让价格上限，当报价达到上限后，竞买者仍愿意继续竞价的，则转为竞配建面积，配建一般以单位安置房、保障房、政府回购房为主，此类房产一般无偿移交给政府或政府制定单位，或按照政府政策低价出售、出租给特定对象。竞配建规则以所报增配建面积最大者为中标人。此规则可以在有效抑制地价的同时增加保障房供应，形成较好的外部经济效益，但无法直接平抑房价。

（4）暗箱报价。这是指各竞买者只有一次报价机会，均采用密封件报价方式，由出让人在约定时间和地点拆封所有竞买人的报价，以价高者得。此报价方式让各竞买者无法了解竞争对手的情况，报价具有巨大的不确定性和风险性。此方式会推高地价，对土地出让者最为有利。暗箱报价在出让方式上还是属于拍卖方式，只是各竞买人只有一次报价机会。

3.3.3 土地使用权收回与终止

1. 土地使用权收回

出让人收回土地使用权有多种原因，主要包括使用期限届满、提前收回、没收等。

（1）土地使用权届满。依据《物权法》和《城市房地产管理法》规定，住宅建设用地使用权年限届满的，自动续期。对非住宅建设用地使用权，如果土地出让合同约定土地使用者可以申请续期，土地使用者需要继续使用土地的，最迟应当于届满前一年申请续期，除根据社会公共利益需要收回该幅土地的，应当予以批准。经批准准予续期的，应当重新签订土地使用权出让合同，依照规定支付土地使用权出让金。土地使用权出让合同约定的使用年限届满，土地使用者未申请续期或者虽申请续期但依照前款规定未获批准的，土地使用权由国家无偿收回。对非住宅建设用地使用权，如果土地出让合同约定到期后由出让人收回的，则土地使用者不可再申请续期。收回土地使用权的情况下，该土地上的房屋及其他不动产的归属，有约定的，按照约定处理；没有约定或者约定不明确的，依照法律、行政法规的规定办理。

（2）建设用地使用权年限届满前，因公共利益需要提前收回该土地的，应当依法对该土地上的房屋及其他不动产给予补偿。

（3）因土地使用者不履行土地使用权出让合同而收回土地使用权。土地使用者不履行土地使用权出让合同而收回土地使用权有两种情况：一是未如期支付地价款，对此出让方应依照法律和合同约定征收滞纳金，直至收回土地使用权；二是土地使用者未按合同约定的期限和条件开发和利用土地，应由县、市人民政府自然资源主管部门予以纠正并根据情节给予警告、罚款，直至无偿收回土地使用权，这是对不履行合同的土地使用者采取的无条件取消其土地使用权的处罚形式。

（4）司法机关决定收回土地使用权。这是指因土地使用者触犯国家法律，不能继续履行合同或司法机关决定没收其全部财产，收回土地使用权。

2. 土地使用权终止

土地使用权终止存在以下两种情况。

（1）土地使用权因土地灭失而终止。土地使用权要以土地的存在或土地能满足某种需要为前提，因土地灭失而导致使用者实际上不能继续使用土地，使用权自然终止。土地灭失是指由于自然原因，原土地性质彻底改变或原土地面貌彻底改变，如地震、水患、塌陷等自然灾害引起的土地不能使用而导致的土地使用权的终止。

（2）土地使用权因土地使用者的抛弃而终止。由于政治、经济、行政等原因，土地使用者抛弃使用的土地，致使土地使用权出让合同失去意义或无法履行而终止土地使用权。

3.4 二级市场项目拓展

3.4.1 二级市场项目拓展概述

自 2016 年起，我国二级市场走向火爆，成为房地产开发企业获取项目的重要甚至核心渠道。其核心原因是土地一级市场竞争大、机会小、成本高，二级市场供应的项目位置均较好，收购价格和付款方式均可谈判，可以快速、低成本地扩大房地产开发企业的土地储备规模。以融创中国为例，截至 2020 年年中，其权益土地储备达 1.58 亿平方米，其中一半左右来自并购，融创中国在侧重一、二线城市（约占权益土地储备面积的 80%）兼顾核心三线城市的策略下，仍然能够实现楼面平均地价成本仅约 4300 元每平方米，仅占销售均价约 35%，二级市场项目拓展功不可没。

二级市场项目拓展对象主要有三类。

（1）中小型房地产开发企业待转让的项目。这里有两种可能：一是企业存在开发困难，如行政审批障碍、资金紧张等；二是企业具有特殊资源可获取低价土地，通过转售获利，无心从事开发或溢价引入大型开发企业负责开发而获取更高利润。

（2）三旧改造和城市更新项目。这是指受让原产权人所持有的项目资源从事三旧改造和城市更新开发。大多数三旧改造和城市更新项目的原始产权人均不是房地产开发企业，在开发管理和资金上均无力从事房地产开发业务。

（3）金融机构的不良资产。房地产金融业务一直是金融机构的核心业务，但由于最近几年房地产市场的调整，金融机构持有较多的房地产不良债权资产，急需引入具有开发管理能力和资金实力的房地产开发企业参与不良资产处置工作。

二级市场项目并购方式主要有在建项目收购和项目公司入股两种。

3.4.2 在建项目收购

在建项目收购是指通过在建工程转让的方式获取项目所用土地使用权、在建工程所有权、行政批文及各类权益，同时继续承担项目所担负的各项义务的经济活动。

1. 在建项目收购的程序

在建项目收购在实际操作中一般需要遵循以下程序。

（1）在建项目初步调查。在收购双方具有收购意向后，收购方到项目现场进行初步调查，主要是了解项目背景、规划设计方案、市场定位、工程计划等。

（2）专业调查。在完成初步调查并决定进一步开展收购工作后，收购方委托房地产估价师、土地估价师、会计师及律师对在建项目进行调查。主要调查项目有土地权属、规划等方面的法律资料的齐全完善度；工程进度与投资进度；各类合作协议的完备度、合法性及执行情况；财务资料的完善及合规状况；债务、债权状况等。

（3）发表专业意见。专业意见包括律师意见和房地产评估报告，其核心是房地产评估报告。律师意见主要是律师从合法性的角度对项目法律文件、合同及历史经济行为进行分析，进而向收购方提示法律风险及解决方案。在律师意见制定时期，律师需要与房地产估价师进行广泛的沟通。房地产估价师在完成专业调查后，还需要进行评估方面的外业调查并据此形成房地产评估报告。在形成房地产评估报告前，会计师需要向房地产估价师提供专业的财务技术帮助，使房地产估价师确定项目的投资进度、优先受偿款及潜在的债务风险。房地产评估报告不仅需要完成在建项目的价格评估，还需要揭示项目存在的风险。

（4）项目谈判。在获得专业意见后，收购双方进行收购谈判，主要围绕收购价格、税费等内容。在谈判中，收购方应当根据专业意见中所提示的风险或不确定事项与出售方进行交流，部分事项需要出售方澄清，提供更详细的资料，甚至进行承诺。同时，收购方必须与项目债权人就债权保障事宜进行谈判，在降低收购成本的同时有效保障债权人利益，促使债权人同意本次收购的开展。

（5）签订转让协议。通过谈判，双方达成协议并签署《在建项目转让协议书》，协议书应明确交易价格、过户手续办理责任、债务债权承接等事项。协议书一般由律师与房地产估价师根据谈判意见拟定并由收购双方审查确定。涉及债权人利益的，收购双方需要同时与债权人签署债权偿付协议或重组协议。

（6）办理项目过户手续。这是指根据双方的交易协议，按照行政部门的要求分别办理项目各项权属及行政文书的过户工作并缴纳税费。需要注意的是，在土地过户前一般还需要委托土地评估机构单独进行土地评估。

2. 在建项目收购的注意事项

在建项目收购需要注意以下事项。

（1）权属的合法性与完整性。这是在建项目收购中首先需要注意的，主要是审查土地使用权取得的过程与方式是否符合国家法律、法规的规定以及是否按照要求缴纳了全部地价款及税费，同时要查验《国有土地使用证》的真实性。权属的完整性主要是关注项目是否存在抵押、担保等权属限制。

（2）法律文书的完善性。这主要是指规划文件的完善性，以保证项目的各个行政审批环节均符合国家对土地及建设工程的管理要求，特别要注意《规划意见书》《建设用地规划许可证》《建设工程规划许可证》及施工证等证件的完备度。

（3）合作协议的合法性、合理性与执行情况。这里最主要的是施工合同，需要注意合同签订的合法性，如是否按照国家要求进行了招标，同时要判断合同中所约定的施工款项与施工内容是否对等、合理，在此基础上考察合同条款的执行情况。

（4）工程进度与投资进度。这是指根据对工程现场的实地考察，结合对方提供的工程进度计划表判定工程的实际进度，结合施工合同与投资进度表判定投资进度及投资额是否符合实际。

（5）工程质量。这是指需要委托专业的工程技术人员与房地产估价师一起对工程质量进行检查，杜绝收购项目存在的工程质量问题。

（6）财务状况。财务状况的重点是债务及优先受偿分析，特别是优先受偿分析，这部分是需要从成交价款中扣除的，防止出售方借转让项目而逃避债务及税费。

3.4.3　项目公司入股

根据 2020 年 1 月 1 日施行的《中华人民共和国城市房地产管理法》，在建项目或土地没有达到以下全部条件的，不能进行在建项目或土地转让：①按照出让合同约定已经支付全部土地使用权出让金并取得土地使用权证书；②按照出让合同约定进行投资开发，属于房屋建设工程的，完成开发投资总额的百分之二十五以上，属于成片开发土地的，形成工业用地或者其他建设用地条件。同时，考虑到在建项目转让的烦琐，在实际交易中，很多房地产开发企业多采用项目公司入股的方式。

项目公司入股是指投资方按照房地产开发项目公司的市场价值购买项目公司的股权或按照比例对项目公司增资扩股，主要包括参股、控股和全资收购三种方式。

如果项目公司的所有股东对该项目不再具有投资意向或无资金进行投资，会选择整体出售项目公司，由收购方（投资方）进行全资收购。

如果项目公司的部分股东对该项目不再具有投资意向或无资金进行投资，一般会选择部分股权转让或者项目公司从引进战略投资者的角度考虑，也会选择部分股权转让或增加股东，由收购方（投资方）对项目公司进行参股或控股。

1. 项目公司入股的程序

项目公司入股的程序一般包括以下六个步骤。

（1）尽职调查。在双方具有初步的入股意向后，入股方会委托律师、评估师和审计师进驻拟入股公司进行尽职调查。尽职调查的主要任务是搜集项目公司及项目的相关资料并对资料进行分析，项目公司的资料包括财务、工商、税务等资料，项目资料包括项目的土地权属、规划条件、工程进度等。

（2）协商与解决专业问题。根据尽职调查中所发现的问题，各专业人员提出专业意见供入股方参考，入股方就专业意见中所提出的问题与项目公司的股东进行协商并参考专业人员提出的解决方案拟定解决措施，部分问题在收购行为发生前就必须解决。

（3）股权价值评估。项目公司的资产一般比较单纯，其核心就是准备开发的土地或已经开发的在建工程，所以其股权价值评估的重点是土地或在建工程评估，需要委托评估师进行评估。

（4）入股谈判。根据律师、评估师和审计师的意见，入股方与项目公司股东进行入股谈判，主要围绕股权定价、收益保障、风险防范及入股后的职能分工、人员配置等核心问题展开。如果并购项目公司存在股东担保、股权质押等债务限制，则收购双方需要与债权人、质押权人等相关利益方就收购事项进行谈判。

（5）签署入股协议。根据谈判结果，签订双方或多方协议。如果是上市公司收购行为，构成重大资产收购的，还必须报中国银行保险监督管理委员会（以下简称银保监会）批复并向广大股民公告。如果是涉及国有资产问题，构成重大资产收购的，还需要报国资监管部门批准。在获得上述批准后，入股协议方生效。涉及的债权人、质押权人等相关利益方，也需要同步签署相关协议。

（6）入股后续事项。具体包括兑价支付、公司章程变更、人事调整等。

为了顺利实现项目公司入股，一些不具有经验的收购方会选择财务顾问或投资顾问承担项目公司入股全程的策划、咨询工作。

2. 项目公司入股的注意事项

房地产项目公司入股方式的最大风险包括项目公司潜在债务风险、法律诉讼风险，所以在做项目公司入股时需要注意以下事项。

（1）债务清理。入股前可委托会计师事务所或专业机构对项目公司进行财务专项尽职调查，在尽职调查过程中，应该注意不局限于对财务凭证的调查审核，要在清查征信记录和现金流的基础上关注工程产值、支付资金和应付资金之间的逻辑关系，以清查是否有表外负债和民间借贷的存在。同时，必须对工程承包方做工程款支付和应付情况的尽职调查。

（2）担保清理。委托律师事务所对项目公司自成立至今的法律文书进行尽职调查，关注担保类法律文件，分析文件的有效性并评估其风险。

（3）诉讼清理。委托律师事务所对项目公司存在的诉讼事项进行尽职调查，除人民法院公告网已经公告的案件外，需要根据公司已签署文件评估未来可能存在的诉讼事项，在上述基础之上综合评估诉讼风险。

（4）防范或有风险。无论尽职调查工作开展得多么深入，都存在无法调查穷尽的事项，特别是或有负债、担保风险及项目行政审批风险，因此需要做好或有风险防范措施。并购前一般会要求项目公司原股东通过承诺函或协议的形式向并购方承诺不存在或有风险，若在并购后出现或有风险并对并购方造成损失，则由原股东方承担。同时，在并购中会延迟支付部分股权对价或保留原股东在项目公司中的一部分股权不转让，以备承担或有风险之用。

3.4.4 两种并购方式的比较

在建项目收购与项目公司入股这两种并购方式各有优劣，具体如表 3-1 所示。在建项目收购方式的调查程序相对简单、未来税收可能较低，但存在并购手续复杂、当期费用高、启动开发效率较低等劣势；而项目公司入股方式的调查程序复杂、未来税收可能较高，但并购手续简单、启动开发快且当期费用低。实际操作中具体采用哪一种并购方式需结合实际项目情况和企业自身条件进行考量。

表 3-1 在建项目收购与项目公司入股的比较

因素	并购方式	
	在建项目收购	项目公司入股
调查程序	相对简单	复杂、难度大
并购手续	手续复杂，涉及权属变更事项和审批事项	只有工商变更，手续更简单
当期费用	变更手续费多并需要当期缴纳增值税、契税和土地增值税、所得税	基本无手续费；股权转让由转让方缴纳所得税；增资扩股则无须缴纳税费
开发效率	变更手续烦琐，启动开发效率低	手续简单，可快速启动开发
未来税收	因收购成本入账，项目开发销售完成后清缴所得税和土地增值税时扣减额增加，按超额累进税制，存在税率降低的可能性，应交税额可能较低	因入股成本不能入账，项目开发销售完成后清缴所得税和土地增值税的起扣点低，存在税率较高的可能性，应交税收可能较高

3.5 房地产开发投资决策

3.5.1 房地产开发投资决策概述

投资决策是指围绕事先确定的经营目标，在占有大量信息的基础上，借助现代化的分析手段和方法，通过定性分析的推理判断和定量分析的计算，对各种投资方案进行比较和选择的过程。投资决策是房地产开发投资拓展工作的最后一步，将形成投资拓展的最终成果。

投资决策具有以下特点。

（1）投资决策具有针对性。投资决策要有明确的目标，如果没有明确的投资目标就没有所谓的投资决策，而达不到投资目标的决策就是失败的决策。

（2）投资决策具有现实性。投资决策是投资行动的基础，投资决策是现代化投资经营管理的核心。投资经营管理过程就是"决策—执行—再决策—再执行"这样一个反复循环的过程，因此可以说企业的投资经营活动是在投资决策的基础上进行的，没有正确的投资决策，也就没有合理的投资行动。

（3）投资决策具有择优性。投资决策与优选概念是并存的，投资决策中必须提供实现投资目标的几个可行方案,因为投资决策过程就是对诸多投资方案进行评判、选择的过程。合理的选择就是优选。优选方案不一定是最优方案,但它应是诸多可行投资方案中最令人满意的投资方案。

(4)投资决策具有风险性。风险就是未来可能发生的危险,投资决策应顾及实践中将出现的各种可预测或不可预测的变化。因为投资环境是瞬息万变的,风险的发生具有偶然性和客观性,是无法避免的,但人们可设法去认识风险的规律性,依据以往的历史资料并通过概率统计的方法对风险做出估计,从而控制并降低风险。

房地产开发投资决策就是在搜集、筛选信息,现场调研和投资分析等工作成果的基础上,结合房地产开发公司自身资源禀赋和状况,依据科学的决策程序选定房地产开发投资项目。

房地产开发行业属于资金密集型行业,房地产开发企业的负债率均较高,单个项目的投资规模较大、投资风险较高。同时,房地产市场在我国受政策的影响较大,故房地产行业的投资决策难度比其他行业大很多。可以说,投资决策是所有企业决策中最为关键、最为重要的决策,投资决策的失误也是企业最大的失误,一个重要的投资决策失误可能会使一个企业陷入困境,甚至破产。例如,泰禾地产在发展战略上侧重豪宅市场,其投资决策也以一、二线城市豪宅项目为主要方向,投资项目的土地成本普遍偏高,在"房住不炒"的政策调控下,泰禾地产陷入财务困境。

3.5.2 投资方案分类

投资方案的类型很多,根据多个方案之间的经济关系,可以分为互斥方案、独立方案和混合方案三类。

互斥方案是在若干个方案中选择任何一个方案,则其他方案就必须被排斥的一组方案。

独立方案是指一组互相独立、互不排斥的方案。在独立方案中,选择某一个方案并不排斥选择另一个方案。独立方案的特点是诸方案之间没有排他性,只要条件允许,就可以几个方案共存,直到资源得到充分运用为止。

混合方案是指兼有互斥方案和独立方案两种关系的混合情况。也就是说在一定条件的制约下,有若干个相互独立的方案,在一些独立方案中又包含着几个互斥的方案,如图3-2所示。

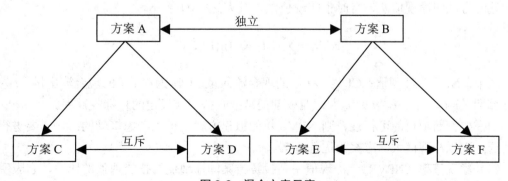

图3-2 混合方案示意

例如，某房地产开发公司目前的投资意向有 A 和 B 两宗地，每宗可开发土地均有两套开发方案。在公司资金允许的情况下，方案 A 和方案 B 就属于独立方案，选择其中一个方案并不排斥选择另外一个方案。在宗地 A 的方案中，有方案 C 和 D，方案 C 的开发设想是建设一座五星级酒店，而方案 D 的开发设想是建设一座高标准的公寓。在同一宗土地上只能有一个开发方案能够落实，那么方案 C 和 D 就属于互斥方案。同样地，在方案 B 下也有两个互斥的方案 E 和 F。上述六个方案组成了一个混合方案。

在选择方案前分析清楚所有方案属于何种类型是至关重要的，类型不同，则其选择、判断的尺度也不同。

3.5.3 方案的比选

1. 方案比选中常用的分析指标

投资方案比选中常用的分析指标有差额投资收益率、投资利润率、差额投资回收期、净现值、净现值率、差额投资内部收益率、等额年值、费用现值及等额年费用等。

（1）差额投资收益率（ΔR）。差额投资收益率是单位追加投资所带来的成本节约额，也叫追加投资收益率。其表达式为

$$\Delta R = \frac{C_1 - C_2}{I_1 - I_2}$$

式中：ΔR 为差额投资收益率；C_1、C_2 分别为两个比较方案的年经营成本；I_1、I_2 分别为两个比较方案的总投资。

（2）差额投资回收期（ΔP）。差额投资回收期是指通过成本节约收回追加投资所需的时间，有时也叫追加投资回收期。其表达式为

$$\Delta P = \frac{I_1 - I_2}{C_1 - C_2}$$

式中：ΔP 为差额投资回收期；I_1、I_2 分别为两个比较方案的总投资；C_1、C_2 分别为两个比较方案的年经营成本。

（3）净现值（NPV）。净现值是投资项目净现金流量的现值累计之和。用净现值进行方案比选的方法叫净现值法，有时也叫现值法。其表达式为

$$\text{NPV} = \sum_{t=0}^{n} (\text{CI} - \text{CO})_t (1 + i_c)^{-t}$$

式中：NPV 为净现值；CI_t 为第 t 年的现金流入量；CO_t 为第 t 年的现金流出量；t 为项目计算期（$t=0, 1, \cdots, n$）；i_c 为行业或部门基准收益率或设定的目标收益率。

如需要判断项目的可行性，则 NPV≥0 的拟建方案是可以考虑接受的；如需要进行方案比选，则以净现值大的方案为优选方案。

（4）净现值率（NPVR）。净现值率是投资方案的净现值与投资现值的比率，它表明单位投资的盈利能力和资金的使用效率。由于用净现值指标进行多个项目的比选时，没有考

虑各个项目投资额的大小,因而不能直接反映资金的利用效率。为了考虑资金的利用效率,通常采用净现值率指标作为净现值的辅助指标。其表达式为

$$\mathrm{NPVR} = \frac{\mathrm{NPV}}{I_P}$$

式中:NPVR 为净现值率;NPV 为净现值;I_P 为投资现值。

在进行方案比选时,净现值率大的方案为优选方案。

(5)差额投资内部收益率(ΔIRR)。差额投资内部收益率是两个方案各期净现金流量差额的现值之和等于零时的折现率。其表达式为

$$\sum_{t=0}^{n}[(\mathrm{CI-CO})'_t - (\mathrm{CI-CO})''_t](1+\Delta\mathrm{IRR})^{-t} = 0$$

式中:ΔIRR 为差额投资内部收益率;$(\mathrm{CI-CO})'_t$ 为投资大的方案在第 t 期的净现金流量;$(\mathrm{CI-CO})''_t$ 为投资小的方案在第 t 期的净现金流量;n 为开发经营期。

用这种方法比选的实质是将投资大的方案和投资小的方案相比,前者所增加的投资能否被其增量的收益所抵偿,即分析判断增量的现金流量的经济合理性。其计算步骤是:若进行多个方案的比选,首先按投资由小到大排序,再依次就相邻方案两两比选;在进行方案比选时,可将上述所求得的差额投资内部收益率与投资者最低可接受的收益率(minimum acceptable rate of return,MARR,有时把 i_c 作为投资者最低可接受的收益率)进行比较。当 ΔIRR≥MARR(或 i_c)时,以投资大的方案为优选方案;反之,当 ΔIRR<MARR(或 i_c)时,以投资小的方案为优选方案。运用差额投资内部收益率比选方案时,有一个问题必须注意,即只有较低投资额的方案被证明合理时,较高投资额方案方能与之比较。

(6)等额年值(AW)。将项目的净现值换算为项目计算期内各年的等额年金就是等额年值。用等额年值来进行多方案比选的方法就叫作等额年值法。等额年值是考查项目投资盈利能力的指标。其表达式为

$$\mathrm{AW} = \mathrm{NPV}\frac{i_c(1+i_c)^n}{(1+i_c)^n-1}$$

从其表达式可以看出,AW 实际上是 NPV 的等价指标。也就是说,在进行方案比选时,等额年值大的方案应为优选方案。

(7)费用现值(PC)。把项目计算期内的各年投入(费用)按基准收益率折现成的现值就是费用现值。用费用现值进行方案比选的方法叫作费用现值法。它是一种特定情况下的净现值法。其表达式为

$$\mathrm{PC} = \sum_{t=0}^{n}(C-B)_t(1+i_c)^{-t}$$

式中:PC 为费用现值;C 为第 t 期投入总额;B 为期末余值回收;n 为项目的开发经营期。

在进行方案比选时，以费用现值小的方案为优选方案。

（8）等额年费用（AC）。将项目计算期内所有的费用现值按事先选定的基准收益率折算为每年等额的费用就是等额年费用。以此进行方案比选的方法叫作等额年费用比较法。其表达式为

$$AC = PC \frac{i_c(1+i_c)^n}{(1+i_c)^n - 1}$$

在进行方案比选时，以等额年费用小的方案为优选方案。

在效益基本相同或相似的项目之间进行投资方案比选时，主要考虑项目的投资额及未来的维护与使用成本额。由于这二者发生的时间不同，常需要通过动态等值变换，换算为费用现值或等额年费用，所以产生了上述费用现值和等额年费用两种方法。

2. 方案比选中应注意的问题

上面介绍的指标都是较常用的且都有各自的适用范围。不过，在进行方案比选时，费用现值和等额年费用指标除了常用在效益相同或基本相似的房地产投资项目方案比选中以外，一般没有其他的限制条件，而净现值、净现值率和内部收益率这三个指标则有一定的限制条件。

（1）内部收益率与净现值。一般来讲，内部收益率比较直观，能直接反映项目投资的盈利能力，但当项目有大量追加投资时，则可能有多个内部收益率，从而使其失去实际意义。净现值的优点在于它很直观地反映了投资项目的绝对经济效果并且考虑了时间因素及项目在整个计算期内的全部经营情况；其不足之处在于它不能反映项目投资的相对经济效果，即只能表明项目投资的盈利能力超过、等于或达不到要求的水平，而目标项目的盈利能力究竟与要求的水平相差多少则表示不出来。另外，计算净现值时必须事先有已确定的基准收益率或折现率。

大多数情况下，在独立项目的财务分析中，用净现值和内部收益率指标来判断项目的可行性所得出的结论是一致的。因此，可选择任一指标作为项目财务分析指标。但是在某些情况下（如多个方案进行比较和选择时），相互矛盾的信号出现了，这两种方法可能会对现有的备选方案做出不同的排序。因为投资者必须在众多的备选方案中做出抉择，而不仅仅是接受或拒绝这样简单的选择问题，所以对备选方案的不同排序将引起严重的问题。当股本金有限而能够满足最低可接受标准的方案又同时存在好几个时，抉择更加困难。

这种备选方案不一致的问题主要是由于各备选方案的初始投资规模不同或者现金流量产生的时间不同所引起的。

① 规模不同引起的差异。假设有两个互不相容的，在规模上差别巨大的投资项目（如一个是宾馆，另一个是加油站），两者的初始投资额和完工并销售时的现金流量情况如表3-2所示。

表 3-2 A、B 两项目的现金流量

单位：万元

年 份	现 金 流 量		
		项目 A	项目 B
0	初始投资	10	150
1	资金回收	15	190

项目 A 要求的初始投资为 10 万元，第一年后回收 15 万元，内部收益率为 50%；而项目 B 的初始投资为 150 万元，第一年后回收 190 万元，内部收益率为 27%，因此根据内部收益率标准，项目 A 排在项目 B 之前。但是从净现值角度来看，情况就不是这样了。假定最低可接受的回报率为 12%，项目 A 的净现值为 3.4 万元，而项目 B 的净现值却高达 19.6 万元，则净现值标准将项目 B 排到项目 A 之前。

② 现金流量产生的时间不同所引起的差异。假设有两个互斥的投资项目 C 和 D，两者的现金流量情况如表 3-3 所示。

表 3-3 C、D 两项目的现金流量

单位：万元

年 份	现 金 流 量	
	项目 C	项目 D
0	-10 000	-10 000
1	2000	4000
2	3000	4000
3	5000	4000
4	6000	4000
5	7000	5000

项目 C 的内部收益率为 28.2%，项目 D 的内部收益率为 30.9%。如果这两个项目的最低可接受的回报率均为 28.2%，并且假定这两个项目是相互排斥的（即投资了 C 就不能投资 D），若用内部收益率作为决策标准，投资者将选择项目 D，而不是项目 C。

然而，假定投资者的机会成本为 12%，并且用这一利率作为贴现率，分别求两项目的净现值，结果是项目 C 的净现值为 5521.29 元，而项目 D 的净现值为 5304.29 元。当采用净现值法来评价两个相互排斥的投资项目时，如果净现值都是正的，那么，净现值更大的投资项目（风险度相同）就是可接受的项目。在本例中，净现值和内部收益率得出的是相互矛盾的信号。如采用内部收益率法，则项目 D 优于项目 C；然而如采用净现值法，则项目 C 优于项目 D。

当内部收益率法与净现值法提供的决策信号不一致时，一般认为净现值法的结果更优。这是因为大多数投资分析师已接受了这样一种观点，即投资者应努力使自身的资产价值最大化。

不过，在这样的方案比选中，通常不直接采用内部收益率指标进行比较，而采用净现值和差额投资内部收益率指标作为比较指标。

（2）净现值与净现值率。净现值与净现值率这两个指标在方案比较和项目排队时，有时也会得出相反的结论。因此，在进行方案比选时，若无资金限制条件，则可采用净现值作为比选指标。相反地，当事先明确了资金限定范围时，则应进一步用净现值率来衡量，即使用净现值率排序法。该方法在对多个方案进行排队时，往往是在资金限定的范围内，采用净现值率指标确定各方案的优先次序并分配资金，直到资金限额分配完为止。这样，既符合资金限定条件又能使净现值最大的方案就能入选，以实现有限资金的合理利用。不过，净现值率排序法也存在一些缺点，由于投资方案的不可分性，经常会出现资金没有被充分利用的情况，因而不一定能保证获得最佳组合方案。

3.5.4 投资决策的程序

房地产开发投资决策一般在房地产开发企业分层级进行，具体决策程序如下。

（1）部门决策。由投资拓展部门立项并在立项以前负责决策，具体由部门经理牵头组成部门决策小组负责。

（2）分管领导决策。由分管投资拓展的领导牵头协调房地产开发公司各部门协同开展项目论证和方案优化工作，由分管领导决策项目是否推进及推进方案。

（3）公司决策。在完成投资分析报告后，由公司领导及各条线负责人、专家组成的投资决策小组对项目进行表决。

对于跨地区型大型房地产开发公司，公司决策程序分为城市公司、区域公司和集团公司等多层次决策。

 思考与练习

1. 房地产开发投资拓展有哪些流程？
2. 我国的土地所有制分为哪几种？各自包含的范围是什么？
3. 土地使用权出让的概念是什么？具有哪些特点？
4. 土地使用权包含哪几项权能？各项权能的含义是什么？
5. 土地使用权出让的最高年限按照用途划分分别是多少？
6. 土地使用权出让的方式包括哪几种？对比、分析不同土地使用权出让方式之间的联系。
7. 土地使用权收回的原因包括哪些？
8. 拍卖和挂牌的联系和区别是什么？
9. 对比、总结二级市场两种项目拓展方式的优、缺点。

 讨论

随着我国土地制度的持续改革，土地使用权获取方式历经多次变更，试梳理我国土地使用权获取方式的演变脉络；同时讨论城乡统一土地市场有哪些积极意义，可能面临哪些困难。

附录 3-1： 《国有建设用地使用权出让合同》范本

GF—2008—2601

电子监管码：

合同编号：

国有建设用地使用权出让合同

中华人民共和国国土资源部
中华人民共和国国家工商行政管理局   制　定

国有建设用地使用权出让合同使用说明

一、《国有建设用地使用权出让合同》包括合同正文、附件1（出让宗地平面界址图）、附件2（出让宗地竖向界限）和附件3（市县政府规划管理部门确定的出让宗地规划条件）。

二、本合同中的出让人为有权出让国有建设用地使用权的市、县人民政府国土资源行政主管部门。

三、出让人出让的土地必须是国有建设用地。本合同以宗地为单位进行填写。宗地是指土地权属界线封闭的地块或者空间。

四、本合同第四条中，出让宗地空间范围是以平面界址点所构成的垂直面和上、下界限高程平面封闭形成的空间范围。出让宗地的平面界限按宗地的界址点坐标填写；出让宗地的竖向界限，可以按照1985年国家高程系统为起算基点填写，也可以按照各地高程系统为起算基点填写。高差是垂直方向从起算面到终止面的距离。如：出让宗地的竖向界限以标高+60米（1985年国家高程系统）为上界限，以标高-10米（1985年国家高程系统）为下界限，高差为70米。

五、本合同第五条中，宗地用途按《土地利用现状分类》（中华人民共和国国家标准GB/T 21010-2007）规定的土地二级类填写。依据规划用途可以划分为不同宗地的，应先行分割成不同的宗地，再按宗地出让。属于同一宗地中包含两种或两种以上不同用途的，应当写明各类具体土地用途的出让年期及各类具体用途土地占宗地的面积比例和空间范围。

六、本合同第六条中，土地条件按照双方实际约定选择和填写。属于待开发建设的用地，选择第一项；属于原划拨（承租）建设用地使用权补办出让手续的，选择第二项。

七、本合同第十条中，建设用地使用权出让价款支付方式按双方实际约定选择和填写。双方约定建设用地使用权出让价款一次性付清，选择第一款第一项；分期支付的，选择第一款第二项。

八、本合同第十二条中，宗地开发投资强度根据建设项目的性质选择和填写。属于工业项目建设的，选择第一项；不属于工业项目建设的，选择第二项。

九、本合同第十三条中，受让宗地用于工业项目建设的，应当按照国土资源部《关于发布和实施<工业项目建设用地控制指标>的通知》（国土资发〔2008〕24号）要求，建筑容积率、建筑密度只填写最低限指标，即"不低于_____"。新出台的法律政策对工业项目建筑容积率、建筑密度等有规定的，签订出让合同时，应当按照最新政策规定填写。

十、本合同第十四条中，宗地建设配套情况根据建设项目的性质选择和填写。宗地用于工业项目建设的，选择第一项；宗地用于住宅项目建设的，选择第二项。选择第一项的，宗地范围内用于企业行政办公及生活服务设施的占地面积占受让宗地面积的比例，按照国土资源部《关于发布和实施<工业项目建设用地控制指标>的通知》（国土资发〔2008〕24号）的有关规定填写，原则上不得超过7%；选择第二项的，按照《国务院关于促进节约集约用地的通知》（国发〔2008〕3号）、国土资源部《关于认真贯彻<国务院关于解决城市低收入家庭住房困难的若干意见>进一步加强土地供应调控的通知》（国土资发〔2007〕236号）的有关规定填写。新出台的法律政策对工业项目用地中企业行政办公及生活服务设施的用地面积比例、套型建筑面积90平方米以下住房套数及面积比例、商品住宅项目中配建经济适用住房和廉租住房等有规定的，签订出让合同时，应当按照最新政策规定填写。

十一、本合同第十六条中，受让宗地用于商品住宅项目建设的，出让宗地的开工时间和竣工时间，按照国土资源部《关于认真贯彻<国务院关于解决城市低收入家庭住房困难的若干意见>进一步加强土地供应调控的通知》(国土资发〔2007〕236号)的有关规定填写,原则上开发时间最长不得超过三年。国家新出台的法律政策对出让宗地开工时间和竣工时间有规定的,签订出让合同时,应当按照最新规定填写。

十二、本合同第十八条中,在土地出让期限内,非经营性用地改变为经营性用地的,应当按照《国务院关于促进节约集约用地的通知》(国发〔2008〕3号)的规定执行。国家新出台的法律政策对改变土地用途有规定的,签订出让合同时,应当按照最新规定填写。

十三、本合同第二十一条中,属于房屋开发的,选择第一项;属于土地综合开发的,选择第二项。

十四、本合同第三十条和第三十七条中,受让人不能按合同约定及时支付国有建设用地使用权出让价款,出让人不能按合同约定及时提供出让土地的,应当根据《国务院办公厅关于规范国有土地使用权出让收支管理的通知》(国办发〔2006〕100号)的有关规定和双方当事人权利、义务对等原则,违约金比例按1‰填写。国家新出台的法律政策对受让人不能按时支付国有建设用地使用权出让价款的违约金比例有规定的,签订出让合同时,应当按照最新规定填写。

十五、本合同由省、自治区、直辖市国土资源管理部门统一编号。

十六、本合同由国土资源部和国家工商行政管理总局负责解释。

合同编号:_____

国有建设用地使用权出让合同

本合同双方当事人：

出让人：中华人民共和国_____省（自治区、直辖市）_____市（县）_____局；
通信地址：_____；
邮政编码：_____；
电话：_____；
传真：_____；
开户银行：_____；
账号：_____。

受让人：_____；
通信地址：_____；
邮政编码：_____；
电话：_____；
传真：_____；
开户银行：_____；
账号：_____。

第一章 总 则

第一条 根据《中华人民共和国物权法》《中华人民共和国合同法》《中华人民共和国土地管理法》《中华人民共和国城市房地产管理法》等法律、有关行政法规及土地供应政策规定，双方本着平等、自愿、有偿、诚实信用的原则，订立本合同。

第二条 出让土地的所有权属中华人民共和国，出让人根据法律的授权出让国有建设用地使用权，地下资源、埋藏物不属于国有建设用地使用权出让范围。

第三条 受让人对依法取得的国有建设用地，在出让期限内享有占有、使用、收益和依法处置的权利，有权利用该土地依法建造建筑物、构筑物及其附属设施。

第二章 出让土地的交付与出让价款的缴纳

第四条 本合同项下出让宗地编号为_____，宗地总面积大写_____平方米（小写_____平方米），其中出让宗地面积为大写_____平方米（小写_____平方米）。

本合同项下的出让宗地坐落于_____。

本合同项下出让宗地的平面界址为_____；出让宗地的平面界址图见附件1。

本合同项下出让宗地的竖向界限以_____为上界限，以_____为下界限，高差为_____米。出让宗地竖向界限见附件2。

出让宗地空间范围是以上述界址点所构成的垂直面和上、下界限高程平面封闭形成的空间范围。

第五条 本合同项下出让宗地的用途为_____。

第六条 出让人同意在_____年_____月_____日前将出让宗地交付给受让人，出让人同意在交付土地时该宗地应达到本条第_____项规定的土地条件：

（一）场地平整达到_____；

周围基础设施达到_____；

（二）现状土地条件_____。

第七条 本合同项下的国有建设用地使用权出让年期为_____年，按本合同第六条约定的交付土地之日起算；原划拨（承租）国有建设用地使用权补办出让手续的，出让年期自合同签订之日起算。

第八条 本合同项下宗地的国有建设用地使用权出让价款为人民币大写_____元（小写_____元），每平方米人民币大写_____元（小写_____元）。

第九条 本合同项下宗地的定金为人民币大写_____元（小写_____元），定金抵作土地出让价款。

第十条 受让人同意按照本条第一款第_____项的规定向出让人支付国有建设用地使用权出让价款：

（一）本合同签订之日起_____日内，一次性付清国有建设用地使用权出让价款；

（二）按以下时间和金额分_____期向出让人支付国有建设用地使用权出让价款。

第一期 人民币大写_____元（小写_____元），付款时间：_____年_____月_____日之前。

第二期 人民币大写_____元（小写_____元），付款时间：_____年_____月_____日之前。

第 期 人民币大写_____元（小写_____元），付款时间：_____年_____月_____日之前。

第 期 人民币大写_____元（小写_____元），付款时间：_____年_____月_____日之前。

分期支付国有建设用地使用权出让价款的，受让人在支付第二期及以后各期国有建设用地使用权出让价款时，同意按照支付第一期土地出让价款之日中国人民银行公布的贷款利率，向出让人支付利息。

第十一条 受让人应在按本合同约定付清本宗地全部出让价款后，持本合同和出让价款缴纳凭证等相关证明材料，申请出让国有建设用地使用权登记。

第三章 土地开发建设与利用

第十二条 受让人同意本合同项下宗地开发投资强度按本条第_____项规定执行：

（一）本合同项下宗地用于工业项目建设，受让人同意本合同项下宗地的项目固定资产总投资不低于经批准或登记备案的金额人民币大写_____万元（小写_____万元），投资强度不低于每平方米人民币大写_____元（小写_____元）。本合同项下宗地建设项目的固定资产总投资包括建筑物、构筑物及其附属设施、设备投资和出让价款等。

（二）本合同项下宗地用于非工业项目建设，受让人承诺本合同项下宗地的开发投资总额不低于人民币大写_____万元（小写_____万元）。

第十三条 受让人在本合同项下宗地范围内新建建筑物、构筑物及其附属设施的，应符合市（县）政府规划管理部门确定的出让宗地规划条件（见附件3）。其中：

主体建设物性质：_____；
附属建筑物性质：_____；
建筑总面积_____平方米；
建筑容积率不高于_____不低于_____；
建筑限高_____；
建筑密度不高于_____不低于_____；
绿地率不高于_____不低于_____；
其他土地利用要求：_____。

第十四条　受让人同意本合同项下宗地建设配套按本条第_____项规定执行：

（一）本合同项下宗地用于工业项目建设，根据规划部门确定的规划设计条件，本合同受让宗地范围内用于企业内部行政办公及生活服务设施的占地面积不超过受让宗地面积的_____%，即不超过_____平方米，建筑面积不超过_____平方米。受让人同意不在受让宗地范围内建造成套住宅、专家楼、宾馆、招待所和培训中心等非生产性设施；

（二）本合同项下宗地用于住宅项目建设，根据规划建设管理部门确定的规划建设条件，本合同受让宗地范围内住宅建设总套数不少于____套。其中，套型建筑面积90平方米以下住房套数不少于____套，住宅建设套型要求为_____。本合同项下宗地范围内套型建筑面积90平方米以下住房面积占宗地开发建设总面积的比例不低于____%。本合同项下宗地范围内配套建设的经济适用住房、廉租住房等政府保障性住房，受让人同意建成后按本项下第____种方式履行：

1．移交给政府；
2．由政府回购；
3．按政府经济适用住房建设和销售管理的有关规定执行；
4．_____；
5．_____。

第十五条　受让人同意在本合同项下宗地范围内同步修建下列工程配套项目，并在建成后无偿移交给政府：

（一）_____；
（二）_____；
（三）_____。

第十六条　受让人同意本合同项下宗地建设项目在___年___月___日之前开工，在___年___月___日之前竣工。

受让人不能按期开工，应提前30日向出让人提出延建申请，经出让人同意延建的，其项目竣工时间相应顺延，但延建期限不得超过一年。

第十七条　受让人在本合同项下宗地内进行建设时，有关用水、用气、污水及其他设施与宗地外主管线、用电变电站接口和引入工程，应按有关规定办理。

受让人同意政府为公用事业需要而敷设的各种管道与管线进出、通过、穿越受让宗地，但由此影响受让宗地使用功能的，政府或公用事业营建主体应当给予合理补偿。

第十八条　受让人应当按照本合同约定的土地用途、容积率利用土地，不得擅自改变。在出让期限内，需要改变本合同约定的土地用途的，双方同意按照本条第_____项规定办理：

（一）由出让人有偿收回建设用地使用权；
（二）依法办理改变土地用途批准手续，签订国有建设用地使用权出让合同变更协议或者重新签订国有建设用地使用权出让合同，由受让人按照批准改变时新土地用途下建设用地使用权评估市场价格与原土地用途下建设用地使用权评估市场价格的差额补缴国有建设用地使用权出让价款，办理土地变更登记。

第十九条　本合同项下宗地在使用期限内，政府保留对本合同项下宗地的规划调整权，原规划如有修改，该宗地已有的建筑物不受影响，但在使用期限内该宗地建筑物、构筑物及其附属设施改建、翻建、重建，或者期限届满申请续期时，必须按届时有效的规划执行。

第二十条　对受让人依法使用的国有建设用地使用权，在本合同约定的使用年限届满前，出让人不得收回；在特殊情况下，根据社会公共利益需要提前收回国有建设用地使用权的，出让人应当依照法定程序报批，并根据收回时地上建筑物、构筑物及其附属设施的价值和剩余年期国有建设用地使用权的评估市场价格及经评估认定的直接损失给予土地使用者补偿。

第四章　国有建设用地使用权转让、出租、抵押

第二十一条　受让人按照本合同约定支付全部国有建设用地使用权出让价款，领取国有土地使用证后，

有权将本合同项下的全部或部分国有建设用地使用权转让、出租、抵押。首次转让的，应当符合本条第_____项规定的条件：

（一）按照本合同约定进行投资开发，完成开发投资总额的百分之二十五以上；

（二）按照本合同约定进行投资开发，已形成工业用地或其他建设用地条件。

第二十二条　国有建设用地使用权的转让、出租及抵押合同，不得违背国家法律、法规规定和本合同约定。

第二十三条　国有建设用地使用权全部或部分转让后，本合同和土地登记文件中载明的权利、义务随之转移，国有建设用地使用权的使用年限为本合同约定的使用年限减去已经使用年限后的剩余年限。

本合同项下的全部或部分国有建设用地使用权出租后，本合同和土地登记文件中载明的权利、义务仍由受让人承担。

第二十四条　国有建设用地使用权转让、抵押的，转让、抵押双方应持本合同和相应的转让、抵押合同及国有土地使用证，到国土资源管理部门申请办理土地变更登记。

第五章　期　限　届　满

第二十五条　本合同约定的使用年限届满，土地使用者需要继续使用本合同项下宗地的，应当至迟于届满前一年向出让人提交续期申请书，除根据社会公共利益需要收回本合同项下宗地的，出让人应当予以批准。

住宅建设用地使用权期限届满的，自动续期。

出让人同意续期的，土地使用者应当依法办理出让、租赁等有偿用地手续，重新签订出让、租赁等土地有偿使用合同，支付土地出让价款、租金等土地有偿使用费。

第二十六条　土地出让期限届满，土地使用者申请续期，因社会公共利益需要未获批准的，土地使用者应当交回国有土地使用证，并依照规定办理国有建设用地使用权注销登记，国有建设用地使用权由出让人无偿收回。出让人和土地使用者同意本合同项下宗地上的建筑物、构筑物及其附属设施，按本条第_____项约定履行：

（一）由出让人收回地上建筑物、构筑物及其附属设施，并根据收回时地上建筑物、构筑物及其附属设施的残余价值，给予土地使用者相应补偿；

（二）由出让人无偿收回地上建筑物、构筑物及其附属设施。

第二十七条　土地出让期限届满，土地使用者没有申请续期的，土地使用者应当交回国有土地使用证，并依照规定办理国有建设用地使用权注销登记，国有建设用地使用权由出让人无偿收回。本合同项下宗地上的建筑物、构筑物及其附属设施，由出让人无偿收回，土地使用者应当保持地上建筑物、构筑物及其附属设施的正常使用功能，不得人为破坏。地上建筑物、构筑物及其附属设施失去正常使用功能的，出让人可要求土地使用者移动或拆除地上建筑物、构筑物及其附属设施，恢复场地平整。

第六章　不　可　抗　力

第二十八条　合同双方当事人任何一方由于不可抗力原因造成的本合同部分或全部不能履行，可以免除责任，但应在条件允许下采取一切必要的补救措施以减少因不可抗力造成的损失。当事人迟延履行期间发生的不可抗力，不具有免责效力。

第二十九条　遇有不可抗力的一方，应在 7 日内将不可抗力情况以信函、电报、传真等书面形式通知另一方，并在不可抗力发生后 15 日内，向另一方提交本合同部分或全部不能履行或需要延期履行的报告及证明。

第七章　违　约　责　任

第三十条　受让人应当按照本合同约定，按时支付国有建设用地使用权出让价款。受让人不能按时支付国有建设用地使用权出让价款的，自滞纳之日起，每日按迟延支付款项的_____‰向出让人缴纳违约金，延期付款超过 60 日,经出让人催交后仍不能支付国有建设用地使用权出让价款的,出让人有权解除合同,受让人无权要求返还定金,出让人并可请求受让人赔偿损失。

第三十一条 受让人因自身原因终止该项目投资建设,向出让人提出终止履行本合同并请求退还土地的,出让人报经原批准土地出让方案的人民政府批准后,分别按以下约定,退还除本合同约定的定金以外的全部或部分国有建设用地使用权出让价款(不计利息),收回国有建设用地使用权,该宗地范围内已建的建筑物、构筑物及其附属设施可不予补偿,出让人还可要求受让人清除已建建筑物、构筑物及其附属设施,恢复场地平整;但出让人愿意继续利用该宗地范围内已建的建筑物、构筑物及其附属设施的,应给予受让人一定补偿:

(一)受让人在本合同约定的开工建设日期届满一年前不少于 60 日向出让人提出申请的,出让人在扣除定金后退还受让人已支付的国有建设用地使用权出让价款;

(二)受让人在本合同约定的开工建设日期超过一年但未满二年,并在届满二年前不少于 60 日向出让人提出申请的,出让人应在扣除本合同约定的定金,并按照规定征收土地闲置费后,将剩余的已付国有建设用地使用权出让价款退还受让人。

第三十二条 受让人造成土地闲置,闲置满一年不满两年的,应依法缴纳土地闲置费;土地闲置满两年且未开工建设的,出让人有权无偿收回国有建设用地使用权。

第三十三条 受让人未能按照本合同约定日期或同意延建所另行约定日期开工建设的,每延期一日,应向出让人支付相当于国有建设用地使用权出让价款总额＿＿＿‰的违约金,出让人有权要求受让人继续履约。

受让人未能按照本合同约定日期或同意延建所另行约定日期竣工的,每延期一日,应向出让人支付相当于国有建设用地使用权出让价款总额＿＿＿‰的违约金。

第三十四条 项目固定资产总投资、投资强度和开发投资总额未达到本合同约定标准的,出让人可以按照实际差额部分占约定投资总额和投资强度指标的比例,要求受让人支付相当于同比例国有建设用地使用权出让价款的违约金,并可要求受让人继续履约。

第三十五条 本合同项下宗地建筑容积率、建筑密度等任何一项指标低于本合同约定的最低标准的,出让人可以按照实际差额部分占约定最低标准的比例,要求受让人支付相当于同比例国有建设用地使用权出让价款的违约金,并有权要求受让人继续履行本合同;建筑容积率、建筑密度等任何一项指标高于本合同约定最高标准的,出让人有权收回高于约定的最高标准的面积部分,有权按照实际差额部分占约定标准的比例,要求受让人支付相当于同比例国有建设用地使用权出让价款的违约金。

第三十六条 工业建设项目的绿地率、企业内部行政办公及生活服务设施用地所占比例、企业内部行政办公及生活服务设施建筑面积等任何一项指标超过本合同约定标准的,受让人应当向出让人支付相当于宗地出让价款＿＿＿‰的违约金,并自行拆除相应的绿化和建筑设施。

第三十七条 受让人按本合同约定支付国有建设用地使用权出让价款的,出让人必须按照本合同约定按时交付出让土地。由于出让人未按时提供出让土地而致使受让人本合同项下宗地占有延期的,每延期一日,出让人应当按受让人已经支付的国有建设用地使用权出让价款的＿＿＿‰向受让人给付违约金,土地使用年期自实际交付土地之日起算。出让人延期交付土地超过 60 日,经受让人催交后仍不能交付土地的,受让人有权解除合同,出让人应当双倍返还定金,并退还已经支付国有建设用地使用权出让价款的其余部分,受让人并可请求出让人赔偿损失。

第三十八条 出让人未能按期交付土地或交付的土地未能达到本合同约定的土地条件或单方改变土地使用条件的,受让人有权要求出让人按照规定的条件履行义务,并且赔偿延误履行而给受让人造成的直接损失。土地使用年期自达到约定的土地条件之日起算。

第八章 适用法律及争议解决

第三十九条 本合同订立、效力、解释、履行及争议的解决,适用中华人民共和国法律。

第四十条 因履行本合同发生争议,由争议双方协商解决,协商不成的,按本条第_____项约定的方式解决:
（一）提交_____仲裁委员会仲裁;
（二）依法向人民法院起诉。

第九章 附 则

第四十一条 本合同项下宗地出让方案业经_____人民政府批准,本合同自双方签订之日起生效。

第四十二条 本合同双方当事人均保证本合同中所填写的姓名、通信地址、电话、传真、开户银行、代理人等内容的真实有效,一方的信息如有变更,应于变更之日起 15 日内以书面形式告知对方,否则由此引起的无法及时告知的责任由信息变更方承担。

第四十三条 本合同和附件共_____页,以中文书写为准。

第四十四条 本合同的价款、金额、面积等项应当同时以大、小写表示,大小写数额应当一致,不一致的,以大写为准。

第四十五条 本合同未尽事宜,可由双方约定后作为合同附件,与本合同具有同等法律效力。

第四十六条 本合同一式____份,出让人、受让人各执____份,具有同等法律效力。

出让人（章）：   受让人（章）：
法定代表人（委托代理人）：   法律代表人（委托代理人）：
　　（签字）：   　　（签字）：

　　　　　　　　　　　　　　　　　　　　　　　　　年   月   日

附件 1 出让宗地平面界址图

　　　　　　　　　　　　　　　　　　　　　　北
　　　　　　　　　　　　　　　　　　　|界
　　　　　　　　　　　　　　　　　　　|址
　　　　　　　　　　　　　　　　　　　|图
　　　　　　　　　　　　　　　　　　　|粘
　　　　　　　　　　　　　　　　　　　|贴
　　　　　　　　　　　　　　　　　　　|线

比例尺：1:_____

附件 2　出让宗地竖向界限

上界限高程
下界限高程
高程起算基点
h=　　　m
h=　　　m

|界
|址
|图
|粘
|贴
|线

采用的高程系：＿＿＿＿＿＿＿＿＿＿＿＿＿＿
比例尺：1：＿＿＿＿＿＿＿＿＿＿＿＿＿＿＿

附件 3　＿＿＿市(县)政府规划管理部门确定的出让宗地规划条件

附录 3-2： 深圳市光明区人民政府、深圳市规划和自然资源局光明管理局国有土地使用权招标出让公告

深土交告〔2019〕19 号　2019-10-23

经深圳市人民政府批准，深圳市光明区人民政府、深圳市规划和自然资源局光明管理局决定以 招标 方式出让 1（幅）地块的国有土地使用权。现将有关事项公告如下。

一、招标出让地块的基本情况和规划指标要求：

宗地编号	A650-0375	宗地总面积	48 969.03 平方米	宗地坐落	光明区新湖街道
出让年限：	50 年	容积率	大于 1 并且小于或等于 7.1	建筑密度（%）	
绿化率（%）		建筑限高（米）			
土地用途明细：					
城镇住宅用地					
投资强度	万元/hm²	保证金	168 600 万元	估价报告备案号	4428219BA0038
起始价		加价幅度			
备注	本次评标采取综合评分法，总分 100 分。其中，资信标 20 分，技术标 29 分，商务标 51 分。具体以《A650-0375 宗地土地使用权、光明中心区学府公园及学府公园周边道路代建权招标评标标准》（以下简称《评标标准》）为准				

二、中华人民共和国境内外的法人、自然人和其他组织均可申请参加，申请人应当单独申请。申请人应具备的其他条件：

投标人主体资格：中华人民共和国境内注册的企业法人均可单独投标；不接受投标人以联合体形式参与投标。

出让条件：

（一）A650-0375 宗地项目建成后，其中 A、B、C 区域中的酒店不低于 2.52 万平方米且自规划验收之日起 5 年内不得转让，5 年后可整体转让，其余（不超过 1.68 万平方米）自规划验收之日起可整体转让；商业不低于 3.75 万平方米（位于 B、C 区域）且自规划验收之日起 5 年内不得转让，5 年后可按规定销售，其余（不超过 3.75 万平方米）自规划验收之日起可按规定销售；商业性办公可按规定销售；人才住房可销售，其销售审批管理等必须按相关政策规定及光明区住房和建设局发出的《建设和管理任务书》要求执行。A、B、C 区域中社区管理用房、文化活动室、书城和公交首末站的产权归政府，由中标人建成后无条件无偿移交政府；社区菜市场产权归中标人所有，限整体转让，不得改变使用功能；邮政所由中标人建设，建成后由邮政部门以成本价回购，产权归邮政部门；物业管理用房的权属、移交按照《深圳经济特区物业管理条例》的有关规定执行。另中标人应与光明区文化广电旅游体育局签订《光明中心区科学公园站北侧地块综合开发书城项目建设监管协议》（以下简称《监管协议》），有关书城的建设及移交有关事宜应满足《监管协议》要求。D、E 区域为城市道路用地，产权归政府，由中标人建成后无条件无偿移交政府。D 区域西段上方可设置公共通道，南段上方可设公共通道或跨街建筑进行连通，具体功能及空间界限范围应以批准核发的《深圳市建设工程规划许可证》为准。连通部分若为公共通道用途，则产权归政府，由中标人建成后无条件无偿移交政府；若为跨街建筑，则计入规定建筑面积，产权归中标人所有。D 区域地下空间（不含北段、东段地下空间）必须进行整体开挖，覆土以下空间归中标人所有，具体空间界限范围应以批准核发的《深圳市建设工程规划许可证》为准。

（二）本次出让宗地项目建成后，人才住房必须严格按限定的销售均价进行销售。人才住房基准售价 25 800 元每平方米，最高售价 27 100 元每平方米。

（三）A650-0375 宗地在不突破总建筑面积的前提下，B、C 区域间的具体分项指标、配套设施等内容可结合城市设计要求进行适当腾挪调整，不视为对招拍挂条件的改变。同时，宗地内需建设一栋不低于 200 米的标志性建筑物，具体以建筑方案审批为准。

（四）A650-0375 宗地建筑方案应结合轨道站点进行统筹设计。用地范围内地上、地下如涉及 6 号线轨道交通设施所占用的空间，由中标人与轨道建设项目的使用权人协商作为轨道交通用途使用，产权归中标人。

（五）本次出让标的的产权和建设等具体要求，以《出让合同》《建设和管理任务书》《监管协议》《公园代建合同》和《道路代建合同》为准。

（六）中标人必须按照项目相关规划设计条件及设计任务书等要求进行规划方案设计。

（七）中标人应在项目建设前依法做好建设项目安全设施"三同时"工作并按照《市安委办关于印发涉及油气管线等危险化学品场所建设项目安全评价工作指引的通知》(深安办〔2019〕2 号）等规定要求开展安全评价代替综合分析。

（八）该地块紧邻轨道 6 号线科学公园站，中标人需与地铁建设运营单位就本项目方案设计成果进行充分沟通并需在办理该地块《深圳市建设工程规划许可证》前取得地铁建设运营单位的书面同意见。

（九）中标人在项目实施过程中须与地块周边的雨污排水系统做好对接，若需拆除、改动排水设施，需按程序报区水务部门审核。

（十）中标人可以在深圳市光明区依法注册设立一家全资子公司，中标人可通过《出让合同》补充协议将土地使用权变更至其全资子公司名下。全资子公司成立后，自签订上述变更受让方《出让合同》补充协议之日起不得擅自变更股权。

三、本次国有土地使用权招标出让按照能够最大限度地满足招标文件中规定的各项综合评价标准者得的原则确定中标人。

四、本次招标出让的详细资料和具体要求，见招标出让文件。申请人可于 2019 年 10 月 23 日 至 2019 年 11 月 21 日 到 交易中心网址：http://www.sz68.com 获取招标出让文件。

五、申请人可于 2019 年 10 月 23 日 至 2019 年 11 月 21 日 到 深圳市福田区红荔西路 8007 号土地房产交易大厦 3 楼 向我局提交书面申请。交纳投标保证金的截止时间为 2019 年 11 月 20 日 16 时 30 分。经审核，申请人按规定交纳投标保证金，具备申请条件的，我局将在 2019 年 11 月 21 日 09 时 50 分 前确认其投标资格。

六、本次国有土地使用权招标活动定于 2019 年 10 月 23 日 至 2019 年 11 月 21 日 在 http://www.sz68.com 进行。2019 年 11 月 21 日在深圳市福田区红荔西路 8007 号土地房产交易大厦 3 楼开标。

七、其他需要公告的事项

（一）投标程序

1. 网上注册

投标人应登录 http://www.sz68.com，进入"深圳市土地及矿业权网上交易系统"（以下简称网上交易系统），进行网上注册。网上注册的程序和要求详见交易中心网站中的《深圳市土地及矿业权网上交易系统操作指南》（以下简称《操作指南》）。

2. 申请投标

投标人网上注册后，应按照《操作指南》有关要求，通过网上交易系统选择意向投标的宗地，提出投标申请。

3. 交纳投标保证金

投标人应通过网上交易系统交纳投标保证金人民币 168 600 万元，投标保证金不得由其他单位或个人代交。具体详见《操作指南》。投标人必须通过网上交易系统及时查询投标保证金到账情况。投标保证金的到账截止时间为 2019 年 11 月 20 日 16 时 30 分（以网上交易系统显示的银行到账时间为准）。

4. 提交投标文件

已交纳投标保证金的投标人，应当于 2019 年 11 月 21 日 9 点 50 分至 10 点期间将投标文件密封送达交易大厦 3 楼交易厅。投标人应提交《关于土地购置资金来源的承诺函》，承诺其土地购置资金来源不属于开发贷款、资本市场融资、资管计划配资等。其他必须提交的材料以《A650-0375 宗地土地使用权、光明中心区学府公园及学府公园周边道路代建权投标须知》（以下简称《投标须知》）为准。

（二）开标和评标

投标时间截止后，将即时按《投标须知》进行第一阶段开标，公布提交投标文件的投标人名单。第一阶段开标结束后，评标委员会将按《评标标准》评审资信标与技术标。资信标与技术标评审结束后，按《投标须知》进行第二阶段开标，公布投标人资信标与技术标得分，现场开启商务标，宣读投标人商务标报价。

（三）定标

按照招标文件规定，投标人数符合法定最低人数要求，投标人符合投标资格、已交纳投标保证金，且其资信标、技术标与商务标得分之和最高者，将被确定为中标人。如果两个或两个以上投标人的评标总分相同，则商务标报价高者为中标人；如商务标报价仍相同，则确定技术标"项目规划设计"得分高者为中标人；如"项目规划设计"得分仍相同，则以"建筑概念方案设计与展示"得分高者为中标人；如"建筑概念方案设计与展示"得分仍相同，则抽签确定中标人。

（四）成交与交纳成交价款

中标人应于中标后即时签收《中标通知书》，并自《中标通知书》签收次日起 5 个工作日内一次性交清成交价款。

（五）土地购置资金来源审查

自交清全部成交价款之日起 10 个工作日内，中标人必须向市规划和自然资源局提交如下资料。

（1）经境内具有证券期货资格的会计师事务所鉴证的《商品住房用地购置资金来源情况申报表》（以下简称《申报表》，具体详见招标文件）。

（2）中标人相关身份证明材料（具体要求参见《投标须知》）。

（3）境内具有证券期货资格的会计师事务所出具的《资金审计报告》，具体列明以下内容。①中标人基本情况，包括控股股东、资金最终关联方基本情况；②承诺并实际核查中标人提交的《申报表》及附件证明材料；③穿透核查中标人及控股股东、资金最终关联方的资金来源，明确说明中标人的实际资金来源（如涉及关联方，要说明最终关联方的资金来源类型）；④针对"土地购置资金来源是否属于开发贷款、资本市场融资等违反国家有关规定"做出结论。审计报告后附会计师事务所的执业证明、证券期货资格证明等。

上述资料由交易中心土地业务受理窗口代收后 2 个工作日内移交深圳市人民政府金融发展服务办公室（以下简称市金融办）进行资金来源审查。根据中标人提供的材料，由市金融办组织相关监管部门对中标人土地购置资金来源进行审查并自收到材料之日起 20 个工作日内向市规划和自然资源局出具书面审查结果。市规划和自然资源局收到审查结果后应在 2 个工作日内通知中标人。

（六）签订出让合同

中标人自收到市金融办关于土地购置资金来源审查通过的批复文件后 5 个工作日内，必须持批复文件、中标通知书等材料签收光明区住房和建设局发出的《建设和管理任务书》，与光明区文化广电旅游体育局签订《监管协议》，与光明区城市管理和综合执法局签订《公园代建合同》，与光明区建筑工务署签订《道路代建合同》后，再向深圳市规划和自然资源局光明管理局申请签订《出让合同》。土地购置资金来源审查未获通过的中标人，由市规划和自然资源局取消其中标资格，已缴纳的投标保证金不予退还。

（七）其他

本公告及招标文件内容如有调整，将在交易中心网站发布补充公告。本次招标有关详细资料请参阅招标文件，招标文件可通过交易中心网站（http://www.sz68.com）下载。招标文件包括但不限于本公告、投标须知、投标文件（样本）、中标通知书（样本）、《出让合同》、《A650-0375 宗地土地使用权、光明中心区学府公园及学府公园周边道路代建权招标项目规划方案设计任务书》、《评标标准》、A650-0375宗地图、A650-0375宗地规划设计条件、《监管协议》、《建设和管理任务书》、《公园代建合同》和《道路代建合同》、《关于土地购置资金来源的承诺函》、《申报表》等。需咨询本次招标程序相关问题的，可以书面方式向交易中心提出，其他问题请径向相关职能部门提出。深圳市规划和自然资源局光明管理局地址：深圳市光明区华夏二路土地储备大厦3楼；咨询电话：（××××）××××××××。深圳市光明区住房和建设局地址：深圳市光明区光明大街第三办公区；咨询电话：（××××）××××××××。深圳市光明区文化广电旅游体育局地址：深圳市光明区公园路公共服务平台；咨询电话：（××××）××××××××。深圳市光明区城市管理和综合执法局地址：深圳市光明区华夏二路光明商会大厦；咨询电话：（××××）××××××××。深圳市光明区建筑工务署地址：深圳市光明区华夏二路光明商会大厦；咨询电话：（××××）××××××××。交易中心地址：深圳市福田区红荔西路8007号土地房产交易大厦3楼；咨询电话：（××××）××××××××；网址：http://www.sz68.com。

八、联系方式与银行账户

联系地址：

联 系 人：

联系电话：

开户单位：

开户银行：

银行账号：

深圳市光明区人民政府、深圳市规划和自然资源局光明管理局

附录3-3：唐山市自然资源和规划局丰润区分局国有土地使用权拍卖出让公告

唐丰资规划告字〔2020〕003号　　2020-02-28

经唐山市丰润区人民政府批准，唐山市自然资源和规划局丰润区分局决定以<u>拍卖</u>的方式出让 <u>1（幅）</u>地块国有土地使用权。现将有关事项公布如下。

（一）拍卖出让地块的基本情况和规划指标要求。

宗地编号	130208028010GB00124	宗地总面积	6658.22平方米	宗地坐落	丰润区振丰道北侧、太平路东侧
出让年限	40年	容积率	小于或等于0.5	建筑密度（%）	小于或等于40
绿化率（%）	大于或等于20	建筑限高（米）			
主要用途：					
零售商业用地					
明细用途					
用途名称			面积		
零售商业用地			6658.22平方米		
投资强度	万元/hm²	保证金	1148万元	估价报告备案号	
起始价	130万元	加价幅度	0.1万元		

（二）中华人民共和国境内外的法人、自然人和其他组织均可申请参加，申请人可以单独申请，也可以联合申请。

（三）本次国有土地使用权拍卖出让采用增价拍卖方式，按照价高者得原则确定竞得人。

（四）本次拍卖出让的详细资料和具体要求，见拍卖出让文件。申请人可于<u>2020年02月29日</u>至<u>2020年03月19日</u>到唐山市丰润区公共资源交易中心获取拍卖出让文件。

（五）申请人可于<u>2020年02月29日</u>至<u>2020年03月19日</u>到唐山市丰润区公共资源交易中心向我局提交书面申请。交纳竞买保证金的截止时间为<u>2020年03月19日16时00分</u>。经审核，申请人按规定交纳竞买保证金，具备申请条件的，我局将在<u>2020年03月19日17时00分</u>前确认其竞买资格。

（六）本次国有土地使用权拍卖活动定于2020年03月20日15时00分在唐山市丰润区公共资源交易中心进行。

（七）其他需要公告的事项。

（八）联系方式与银行账户

联系地址：

联系人：

联系电话：

开户单位：

开户银行：

银行账户：

唐山市自然资源和规划局丰润区分局

附录3-4：南宁市2019年第一百二十三期国有建设用地使用权公开出让公告

根据《中华人民共和国土地管理法》《中华人民共和国城市房地产管理法》《招标拍卖挂牌出让国有建设用地使用权规定》（国土资源部令第39号）等法律、法规规定，经南宁市人民政府批准，广西南宁五象新区规划建设管理委员会国土局会同南宁市自然资源局将以挂牌交易方式公开出让以下一幅国有建设用地使用权。具体事项公告如下。

一、公开出让地块的基本情况和规划指标要求

GC2019-126地块位于良庆区夏林路以北、坛泽路以东，实际出让总面积为177 953.75 m^2（折合266.931亩），地块由450108100207GB00094和450108100207GB00095两宗地组成。其中，450108100207GB00094宗地（地块一）出让面积92 317.16 m^2（折合138.476亩），450108100207GB00095宗地（地块二）出让面积85 636.60 m^2（折合128.455亩），两宗地的土地批准用途均为城镇住宅用地、零售商业用地。土地使用年限：城镇住宅用地70年、零售商业用地40年。

主要规划条件：GC2019-126地块容积率大于3.0且小于等于3.5（计容商业建筑面积占总计容建筑面积的比例为5%~10%，其余为居住）。拟建建筑的各项退距、间距、绿地、停车及日照等技术要求及其他未尽规划事宜必须满足《南宁市城市规划管理技术规定》（现行版本）及《南宁市建筑工程规划指引》的要求，否则必须降低容积率。建筑密度大于25%且小于等于30%，绿地率大于等于35%，建筑总量10%小于等于120米，其余建筑小于等于100米；地块二必须配建1所42班小学，用地面积不少于39 690 m^2，建筑面积不少于18 900 m^2，建设标准需满足《南宁市普通中小学校校舍建设标准》要求，设计应考虑安全防护问题，防高空坠物等；地块必须配建社区居家养老服务用房，每百户按不少于30 m^2 建筑面积设置，且单处用房建筑面积不得少于300 m^2 并符合南府规（2019）24号文要求；地块必须配建婴幼儿照护服务场地，按每百户不低于20 m^2 配建，建设必备的服务设施及安全配套设施并与住宅同步规划、同步设计、同步建设、同步验收、同步交付使用，建成并验收合格后无偿交付当地县级卫生健康部门且必须符合桂政办发（2019）102号文要求；其他规划设计要求按《建设项目规划设计条件通知书》[审批号：（五象）2019-174]及该通知书所附《五象新区建设项目规划设计条件附则》[审批号：（五象）2019-174]的规定执行。

本地块出让起始价为人民币768万元每亩，竞买保证金为人民币41 000万元。竞买保证金在土地出让成交后转为履行出让合同定金，定金可抵作等额成交地价款。

二、项目主要建设要求

（一）本项目须建设不少于178 075 m^2 的安置物业，安置不少于2095人。其中，安置住宅建筑面积不少于125 700 m^2，安置商业建筑面积不少于52 375 m^2（产业商铺建筑面积不少于31 425 m^2，物业商铺建筑面积不少于10 475 m^2，配套公益性项目用房建筑面积不少于10 475 m^2）。

（二）竞得人根据安置物业总建筑面积，按1个/100 m^2 建筑面积的标准无偿提供机动车停车位，不少于1781个。竞得人应按安置物业计容面积与商品开发计容面积的比例配置有产权车位。配置的机动车停车位原则上规划在安置物业区域内。

（三）竞得人为被安置群众建设共430 m^2 办公用房和群众活动中心（其中，地块一220 m^2、地块二210 m^2）并在竣工验收后无偿移交。

（四）竞得人必须在地块内建设1所文化活动站，建筑面积不少于600 m^2，并在竣工验收后无偿移交给良庆区人民政府；其他社区管理用房、幼儿园、婴幼儿照护服务场地和社区居家养老服务用房等的产权属政府所有，在竣工验收后无偿移交给良庆区人民政府指定的部门安排使用。

（五）竞得人必须按《南宁市规划管理局建设项目规划设计条件通知书》[审批号：（五象）2019-174]及五象新区规划建设管理委员会规划建设局《南宁市房地产开发项目建设条件意见书》（南房开发意见书〔2019〕37号）的有关规定开发建设。地块出让后，不得擅自提高容积率和改变用途。

（六）竞得人自签订出让合同之日9个月内开工，安置房部分竣工时间为开工之日起24个月内完成竣工验收且本项目回建安置房应于第一期商品房开工前开工建设，所有安置房于第一期商品房交付前全部

完成交付移交。其他商品住房自开工之日起 36 个月内完成项目的整体竣工验收。

三、竞买申请人范围

中华人民共和国境内外的自然人、法人和其他组织，除法律、法规另有规定者外，均可申请参加，本地块不接受联合申请。在南宁市区范围内，存在欠缴土地出让价款、被认定存在因自身原因闲置土地行为以及严重扰乱房地产市场秩序者不得参加竞买。

四、公开出让方式

本期地块采用"限地价，竞产权移交安置住房"的方式公开挂牌出让。出让地块中所建安置物业建筑面积 178 075 m^2，按 4969 元每 m^2 由政府出资回购。本期地块出让最高土地限价为 1150 万元每亩（1 亩约为 667 m^2），当挂牌价格小于等于 1150 万元每亩，按出价最高且不低于底价者得的原则确定竞得人。当挂牌价格等于 1150 万元每亩，不再接受更高报价，若有两个或两个以上竞买人继续竞买的，转为在此基础上向上竞产权移交安置住房配建面积，按挂牌价格 1150 万元每亩且投报移交安置住房面积最大者得的原则确定竞得人。当报价达到最高限价后竞产权移交安置住房配建面积的，首轮投报配建面积为不少于 600 m^2，每次投报须为 60 m^2 的整数倍。

五、出让文件领取

本期公开出让的详细资料和具体要求，详见公开出让文件。申请人可自公告之日起，自行登录南宁市自然资源局门户网站（http://zrzyj.nanning.gov.cn）下载本期出让文件。

六、竞买申请时间和地点

本期公开出让活动申请人可于 2019 年 11 月 29 日至 2019 年 12 月 26 日提交书面申请及报名材料（法定节假日不接受报名申请）。其中，2019 年 11 月 29 日至 2019 年 12 月 25 日 17 时 00 分，申请人可到南宁市锦春路 3-1 号市自然资源局二楼南宁市国土资源出让服务中心或南宁市良庆区玉洞大道 33 号南宁市民中心 B 座九楼服务大厅 7 号或 8 号国土资源交易窗口提交书面申请及报名材料；报名截至当日（2019 年 12 月 26 日），报名地点仅设在南宁市良庆区玉洞大道 33 号南宁市民中心 B 座九楼服务大厅 7 号或 8 号国土资源交易窗口，报名时间为 9 时至 12 时和 13 时至 17 时 00 分。竞买保证金必须在 2019 年 12 月 26 日 17 时 00 分前（以到账时间为准）汇入南宁市公共资源交易中心指定账户。经核查，符合竞买人条件的，南宁市自然资源局授权南宁市国土资源出让服务中心确认其竞买资格。

七、挂牌地点

本期国有建设用地使用权挂牌地点为南宁市良庆区玉洞大道 33 号南宁市民中心 B 座 2 楼南宁市公共资源交易中心拍卖大厅（具体交易大厅详见当天交易项目场地安排），挂牌报价时间为 2019 年 12 月 19 日 8 时 00 分至 2019 年 12 月 28 日上午 10 时 00 分。

八、联系方式

（一）广西南宁五象新区规划建设管理委员会

地块咨询联系人：×××、×××

联系电话：××××-×××××××

联系地址：南宁市云英路 8 号五象总部大厦 A 座 40 楼 A4006 室

（二）南宁市国土资源出让服务中心

地块咨询联系人：劳沛、陆云

联系电话：××××-×××××××、×××××××、×××××××（传真）

报名咨询联系电话：××××-×××××××、×××××××

联系地址：南宁市锦春路 3-1 号市自然资源局二楼交易大厅。

九、查询网址

http://www.landchina.com （中国土地市场网）

http://zrzyj.nanning.gov.cn（南宁市自然资源局网）

https://www.nnggzy.org.cn（南宁市公共资源交易中心）

http://www.wuxiangxinqu.gov.cn（广西南宁五象新区规划建设管理委员会）

广西南宁五象新区规划建设管理委员会国土局对本公告保留解释权，以上事项如有变更，一律以变更通知或变更公告为准。

南宁市自然资源局

2019 年 11 月 29 日

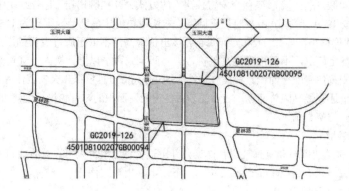

（位置示意图仅供参考）

附录 3-5： 《不动产权证书》范本

根据《中华人民共和国物权法》等法律法规，为保护不动产权利人合法权益，对不动产权利人申请登记的本证所列不动产权利，经审查核实，准予登记，颁发此证。 登记机构 （章） 年 月 日 中华人民共和国国土资源部监制 编号 NO D00123456789	_____（ ）_____不动产权第_____号
	权利人	
	共有情况	
	坐落	
	不动产单元号	
	权利类型	
	权利性质	
	用途	
	面积	
	使用期限	
	权利其他状况	包含建筑面积、分摊建筑面积、房屋结构、层数等信息

注：《不动产权证书》中的附图主要是"不动产平面图"，附件主要是《不动产登记表》

第 4 章　房地产投资分析

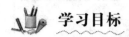学习目标

本章将系统介绍房地产投资分析知识，包括房地产投资分析基本概念，分析的内容、程序、方法和具体运用。通过本章学习，应当掌握以下主要知识。

- 房地产投资分析的主要任务
- 市场分析的内容与方法
- 区位分析的主要内容
- 基础数据的主要内容与分析估算基本方法
- 财务分析中的基本财务报表与分析指标的内容
- 不确定性分析和风险分析的主要方法
- 投资方案的分类与比选指标
- 可行性研究报告与项目申请报告的主要内容

在本章学习中，学习者可以根据自身情况，尽量查阅财务方面的参考书，加深对知识点的理解，通过本章学习后，尝试寻找一个房地产项目并进行投资分析试验。

4.1　房地产投资分析概述

4.1.1　房地产投资分析的含义与任务

房地产投资的形式多种多样，一个置业投资者可以用几万元的首付购买一套住宅，一个股票投资者可以用几千元购买某房地产开发企业的股票，而一个房地产开发企业可以用几千万元甚至几十亿元进行一个小区的开发，政府则可以动用更多的资金为城市修建一座客运中心。不管投资形式如何变化，都是通过牺牲现在的某些利益来换取未来的预期收益。投资总是有风险相伴的，因此，为了获得稳定的投资收益，必须对投资行为进行系统的分析。

房地产投资分析主要是指在房地产投资活动之前对房地产投资机会、投资方案进行论证的过程，以分析房地产投资项目的可行性。

房地产投资分析是一项高知识含量的工作，分析人员需要就投资方向、运作方式、投资收益、投资风险等方面的问题为投资者提供解决方法，这是房地产投资分析的基本任务。

1. 为投资者提供投资方向

投资者在准备投资前，往往面临投资方向选择的问题，如地域、地址选择，物业种类选择，规模、期限选择，合作伙伴选择等。投资者可能是刚进入房地产市场或是投资新手，

对投资环境一无所知,需要房地产投资分析人员的全面指导;也可能是已选好地址,需要解决其余问题。从投资分析人员的角度,提供指导前需要从头开始考证,为投资者解决全部问题,包括投资者已认可的问题。这样往往可以发现问题、熟悉情况,进而达到意想不到的效果。这一过程往往要求有一份良好的分析报告,从而对与投资方向相关的诸多问题做出全面、可信的论证。

2. 为投资者提供运作方案建议

一项投资活动的运作包括许多方面,如果投资者欲选择地块兴建商业设施进行出租、经营,其将面临如何取得土地使用权、如何取得建筑开工许可证、如何筹集资金、如何保证开发建设工期、如何选择合作伙伴等问题。可见,房地产投资活动的运作一般涉及投资标的项目获取、投资计划、投资方式、资金来源、经营方案等问题。与这些问题相关的每一个细节都可能影响房地产投资行为的成败,因此房地产投资分析人员将从各个方面对上述问题进行深度剖析,针对可能面临的各类风险提供解决方案,为投资者提供完整、可执行的运作方案。

3. 为投资者报批及合作提供依据

房地产投资是一项复杂的工作,投资者需要大量的合作伙伴,其中资金提供者是投资者最重要的合作伙伴之一。房地产投资分析报告可以作为房地产投资者与合作伙伴谈判的依据,让合作伙伴对投资项目有客观的认识,使双方尽快达成合作意向。同样地,很多房地产投资特别是房地产开发投资需要向各类政府部门进行报批,如项目立项申请时就需要提供完整的房地产投资分析报告(以项目申请书代替可行性研究报告)。因此,房地产投资分析也为投资者报批提供了依据。

4. 为投资者预测投资收益

投资收益是投资者关心的根本问题,是投资目的所在。投资者要详细了解全部投资额、自有资金及贷款额、资金分期投入额、贷款偿还期及利率、投资回收期及贴现率、税费比率、项目内部收益率、成本利润率等,还要了解全部资金利润率和自有资金利润率,以确定贷款比例。其中,多数投资者最关心的是税后纯利润与投资额的比例。当然,也有一些投资者更关心投资的社会效益问题,如企业形象、人际关系等,但都属于"欲擒故纵"的经营技巧,与其投资目的并不矛盾。

5. 为投资者描述风险并提供避险方法

分析人员仅仅为投资者预测投资收益是不够的,还要告诉投资者投资风险并告知如何规避风险。如果投资者被投资收益冲昏头脑,视风险而不顾,将有可能遭受巨大的损失。分析人员懒于分析风险或只报喜不报忧是严重有悖于职业道德的失职行为。

房地产投资的主要目标是获取高额利润,但并不意味着不需要考虑投资的社会效益和环境效益。因此,分析人员还必须就投资项目可能引发的社会问题、环境问题加以阐述,否则可能会对社会及环境造成严重的危害。例如,1996年年初,国家民航总局做出了暂停海南省海口市机场夜航的决定,原因是该市在机场附近建造的两座高层建筑影响了飞机起降。

4.1.2 房地产投资分析的内容

根据投资分析的任务,房地产投资分析的内容一般包括以下几个方面,但并不是每一个项目的房地产投资分析都包括以下全部内容,需要根据各项目投资分析的侧重点不同进行选择。

1. 房地产投资的环境与市场分析

在投资前期,充分了解和把握投资环境对于制定正确的房地产投资方案、做出正确的房地产投资决策是非常重要的。房地产投资环境分析主要关注的是与房地产的建设、销售等相关的制度、政策法规的稳定性,管理方法的合理性以及基础设施的完备状况等。同时,政治、经济、法律、社会文化、基础设施和配套设施、自然地理六大因素的共同作用又在不同程度上影响着房地产投资环境。

市场状态直接决定着投资项目未来的收益水平,因此在确定房地产投资项目的投资决策之前,需要调查房地产市场供需情况,辨识并把握房地产市场动态。

2. 房地产项目成本估算与融资方案择优

以尽可能少的投入获取尽可能多的收益是理性房地产投资者的必然要求和选择。客观而准确地估算项目投资额、科学地制定资金筹集方案对于降低项目投资额、减少建设期利息等项目支出、实现利润最大化目标具有重要的意义。融资方式多种多样,投资分析人员需要根据投资者自身状况制定各种融资方案并根据融资方式的可能性及成本率选择最优融资方案,以保证投资所需资金能够按计划获取并将资金成本控制在最低程度,以增强投资项目的可行性和利润率。

3. 房地产项目投资的财务分析

财务分析是对项目的盈利能力、偿还能力、资金平衡能力等进行分析。它主要是通过市场分析、成本估算和融资方案的选取取得一系列财务评价基础数据与参数,在客观估算项目销售收入与成本费用的基础上,采用财务内部收益率、财务净现值、投资回收期、投资利润率、借款偿还期、利息备付率、偿债备付率等财务指标评价项目的可行性。

4. 房地产项目投资的不确定性分析

在进行房地产投资项目的投资分析时,需要运用大量的技术经济数据,如销售单价、成本、收益、贷款、利率、工期等。由于这些数据都是投资分析人员根据资料对未来的可能性做出的某种估计,所以分析中必然带有某种不确定性。房地产投资项目一般都有较长的投资建设期和经营期,在此期间,主、客观条件的变化会使这些数据也发生变化。通过临界点分析、敏感性分析对这些不确定性因素加以分析,揭示项目所能达到的盈利水平和面临的风险,即进行不确定性分析,对房地产投资分析具有重要意义。

5. 房地产投资项目的风险分析

房地产投资的风险主要体现在投入资金的安全性、期望收益的可靠性、投资项目的变现性和资产管理的复杂性四个方面。通常情况下，人们往往把风险划分为对市场内所有投资项目均产生影响、投资者无法控制的系统风险和仅对市场内个别项目产生影响、可以由投资者控制的个别风险。风险分析主要应用风险等级划分、风险评估方法（专家评估法、概率分析法）对风险因素加以识别，做出定量估计，分析各风险对项目投资决策的影响并提出规避风险的措施。

6. 房地产投资项目的社会影响评价和环境影响评价

房地产投资项目的社会影响评价是通过分析项目涉及的各种社会因素，评价项目的社会可行性，提出可协调项目与当地社会的关系、规避社会风险、促进项目顺利实施、保持社会稳定的方案。房地产项目的环境影响评价是指对房地产投资项目实施后可能造成的环境影响进行分析、预测和评估，提出预防或者减轻不良环境影响的对策和措施。

4.1.3 房地产投资分析的发展状况

早期我国房地产投资分析多局限在房地产投资可行性研究上，这是由当时国家投资管理体制所造成的。在这种体制之下，为了获得项目投资批准，投资主体必须依次编制项目建议书、项目可行性研究报告和开工报告。其中，项目可行性研究报告是核心所在。为了使项目获得立项批准，研究报告编制单位都会尽量使研究分析结果可行。

2004年《国务院关于投资体制改革的决定》出台，其明确了对于投资核准类项目，只需要报项目申请报告即可办理投资核准申请，改变了过去的项目可行性研究报批模式，政府对于投资的管理更趋于宏观化，更注重社会、环境等公众利益，而不再聚焦于微观管理；对于项目在经济上是否可行，政府不再参与决策，而由投资人自行分析、决策，由此导致房地产投资分析出现以下发展变化。

1. 服务对象多元化

随着投资主体的多元化和资金渠道的多样化，房地产投资分析的服务对象不再局限于房地产开发企业。各类投资主体均需对项目进行深入的投资分析，由此做出稳妥的决策，更好地防范投资风险。特别是财务投资者，其投资的房地产项目并非由自己进行开发建设、运营管理，加之很多财务投资者缺乏房地产开发经营经验，这就需要专业的房地产投资分析机构为其投资行为提供服务。例如，信托公司参与一项商品住宅开发项目的股权投资时就需要委托专业机构独立开展投资可行性研究。

2. 成果多样化

早期的房地产投资分析的主要成果是为房地产开发企业办理投资核准所需要的可行性研究报告，随着市场的发展，房地产投资分析成果在大类上分为可行性研究报告和项目申请报告，其中项目申请报告类似于早期办理投资核准的可行性研究报告，而当下的可行性研究报告则更多地为投资主体进行投资决策提供服务。可行性研究报告在实际工作中又由于研究的侧重点不同而形成不同的成果类型，如投资成本分析报告、财务安全评估报告等。

3. 分析专业化

基于投资主体和投资形式的多样化，房地产投资分析不再局限于房地产开发建设投资分析，而是已经扩展到房地产开发或经营项目收购、企业股权收购、股票和债券投资分析、房地产资产运营管理、房地产不良资产重组等多个方面。例如，某资产管理公司拟收购某栋写字楼后进行出租经营，这就需要投资分析机构对拟收购对象进行市场分析、市场定位、成本分析、收益预测，提供资产证券化方案并给出投资建议，以帮助资产管理公司更科学地决策。如此多样化的需求及需求下的侧重点差异要求房地产投资分析更加专业化，以有针对性地解决不同需求侧重点下的问题。

4.2 市场与区位分析

4.2.1 市场分析

1. 市场分析的内容

市场分析是通过对房地产市场信息的收集、分析和加工处理，找出其内在规律，预测市场未来的发展趋势，用以帮助房地产市场参与者掌握市场动态，把握市场机会，调整其市场行为。

房地产市场分析的内容主要是市场调查与市场预测。市场调查与市场预测包括房地产投资环境的调查与预测和房地产市场状况的调查与预测。

（1）房地产投资环境的调查与预测。投资环境是指拟投资的地域（国家、地区、城市或街区）在一定时期内所具有的能决定、制约项目投资的各种外部境况和条件的总和。一般来讲，投资环境对单个投资者而言是无法改变的，也是不可控制的。房地产投资环境的调查与预测应分别在国家、区域、城市、街区、邻里的层次上进行，主要内容包括政治、法律、经济、文化教育、自然条件、城市规划、基础设施等方面。另外，房地产投资环境的调查与预测对已经发生或将要发生的重大事件或政策对房地产项目的影响，也要做出充分的了解和估计。

（2）房地产市场状况的调查与预测。房地产市场状况的调查与预测应在房地产投资环境调查与预测的基础上进行。房地产市场状况调查的主要包括以下内容。

① 各类物业的供求关系、空置率、成交量、需求量、市场的吸纳能力和速度。

② 土地出让数量和用途的分布；已出让和计划出让土地的面积、土地用途和可建建筑面积；单宗土地出让、转让信息，包括土地使用权的受让方、坐落位置、用途、四至范围、占地面积、建筑面积、土地价格、土地使用年限、开发建设总投资、土地利用要求、土地使用费标准、项目投资情况和成交日期等。

③ 房地产商品的销售价格、租金和经营收入，地价、拆迁安置补偿成本、建造成本和

其他成本费用以及房地产开发经营过程中的税费等。

④ 竞争性物业发展状况，包括政府规划中的房地产开发项目用地的用途、所处区县、位置、占地面积、容积率、建筑面积和预计开工建设日期等；规划建设中的主要房地产开发项目的用途、投资者、所在区县名称、位置、占地面积、容积率、建筑面积和项目当前状态等；正在开发建设中的房地产项目的用途、项目名称、位置、预计投入市场的时间、建筑面积、售价和开发商名称等；已建成投入使用的主要竞争性项目，包括用途、项目名称、位置、投入使用日期、建筑面积、入住率、月租金、售价、大型商场的营业面积和营业额等。

⑤ 各类房地产的投资收益率和房地产开发利润率。

⑥ 项目用地附近地区的土地利用现状、总体规划和专业规划，包括市政设施（道路交通、电力、供热、煤气、供水、雨污水排放、电信等）发展规划、公共配套设施（学校、幼儿园、医院、文体设施等）规划、大型公共建筑（商场、办公楼等）发展规划、重点商业区或工业开发区发展规划和国土空间规划等方面的情况。

⑦ 市场购买者对房地产商品功能的要求，购买者的职业、年龄、受教育程度、现居住或工作地点的区位分布，投资购买和使用购买的比例等。

房地产市场预测的主要内容包括国民经济发展趋势预测、产业政策影响预测、市场需求预测、技术发展预测、销售前景预测、房地产生命周期预测、供给能力预测、市场价格走向预测和市场竞争情况预测等。

2. 市场分析的方法

市场分析主要包括市场需求预测和市场趋势分析两种技术路线。

（1）市场需求预测。市场需求预测是要估算出一个特定市场对某产品的潜在需求数量。最常用的方法是连比法，是将基数乘以若干修正率而得到预测结果。其公式为

总市场潜量=特定产品或市场的购买者数量×购买者的平均购买数量×平均单价×
市场因素修正率 1×市场因素修正率 2×其他修正率

例如，某房地产开发企业拟开发酒店式公寓项目，拟判断潜在市场需求量，则可以利用下面的公式进行计算。

新建酒店式公寓市场需求量=家庭户数×户均用于购房的可支配收入×满足酒店式公寓消费
最低收入要求的家庭比例×酒店式公寓消费倾向比例

（2）市场趋势分析。市场趋势分析的主要方法有意见调查分析法、时间序列分析法和相关分析法三种方法。

① 意见调查分析法。意见调查分析法是直接对消费者、销售人员或专家进行意见调查并对调查数据进行分析的方法，主要包括购买者意图调查法、销售人员意见综合法和专家意见法（又称德尔菲法）。

② 时间序列分析法。时间序列分析法是利用过去的数据或资料来预测未来的趋势，即根据过去发生的市场数据中的因果关系来拟合时间函数，然后根据函数来预测未来的数据，主要包括简单平均法、移动平均法、加权移动平均法和指数平滑法。

③ 相关分析法。时间序列分析法是仅对时间作为变量的函数的定量预测方法，没有考

虑其他实际因素，若将其他实际影响因素带入分析中，即为相关分析法，主要包括回归分析法和市场因子推演法。

4.2.2 区位条件分析

房地产行业的投资真理是"位置、位置，还是位置"，在很多情况下，房地产的销售价格和租金水平主要是由其区位因素决定的。购买者对某一区位的需求越大，该区位房地产单位面积的价格和租金水平就越高，因此，区位条件的好坏对房地产投资项目的利润和收益高低有着重要的影响。

对投资项目构成影响的区位条件包括项目所在地域的政治、经济、人文、法律等社会因素，还包括该项目具体地点的自然特征，如地块宽度和深度、地貌、排水、土壤构成、基础设施，等等。

房地产项目区位的分析与选择包括地域的分析与选择和具体地点的分析与选择。

（1）地域的分析与选择。地域的分析与选择属于战略性选择，是对项目宏观区位条件的分析与选择，主要考虑项目所在地区的政治、法律、经济、文化教育、自然条件等因素。项目成功的先决条件是占据好的区位，这是由房地产的位置固定性和不可移动性所决定的。一个开发投资策略的形成需要正确理解和综合考虑特定的国家、地区或城市的政策、经济基础、经济增长前景、人口条件（包括人口规模与结构、人口密度、规划增长率、增长方式、就业状况以及家庭收入情况等）、发展趋势及其对市场价格水平的可能影响。对于上述情况的研究，国土空间规划及各年度社会经济发展计划能提供非常有用的资料。此外，房地产开发商还应当认真分析备选区位的可进入性、交通模式、优势条件及已有竞争性项目的情况，确保开发投资项目的规划用途与周围环境相匹配。

（2）具体地点的分析与选择，也叫地块分析，是指能够直接地显现土地价值的、相对微观的一种分析，一般针对某一特殊地块来进行。它是对房地产项目的坐落地点、周围环境和基础设施条件的分析与选择，主要考虑项目所在地点的临街状况、建设用地的大小、利用现状、交通、城市规划、土地取得代价、拆迁安置难度、基础设施完备程度以及地质、水文、噪声、空气污染等因素。

例如，某投资公司拟在某市西郊建设一个大型购物中心，但当地经济状况不佳、人均收入水平不高、私家车拥有率较低，这些可能会造成客流量不足的问题，而如果在市区内开发，由于具有完善的公共交通网络，则可以很好地解决客流量的问题，这就是典型的地域分析与选择。该投资公司目前有多个选择地点可供开发并且均位于市区内，由于大型购物中心建设完成后将带来大量的客流，会对周边交通造成较大的压力，因此投资公司必须对所有可选方案所在地点的周边交通系统进行评估，这就是典型的具体地点的分析与选择。

4.3 基础数据的分析估算

投资主体通过市场分析将获取大量信息，这些信息除定性分析的结论以外，还包括许多定量的调查或预测结果,如项目的投资、成本与费用、各项税金与利润、租售价格、资金的筹措成本、可获得的融资额以及进度安排等。这些基础数据既取决于项目区位条件,也取决于市场投资环境与市场状况,同时也与政府对开发的管理有关。基础数据的准确度是房地产投资分析的关键。房地产开发项目的投资分析所需要的基础数据包括房地产开发项目投资与成本、房地产开发项目收入、资金筹措等。

4.3.1 房地产开发项目投资与成本的分析估算

房地产开发项目投资包括开发建设投资和经营资金。开发建设投资是指在开发期内完成房地产产品开发建设所需投入的各项成本费用,主要包括土地费用、前期工程费用、基础设施建设费、建筑安装工程费、公共配套设施建设费、开发间接费、管理费用、财务费用、销售费用、开发期税费、其他费用以及不可预见费等。经营资金是指房地产开发企业用于日常经营的周转资金。

项目建成开始运营时,固定资产投资将形成固定资产、流动资产、无形资产和递延资产。开发建设投资在开发建设过程中形成以出售或出租为目的的开发产品成本和以自营自用为目的的固定资产及其他资产,应注意开发建设投资在开发产品成本与固定资产和其他资产之间的合理分摊、划转。

开发产品成本是指房地产项目产品建成时,按照国家有关财务和会计制度转入房地产产品的开发建设投资。当房地产项目有多种产品时,可分别估算每种产品的成本费用,但应注意开发建设投资在不同开发产品之间的合理分摊。

房地产开发项目投资各项资金之间的关系可以通过房地产开发项目总投资估算表(见表 4-1)和房地产开发项目总投资构成图(见图 4-1)来说明。

表 4-1　房地产开发项目总投资估算表

单位:万元

序　号	项　　目	投　资　额	估　算　说　明
1	开发建设投资		以下 12 项之和
1.1	土地费用		
1.2	前期工程费用		
1.3	基础设施建设费		
1.4	建筑安装工程费		
1.5	公共配套设施建设费		
1.6	开发间接费		
1.7	管理费用		
1.8	财务费用		
1.9	销售费用		
1.10	开发期税费		
1.11	其他费用		
1.12	不可预见费		

续表

序 号	项 目	投 资 额	估 算 说 明
2	经营资金		
3	项目总投资		【3.1】+【3.2】
3.1	开发建设投资		
3.1.1	开发产品成本		【3.1.1】+【3.1.2】
3.1.2	固定资产投资		
3.2	经营资金		

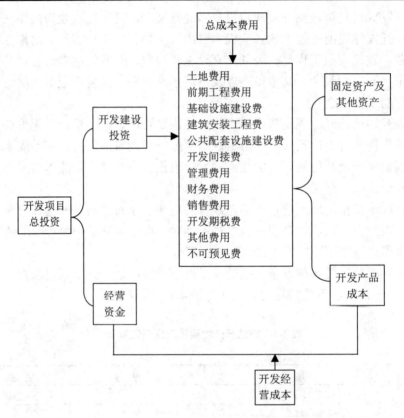

图 4-1 房地产开发项目总投资构成

房地产开发项目开发完成后,如果存在自营部分,则房地产开发项目投资与成本满足下面的公式

开发项目总投资=开发建设投资+经营资金

开发建设投资=总成本费用=固定资产及其他资产+开发产品成本

将上述两公式进行整理,得

开发项目总投资=固定资产及其他资产+开发产品成本+经营资金

如果房地产开发项目在开发完成后只有租售而没有自营部分,则开发项目总投资中就不存在经营资金,同时,开发建设投资全部形成了开发产品成本,而不存在固定资产及其他资产,房地产开发项目投资与成本满足下面的公式

开发项目总投资=开发建设投资=总成本费用=开发产品成本

4.3.2 房地产开发项目收入的分析估算

从投资分析的角度出发,市场分析与预测的最终目的是对投资项目租售方案的确定、租售价格的确定及经营收入和税费的估算。

1. 租售方案

房地产项目应在项目策划方案的基础上制定切实可行的出售、出租、自营等计划即租售方案。租售方案应遵守政府有关房地产租售和经营的规定并与开发商的投资策略相结合。详细的租售方案制定方法将在第 9 章予以阐述。

2. 租售价格

房地产开发企业给自己的产品所定的租售价格必定是介于两个极端(一端为低到没有利润的价格,另一端为高到无人问津的价格)。成本是定价的下限,消费者对房地产价值的感受是定价的上限,房地产开发商必须考虑竞争者的价格及其他内在和外在因素,在两个极端之间找到最适当的价格。租售价格的确定方式将在第 9 章予以详细的阐述。

3. 经营收入

经营收入是指向社会出售、出租或自营房地产产品时获得的货币收入。房地产投资项目的经营收入主要包括房地产产品的销售收入、租金收入和自营收入。

(1) 销售收入。销售收入包括土地转让收入、商品房销售收入和配套设施销售收入。计算公式为

$$销售收入 = 可出售建筑面积 \times 销售单价$$

(2) 租金收入。租金收入包括出租房租金收入和出租土地租金收入。计算公式为

$$租金收入 = 可出租建筑面积 \times 租金单价$$

这里应注意空置率和出租率对租金收入的影响。没有考虑空置率或出租率的租金收入叫潜在总收入或毛租金收入;考虑了空置率或出租率以后,如果该物业中还有其他收入(如自动售货机收入、洗衣房收入等),那么从潜在总收入中扣除空置和租金损失,再加上其他收入,就得到了该物业的实际总收入或有效总收入;如果再考虑出租期的运营费用,则租金收入就是净租金收入(或净经营收入)。运营费用主要是指经营过程中发生的人员工资及办公费用、维护维修费、清洁保安费、保险费、房产税、管理费和折旧费等。

潜在总收入、实际总收入、净经营收入的计算公式为

$$潜在总收入 = 可出租面积 \times 单位租金$$
$$实际总收入 = 潜在总收入 \times (1-空置率) + 其他收入$$
$$= 潜在总收入 \times 出租率 + 其他收入$$
$$净经营收入 = 实际总收入 - 运营费用$$

(3) 自营收入。自营收入是指开发企业以开发完成后的房地产作为其进行商业和服务业等经营活动的载体,通过综合性的自营方式得到的收入。在进行自营收入估算时,应充

分考虑目前已有的商业和服务业设施对房地产项目建成后产生的影响以及未来商业、服务业市场可能发生的变化对房地产项目的影响。

4. 税费

税费是指国家和地方政府依据法律对有纳税义务的单位或个人征收的财政资金。目前，我国房地产开发投资中涉及的主要税费包括营业税、城市建设维护税、教育费附加（这三种通常也叫两税一费）、城镇土地使用税、房产税、企业所得税、土地增值税、契税及印花税等。税费的计算方法需要根据国家税收管理政策和项目投资与成本、收入的基础数据估算。

4.3.3 资金筹措分析

资金筹措分析包括资金筹措计划和资金使用计划两部分。

资金筹措计划是指根据房地产项目对资金的需求以及投资、成本与费用的使用计划来安排资金来源和相应数量的过程。资金筹措计划需要解决筹资渠道选择、各渠道筹资比例、渠道风险分析及筹资成本控制这四个方面的问题。

资金来源主要有资本金（股本金）、银行贷款、预售收入。资本金是投资者对其所投资项目投入的股本金，通常来自投资者的自有资金。任何房地产开发商想求得发展，都离不开银行及其他金融机构的支持，但是，国家对于房地产投资中的贷款比例是有一定控制的。预售收入也叫预售款，是房地产投资者在商品房交付使用之前预先向购房者收取的价款。这种筹资方式较受欢迎是因为它对房地产的买卖双方来说都比较有益。对于房地产的买方而言，在房地产市场前景看好的情况下，他们只需先期支付少量定金或首付款就可以买到楼层、位置好的房地产，甚至可以享受到未来一段时间内的房地产增值收益。对于房地产的卖方而言，预售不仅可提前获取资金，从而为后续投资需要做好准备，而且可将部分市场风险分散给买方，另外还可以通过找差价来减少低价预售的损失。利用预售款来筹资通常是有条件的，一般规定开发商投入的工程建设资金（不含土地费用）达到或超过地上物预计总投资的25%后，方可获得政府房地产管理部门颁发的预售许可证。除了以上三种形式，承包商带资承包、合作开发、社会集资（发行股票、发行公司债券）、利用外资也经常被开发商用作筹资。

当对资金来源的情况进行分析以后，就该确定一个资金使用计划。房地产投资项目的资金使用计划应根据可能的项目施工进度与资金来源渠道进行编制。在编制的过程中，还应考虑各种投资款项的付款特点，要考虑预收款、欠付款、预付定金以及按工程形象进度结算付款等方式对编制资金使用计划的影响。在选择工程承建单位时，尽量选择资金实力雄厚的承建商，以争取多垫资施工或延长付款周期，通过欠付款方式降低资金成本和现金流压力。另外，定期对采购目标的市场进行跟踪分析，对于看涨的物资通过预付定金的方法锁定价格以降低采购成本也具有同样的效果。在房地产项目可行性研究阶段，计算期可取年、半年、季甚至月为单位，资金使用计划应按期编制。

4.4 财务分析

4.4.1 财务分析概述

财务分析是房地产投资分析的核心,其需要利用在基础数据估算分析阶段测算出的各种数据计算众多指标,以分析投资项目在财务上的可行性。

房地产投资项目财务分析也叫财务评价。它是指投资分析人员在房地产市场调查与预测、项目策划、投资估算、成本与费用估算、收入估算与资金筹措等基本资料和数据的基础上,通过编制基本财务报表,计算财务评价指标,对房地产项目的盈利能力、清偿能力和资金平衡情况所进行的分析,据此评价和判断投资项目在财务上的可行性。

财务分析的基本程序是:①搜集、整理和计算有关基础财务数据资料;②编制基本财务报表;③计算与评价财务分析指标;④进行不确定性分析;⑤得出财务分析结论。

财务分析的重点是基本财务报表的编制和财务分析指标的计算与评价。下面着重对这两点进行介绍。

4.4.2 财务分析基本报表

财务分析基本报表主要有现金流量表、资金来源与运用表、利润表、资产负债表。其中,现金流量表又分为全部投资现金流量表、资本金现金流量表、投资者各方现金流量表(以上报表请参阅本章附录4-1)。

财务分析的基本原理就是从基本报表中取得数据,计算财务分析的各项指标,将结果与基本参数做比较,进而根据一定的评价标准决定项目是否可行。基本报表是财务分析体系中的重要组成部分,各种基本报表之间有着密切的联系。

利润表与现金流量表都是为进行项目盈利能力分析提供基础数据的报表,不同的是,通过利润表计算得出的是反映项目盈利能力的静态指标,而通过现金流量表计算得出的是反映项目盈利能力的动态指标。同时,利润表也为现金流量表的填列提供了一些基础数据。

资金来源与运用表和资产负债表都是为进行项目清偿能力分析提供基础数据的报表。根据资金来源与运用表可以计算借款偿还期指标,而根据资产负债表可以计算资产负债率、流动比率和速动比率等指标。另外,通过资金来源与运用表还可以进行项目的资金平衡能力分析。

随着房地产投资中的股权投资业务蓬勃发展,特别是保险、信托、私募基金等非地产行业背景的财务投资机构积极投入房地产股权投资业务,其对资金安全性的要求高于对利润率的要求,而房地产投资项目的资金安全性的核心是现金流安全性,所以,现今房地产投资市场对现金流量表的预测与分析越来越看重。

4.4.3 财务分析指标

财务分析指标根据出现时代的不同划分为传统财务分析指标和现代财务分析指标，目前最常使用的是现代财务分析指标，下面分别对这两种指标进行介绍。

传统财务分析指标主要包括收益乘数、财务比率、盈利能力指标、回收期指标等，详细的指标构成如图 4-2 所示。

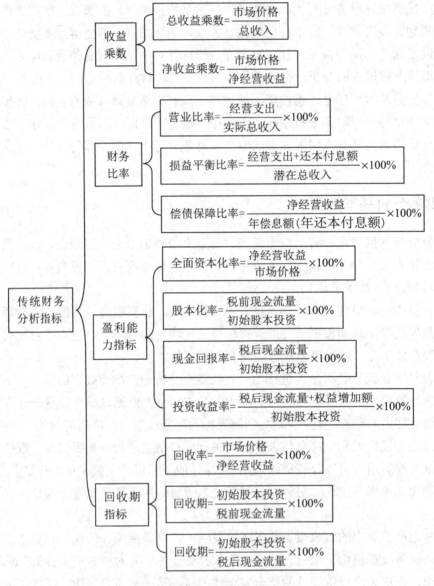

图 4-2 传统财务分析指标构成

现代财务分析指标包括静态分析指标和动态分析指标，详细指标构成如图 4-3 所示。

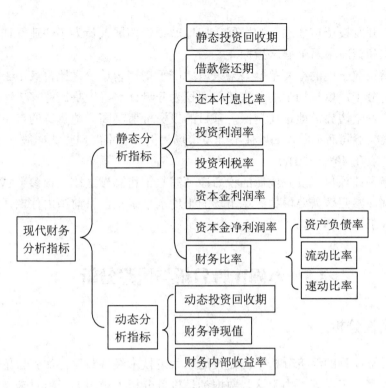

图 4-3 现代财务分析指标构成

财务分析指标和基本报表的关系如表 4-2 所示。

表 4-2 财务分析指标与基本报表的关系

分析内容	基本报表	静态指标	动态指标
盈利能力分析	现金流量表（全部投资）	静态投资回收期	财务内部收益率 财务净现值 动态投资回收期
	现金流量表（自有资金）	静态投资回收期	财务内部收益率 财务净现值 动态投资回收期
	利润表	利润率 投资利税率 资本金利润率 资本金净利润率	
清偿能力分析	（借款还本付息表） 资金来源与运用表 资产负债表	借款偿还期 还本付息比率 资产负债率 流动比率 速动比率	
资金平衡能力分析	资金来源与运用表		
其他		价值指标、实物指标或比率指标	

由于房地产开发投资市场的蓬勃发展，房地产投资拓展人员为了快速筛选项目，逐步重视使用地货比和销净率两个静态指标。

地货比是指获取土地的楼面单价与未来房地产平均销售单价之比，其中土地的楼面单价是以总地价为分子，以规划中的可售建筑面积为分母计算。地货比能够快速地判断土地成本高低、投资安全边界，地货比越低，项目的投资价值越高。地货比的参照数因城市等级、城市市场状况不同而不同，如以住宅开发市场为例，北京的地货比一般在50%～60%，合肥的地货比一般在40%～50%。

销净率是指预计项目开发完成后的税后净利润与销售总额之比，该参数越高代表项目的盈利能力越强，参照数需要根据区域市场的平均水平确定，目前国内住宅开发项目一般要求销净率不低于6%～8%。

4.5 不确定性分析与风险分析

4.5.1 不确定性分析

在房地产投资项目的经济分析中，需要运用大量技术经济数据，如销售单价、成本、收益、贷款、利率、工期等。由于这些数据都是投资分析人员根据资料对未来的可能性做出的某种估计，所以分析中必然带有某种不确定性。房地产投资项目一般都有较长的投资建设和经营期。在此期间，主、客观条件的变化会使以上这些数据也发生变化。

不确定性分析主要是分析开发项目评估中所选变量的估计值与实际情况发生差异时，该项目盈利能力发生的变化及变化的程度。不确定性分析主要有临界点分析和敏感性分析两种分析方法。

1. 临界点分析

临界点分析又称为盈亏平衡分析，是指在完全竞争或垄断竞争的市场条件下，研究投资项目产品成本、产销量与盈利的平衡关系的方法。对于投资项目而言，随着产（销）量的变化，盈利与亏损之间一般至少存在一个转折点，即盈亏平衡点（break even point，BEP）。在这一点上，销售收入与总成本费用相等，投资方既不亏损也不盈利。临界点分析就是要找出项目方案的盈亏平衡点。通过对盈亏平衡点的分析可以计算出投资方可以承受的最低收入水平和最大投资成本。

临界点分析的数学模型是

$$Z = PQ(1-r) - C_V Q - C_F$$

式中：Z 为利润；P 为单价；Q 为产（销）量；r 为销售税率；C_V 为单位变动成本；C_F 为固定成本。

在对投资项目进行经济评价时，通常把单价、单位变动成本、固定成本、销售税率视为稳定的常量，只有销量和利润两个自由变量。当给定销量时，可直接计算出预期的利润；当给定目标利润时，可直接计算出应达到的销量。

将销量、成本、利润之间的关系反映在直角坐标系中，即形成临界点分析的图解，如图 4-4 所示。

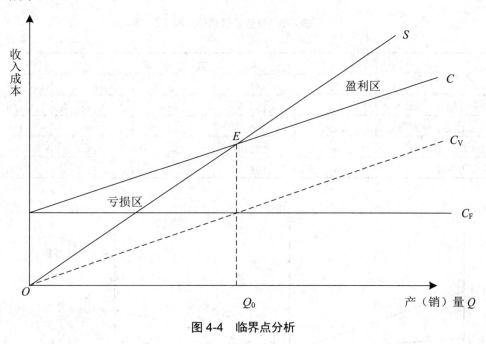

图 4-4　临界点分析

注：C 为总成本，C_V 为可变动成本，C_F 为固定成本，S 为销售收入，Q 为产（销）量

2．敏感性分析

敏感性分析是指从众多不确定性因素中找出对投资项目经济效益指标有重要影响的敏感性因素并分析、测算其对项目经济效益指标的敏感程度，进而判断项目承受风险能力的一种不确定性分析方法。

敏感性分析的一般步骤如下。

（1）确定影响因素。房地产投资项目的影响因素很多，在进行敏感性分析时，必须抓住主要因素，如投资额、建设期、建筑面积、租金、销售价格等。

（2）确定分析指标。房地产投资分析中体现经济效果的指标很多，主要分析的经济指标有内部收益率、净现值、投资回收期、利润、利润率等。

（3）敏感性分析计算。计算各影响因素在可能的变动范围内发生不同幅度变动所导致的项目经济效果指标的变动效果，建立一一对应的关系并用图、表的形式表示出来。

敏感性分析包括单变量敏感性分析和多变量敏感性分析。单变量敏感性分析是指在依次假设某一个变量发生变化而其他变量不发生变化的情况下，测算某一变量对整个项目的影响程度，这也是敏感性分析最基本的方法。然而，单变量敏感性分析忽视了各变量之间的相互关系，在实际投资中，很可能有多个变量同时发生变化。因此，在一些重要的投资项目中，除了要进行单变量敏感性分析之外，还要进行多变量敏感性分析，即在分析中同时设定多个变量发生变化，依次测定各种变化对整体项目的影响程度。下面是某项目的单变量敏感性分析表（见表 4-3）和分析图（见图 4-5），依次设定售价、单位变动成本、固定成本和销量单方变化,在这些情况下分别计算该项目的利润额,据此判断各变量对项目整体营利性的影响。

表 4-3 单变量敏感性分析

单位:万元

变动因素	变动幅度				
	-20%	-10%	0	+10%	+20%
售价单方变动	40	135	230	325	420
单位变动成本单方变动	350	290	230	170	110
固定成本单方变动	254	242	230	218	206
销量单方变动	160	195	230	265	300

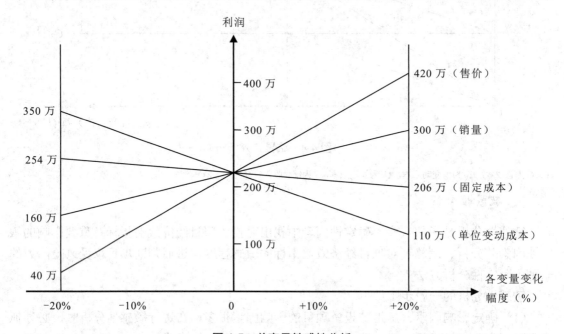

图 4-5 单变量敏感性分析

4.5.2 风险分析

房地产投资的风险主要体现在投入资金的安全性、期望收益的可靠性、投资项目的变现性和资产管理的复杂性四个方面。对具体风险因素的分析有多种分类方式,每一种分类方式都从不同的角度分析了可能对房地产投资的净经营收益产生影响的因素。通常情况下,人们往往把风险划分为对市场内所有投资项目均产生影响、投资者无法控制的系统风险和仅对市场内个别项目产生影响、可以由投资者控制的个别风险。

风险分析可以根据各种变量的概率分布来推求一个项目在风险条件下获利的可能性。这种可能性描述了房地产项目在特定收益状态下的风险程度,进而为投资者进行决策提供可靠的依据。风险分析的过程主要包括风险辨识、风险估计、风险评价三个阶段,如图4-6所示。

风险分析的主要方法是概率分析法和蒙特卡洛法。

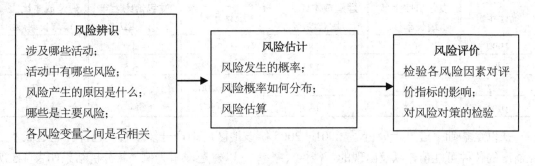

图 4-6　风险分析过程

1. 概率分析法

在经济活动中,某一事件在相同的条件下可能发生,也可能不发生,这类事件被称为随机事件。概率就是用来表示随机事件发生可能性大小的数值,一般是介于 0 与 1 的一个数,概率越大表示事件发生的可能性越大。

(1)概率分析的步骤:① 列出需要进行概率分析的不确定性因素;② 选择概率分析使用的财务评价指标;③ 确定每个不确定性因素发生的概率;④ 计算在规定的概率条件下财务评价指标的累积概率并确定临界点发生的概率。

(2)概率的确定方法。在房地产项目财务评价中,确定各因素发生变化的概率是风险分析的第一步,也是十分关键的一步。概率分为主观概率和客观概率。其中,客观概率是由决策者在某变量过去的长期的历史数据基础上统计、归纳得出的;而主观概率是指决策者不以对过去数据的客观分析为基础,而以某种主观判断来确定预测对象在未来会发生的各种可能性,即决策者基于自己对预测对象的认识、设想和自己的经验、知识,利用逻辑推理的方法进行推算,得出的预测对象在未来会发生的各种可能性的结果。由于房地产投资项目评价中常常缺乏足够的历史统计数据,因此,在实际工作中,大部分情况下都不能运用客观概率来表达,而是运用主观概率来表达。

例如,已知某地区房地产开发项目的工程发包价和建造成本在 1985—2000 年的变动情况,通过归纳后,预测 2001—2005 年承包价的上涨率大约为每年 8%,建造成本的上涨率为每年 6%~7%,如表 4-4 所示。

表 4-4　某地区房地产开发项目的工程发包价和建造成本变动情况

统计年份	发包价比上年增长率/%	建造成本比上年增长率/%	统计年份	发包价比上年增长率/%	建造成本比上年增长率/%
1985	12.5	9.0	1994	23.5	19.5
1986	27.0	9.0	1995	2.5	12.0
1987	37.0	18.0	1996	-1.0	10.5
1988	10.0	18.5	1997	3.5	6.5
1989	2.5	23.5	1998	5.5	5.5

续表

统计年份	发包价比上年增长率/%	建造成本比上年增长率/%	统计年份	发包价比上年增长率/%	建造成本比上年增长率/%
1990	-0.5	18.5	1999	4.0	5.5
1991	7.5	13.0	2000	5.5	5.5
1992	15	9.0	2001—2005年预测值	8（每年）	6～7（每年）
1993	24.5	15.0			

在以上基础上进一步分析了 2001—2005 年该地区房地产开发项目发包价和建造成本上涨情况的各种可能值，以及出现的可能性（概率）。以建造成本为例，其分析结果如表 4-5 所示。此种分析所得即为主观概率。

表 4-5　建造成本可能上涨率及其发生概率

建造成本每年可能上涨/%	发生的概率	概率累积值
+5	0.10	0.10
+6	0.25	0.35
+7.5	0.40	0.75
+8.5	0.20	0.95
+10	0.05	1.00

2. 蒙特卡洛法

蒙特卡洛法也叫模拟抽样法，即借助于真实分布中的抽样来模拟一个房地产投资的全过程，使模拟系统中的各个经济变量及时间变量与过去的实际情况相对应。蒙特卡洛法能够随机模拟各个变量间的动态关系，解决某些具有不确定性的复杂问题，被公认为一种经济、有效的方法。蒙特卡洛法的实施一般分为以下三个步骤。

（1）分析每一个可变因素的可能变化范围及其概率分布，同时对每个因素的变化范围赋予一个随机数段。

（2）通过模拟试验随机选取各随机变量的值并使选择的随机值符合各自的概率分布。具体来说，就是从各个不确定因素的随机数中随机抽出或采用计算机求出一个随机数，根据随机数确定各个不确定性因素的变化范围，再根据随机获取的变化范围计算开发项目的各项效益指标。

（3）重复步骤（2），进行多次模拟试验，计算出多组效益指标，即可求出各项效益指标的概率分布或其他特征值。

蒙特卡洛法的要点是准确估计各因素的变化范围以及各因素变化的概率，这是保证分析结果准确的前提，而这一点在实际操作中，当市场资料不完整时，是较为困难的。随着计算机的普及以及市场信息搜集、处理的专业化，这种分析方法在实际工作中也逐步普及。

4.6 房地产投资分析的运用

4.6.1 房地产投资分析的运用领域

房地产投资分析在实际工作中的运用主要体现在两个方面：一是项目可行性研究，二是项目申请报告。

项目可行性研究是指在投资决策前对建设项目进行全面的技术、经济分析、论证的科学方法。具体地讲，就是在工程项目投资决策前，对与项目有关的自然、社会、经济和技术等方面的情况进行深入、细致的研究；对拟定的各种可能的建设方案或技术方案进行认真的技术、经济分析、比较和论证；对项目的经济、社会、环境效益进行科学的预测和评价。在此基础上，综合研究建设项目技术的先进性和适用性、建设的可能性和可行性以及经济合理性，由此得出该项目是否应该投资和如何投资等结论性意见，为决策部门进行最终决策提供可靠的、科学的依据并作为开展下一步工作的基础。

项目申请报告是指投资主体根据政府公共管理的要求，对投资项目从规划布局、资源利用、征地移民、生态环境以及经济社会影响等方面进行综合论证，重点阐述项目的外部性和公共性事项，为投资计划管理部门对投资项目进行核准提供依据。项目申请报告是国家在实施土地储备开发后为规范房地产开发行为而提出的新要求，这比过去的单纯依据项目可行性研究来审核项目更具针对性。

项目可行性研究报告与项目申请报告的区别主要体现在以下五个方面。

（1）目的不同。项目可行性研究报告的目的是论证企业投资项目的可行性，包括市场前景可行性、技术方案可行性、财务可行性、融资方案可行性等，也包括对项目是否满足国家产业准入条件、环保法规要求等方面的论证。项目申请报告不是从企业自身角度对项目是否可行所进行的研究，而是在企业认为从企业自身发展的角度项目已经可行的情况下，回答政府关注的涉及公共利益的有关问题，目的是获得政府投资管理部门的行政许可。

（2）角度不同。企业投资项目可行性研究报告是从企业角度进行研究，因此侧重于从企业内部的角度进行技术、经济论证。项目申请报告是从公共利益的代言人——政府的角度进行论证，因此侧重于从宏观性与外部性的角度进行经济、社会、资源、环境等方面的综合论证。

（3）内容不同。企业投资项目可行性研究报告主要对市场预测、厂址选择、工程技术方案、设备选型、投资估算、财务状况、企业投资风险分析以及是否符合国家有关政策、法规要求等方面进行研究、论证，回答企业所关心的各类问题。项目申请报告是从维护国家经济和安全、合理开发利用资源、保护生态环境、优化重大项目布局、保障公共利益、防止垄断等方面进行论证，回答政府所关心的问题。

（4）时序不同。项目可行性研究报告与项目申请报告是两个具有不同性质的文件，项目申请报告不是在可行性研究报告的基础上所做的简单补充。一个理性的企业投资主体在做出项目投资决策之前，应先从企业自身角度进行详细的可行性研究。项目获得企业内部决策机构——董事会同意后，再在此基础上编写项目申请报告，以申请政府部门的行政许可。因此，就研究的逻辑顺序而言，可行性研究报告的编写应先于项目申请报告。

（5）法律效力不同。可行性研究报告用于企业内部的投资决策，对企业内部股东与董事会负责，遵循企业内部管理规定并受法人治理结构的约束。项目申请报告的编写和报送具有政府行政方面的强制约束力，是企业必须履行的社会义务，受国家有关法律、法规的制约，如《行政许可法》及国家行政主管部门有关项目投资管理的规定。

4.6.2 可行性研究报告的主要内容

房地产开发项目可行性研究报告的具体内容因项目的复杂程度、环境状况的不同而有所不同，但一般包括项目的必要性分析、实施的可能性分析和技术、经济评价。具体包括以下内容（请参阅本章附录 4-2）。

（1）项目概况，主要包括项目背景、投资单位基本情况、编制依据、项目概况及主要经济、技术指标等。

（2）市场分析，主要包括投资环境分析、市场调查与供求关系分析、市场定位、营销策略等。

（3）项目建设条件，主要包括项目选址分析、项目基地现状、建设条件分析（地质、交通、周边环境等）。

（4）建设方案比选，主要包括规划设计的指导思想，规划方案，建筑方案，经济、技术指标及多方案的比选结果。

（5）节能评估，主要包括节能措施介绍，建设项目的建筑、设备、工艺的能耗水平及其生产的用能产品的效率或能耗指标。

（6）物资供应，主要包括建筑材料、设备和物料的需求量预测、供应保障方法。

（7）投资估算和资金筹措，主要分析估算投资额、编制总投资汇总表和年度投资计划、确定资金筹措方式与来源。

（8）财务评价，包括基础数据估算、财务报表编制、财务分析指标计算分析等。

（9）不确定性与风险分析，包括对不确定因素进行敏感性分析和盈亏平衡分析并对主要风险因素进行分析，提出风险应对策略。

（10）结论与建议。

4.6.3 项目申请报告的主要内容

项目申请报告是投资主体为获得政府投资计划管理部门对投资项目的许可而编制的申请材料。项目申请报告主要包括以下内容（请参阅本章附录 4-3）。

（1）申报单位及项目概况。

（2）发展规划、产业政策和行业准入分析。分析、论证项目是否符合社会、经济等各项总体规划、专项规划及区域规划，项目是否符合产业政策，项目是否符合行业准入标准。

（3）节能方案分析。具体包括用能标准和节能规范、能耗状况和能耗指标分析、节能措施和节能效果分析等。

（4）建设用地、征地拆迁和移民安置分析。具体包括项目选址及用地方案、土地利用合理性分析、征地拆迁和移民安置规划方案。

（5）环境和生态影响分析。具体包括环境与生态现状、生态环境影响分析、生态环境保护措施、地质灾害影响分析、特殊环境影响。

（6）经济影响分析。具体包括经济费用效益或费用效果分析、行业影响分析、区域经济影响分析、宏观经济影响分析。

（7）社会影响分析。具体包括社会影响效果分析、社会适应性分析及社会风险与对策分析。

 思考与练习

1. 房地产投资分析的基本任务包括哪些？
2. 房地产投资分析的内容有哪些？
3. 市场分析的主要内容和方法是什么？
4. 房地产开发项目的投资分析所需要的基础数据包括哪些？
5. 资金筹措计划需要解决的主要问题是什么？
6. 财务分析的基本报表包括哪些？
7. 尝试分析传统财务分析指标与现代财务分析指标的优、劣势。
8. 某项目生产能力为30 000件每年，产品售价3000元每件，总成本费用7800万元，其中，固定成本3000万元，成本与产量呈线性关系，请分别计算单位产品变动成本、盈亏平衡产量、盈亏平衡价格、盈亏平衡单位产品变动成本。
9. 已知某房地产投资项目的净现金流量如表4-6所示，如果投资公司目标收益率为10%，求该投资项目的财务净现值。

表4-6　某房地产投资项目的净现金流量

单位：万元

年　份	0	1	2	3	4	5
现金流入量		300	300	300	300	300
现金流出量	1000					

 讨论

房地产投资主要有房地产开发投资与房地产置业投资两大类，这两类投资是基于不同的投资目标划分的，并且有部分房地产开发企业在投资策略中在保证现金流的基础上也侧重开发并持有物业进行经营。试讨论，对于这两类不同的投资方式，投资分析的侧重点有哪些不同？在分析指标上该如何进行选择？

附录 4-1： 房地产投资财务分析基本报表

全部投资现金流量表

单位：万元

序号	项目	合计	1	2	3	…	N
1	现金流入						
1.1	销售收入						
1.2	出租收入						
1.3	自营收入						
1.4	净转售收入						
1.5	其他收入						
1.6	回收固定资产余值						
1.7	回收经营资金						
2	现金流出						
2.1	开发建设投资						
2.2	经营资金						
2.3	运营费用						
2.4	修理费用						
2.5	经营税金及附加						
2.6	土地增值税						
2.7	所得税						
3	净现金流量						
4	累计净现金流量						

计算指标：1. 财务内部收益率（%）
2. 财务净现值（$i_c=$___%）
3. 投资回收期（年）
4. 基准收益率（%）

注：(1) 本表可以根据需要增加"税前净现金流量"、"累计税前净现金流量"或"折现系数"、"折现净现金流量"与"累计折现净现金流量"等栏。
(2) 本表中的"1，2，3，…，N"指的是项目计算期，可以年、半年、季度、月为期间，以后均同。
(3) 开发建设投资中，应注意不含财务费用；运营费中应扣除财务费用、折旧费用和摊销费用

资本金现金流量表

单位：万元

序号	项目	合计	1	2	3	…	N
1	现金流入						
1.1	销售收入						
1.2	出租收入						
1.3	自营收入						
1.4	净转售收入						
1.5	其他收入						
1.6	回收固定资产余值						
1.7	回收经营资金						

续表

序号	项目	合计	1	2	3	…	N
2	现金流出						
2.1	资本金						
2.2	经营资金						
2.3	运营费用						
2.4	修理费用						
2.5	经营税金及附加						
2.6	土地增值税						
2.7	所得税						
2.8	借款本金偿还						
2.9	借款利息支付						
3	净现金流量						
4	累计净现金流量						

计算指标：1. 资本金财务内部收益率（%）
　　　　　2. 财务净现值（$i_c=$＿＿＿%）

注：本表可以根据需要增加"税前净现金流量"、"累计税前净现金流量"或"折现系数"、"折现净现金流量"与"累计折现净现金流量"等栏

投资者各方现金流量表

单位：万元

序号	项目	合计	1	2	3	…	N
1	现金流入						
1.1	应得利润						
1.2	资产清理分配						
（1）	回收固定资产余值						
（2）	回收经营资金						
（3）	净转售收入						
（4）	其他收入						
2	现金流出						
2.1	开发建设投资出资额						
2.2	经营资金出资额						
3	净现金流量						
4	累计净现金流量						

资金来源与运用表

单位：万元

序号	项目	合计	1	2	3	…	N
1	资金来源						
1.1	销售收入						
1.2	出租收入						
1.3	自营收入						
1.4	资本金						
1.5	长期借款						
1.6	短期借款						
1.7	回收固定资产余值						
1.8	回收经营资金						
1.9	净转售收入						

续表

序 号	项 目	合 计	1	2	3	...	N
2	资金运用						
2.1	开发建设投资						
2.2	经营资金						
2.3	运营费用						
2.4	修理费用						
2.5	经营税金及附加						
2.6	土地增值税						
2.7	所得税						
2.8	应付利润						
2.9	借款本金偿还						
2.10	借款利息支付						
3	盈余资金=【1】-【2】						
4	累计盈余资金						

注:"2.1 开发建设投资"中不含财务费用,因为 2.10 项已含此部分,不能重复计算;但如果表中没有 2.10 项,则 2.1 项可以含财务费用

利润表

单位:万元

序 号	项 目	合 计	1	2	3	...	N
1	经营收入						
1.1	销售收入						
1.2	出租收入						
1.3	自营收入						
2	经营成本						
2.1	商品房经营成本						
2.2	出租房经营成本						
3	运营费用						
4	修理费用						
5	经营税金及附加						
6	土地增值税						
7	利润总额						
8	所得税						
9	税后利润						
9.1	盈余公积金						
9.2	应付利润						
9.3	未分配利润						

计算指标:1. 投资利润率(%)
2. 投资利税率(%)
3. 资本金利润率(%)
4. 资本金净利润率(%)

资产负债表

单位：万元

序号	项目	合计	1	2	3	...	N
1	资产						
1.1	流动资产总额						
1.1.1	应收账款						
1.1.2	存货						
1.1.3	现金						
1.1.4	累计盈余资金						
1.2	在建工程						
1.3	固定资产净值						
1.4	无形及递延资产净值						
2	负债及所有者权益						
2.1	流动负债总额						
2.1.1	应付账款						
2.1.2	短期借款						
2.2	长期借款						
2.2.1	经营资金借款						
2.2.2	固定资产投资借款						
2.2.3	开发产品投资借款						
	负债小计						
2.3	所有者权益						
2.3.1	资本金						
2.3.2	资本公积金						
2.3.3	盈余公积金						
2.3.4	累计未分配利润						
3	净现金流量						
4	累计净现金流量						

计算指标：1. 资产负债率（%）
　　　　　2. 流动比率（%）
　　　　　3. 速动比率（%）

附录 4-2：项目申请报告范例

附录 4-3：可行性研究报告范例

第 5 章　土地储备开发

学习目标

本章以土地储备开发程序为主线,系统介绍了土地储备开发相关知识。通过本章的学习,应当能够熟悉土地储备开发中的基本理论知识,掌握土地储备开发基本工作程序与内容。本章需要掌握的主要知识点包括以下内容。

- ◆ 土地储备开发程序的主要阶段划分
- ◆ 土地储备开发程序中各阶段的主要工作内容
- ◆ 土地储备开发实施方案的编写
- ◆ 集体土地和国有土地征收工作的主要程序

在学习本章时,需要首先掌握土地储备开发的程序,以利于知识点的系统串联。本章知识的实践性较强,在条件允许的情况下,可以参加具体工作实践,以加强对知识的学习与掌握。

5.1　土地储备开发准备工作

5.1.1　土地储备开发计划的编制与审查

土地储备开发计划是为了规范土地储备和一级开发行为,更好地实施国土空间规划,确保有计划地供应"熟地"而编制的。土地储备开发计划应当依据国民经济和社会发展计划、国土空间规划和近期城市建设规划、年度土地利用计划、年度土地供应计划编制。

1. 土地储备开发计划编制的指导思想与原则

土地储备开发计划编制的指导思想主要是说明计划编制所需要贯彻的政策、计划与目标。现阶段,我国各地土地储备开发计划编制的指导思想是:深入贯彻落实科学发展观,严格执行中央宏观调控的决策、部署和措施,围绕当年政府工作目标,增强政府运用储备土地参与宏观调控的能力,充分发挥土地储备开发对城市发展的保障和引导作用,落实地方发展目标在空间安排上的实现,保障重点工程、民生工程用地,同时为城市建设提供资金保障,保证经济社会协调发展。

土地储备开发计划编制的主要原则有以下几个。

(1)规划先导原则。以国土空间规划、城市近期建设规划为依据,围绕规划统筹安排,合理确定土地储备开发计划总体指标和筛选具体项目,优先储备城市发展的重点区域。以规划为先导既保证了储备土地空间布局的优化,又能保证城市各项规划的落实,实现城市空间结构调整。

（2）规模适度原则。综合考虑区域内人口资源环境的承载能力和土地储备开发潜力，合理确定年度土地储备开发规模，保持年度土地储备开发总量动态平衡，抑制固定资产投资规模过快增长，保障土地市场平稳发展。同时，适度规模可以控制建设用地占用农用地规模、城市征收规模，从而保证社会的稳定、和谐。

（3）土地节约集约利用原则。优先储备长期闲置的土地、长期空闲的土地、长期低效利用的土地，优先盘活城市存量土地，尽量少占用农用地，原则上不占用基本农田，以达到城市土地利用的集约化。

（4）效益优先原则。通过储备开发，努力降低土地储备开发成本，合理配置土地资源，实现政府收益最大化。同时，通过对储备土地的规划调整实现土地集约高效利用，提高其经济效益。在制订计划时，要考虑经济效益、社会效益和生态效益的结合，以达到最优利用状态。

（5）政府主导与市场化运作相结合原则。强调在土地储备开发中的政府主导作用，切实贯彻国家土地储备政策。建立市场机制，在充分发挥土地储备机构作用的同时，激发社会企业的积极性，引导企业参与土地储备开发工作。

2. 土地储备开发计划的内容

土地储备开发计划主要包括以下内容。

（1）年度储备土地规模。年度储备土地规模包括上年结转至本年初的土地储备开发规模、年度新增土地储备开发规模。对于储备土地，需要按照规划用途分类说明年度储备土地用途结构并说明年度新增土地储备开发规模中农用地及耕地占用情况。

（2）年度储备前期开发规模。年度储备前期开发规模即本年度计划完成土地一级开发的土地规模，这一规模需要根据所估算的投资能力进行安排。对于重点项目、重点工程，需要单独说明年度计划开发规模。

（3）年度末结存土地储备规模。通过年度储备土地规模和年度储备前期开发规模估算，计算获得年度末结存土地储备规模。

$$年度末结存土地储备规模 = 年度储备土地规模 - 年度储备前期开发规模$$

（4）年度储备土地供应规模。依据年度土地利用计划、年度土地供应计划，结合年度储备前期开发规模可以计算通过储备开发而供应土地一级市场的土地规模。

（5）年度储备土地临时利用计划。根据年度储备前期开发规模和年度储备土地供应规模计算两者的差值，如果在年度内存在完成储备开发但不在年度供应计划内的土地，需要安排土地临时利用计划，以防止土地资源闲置。

（6）资金估算。根据年度储备开发规模估算需要的投资额并拟订筹资计划，包括筹资渠道及各渠道计划筹资额。

（7）计划执行安排。主要包括指标分解落实、各部门职责、开发资金落实与监管、计划调整机制和计划执行结果评价机制。

一般而言，设区的城市所拟订的计划是宏观指标，还需要将指标分解到各个区县，由各个区县落实到具体的储备开发计划项目上，所以其土地储备开发计划还要有年度土地储备开发指标分解方案。而不设区的市或县所拟订的计划多已经落实到具体的储备开发计划项目上（见本章附录5-1）。

3. 土地储备开发计划的编制与审查程序

土地储备开发计划由自然资源主管部门会同计划、规划、建设、财政、交通、环保及当地人民银行等部门编制，设区市还需要有各区县政府参与。土地储备开发计划编制一般按照下列程序进行。

（1）设区市由各区县政府、园区管委会、大型企业集团提出年度土地储备开发计划；不设区市或县由各乡镇政府、园区管委会、大型企业提出年度土地储备开发计划。上述计划需在每年的下半年（一般在10～11月）集中报县、市自然资源主管部门。

（2）自然资源主管部门会同计划、规划、建设、财政、交通、环保及当地人民银行等部门提出计划草案和具体意见并反馈给上报计划单位。

（3）计划上报单位按照计划草案和具体意见要求调整计划并报自然资源主管部门汇总。

（4）自然资源主管部门征求相关部门意见并完善后与计划管理部门会同报县、市人民政府批准。

（5）经批准的土地储备开发计划由自然资源主管部门下达给土地储备机构，非直辖市城市的土地储备开发计划同时报上级自然资源主管部门备案。

土地储备开发计划确需调整的，由自然资源主管部门会同相关部门提出计划调整方案，与计划管理部门共同报同级人民政府批准。

5.1.2 土地储备开发实施方案的编制与审查

按照经批准的土地储备开发计划，在落实到单个开发项目时，首先由土地储备机构负责编写土地储备开发实施方案，自然资源主管部门会同计划、规划、交通、环保等管理部门对土地储备开发实施方案提出原则意见。

1. 土地储备开发实施方案的编制原则

土地储备开发方案是土地储备开发的依据，直接关系到土地一级开发项目能否顺利实施并达到预期的目标，因此需要按照自然规律和客观的经济规律，运用系统的理论与方法，优化开发方案。在编制过程中需要坚持如下原则。

（1）系统性原则。实施方案必须系统地考虑整个开发环节的科学设计与管理模式，统筹土地储备开发的各项工作与城市经济、功能、布局、产业和人口的关系，保证项目实施结果与城市规划相吻合。

（2）效益性原则。土地储备开发实施方案必须考虑经济效益、社会效益和生态效益的结合并在保证投资安全性的前提下追求效益最大化。

（3）可行性原则。土地储备开发涉及政策、工程、财务、社会等各方面的专业要求，所以制定土地储备开发方案时必须从多个方面考虑项目的可行性，保证实施方案符合实际情况，以减少执行难度和资源浪费。同时，由于土地储备开发涉及的环节较多，处理的方式也多种多样，各种方式的组合运用至关重要，因此，在保证可行性的前提下，必须采用科学标准和方法进行方案评价，以制定出最具可行性的优化方案。

2. 土地储备开发实施方案的编制与审查程序

具体来说，土地储备开发实施方案的编制与审查程序主要有以下几个步骤。

（1）准备工作阶段。此阶段的主要工作包括人员组织、工作计划制订、技术培训、基础资料搜集。其中，基础资料搜集工作包括土地利用现状调查资料，可开发土地资源调查资料，规划区内的自然、社会及经济状况。

（2）调查分析阶段。在充分利用现状调查、土地储备开发规划等资料进行核实和现场调查的基础上，对项目现状、投入和效益进行全面的分析与评价，明确土地储备开发的区域优势和存在的问题，通过对影响土地生产能力的自然状况和社会经济条件进行分析与评价，评定土地开发的适宜性和限制性，从而确定待开发土地的开发目标和开发利用价值。

（3）方案编制阶段。首先，确定开发方向、目标和规模。根据待开发土地的评价结果和土地储备开发计划，参照当地的自然条件、经济水平和技术条件，确定土地开发的方向、目标、规模。其次，编制土地储备开发实施方案草案。依据土地储备开发计划和土地储备开发政策要求，在综合考虑待开发土地的开发方向、目标和规模的基础上，提出土地储备开发的内容和进度并详细进行成本分析、财务分析和效益分析。再次，对土地储备开发实施方案草案进行论证。可以通过协调会、技术分析会等方式组织工程、估价、财务、规划等方面的人才对开发实施方案草案进行论证。最后，根据论证意见对开发实施方案草案进行修改，最终提出一个科学合理、切实可行、综合效益较好的方案作为土地储备开发实施的推荐方案。

（4）审查报批阶段。为了保证土地储备开发实施方案的质量，土地储备开发实施方案由土地储备机构报自然资源主管部门，由自然资源主管部门会同计划、建设、交通、环保等管理部门就土地、产业政策、城市规划、建设资质、交通及环保等条件提出原则意见。根据原则意见进行修改后的土地储备开发方案经再次审查通过后即可实施。

3. 土地储备开发实施方案的主要内容

土地储备开发实施方案主要包括项目基本情况、工作方案、开发进度、投资方案等（请参阅本章附录 5-4 土地储备开发案例 I）。

（1）项目基本情况。

① 项目区域情况——主要是区域位置描述和附图、自然环境描述和分析。

② 土地利用现状分析——依据土地勘测成果报告统计、分析现状土地的权属、用途及规模并绘制分布图。

③ 现状地上物状况——进行房屋现状、基础设施（含地下管线）、古树、文物调查统计，详细制作项目区内地上物分类统计表。

④ 项目规划情况——依据规划文件，详细介绍主要规划指标并附控制性详细规划成果，制定项目分期开发面积指标表。

⑤ 项目背景——简单介绍项目产生的历史背景和目前项目前期工作状况，包括前期已

经进行的投资状况等，同时介绍项目的特殊情况及其适用政策。

（2）编制依据。编制依据分为法律、法规依据和项目依据两大类。法律、法规依据主要是指国家各级政府及主管单位对土地储备开发及相关活动所制定的法律、法规。项目依据主要是指各政府部门针对某项目所出具的一系列法律文件。

（3）项目市场分析。主要包括宏观经济分析、房地产市场分析、土地市场分析、区域市场分析。

（4）土地储备开发实施的主要内容及开发进度。在此部分需要详细介绍项目开发所要完成的主要工作任务，如前期手续的办理、征地征收、市政建设等工作，这是对项目实施目标的分解，也是后期委托开发中委托事项的依据。开发进度一般直接安排项目各项工作内容计划开工和结束的时间，对于需要进行分期开发的大项目，还需要对各分期开发地块进行分期安排，然后再针对每个地块所要完成的工作进行分解安排进度计划。

（5）集体土地征收工作实施方案。具体指征收农村集体土地的实施方案，主要包括被征收土地现状、征地补偿方案、征地补偿费用构成与测算、征地工作进度计划。征地补偿方案包括征地补偿内容及标准、征地补偿方式、征地费用的支付方式。征地工作涉及被征地农民的切身利益和长远生计，因此征地工作实施方案不仅要科学高效，更要严格按照国家的有关政策，在尊重和考虑被征地对象权益的前提下，制定完善的征地工作实施方案。

（6）国有土地征收工作实施方案。本书所说的国有土地征收包括国有土地上房屋征收和国有土地使用权收回。国有土地征收工作实施方案包括现状调查统计、征收补偿方案、征收费用测算、征收工作进度计划。对于有回迁建设的项目，还需要编制回迁居民安置方案。

（7）市政建设实施方案。主要包括市政规划说明、管线综合、实施要求、工程费用估算、开发进度计划。市政建设主要包括供水、排水、供电、供气、通信、通路、场地平整、围墙，供暖城市可能还需要建设供暖设施。

（8）土地供应方案。主要包括土地供应模式、土地供应计划、土地储备开发深度、储备开发成本及入市交易底价的确定、资金回收计划。

（9）投资方案。主要包括总投资估算、资金筹措方案、出让金估算、交易底价估算、土地销售收入估算、现金流量和财务指标分析。对于分期开发的项目，还要做项目分期投资平衡分析。

需要注意的是，交易底价估算与土地销售收入估算不同，交易底价估算额等于储备开发综合成本与土地出让金之和，而土地销售收入是利用土地评估中的假设开发法，模拟土地进入二级开发状态的市场，通过商品房销售来倒推地价水平。

现金流量需要结合开发进度、供地方案来安排投资进度，然后根据投资进度制定现金流量表，根据现金流量表对项目进行财务指标的分析。

（10）项目管理方案。主要包括建设计划管理、项目进度计划管理和子项管理。

① 建设计划管理。主要是将建设计划管理体系（program management）引入土地储备开发项目中，对土地储备开发下的各个子项目进行总体控制，如图5-1所示。

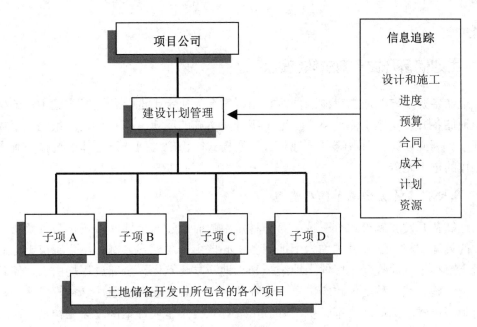

图 5-1　土地储备开发项目计划管理体系

② 项目进度计划管理。主要是提出项目实施中各环节的衔接关系与管理措施。各环节的重叠关系如图 5-2 所示。

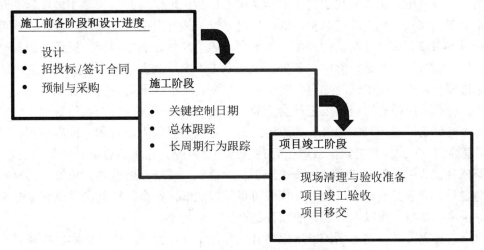

图 5-2　土地储备开发项目各环节衔接关系

③ 子项管理。子项管理是指整体项目下的各管理板块的概要性管理方案的制定与实施，主要包括项目设计管理、项目成本管理、项目质量管理、项目财务管理、项目安全管理、项目进度管理、项目经营管理等。

（11）重要事项说明。提出项目中的工作重点、方案调整措施及可能造成方案变化的因素。一般来说，项目的工作重点是征地征收工作，造成方案变化的主要影响因素有市政设计变化、规划调整等。

编制土地储备开发实施方案的最后一步，需要将方案编制依据文件附在方案最后，以备方案审查。

5.1.3 土地储备开发实施主体的确定

土地储备开发方案通过审核的同时,由联席会议决定土地储备开发实施主体的确定方式。土地储备开发实施主体是整个土地一级开发实施的灵魂与核心,是关系到项目成败的关键环节。因此,无论采取哪种土地一级开发模式,都应当把开发主体的选择与确定作为所有工作的重中之重。

1. 土地储备开发实施主体的类型

土地储备开发实施模式有三种:第一种是由政府组建的土地储备机构自行负责土地储备开发的具体实施,这种模式称为土地储备中心自主开发模式。例如,合肥市土地储备中心负责全市存量土地收购、集体土地统征和土地开发及熟化,全部过程均由土地储备中心具体负责实施。第二种是由政府出资,选择社会企业负责项目管理,这种模式称为社会企业项目管理模式。例如,北京、杭州等城市均有此类操作项目案例。第三种是由政府和社会企业联合出资或由社会企业单独出资并由社会企业负责项目管理,这种模式称为社会企业带资开发模式。目前,此种模式在全国各地得到普遍使用,其中运用得最成熟的是北京市,已形成了一整套管理体系。

第一种模式中,由政府组建的土地储备中心作为土地储备开发实施主体,储备开发所需的全部费用和风险均由政府承担,政府同时享受土地开发的所有收益。此种模式可以加强政府对城市规划和产业结构的调整,但不利于风险控制、成本控制、质量控制。另外,由于土地储备机构本身是政府的一部分,如果双方不能形成良好的合同关系,就不能很好地控制进度。对于财政薄弱的地方政府来说,此模式还不利于资金的筹措。

第二种模式由政府出资,委托社会企业负责土地储备开发项目的实施管理,此模式适合缺乏土地储备开发项目管理经验的政府,通过合同关系约束,有利于成本控制、进度控制、质量控制。但此模式仍然由政府出资并承担项目风险并且不适合资金紧张的地方政府。

第三种模式中,部分或全部资金来源于社会企业,政府与企业共担风险、共享收益,由政府主导、企业负责建设管理。此模式可以很好地解决资金筹措问题并能够很好地控制成本、进度、质量,可以高效地完成项目建设。

以上三种模式会产生不同的土地储备开发实施主体:第一种模式的实施主体是土地储备开发中心;第二种与第三种模式的实施主体是社会企业,一般都是房地产开发企业。综合对比上述三种模式,在第二种和第三种模式中,通过招标方式确定土地储备开发实施主体具有如下优势。

(1) 可以更好地规范土地储备开发行为,更好地实施国土空间规划,确保有计划的土地供应制度的实现。

(2) 可以高速度、高质量地推进政府土地储备,逐步建立土地供应数据库,有利于政府对土地资源的宏观调控和对供应市场的正确引导。

(3) 可以进一步建立健全土地储备开发市场,保证土地储备开发质量,控制土地储备开发成本。

（4）实行公开招投标可以规范土地储备开发项目招投标活动，维护招投标活动双方当事人的合法权益。

（5）土地储备开发实行招投标，引入竞争机制可使房地产市场从源头上更加透明化、专业化。

（6）土地储备开发实行招投标可让政府能够集中有限的人力与物力去控制、监督土地一级开发的质量、进度和成本，实现政府职能。

2. 土地储备开发实施主体的确定方式

土地储备开发实施主体的确定方式主要有两种：第一种是直接委托，这种方式一般适用于上述第一种开发模式，偶尔也运用于第二种、第三种模式；第二种是招投标，这种方式广泛运用于第二种、第三种开发模式。

土地储备开发实施主体招投标的流程主要有以下步骤。

（1）前期准备阶段，主要工作内容包括确定项目招标人、确定项目名称与范围、确认土地利用现状、明晰规划方案及指标、明确土地储备开发内容、明确施工要求、明确土地储备开发实施主体投标人资格资质要求、编制《土地储备开发招标方案》、编制《土地储备开发招标公告》及相应招标文件。

（2）招投标阶段，主要工作内容包括发布招标公告，发售招标文件，组织投标人现场勘察，招标预备会与招标文件答疑，投标，开标，组织专家进行评标、定标。

通过直接委托或招投标方式确定土地储备开发实施主体后，由土地储备开发主体（地方政府或土地储备开发机构）与土地储备开发实施主体签订《土地储备开发委托协议》，由土地储备开发机构自主开发的项目则由政府批复给土地储备中心即可，不签署《土地储备开发委托协议》。

在《土地储备开发委托协议》中，需要明确以下内容：土地一级开发合同各方、土地一级开发的内容和标准、土地一级开发费用的支付方式和期限、土地一级开发的工程进度、土地一级开发的质量标准及要求、工程监理及验收、违约责任、争议的解决方式、合同各方认为必须明确的其他事项。

3. 土地储备开发实施主体的职责

土地储备开发实施主体的主要工作职责包括以下内容。

（1）土地储备开发资金的筹措。第一种和第二种开发模式的资金直接由土地储备机构提供，土地储备机构的资金筹措方式主要有：① 政府财政投资；② 地方政府土地储备专项债券。第三种开发模式中，土地储备开发期间所需资金由社会企业自行解决，验收通过后再由土地储备机构按照核定金额支付给社会企业，土地储备开发期间所需资金的筹措参考本书第12章内容。

（2）土地储备开发手续的办理。土地储备开发实施主体应向规划部门办理规划意见，向国土部门办理用地手续，向计划部门办理项目立项手续，涉及交通、园林、文物、环保和市政专业部门的，也应按照有关规定办理相应手续。

(3) 土地征收。在开发中，涉及集体土地征收或农用地转用的，必须办理征地和农用地转非农建设用地手续。涉及国有土地收回（收购）的，土地储备开发实施主体应当与原用地方签订国有土地收回（收购）协议书；对于需要没收的土地，则需协调自然资源主管部门办理土地没收手续。涉及地上物征收的，土地储备开发实施主体需要办理征收审批手续并组织征收补偿安置工作。

(4) 基础设施建设。土地储备开发实施主体通过招投标方式确定建设施工单位、监理单位，负责办理建设报批手续并组织建设施工。

(5) 竣工验收与成本核算。项目开发完成后，由土地储备开发实施主体向政府自然资源主管部门提出验收申请并组织项目成本分析，完成成本分析报告或成本审计报告。

5.1.4　潜在土地储备开发实施主体竞争者的前期工作

土地储备开发项目如果确定采用第二种或第三种模式实施土地储备开发，对于社会企业来说是一个投资机遇，这些准备参与项目竞争的企业称为潜在土地储备开发实施主体竞争者。在确定土地储备开发实施主体前，这些竞争者需要完成项目投资分析和参与项目竞争两项工作。

土地储备开发项目如果采用招投标的方式确定土地储备开发实施主体，在招标主体发布招标公告后，潜在土地储备开发实施主体竞争者就必须根据招标公告和招标文件等材料，组织人力、财力进行项目投资分析，以确定自身所能承受的最低报价和最高限制条件。通过投资分析后得出结论，如果认为运作某项目能够达到自身企业发展的战略目标或短期的盈利并且自身具有良好的竞争力，潜在土地储备开发实施主体竞争者就必须在投标标书送达截止日期前完成投标方案、标书内容研究、标书制定和投送。完成标书投送后，还需要参与开标会，参与项目竞争，以最大的努力获取项目。

5.2　土地储备开发的行政审批

5.2.1　建设项目用地预审

1. 建设项目用地预审的概念与内容

土地储备开发实施主体在获得授权后，首先要做的工作就是申报建设项目用地预审。《建设项目用地预审管理办法》于2009年1月1日正式实施，于2016年第二次修订，这是建设项目用地预审的标准依据，通过建设项目用地预审的项目将获得《建设项目用地预审与选址意见书》（具体办理过程详见第7章7.2.1建设用地选址管理）。

建设项目用地预审是指自然资源主管部门在建设项目审批、核准、备案阶段依法对建设项目涉及的土地利用事项进行的审查。

建设项目用地预审的主要审查内容有以下几个。

(1) 建设项目选址是否符合国土空间规划，是否符合国家供地政策和土地管理相关法律、法规规定的条件。

（2）建设项目用地规模是否符合有关建设用地指标的规定。

（3）建设项目占用耕地的，补充耕地初步方案是否可行。

（4）征地补偿费用和矿山项目土地复垦资金的拟安排情况。

（5）经省级以上人民政府批准的能源、交通、水利等基础设施建设用地需要改变国土空间规划的，规划的调整方案及其对规划实施影响评估报告等是否符合法律、法规的规定。

2. 建设项目用地预审的原则

建设项目用地预审的目的是保证国土空间规划的实施，充分发挥土地供应的宏观调控作用，控制建设用地总量。鉴于此目的，建设项目用地预审应当坚持以下原则。

（1）符合国土空间规划。

（2）保护耕地，特别是基本农田。

（3）合理和节约集约利用土地。

（4）符合国家供地政策。

3. 建设项目用地预审的申报材料

建设项目用地预审的申报材料包括以下内容。

（1）建设项目用地预审申请表。

（2）建设项目用地预审申请报告，内容包括拟建项目的基本情况、拟选址占地情况、拟用地是否符合国土空间规划、拟用地面积是否符合土地使用标准、拟用地是否符合供地政策等。

（3）项目立项批准文件。

（4）单独选址建设项目，提交项目是否位于地质灾害易发区内的查询核实结果和地质灾害危险性评估报告。

（5）单独选址建设项目，提交项目是否压覆重要矿产资源的查询核实结果。

需要注意的是，如果单独选址建设项目位于地质灾害易发区内或压覆重要矿产资源，在通过用地预审后，需要办理地质灾害危险性评估或压覆矿产资源登记。

5.2.2 项目立项

根据《国务院关于投资体制改革的决定》（国发〔2004〕20号），在《政府核准的投资项目目录》（以下简称《目录》）内由企业投资建设实行核准制的项目，仅需向政府提交项目申请报告，不再经过批准项目建议书、可行性研究报告和开工报告的程序；对于《目录》以外的企业投资项目，实行备案制。

1. 项目立项申请材料

办理土地储备开发项目立项申请，应当提交下述材料。

（1）由具备相应工程咨询资格的机构编制的项目申请报告，一式五份。项目申请报告的主要内容包括项目申报单位情况、拟建项目情况、建设用地与相关规划、资源利用和能源耗用分析、生态环境影响分析、经济和社会效果分析。

（2）城市规划行政主管部门出具的城市规划意见。

（3）国土资源行政主管部门出具的项目用地预审意见。

（4）环境保护行政主管部门出具的环境影响评价文件的审批意见。

（5）市交通行政主管部门出具的交通流量评价通过的意见。

（6）房地产行业主管部门实行资质管理的，应提供资质证明文件。

（7）中外合营项目中合营各方签署的合作意向书。

（8）需要经区县发展改革部门初审的，由项目所在地的区县发展改革部门出具关于项目核准的初审意见。

（9）其他应提交的材料。

2. *项目审查的内容与程序*

项目立项申请的主要审查内容包括以下几个。

（1）项目申报内容是否符合国家法律法规。

（2）项目是否符合国家及所在城市国民经济和社会发展规划、国土空间规划和行业发展规划。

（3）项目是否符合国家宏观调控政策、产业政策、行业准入标准。

（4）项目是否符合所在城市区域布局和产业结构调整的要求。

（5）项目是否符合土地、水、能源的合理开发和有效利用的要求，有利于促进环境保护和改善生态环境。

（6）项目是否符合自然文化遗产、文物保护的有关政策。

（7）项目是否影响国家及所在城市经济安全。

（8）项目是否符合社会公众利益，是否对项目建设地及周边地区的公众利益产生重大不利影响。

（9）项目申请单位是否具有相应的房地产资质。

（10）项目申报单位是否具有承担相应项目建设的能力。

对于土地储备开发项目，首先由实施主体委托有相应资质的工程咨询公司编制项目申请报告，整理申报材料报发展和改革委员会，发展和改革委员会通过审查后做出审查决定。对于不予通过的，以书面形式说明不予通过的理由；对于给予通过的，颁发项目核准批复（请参阅本章附录5-4 土地储备开发案例Ⅱ）。

需要注意的是，建设项目用地预审与项目立项申请是相辅相成的，二者的申报材料要求中都需要提供另一项的批复，在实际的操作过程中，一般是土地储备开发实施主体同时递交建设项目用地预审申请和项目立项申请，然后由发展和改革委员会向国土部门发送《项目办理用地预审告知单》，然后由国土部门对建设项目用地进行预审并将预审结果告知发展和改革委员会。

5.2.3 专业意见征询

专业意见征询事项包括交通影响评价、环境影响评价、林木处理意见、文物保护意见、市政综合咨询等内容。

1. 交通影响评价

交通问题已经成为影响城市发展的一个关键问题,特别是对交通拥堵的特大城市来说。为了加强交通管理,一般都要求大型建设项目必须做交通影响评价。交通影响评价办理程序的主要步骤包括以下几个。

(1) 土地储备开发实施主体委托有资质的设计单位做出土地储备开发项目交通影响评价报告。交通影响评价报告的主要内容有:① 建设项目的背景及其建设方案;② 建设项目的影响范围确定;③ 区域交通现状分析;④ 建设项目交通量预测;⑤ 交通影响程度分析;⑥ 交通设施改进和相关措施;⑦ 结论和建议。

(2) 土地储备开发实施主体将交通影响评价报告交至规划管理部门。

(3) 规划管理部门将交通影响评价报告转到交通管理部门,由交通管理部门组织规划、公安、运输、路政等相关部门对交通影响评价报告进行评议。

(4) 交通管理部门将评价意见(如《××区××项目土地储备开发交通影响评价》)函告规划管理部门,再由规划管理部门将评价意见书通知土地储备开发实施主体。

2. 环境影响评价

城市建设活动会对周边环境产生影响,其影响程度取决于建设活动的规模和类别。房地产开发项目会对周边的土壤、水资源、空气等生态环境造成较大的影响,特别是位于水源地、生态保护区的项目,所以国内的大部分城市都要求土地储备开发项目必须进行环境影响评价。然而,国家颁布的《建设项目环境影响评价分类管理名录》未将土地储备开发类项目纳入其中,所以也有部分城市对土地储备开发项目取消了环境影响评价。

环境影响评价办理程序的主要步骤为以下内容。

(1) 准备申报资料。土地储备开发实施主体需要准备的申报资料包括《建设项目环境管理申请登记表》、《建设项目环境保护审批登记表》、《建设项目环境影响报告书(表)》、立项情况说明、地形图等。其中,《建设项目环境影响报告书(表)》必须由土地储备开发实施主体委托具有环境影响评价资格的机构负责撰写。

《建设项目环境影响报告书(表)》的主要内容包括:① 建设项目概况;② 建设项目周围环境现状;③ 建设项目对环境可能造成影响的分析和预测;④ 环境保护措施及其经济、技术论证;⑤ 环境影响经济损益分析;⑥ 对建设项目实施环境监测的建议;⑦ 环境影响评价结论(见本章附录 5-2)。

(2) 项目初审。土地储备开发实施主体向环境保护管理部门递交申报材料,由环境保护管理部门进行初审并对项目现场进行勘查,以初步确定项目是否可行。

(3) 专家评审。初步确定可行的项目,由环境保护管理部门组织召开专家评审会,对项目申报材料进行技术评审。

(4) 审批决定。评审后,将评审意见与初审意见报环境保护管理部门审批,最终获得批准的项目将通知土地储备开发实施主体领取《环境影响报告书批复》。

3. 林木处理意见

在土地储备开发项目中,经常会遇到涉及古树名木或者需要占用林地的情况,出于保护资源、环境的考虑,此类项目的开发实施主体均需要到园林部门办理林木处理意见。林木处理的方式一般包括迁移、避让、砍伐等。对于古树名木,一般采用避让方式,在办理林木处理意见时必须填写《建设项目避让古树名木措施申请表》,并提交《避让保护实施方案》。对于其他树木,能够采用迁移的尽量采用迁移,特别是对于老城区的树龄较大的树木,在办理林木处理意见时必须填写《古树名木迁移申请表》并提交《迁移方案》,在《迁移方案》中必须明确迁移目的地、施工队伍情况、保证被迁移古树名木成活的措施等。

4. 文物保护意见

对于土地储备项目涉及文物保护问题的,土地储备开发实施主体必须在开发前向文物保护单位办理文物保护意见。文物保护的措施主要有文物迁移、原址保护。在申请文物保护意见前,如果项目涉及地下遗存,还应先行办理考古勘探发掘。申请单位向文物保护单位提交的申请资料包括申请函、建设工程的规划位置、保护措施,涉及地下遗存的应同时提供考古勘探发掘资料。

5. 市政综合咨询

市政综合咨询工作包括道路、排水(雨水、污水、中水)、供水、燃气、供热、供电、电信、有线电视网等市政规划方案专业意见并需要根据这些专业意见编制市政设施及管网综合规划方案。每个土地储备开发项目实施方案对项目市政建设的要求各不相同,需要根据各自的实施方案办理市政规划方案,如南方地区就不需要编制供暖方案。

土地储备开发实施主体将市政基础设施分别委托给市政专业设计部门(如自来水公司、排水公司、电力公司、市政设计院等)编制市政规划方案,将所有规划方案提交给市政规划部门,由市政规划部门进行市政综合和道路雨污初步设计。土地储备开发实施主体组织召开项目综合审查,由城市规划管理部门及各市政单位确定出市政方案综合并将该方案综合返回给土地储备开发实施主体。

土地储备开发实施主体将市政方案综合委托给市政规划部门进行市政综合设计并由市政规划部门召集各市政部门召开会议,共同出具会议纪要并报规划管理部门征询意见。经规划管理部门同意后,土地储备开发实施主体委托设计单位报装及进行施工图设计,设计单位将市政申报资料申报给规划管理部门并经过批准后,土地储备开发实施主体可取得市政规划许可证。

目前,对于在城市建成区新建项目的由于建成区已经拥有了成熟的城市配套和配套规划,一些地区可以不再单独办理专业意见征询,直接申报规划意见,由规划管理部门向相关专业管理部门征询意见，获得意见复函即可。但是在一些地方，根据当地政策和项目的实际情况，在储备开发实施前可能需要再编制专业的市政综合方案和环境影响评价。

5.2.4 规划意见申报

规划意见申报主要有控制性详细规划（简称"控规"）调整和规划意见书办理两项工作。如果土地储备开发实施主体需要对开发计划进行调整，必须办理控规调整手续，对于不需要进行控规调整的项目，则可以直接办理规划意见书。

1. 控制性详细规划调整

《中华人民共和国城乡规划法》第四十八条规定："修改控制性详细规划的，组织编制机关应当对修改的必要性进行论证，征求规划地段内利害关系人的意见并向原审批机关提出专题报告，经原审批机关同意后，方可编制修改方案。修改后的控制性详细规划，应当依照本法第十九条、第二十条规定的审批程序报批。控制性详细规划修改涉及城市总体规划、镇总体规划的强制性内容的，应当先修改总体规划。"

控制性详细规划调整的工作程序主要包括以下几个步骤。

（1）申报材料准备。储备开发实施主体需要准备的申报材料有用地权属材料（土地储备开发委托协议书等）、申请书、控规调整申报表、控规调整论证报告、图示展板以及上述材料的电子材料和演示文件。

（2）预审与公示。土地储备开发实施主体报送控规调整申报材料到规划管理部门，先由详细规划处进行预审，同时按照《中华人民共和国城乡规划法》的规定将申请事项公示以征求规划地段内利害关系人的意见。详细规划处对预审意见及公示汇总进行意见整理。

（3）控规调整审查与报批。通过预审和公示后的项目，由规划管理部门组织召开控规调整审查组审查会议对项目进行审查。审查通过的项目，由规划管理部门草拟会议纪要报人民政府批准，审查不通过的项目将予以退件。

（4）控规调整审批通知书领取。规划管理部门在获得人民政府下发的批准文件后组织起草控规调整审批通知书，经规划管理部门内部批准后通知土地储备开发实施主体领取（请参阅本章附录 5-4 土地储备开发案例 Ⅲ）。

2. 规划意见书办理

规划意见书办理是土地储备开发中最重要的一个行政审批环节，直接关系到项目的实施操作和未来土地交付使用时的约定条件。

规划意见书办理程序的主要步骤有以下几个。

（1）申报材料准备。申请人应当准备的申报材料包括申报委托书、《建设项目规划许可及其他事项申报表》、对项目的相关批复及规划文件、法律法规规定的其他需要报送的材料。

（2）申报受理。申请人报送申报材料至规划管理部门，首先是由规划管理部门的受理科室对申报材料进行形式审查，主要是审查申报材料是否齐全、规范、有效，同时审查申请事项是否在本规划部门管理职责范围内。

（3）审查与决定。申报受理后，首先由规划管理部门委托测绘部门进行钉桩、勘界并由测绘部门出具钉桩、勘界报告，然后由规划管理部门审查确定建设用地及代征城市公共用地范围和面积并提出规划设计要求。规划设计要求包括：① 规划土地使用要求（使用性质、建筑规模、容积率、建筑高度、绿地率等）；② 居住建筑（含居住区、居住小区、居住组团）的公共服务设施配套要求；③ 建设项目与退让用地边界、城市道路、铁路干线、河道、高压电力线等的距离要求；④ 建筑风貌的要求。

通过审查的项目，由规划管理部门颁发《规划意见书》（请参阅本章附录 5-4 土地储备开发案例）。

5.2.5 土地征收报批

1. 集体土地征收报批

集体土地征收指国家出于公共利益的需要，按照法定程序强制征收农民集体所有土地，同时依法及时足额支付土地补偿费、安置补助费以及农村村民住宅、其他地上附着物和青苗等的补偿费用，并安排被征地农民的社会保障费用。

集体土地征收的整体工作程序分为征地审批和征地实施两大部分，下面仅介绍征地审批环节，征地实施环节将在 5.3 节介绍。

征地审批环节一般分为征地启动公告、拟征收土地现状调查和社会稳定风险评估、征地补偿安置方案公告、征地听证、补偿登记与协议签署和征地报批六个步骤。

（1）征地启动公告。土地储备开发实施主体就征地事项与自然资源管理部门、集体经济组织进行协商，依据经批准的"一书四方案"（建设项目用地呈报说明书、农用地转用方案、补充耕地方案、土地征收方案、供地方案）的内容，由当地自然资源管理部门将拟征地的征收范围、征收目的、开展土地现状调查的安排等以书面形式告知被征地农村集体经济组织和农户（见专栏 5-1）。告知后，凡被征地农村集体经济组织和农户在拟征土地上抢栽、抢种、抢建的地上附着物与青苗，征地时一律不予补偿。

专栏 5-1　　××市人民政府土地征收启动公告

×府征启〔2020〕28号

依照《中华人民共和国土地管理法》第二条、第四十五条、第四十七条的规定，为实施国民经济和社会发展规划、土地利用总体规划、城乡规划和专项规划，维护被征地的农村集体经济组织及其成员、村民委员会和其他利害关系人的知情权，现发布土地征收启动公告如下。

一、征收土地的位置和范围：×镇××一村（详见附图）。

二、征收土地目的：体育用地。

三、拟征收土地权属面积、用途（单位：公顷）。

征地农民集体	地块编号	图纸编号	总 面 积	拟定用途
××市×镇×一村股份合作经济联合社农民集体	10-2020-03	D10GGc20193379	0.7858	体育用地
合计			0.7858	

四、自本公告发布之日起，我市将组织有关征地机构和测量机构进入拟征地现场，对土地的权属、地类、面积以及地上附着物（含房屋）的权属、种类、数量、结构等现状进行核查，请各相关单位和个人相互知照并予以配合。调查结果将与被征地农村集体经济组织、农户和地上附着物产权人共同确认。

五、根据实际测量、现状调查和确认结果拟定具体的征收土地补偿安置方案后，将在依法报批前发布《征收土地补偿安置公告》，听取被征地农村集体经济组织及其成员、村民委员会和其他利害关系人的意见。过半以上被征地的农村集体经济组织成员认为补偿安置方案不符合法律规定的，可申请召开听证会。

六、自本公告发布之日起，除正常农业生产外，被征地农村集体经济组织、农户和其他利害关系人在拟征土地上抢栽、抢种、抢建的地上附着物和青苗，征地时一律不予补偿。

七、本公告有效期至发布之日起一年，一年内不发布《征收土地补偿安置公告》的，自行失效。

特此公告。

××市人民政府
2020 年 5 月 18 日

（2）拟征收土地现状调查和社会稳定风险评估。当地自然资源主管部门应对拟征土地的权属、地类、面积以及农村村民住宅、其他地上附着物和青苗等的权属、种类、数量等现状进行调查，被征地单位及个人负责指认地上附着物归属，调查结果应与被征地农村集体经济组织、农户和地上附着物产权人共同确认。在实际执行中，拟征收土地现状调查工作由土地储备开发实施主体在当地自然资源主管部门的指导、监督下开展。社会稳定风险评估应当对征收土地的社会稳定风险状况进行综合研判，确定风险点，提出风险防范措施和处置预案，社会稳定风险评估结果是申请土地征收的重要依据。目前，社会稳定风险评估工作一般由当地自然资源主管部门或由其委托土地储备开发实施主体委托给中介机构独立开展。

（3）征地补偿安置方案公告。在征地启动公告之日起 45 日内，被征土地所在地的市、县人民政府应当依据社会稳定风险评估结果，结合土地现状调查情况，组织自然资源、财政、农业农村、人力资源和社会保障等有关部门编制征地补偿安置方案。在实际执行中，一般由土地储备开发实施主体或由其委托中介机构编制征地补偿安置方案，由市、县人民政府组织相关部门对方案进行论证。征地补偿安置方案必须保障被征地农民原有生活水平不降低、长远生计有保障。经论证通过的征地补偿安置方案应予以公告且不少于 30 天。

征地补偿安置方案公告应当包括征收范围、土地现状、征收目的、补偿标准、安置方式、补偿和安置对象、社会保障等内容，同时应当载明办理补偿登记的期限、异议反馈渠道等内容（见专栏 5-2）。

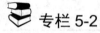 专栏 5-2　　××县人民政府征地补偿安置方案公告

×征补公告〔2020〕第 36 号

根据《××县人民政府2020年度第36号土地征收启动公告》和《社会稳定风险评估》结果，结合土地现状调查情况，按照《中华人民共和国土地管理法》第四十五条和第四十七条的规定，经××县人民政府研究决定，现发布土地征收补偿安置公告如下。

一、拟征收土地的位置、地类及面积（单位：公顷）

拟征收项目名称	用地位置	总面积	其中			
			农用地		建设用地	未利用地
			集体	其中耕地	集体	
SH2019-21地块	××镇×村、×村	9.0176	8.9130	6.7431	0.1046	0

二、补偿安置标准

1. 本次征收集体土地补偿标准按××省人民政府《关于公布全省征地区片综合地价标准的通知》（×政〔2020〕××号）规定测算，××镇区片标准为47 960元每亩。

2. 本次征收土地上房屋、青苗补偿标准和地上附着物补偿标准暂按××市人民政府《××市人民政府关于调整××县被征土地上青苗房屋及其他附着物补偿标准的通知》（×政秘〔2015〕××号）规定测算。

3. 根据《中华人民共和国土地管理法》等相关法律、法规，土地补偿费的30%归土地所有权农村经济集体组织所有，用于发展、壮大村级经济和公共基础设施建设需要。

征地批复后，按照省政府、市政府公布的征地区片综合地价和征收土地上房屋、其他附着物及青苗补偿标准落实。

三、安置方式

本次征地需安置的农业人口，按省、市、县等相关文件规定执行。如有新的政策调整，按照新的政策执行。

四、本公告公示期满后，由××县人民政府授权被征土地所属乡、镇人民政府具体组织实施土地征收及补偿等事项。

五、办理补偿登记期限和地点

被征收土地范围内的土地所有权人和使用权人在本公告发布之日起30日内，持相关土地权属证明材料或其他有关有效证明材料（户口本、不动产权属证书、身份证）到当地的农村集体经济组织办理征地补偿登记，请相互转告。逾期未办理补偿登记的，以当地的农村集体经济组织现场调查为准。

六、其他事项

1. 本公告在拟征收土地涉及的乡、镇人民政府和村（社区）、村民小组所在地予以张贴并在××县人民政府网予以公告。公告期为30日，自2020年7月17日起，至2020年8月15日止。

2. 多数被征地农村集体经济组织成员认为本征地补偿安置方案不符合法律、法规规定

的，可在公告期间通过农村集体经济组织以书面形式向××镇人民政府申请听证，也可以在公告之日起60日内向××县人民政府申请行政复议。逾期视为放弃听证。

七、本公告未尽事宜，按法律、法规和政策有关规定执行。

特此公告。

××县人民政府

2020年7月17日

（4）征地听证。征地补偿安置方案公告后，多数被征地的农村集体经济组织成员认为征地补偿安置方案不符合法律、法规规定的，市、县人民政府应当按照《国土资源听证规定》规定的程序和有关要求组织听证。听证应研究农村集体经济组织成员的不同意见，根据法律、法规的规定和听证会情况修改方案。

（5）补偿登记与协议签署。被征地的所有权人、使用权人应当在征地补偿安置方案公告规定的期限内，持不动产权属证明材料办理征地补偿登记手续，未如期办理征地补偿登记手续的，其补偿内容以前期调查结果为准。市、县人民政府应当组织有关部门依据前期调查结果和补偿登记结果对拟征收土地和地上房屋等进行测算评估，将土地补偿费、安置补助费，农村村民住宅、其他地上附着物和青苗等的补偿费用以及社会保障费用等足额预存，保证专款专用、足额到位。市、县人民政府必须根据征地补偿安置方案、评估报告等组织有关部门与被征地土地所有权人签订征地补偿协议书（见专栏5-3），同时与被补偿安置家庭以户口为单位签订补偿安置协议书，也可以与被征地集体经济组织签订征地补偿一揽子协议，由被征地集体经济组织分别与被补偿安置家庭签订补偿安置协议，此方式一般被称为包干征地。在实际操作中，一般由土地储备开发主体及土地储备开发实施主体与被征地土地所有权人、被补偿安置家庭分别签署征地补偿协议书、补偿安置协议书。

个别确实难以达成协议时，不影响征地申请报批，但需要在申请征收土地时如实说明，同时，市、县人民政府应当依据征地补偿安置方案、补偿登记结果、当地补偿政策以及其他被征收人签订的补偿协议等内容及时做出征地补偿安置决定。

专栏5-3　　　　　　　　　　征地补偿协议书

征 地 方：××土地储备中心（以下简称甲方）
被征地方：××村民委员会（以下简称乙方）
用 地 方：××土地储备开发公司（以下简称丙方）
为了_____，根据_____文件，甲方需征收乙方集体土地，用于兴建_____项目，经甲、乙、丙三方协商一致，签订协议如下。

一、征地位置

该宗地位于____市____乡（镇）____村____组，其四至界线详见《土地勘测定界图》，该图必须经甲、乙、丙三方盖章认可。

二、征地面积

总面积_____平方米（____亩），其中农用地_____平方米（____亩）、建设用地

_____平方米（_____亩）、未利用地_____平方米（_____亩）。

三、征地补偿费用

根据《中华人民共和国土地管理法》、××省人民政府×政发〔2019〕×××号文件及××市人民政府×政发〔2019〕×××号文件，经甲、乙、丙三方协商，征地补偿费总额为_____万元（大写：_____元整）。

（一）土地补偿费

园地土地补偿费：_____万元/hm²×_____倍×_____hm²＝_____万元

建设用地土地补偿费：_____万元/hm²×_____倍×_____hm²＝_____万元

未利用土地补偿费：_____万元/hm²×_____倍×_____hm²＝_____万元

土地补偿费合计：_____万元

（二）安置补助费

园地安置补助费：_____万元/hm²×_____倍×_____hm²＝_____万元

建设用地安置补助费：_____万元/hm²×_____倍×_____hm²＝_____万元

安置补助费合计：_____万元

（三）青苗费：_____万元

以上三项合计为：_____万元。

四、付款方式

征地方案经依法批准后三个月内一次性付清，征地补偿费由丙方直接与乙方结算。丙方将征地补偿费支付给乙方后，乙方负责在_____日内完成被征地村民的迁移和地上物的清理。

五、劳动力安置

土地征收后，由乙方按照×政发〔2009〕××号文件拟定劳动力安置方案，经村民代表大会讨论通过报乡（镇）人民政府审核后执行，妥善安置剩余劳动力的生产和生活。

六、本协议未尽事宜，由甲、乙、丙三方另行商定。

七、本协议一式四份，由双方签字盖章后生效。

甲　方：（章）

负责人：

乙　方：（章）

负责人：

丙方：（章）

负责人：

××年××月××日

（6）征地报批。完成上述5个步骤后，市、县人民政府准备征地申报资料报有批准权的人民政府批准，主要申报资料包括：①《征地告知书》和《征地告知书送达证明》；②《征地调查结果确认表》；③按规定举行听证的，应当提供听证笔录、听证纪要或听证情况的说明材料；④征地补偿费的银行存款证明。

根据《中华人民共和国土地管理法》第四十六条的规定，征收下列土地的，由国务院批准；永久基本农田；永久基本农田以外的耕地超过三十五公顷的；其他土地超过七十公顷的。征收上述规定以外的土地的，由省、自治区、直辖市人民政府批准。

经具有审批权的人民政府批准后，土地储备开发实施主体缴纳新增建设用地有偿使用费、耕地占用税等税费后就可以获得征地批复（请参阅本章附录5-4 土地储备开发案例Ⅴ）。

2. 国有土地征收报批

国有土地征收包括国有土地上房屋征收和国有土地使用权收回。

国有土地上房屋征收指为了保障国家安全、促进国民经济和社会发展等公共利益的需要，房屋征收部门依据市、县级人民政府做出的房屋征收决定，对项目规划用地范围内的房屋及其附属物进行拆除并依据法律法规对被征收人进行补偿、安置的活动。房屋征收部门组织实施本行政区域的房屋征收与补偿工作，房屋征收部门可以委托房屋征收实施单位承担房屋征收与补偿的具体工作。

国有土地使用权收回是指政府出于公共利益要求收回原国有土地使用权人的土地使用权并根据情况决定是否给予一定的补偿。

有下列情形之一的土地，有关人民政府土地行政主管部门报经原批准用地的人民政府或者有批准权的人民政府批准，可以收回国有土地使用权：① 取得土地使用权后闲置满两年尚未动工开发的土地；② 为公共利益需要使用土地的；③ 为实施城市规划进行旧城区改建，需要调整使用土地的；④ 土地出让等有偿使用合同约定的使用期限届满，土地使用者未申请续期或者申请续期未获批准的；⑤ 因单位撤销、迁移等原因，停止使用原划拨的国有土地的；⑥ 公路、铁路、机场、矿场等经核准报废的。

一般来说，在①⑤⑥这三种情况下，对原土地使用权人不予补偿。对于第①种情况，直接由县、市人民政府自然资源主管部门报经原批准用地的人民政府批准后予以公告，下达《收回国有土地使用权决定书》，终止土地有偿使用合同或撤销建设用地批准书，注销土地登记和土地证书。②③这两种情况一般参照《国有土地上房屋征收与补偿条例》给予补偿。第④种情况需要依据土地出让等有偿使用合同中约定的到期收回条款确定是否及如何进行补偿。

对于正常使用的国有土地需要收回土地使用权的，由土地储备机构或土地储备开发实施主体与土地使用权人进行土地使用权收购补偿谈判并签署《国有土地收购储备补偿协议》。

国有土地上房屋征收的行政审批事项主要有申报年度征收计划、调查登记及暂停事项办理、征收补偿方案拟定及申报、征收补偿方案公示、社会稳定风险评估、申办征收决定和公告、开展征收服务招投标等。

（1）申报年度征收计划。征收人按照规定向国有土地上房屋征收管理部门申报下一年度的年度征收计划。征收计划申报一般包括以下内容：项目名称、项目地点、征收人、项目性质、计划启动时间、征收范围和规模（户数、住宅和非住宅建筑面积）、补偿安置方式（货币补偿、房屋安置）、项目前期准备情况（立项批准、规划许可、用地批准、补偿安置资金落实）、适用政策和备注。同时要提交相关证明材料、安置房源情况和确定项目征收工作的具体负责人。国有土地上房屋征收管理部门对申报征收项目进行审核,报当地人民政府批准后下达征收计划。

(2) 调查登记及暂停事项办理。依据当地人民政府下达的征收计划所确定的征收范围,征收人向有关单位发出暂停事项办理的通知,同时向被征收人发出告知书,告知被征收人不得新改扩建和改变房屋用途,如果当地的安置补偿标准涉及户籍人口认定,会同时暂停户籍事项办理。征收人对征收范围内的房屋进行调查登记,入户调查内容主要包括被征收人的房屋权属和使用状况、户籍和家庭人口结构情况、征收范围外另有住房情况、家庭收入及生活水平情况等,并制作详细的征收入户调查情况登记表。对于入户调查所得的内容需要专人负责进行核对,主要是通过房地产管理部门、户籍管理部门的记录档案进行核对。征收人将调查结果在征收范围内张贴公示。对未经登记的建筑,由政府组织有关部门进行调查、认定和处理。

(3) 征收补偿方案拟定及申报。征收人依据《国有土地上房屋征收与补偿条例》及地方征收补偿政策,拟定征收补偿方案(见专栏5-4)。征收补偿方案内容包括征收目的、征收范围、补偿资金测算、征收补偿方式、征收工作时间安排等。征收人将征收补偿方案报国有土地上房屋征收管理部门审核后转报市、县人民政府批准。

专栏5-4　　××项目国有土地上房屋征收补偿方案

根据国务院《国有土地上房屋征收与补偿条例》(中华人民共和国国务院令第590号)《××省国有土地上房屋征收与补偿条例》《××市区国有土地上房屋征收与补偿实施办法》《××市××区国有土地上房屋征收与补偿实施细则(试行)》《××市××区国有土地上房屋征收相关补偿费标准》等相关规定,结合××项目周边实际情况,特制定本方案。

一、征收目的

因基础设施建设,需实施房屋征收。

二、征收范围

东至××,西至××,南至××,北至××(详见征收范围图)。本项目需征收非住宅××户、住宅××户,总征收房屋面积约××平方米。

三、征收补偿资金测算

根据采样评估价格,经综合测算,本项目房屋征收总费用约××亿元(含房屋征收补偿、搬迁、临时安置及补助奖励等相关费用)。

四、征收补偿

(一)补偿方式

1. 原则上实行货币补偿。

2. 被征收人选择货币补偿的,可在被征收房屋评估补偿价值的基础上给予被征收房屋评估补偿价值(不含附属物、装修)20%的奖励。

(二)补偿价值

被征收房屋的价值以房屋征收决定公告之日为时点,由具有评估资质的房地产价格评估机构评估确定。

五、补助及奖励

(一)补助

1. 临时安置费：一次性支付被征收人临时安置费的标准为：非住宅房屋按被征收房屋评估补偿价值（不含附属物、装修）的1%予以补偿；住宅房屋按5000元每户每月给予补偿。

2. 搬家费：按被征收房屋面积以60元每平方米发放。

3. 停产停业损失补助费：征收非住宅房屋造成停产停业损失的，按照被征收房屋评估补偿价值（不含附属物、装修）的5%给予被征收人一次性经济补偿。

(二)房屋调查评估奖：被征收人积极配合房屋征收实施单位、房地产价格评估机构做好征收房屋调查、评估工作且在规定期限内按时签约和腾空搬迁（以腾空移交为准）的，给予每户5000元奖励。

(三)按期腾空搬迁奖：被征收人在规定期限内签订房屋征收补偿协议并腾空搬迁（以腾空移交为准）的，给予一次性奖励，非住宅房屋按被征收房屋面积以200元每平方米计算，住宅房屋按被征收房屋面积以100元每平方米计算。超过规定期限的，不予奖励。

六、签约及腾空搬迁期限

1. 签约期限：2019年7月8日至2019年7月17日。

2. 搬迁期限：2019年7月8日至2019年7月31日。

七、手续办理

凭签订《××市××区房屋征收货币补偿协议书》、腾空单办理领取补偿款手续。

八、征收实施单位

××区土地储备中心为本项目的房屋征收实施单位。

(4) 征收补偿方案公示。市、县人民政府将征收补偿方案在征地范围内区域张贴公示，同时可选择在相关媒体公示，公示期为30天。被征收范围内的被征收人可以按照规定渠道对征收补偿方案提出意见。在征收补偿方案公示结束后，市、县人民政府将征求的意见汇总公示，一般公示期为7天。如果补偿方案公示期内的不同意见较多，则需要组织征收补偿方案听证会，听证会程序按照行政许可法规定程序办理，征收人根据听证会意见修订征收补偿方案。

(5) 社会稳定风险评估。征收工作涉及广大群众的利益，为有效规避、预防、控制重大事项实施过程中可能产生的社会稳定风险，征收人应委托评估机构对可能影响社会稳定的因素开展系统的调查，科学的预测、分析和评估，制定风险应对策略和预案。社会稳定风险评估报告报国有土地上房屋征收管理部门审核后转报市、县人民政府。

(6) 申办征收决定和公告。征收人按照国有土地上房屋征收管理部门的指令，按照征收补偿方案中测算的补偿资金额度，将征收补偿费用全额存入银行专户，同时通过购买、租赁等方式准备周转房。征收人向市、县人民政府递交国有土地上房屋征收实施请示，同时报送的申请材料包括：①建设项目立项文件；②规划批准文件；③前一阶段征收准备工作情况说明，下一阶段征收工作计划和安排。市、县人民政府做出征收决定。征收人将政府做出的征收决定及依据决定做出的公告在征收范围内张贴公告（见专栏 5-5）并可以在相关媒体公告。一般情况下，公告的签约期不低于 10 天，搬迁期不低于 15 天。

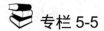 专栏 5-5　　　　　　　　征　收　公　告

×× 市 ×× 区人民政府房屋征收公告

× 政征字〔2019〕第 1 号

根据城市建设项目年度工作安排，依据《国务院国有土地上房屋征收与补偿条例》等规定，×× 市 ×× 区人民政府依法做出对 ×× 项目规划红线范围内国有土地上房屋及附属物进行征收的决定。现将有关事项公告如下。

一、征收目的：基础设施建设。

二、征收范围：东至 ××，西至 ××，南至 ××，北至 ××（具体详见本公告附件 1 房屋征收红线图）。

三、征收部门：×× 区土地储备中心。

四、征收实施单位：×× 区土地储备中心。

五、征收补偿方案：（详见本公告附件 2）。

六、征收签约期限：2019 年 7 月 8 日至 2019 年 7 月 17 日。

七、搬迁期限：2019 年 7 月 8 日至 2019 年 7 月 31 日。

八、房屋征收范围确定后，被征收人不得在房屋征收范围内实施以下行为。

1. 新建、改建、扩建房屋。

2. 房屋租赁。

3. 改变房屋、土地用途。

违反规定实施的，不予补偿。

九、房屋被征收的，国有土地使用权同时被收回。

十、上述征收范围内的被征收人应在本公告规定期限内持产权证到 ×× 区征收办公室办理征收补偿事宜。被征收人如对本征收决定不服，可在本公告公布之日起 60 日内依法申请行政复议或在六个月内向人民法院提前诉讼。

附：1. ×× 项目征收范围红线图（略）

2. ×× 项目国有土地上房屋征收补偿方案（略）

×× 市 ×× 区人民政府

2019 年 7 月 5 日

（7）开展征收服务招投标。土地储备机构是土地储备开发中的征收人，土地储备机构可以自行开展土地征收工作，也可以委托征收服务公司开展征收工作。如果土地储备机构将土地储备开发实施工作委托给了社会企业，则社会企业可自行开展征收工作，也可以再委托征收服务公司开展征收工作。需要注意的是，在委托征收中，法律意义上的征收人还是土地储备机构，受托征收人（土地储备开发实施主体及征收服务公司）只能以征收人的名义开展工作。拆除工作可以由土地储备开发实施主体自行负责，也可以由其委托具有拆

除施工资格的专业拆除公司负责，所以下文所述，如无特别标注，征收人一般包括土地储备机构及受托征收人。如果采用委托征收和委托拆除的方式开展征收工作，就必须先行确定征收、拆除服务单位。而且，房地产评估和测绘必须分别由具有房地产评估资格和测绘资格的公司负责，不可由征收人自行评估、测绘。对于被征收房屋均具有房产证的项目，可以不进行测绘。

也就是说，土地储备开发实施主体需要通过招标方式确定征收服务、房地产评估、测绘和拆除服务单位。征收招标可以公开招标，也可邀请招标。在发出招标文件前，由土地储备开发实施主体向房屋征收管理部门办理招标备案。通过招标、投标、开标、评标等一系列手续后确定中标单位。由土地储备开发实施主体编写招投标情况报告，与中标人签订委托书面协议等并报房屋征收管理部门备案。征收服务招投标工作一般在获得征收计划批准后与其他工同步开展，如征收人会先行选定征收服务公司以便开展调查登记工作。

需要注意的是，评估机构由被征收人协商选定；协商不成的，通过多数决定、随机选定等方式确定。在发布征收公告前，可以由备选评估机构开展前期宣传工作和现场调查工作，待征收公告后办理评估机构选定事宜。

5.3 土地储备开发的实施与交付

5.3.1 集体土地征收的实施程序

1. 征地公告

征地报批完成后，土地储备开发实施主体必须进行征地公告，公告内容包括征地批准机关、批准文号、批准时间和批准用途，征收土地的所有权人、位置、地类和面积，征地补偿标准和农业人员安置途径等事项。

2. 落实征地补偿措施

征地公告后，对于前期还没有签订征地补偿安置协议的被征收人，实施征收的人民政府将与其进一步协商，如果协商不成，市、县人民政府应当对个别被征收人及时做出征地补偿安置决定。被征收土地的所有权人、使用权人对土地征收补偿安置决定不服的，可以依法申请行政复议或者提起行政诉讼。

在签署征地补偿安置协议后，土地储备开发实施主体必须在约定的时限内向被征地集体经济组织拨付征地补偿安置费用。当地自然资源主管部门应配合农业、民政、劳动保障等有关部门对被征地集体经济组织内部征地补偿安置费用的分配和使用情况进行监督。

3. 地上物拆除与安置建设

完成征地补偿款发放后，在约定的时间内，被征地村民完成搬迁。土地储备开发实施主体负责对被征地范围内土地的地上物进行拆除。按照补偿安置协议约定，如果需要提供安置建设的，如被征地农户回迁住房建设等，土地储备开发实施主体必须按照征地补偿安置协议约定的时间在规划地址内进行安置房屋及各类设施建设。被征收土地所有权人、使用权人在规定的期限内对征收补偿行为不申请行政复议或者不提起行政诉讼，在规定的期限内又不腾退的，由市、县人民政府依法申请人民法院强制执行，根据法院准予执行裁定，实施地表清理和房屋拆除。

4. 征地扫尾事项办理

各级自然资源主管部门要对依法批准的征收土地方案的实施情况进行监督、检查。因征地确实导致被征地农民原有生活水平下降的，当地自然资源管理部门应积极会同政府有关部门，切实采取有效措施，多渠道地解决好被征地农民的生产生活问题，维护社会稳定。

在土地储备开发实施主体将征地补偿安置费用拨付给被征地集体经济组织后，土地储备开发实施主体及当地人民政府自然资源管理部门有权要求被征地集体经济组织在一定时限内提供支付清单并督促集体经济组织将征地补偿、安置费用收支状况向本集体经济组织成员公布，以便被征地农村集体经济组织、农村村民或者其他权利人查询和监督。

在完成征地补偿安置和地上物拆除后，由土地储备开发实施主体申请征地结案，需要提交的材料有：①国家建设用地征地结案申请表；②用地批准文件（复印件）；③征地补偿安置协议书（复印件）；④国家建设征收土地结案证明（由村委会、乡政府出具）；⑤国家建设征收土地结案表；⑥征地补偿款交款凭证（复印件）。

当地自然资源主管部门审查合格后，向土地储备开发实施主体颁发经批准的《国家建设征收土地结案表》（见本章附录 5-3）。

5.3.2 集体土地征收的原则与方式

1. 征地工作原则

征地工作必须遵循下述原则。

（1）公开公正。根据《征用土地公告办法》（2001 年国土资源部令第 10 号）和《关于印发〈关于完善征地补偿安置制度的指导意见〉的通知》（国土资发〔2004〕238 号）的要求，征地事项及征地补偿安置方案、补偿安置款支付明细都应当进行公告，以听取被征地农民的意见，通过事项公开来保证征地工作各个环节的公正。公开公正原则是征地工作顺利进行、维护农民合法权益、维护社会稳定的最重要保障。

（2）切实维护被征地农民的合法权益。《关于切实维护被征地农民合法权益的通知》（国土资发〔2002〕225 号）指出，征地首先要考虑农民的补偿安置。征收人要严格按照《中华人民共和国土地管理法》《中华人民共和国土地管理法实施条例》有关征地管理的规定和国土资源部颁发的《关于加强征地管理工作的通知》（国土资发〔1999〕480 号）、《关于切实做好征地补偿安置工作的通知》（国土资发〔2001〕358 号）、《国务院办公厅关于进一步严格征地拆迁管理工作切实维护群众合法权益的紧急通知》（国办发明电〔2010〕15 号）、《国土资源部关于进一步做好征地管理工作的通知》（国土资发〔2010〕96 号）的要求，认真做好征地调查、确定补偿标准、拟订方案、审查报批及批后实施、跟踪检查等征地过程中各环节的工作。各地自然资源主管部门要切实行使审查、监督、指导的职责，确保征地补偿安置措施真实、合法。对征地补偿标准不符合法律规定、安置措施不能真正落实的，不得报批用地；对征地已依法获得批准而没有妥善安置被征地农民生产和生活的，将停止受理该地区的建设用地申报。

（3）被征地农民生活水平不降低，长期生活有保障。一方面，要按照《土地管理法》的相关规定，切实按照标准给予农民相应的补偿。另一方面，必须认真落实《国务院办公厅转发劳动保障部关于做好被征地农民就业培训和社会保障工作指导意见的通知》（国办发〔2006〕29号）的规定，做好被征地农民就业培训和社会保障工作。被征地农民的社会保障费用按有关规定纳入征地补偿安置费用，不足部分由当地政府从国有土地有偿使用收入中解决。社会保障费用不落实的，不得批准征地。

（4）征地工作跟踪检查。征收土地依法获得批准后，省级自然资源主管部门要跟踪检查征地补偿安置方案的实施情况，督促市、县人民政府和有关部门、单位兑现补偿费用，落实安置措施。地方各级自然资源主管部门要对本行政区域内征地批后实施情况进行全面检查。

2. 征地补偿的内容与标准

《中华人民共和国土地管理法》第四十八条规定："征收土地应当给予公平、合理的补偿，保障被征地农民原有生活水平不降低、长远生计有保障。征收土地应当依法及时足额支付土地补偿费、安置补助费以及农村村民住宅、其他地上附着物和青苗等的补偿费用并安排被征地农民的社会保障费用。征收农用地的土地补偿费、安置补助费标准由省、自治区、直辖市通过制定公布区片综合地价确定。制定区片综合地价应当综合考虑土地原用途、土地资源条件、土地产值、土地区位、土地供求关系、人口以及经济社会发展水平等因素并至少每三年调整或者重新公布一次。征收农用地以外的其他土地、地上附着物和青苗等的补偿标准由省、自治区、直辖市制定。对其中的农村村民住宅，应当按照先补偿后搬迁、居住条件有改善的原则，尊重农村村民意愿，采取重新安排宅基地建房、提供安置房或者货币补偿等方式给予公平、合理的补偿并对因征收造成的搬迁、临时安置等费用予以补偿，保障农村村民居住的权利和合法的住房财产权益。县级以上地方人民政府应当将被征地农民纳入相应的养老等社会保障体系。被征地农民的社会保障费用主要用于符合条件的被征地农民的养老保险等社会保险缴费补贴。被征地农民社会保障费用的筹集、管理和使用办法由省、自治区、直辖市制定。"

土地补偿费归农村集体经济组织所有；由村集体经济组织或企业统一安置就业的，安置补助费归村集体经济组织或企业所有，被征地村民不同意统一安置就业并自谋职业的，安置补助费归村民个人所有；地上附着物及青苗补偿费归地上附着物及青苗的所有者所有。

3. 被征地农民安置的途径

根据原国土资源部《关于切实做好征地补偿安置工作的通知》的规定，被征地农民安置途径包括农业生产安置、重新择业安置、入股分红安置、异地移民安置等。

（1）农业生产安置。征收城市规划区外的农民集体土地，应当通过利用农村集体机动地、农户自愿交回的承包地、承包地流转和土地开发整理新增加的耕地等为被征地农民重新分配承包地，使其继续从事农业生产。

（2）重新择业安置。土地储备开发实施主体应当积极创造条件向被征地农民提供免费的劳动技能培训，安排相应的工作岗位。在同等条件下，用地单位应优先吸收被征地农民就业。征收城市规划区内的农民集体土地，应当将因征地而导致无地的农民纳入城镇就业体系并建立社会保障制度。

（3）入股分红安置。对有长期稳定收益的项目用地，在农户自愿的前提下，被征地农村集体经济组织经与用地单位协商，可以以征地补偿安置费入股或以经批准的建设用地土地使用权作价入股。农村集体经济组织和农户通过合同约定以优先股的方式获取收益。此种安置方式较多用于工业项目、旅游项目，一般不适用于住宅开发项目。

（4）异地移民安置。本地区确实无法为因征地而导致无地的农民提供基本生产生活条件的，在充分征求被征地农村集体经济组织和农户意见的前提下，可由政府统一组织，实行异地移民安置。

5.3.3 国有土地征收的实施程序

1. 测绘和评估

测绘和评估是编制征收补偿安置实施方案并进行补偿工作实施的基础。征收人发布征收公告并选定征收服务机构后应召开测绘和评估工作准备会，对工作程序、技术标准、相关文书表格以及征收现场办公等进行规范和统一。

房地产估价人员根据现场勘查情况制作房屋估价条件登记表，依据《房地产估价规范》和《国有土地上房屋征收与补偿条例》及当地政策要求对被征收房屋进行现场勘查。由于我国的房地产管理尚处于初级阶段，大量历史遗留房产没有办理房产登记手续，其面积也无法通过有效的法律证件获得，对于此类房产，在评估勘查时，由测绘单位对无面积数据的房产进行测绘并制作被征收人（居民住宅、非住宅单位）征收房屋测绘图和汇总平面图，同时在地形图上详细分类标注相关信息。

在完成评估勘查后，房地产评估机构对调查所得的数据进行整理、分析，依据房地产估价技术规范以及征收补偿标准进行被征收房屋的房地产评估工作，准备评估被征收房屋的补偿价格。

2. 征收补偿安置实施方案的编制及公示

征收人根据征收入户摸底调查和入户评估情况，按照国家和当地房屋征收有关法规政策规定，根据所参考项目的征收实施实际情况予以适当调整，编制征收补偿安置方案。住宅房屋征收补偿安置方案包括分户方案和项目汇总方案。分户方案内容包括被征收人人口情况（包括常住人口、户籍人口及结构等）、被拆除房屋及其附属物的状况（包括产权归属、房屋使用性质、面积等）、评估补偿款、补助费预算、补偿安置方式、安置方向等内容。

征收人制定完善的征收补偿安置实施方案后应报房屋征收管理部门备案并在征收范围内公示，同时征收人将每户征收房屋评估报告递交给被征收人签收。在公示期间，征收人在征收现场设置办公室，为被征收人提供答疑服务。

被征收人对评估结果有异议的，应当自收到评估报告起 10 日内向房地产评估机构申请复核评估，房地产评估机构应当自收到申请之日起 10 日内对评估结果进行复核。被征收人对复核结果仍有异议的，应当自收到复核结果之日起 10 日内向评估专家委员会申请鉴定，评估专家委员会自收到鉴定申请之日起 10 日内进行鉴定。被征收人对鉴定结果仍有异议的，房屋征收部门报请市、县级人民政府依照国务院《国有土地上房屋征收与补偿条例》的规定，按照征收补偿方案做出征收补偿决定。

3. 征收补偿安置协议的签署与补偿安置到位

在公告征收补偿安置实施方案后，征收人通过宣传和解释征收相关政策，根据征收补偿安置实施方案与被征收人达成房屋征收补偿安置协议并根据协议落实补偿款、安置房等。房屋征收管理部门代管的房屋需要征收的，征收安置补偿协议书必须经公证机关公证并办理证据保全。

4. 行政复议

征收人与被征收人或者征收人、被征收人与房屋承租人未达成征收补偿安置协议的或者被征收房屋所有权人不明确的，由征收人向做出房屋征收决定的市、县级人民政府提出裁决申请，做出房屋征收决定的市、县级人民政府按照征收补偿方案做出补偿决定并在房屋征收范围内予以公告，要求被征收人在补偿决定确定的搬迁期限（不少于 90 日）内完成搬迁。被征收人对补偿决定不服的，可以提起行政复议或行政诉讼。

行政复议申请材料包括：① 行政复议申请书；② 法定代表人身份证明；③ 授权委托书；④ 规划部门出具的房屋规划审批情况的函、房屋测绘图；⑤ 被征收房屋权属证明、房屋征收估价结果报告送达回执；⑥ 被申请人的补偿方案；⑦ 规划意见书、立项批复、征收许可证、征收公告、入户调查表、户口本等复印件、周转房（租或购）协议及产权证明。以上材料根据申请人情况的不同而有不同的要求。

行政复议之前，征收管理部门应当首先征询征收双方当事人是否对评估结果有异议，是否接受谈话调解，如果双方当事人对评估结果提出异议或者拒绝谈话调解，征收管理部门应当中止裁决程序，委托估价师协会组成专家委员会现场进行专家技术鉴定并由专家委员会出具鉴定书。在专家委员会出具鉴定书后，征收管理部门恢复行政复议程序，在规定的期限内做出行政复议决定。如果双方当事人对评估结果无异议并同意接受谈话调解，则由征收管理部门对征收双方当事人进行谈话调解，如果谈话调解促使双方达成征收补偿协议，则终止行政复议工作程序；如果不能达成征收补偿协议，则由征收管理部门在规定的期限内做出行政复议决定。

当事人对行政复议决定不服的，可以自行政复议决定书送达之日起 15 日内向人民法院起诉。征收人已对被征收人给予货币补偿或者提供征收安置用房、周转用房的，诉讼期间不停止征收的执行。

5. 强制征收

根据 2012 年 2 月 27 日最高人民法院颁布的《关于办理申请人民法院强制执行国有土地上房屋征收补偿决定案件若干问题的规定》，被征收人在法定期限内不申请行政复议或者不提起行政诉讼，在补偿决定规定的期限内又不搬迁的，由做出房屋征收决定的市、县级人民政府依法申请人民法院强制执行。强制征收程序一般包括以下几个步骤。

（1）申请人民法院强制执行。做出房屋征收决定的市、县级人民政府向人民法院提交强制执行申请书，强制执行申请书应当附具：① 补偿金额和专户存储账号；② 产权调换房屋和周转用房的地点与面积；③ 征收补偿决定及相关证据和所依据的规范性文件；④ 征收补偿决定送达凭证、催告情况及房屋被征收人、直接利害关系人的意见；⑤ 社会稳定风险评估报告；⑥ 申请强制执行的房屋状况；⑦ 被执行人的姓名或者名称、住址及与强制执行相关的财产状况等具体情况。

（2）人民法院裁定。人民法院应当自立案之日起 30 日内做出是否准予执行的裁定；有特殊情况需要延长审查期限的，由高级人民法院批准。人民法院在做出裁定后 5 个工作日内将裁定结果送达申请人和被执行人。

（3）实施强制征收。人民法院裁定准予执行的，一般由做出征收补偿决定的市、县级人民政府组织实施，也可以由人民法院执行。由法院、城管、法制办、建设、公安、交通、卫生、街道、居委会、征收人及相关单位等共同研究强制征收的具体问题和落实分工准备工作。实施强制征收前应在强制征收现场张贴《强制征收公告》并通知被征收人在强制征收日到达现场。由法院或城管组织相关参与配合单位，按强制征收执行程序正式实施强制征收。

6. 拆除和征收档案整理归档

对于补偿安置完毕的单位，征收人可以委托拆除单位或自行对已补偿的房产进行拆除作业，但是，如果是居民楼，整栋楼房尚未补偿完毕并清空住户，不可以对该楼房进行拆除。

全部完成征收工作后，征收人或受托征收单位应及时将如下征收档案材料整理归档：① 各被征收人征收补偿协议等相关材料；② 申办征收决定有关材料；③ 被征收房屋评估报告；④ 征收情况总结和征收结案表；⑤ 裁决、强制征收的有关文件；⑥ 其他材料。

征收人或受托征收单位在完成征收后向土地、房屋管理部门移交征收档案，同时将征收结案表报国土、房屋和征收管理部门。

5.3.4 国有土地征收工作的原则与方式

1. 征收工作的原则

（1）维护社会稳定。征收工作涉及的民众范围较广，利益冲突尖锐，容易引发群体事件，危害社会稳定。征收工作必须严格遵循《国有土地上房屋征收与补偿条例》，公平、合理地确定补偿安置条件，以维护社会稳定为第一原则。

（2）符合城市规划。依法编制的城市规划是引导城市科学布局、合理发展的法律文件，它对建设功能完善、结构合理的现代化城市具有重要意义。对房屋及其附属物的征收应当符合城市规划要求。项目的建设选址、征收范围确定等工作都需严格按照城市规划要求执行。征收单位应在征收许可证上的征收范围内实施征收，不得擅自扩大或缩小征收范围。

（3）有利于城市旧区改造。城市的房屋征收是城市旧城区改造的重要手段。通过房屋征收，可以达到调整城市的用地结构与布局的目的，更好地建设城市。

（4）有利于生态环境改善。生态环境是实现经济、社会可持续发展的前提条件，保护好生态环境是城市建设坚持的基本方针。房屋征收建设应当充分考虑对周围生态环境的影响并采取相应措施保护和改善周围的生态环境。

2. 征收补偿的对象、范围与方式

征收补偿对象是被征收房屋及其附属物的所有人。

征收补偿的范围是被征收的房屋及其附属物且这些建筑物是经合法程序建成的。拆除违章建筑、超过批准期限的临时建筑不应给予补偿，拆除未超过批准期限的临时建筑应当给予适当补偿。这里的适当补偿为这些建筑在使用期限内的残余价值。

房屋征收补偿的方式有货币补偿和房屋产权调换。货币补偿是指在房屋征收补偿中，征收人以支付货币来赔偿被征收人因拆除房屋及其附属物所造成的经济损失的补偿方式。房屋产权调换是指征收人用异地或者原地再建的房屋与被征收人的房屋按一定的核算标准进行交换，被征收人获得调换房屋产权的补偿安置方式。

5.3.5 市政基础设施建设

1. 市政基础设施建设的开工准备

土地储备开发实施主体应组织专业人员对市政建设进行施工预算，将预算结果作为招标的标底，通过招投标方式选择市政建设施工、监理单位。土地储备开发实施主体负责向建设管理部门申办市政工程开工许可证。

2. 临时"三通"建设

为了保证土地储备开发项目的实施，在正式开工建设前，必须先建设好用路、用电、用水的临时"三通"设施。

（1）临时用路。在土地储备开发的现场施工中，如果有可利用的道路，则对原有道路进行简单修整，以便于机械进出场和施工方便。如果没有可利用的道路，则需要由初步开发实施主体负责修建临时施工道路。临时用路需要做到能够使施工车辆最便捷地往返于工地、堆土场、取土区、材料供应地，但需要注意尽量避开居住区、生活道路。

（2）临时用电。施工现场的用电一般要根据附近的电源建设专用的配电室，采用集中管理的办法来保证施工现场的办公、施工、生活用电。一般来讲，所用电力根据电压的不同从配电室中被分为三路接出：第一路作为办公、生活用电；第二路作为拌和场的机械用电；第三路作为施工用电。

（3）临时用水。临时用水一般就近选取市政供水管网铺设供水管线，但必须考虑到周边用水单位的用水量，以防止影响周边用水单位用水。对于不在市政供水范围内的项目，土地储备开发实施主体必须申报地下用水并组织开挖水井或者申报使用河、渠用水并建设临时用水设施。

3. 市政基础设施建设的实施

（1）场地平整。在进行道路管线建设之前，必须先完成场地平整，包括地上物的拆除、高地铲平、低地填埋等。在施工中，本项目渣土尽量在本项目内使用，以减少渣土外运、外购的成本。

（2）道路施工。道路施工在安排进度计划时必须兼顾路基、排水的各道工序并结合周围环境。道路施工基本遵循如下施工顺序。

① 路基工程：测量放样——路基土方开挖——路基石渣填筑——路基填方碾压。
② 道路工程：碎石底基层——水泥碎石基层——水泥砼路面。

在设计中需要建设沥青路面的项目应在完成水泥砼路面后加铺沥青路面。

（3）管线施工。管线施工主要包括污水管线、雨水管线、供水管线、供气管线、供热管线、供电管线、通信管线、电视管线等工程的施工。管线工程多为地下工程，具有隐蔽性、交叉性、多专业施工性和后期维修的困难性等特点。在施工前，施工单位必须仔细审查施工图纸，把图纸中的内容与实际现状相对照，验证是否存在矛盾并在规范许可的范围内尽可能提一些切实可行的改进意见，以加强图纸与实际场地、实际需求的吻合程度。合理安排施工顺序在原则上要求按先深后浅、先管后线、先暗后明的顺序进行。管线施工的先后顺序一般为：雨污水、煤气、热力管、自来水、污水管、供电线路、通信线路、电视及室外照明线路等。

5.3.6 土地储备开发项目的验收

1. 内部验收

项目完工后，施工单位自行对建设项目进行验收，以保证工完场清、资料齐全。

2. 监理验收

内部验收合格后，施工单位向监理单位和土地储备开发实施主体提出验收申请，监理单位和土地储备开发实施主体确认项目已经具备验收条件后开展监理验收，严格检查项目质量，审查竣工资料，对发现的问题提出处理意见并组织施工单位尽快落实解决。监理验收的主要内容包括以下七个方面。

（1）听取施工单位的内部验收报告和档案检查报告。
（2）审查各种项目档案文件是否齐全、准确。

（3）检查项目预算执行情况，审查项目初步决算，考核投资效果。

（4）实地检查分项、分部项目建设完成情况，审查设计规定的建设内容是否全部建成，质量是否达到要求并附相应的检定技术资料。

（5）审查材料和设备耗用情况，清理剩余材料设备。

（6）提出是否通过初步验收以及能否交付使用的结论性意见，由监理验收领导小组提出监理验收报告。

（7）对监理验收过程中提出的问题明确处理方法及处理时限。

3. 正式验收

在监理验收合格后，土地储备开发实施主体应向土地储备开发主体提出验收申请。正式验收包括现场验收、权属验收、资料验收、成本验收。

（1）现场验收。现场验收是指土地储备开发主体在受理土地储备开发实施主体提出的正式验收申请后，组织国土、规划、建设、交通、市政等管理部门专家组成验收组进驻项目现场，对项目用地开发前后的面积、现状、平整、四至进行核实，对市政设施、配套设施、安置房等建设内容进行实地检查。

（2）权属验收。权属验收是指国土、房屋等管理部门对项目用地范围内的土地、房产等权属资料进行查验并对涉及的主要权利人进行走访与座谈，听取多方当事人的意见，以保证项目用地权属清晰、完善。

（3）资料验收。资料验收是指国土、规划、建设、交通、市政等部门对土地储备开发实施方案中明确需要由土地储备开发实施主体完成的申报文件进行查验，以保证申报事项全部完成，同时对土地储备开发中涉及的各类资料进行查验，保证资料的完备。

（4）成本验收。成本验收是指国土、财政等部门委托土地评估机构或审计机构对项目进行成本分析或审计并组织专家组对成本分析报告或审计报告进行评审。

通过上述四项验收后，验收组出具验收意见，验收合格项目纳入土地储备库或直接组织入市交易；对于不合格的项目，验收组提出问题及解决方案并明确解决期限，待改进后重新组织验收。

纳入土地储备库的项目由土地储备开发主体根据验收确认的土地储备开发成本及约定的开发利润向土地储备开发实施主体支付费用，土地储备开发实施主体向土地储备开发主体移交项目资料，办理交付手续。直接入市交易的项目由获得土地使用权人与土地储备开发主体、土地储备开发实施主体签订三方合同，土地使用权人向土地储备开发实施主体支付土地储备开发成本及利润，土地储备开发实施主体向土地使用权人交付土地及资料。

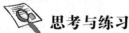

思考与练习

1. 土地储备开发计划的主要内容包括哪些？
2. 土地储备开发实施方案的主要内容包括哪些？
3. 土地储备开发实施的模式主要有哪几种？各种模式之间的差异有哪些？
4. 土地储备开发管理主体、土地储备开发主体和土地储备开发实施主体分别是哪些？

5. 土地储备开发行政审批主要包括哪些？
6. 土地征收工作的主要程序包括哪些？

 讨论

目前，集体经营性建设用地入市越来越成熟，有效实现了农民集体的土地财产权利。请讨论，集体经营性建设用地入市是否会对土地储备业务发展形成障碍？如何实现土地储备与集体经营性建设用地入市的利益平衡？

附录5-1：　　　　　××县2009年度土地储备开发计划

一、编制背景

建立和完善政府主导型土地储备机制是垄断土地一级市场、搞活城市土地经营和提高土地利用效率的关键。自2003年建立土地储备机制和实行有效的土地储备计划以来，我县所储备的土地已相继成功出让，为县域经济发展和城市基础设施建设提供了强大的资金保证。为了进一步贯彻落实县委、县政府提出的发展要求，既要盘活存量土地为财政增收，为城市建设提供资金保障，又要着眼旅游和工业发展思路，为我县经济社会发展提供足够的土地资源保障；同时，还要兼顾企业改制变现土地价值，筹措企业改制资金，支持企业改制顺利完成。县国土资源局会同发改委、财政局、招商局、建设局、房管局和工业区管委会、温泉度假区管委会等部门编制了2009年度土地储备开发计划。

二、指导思想

深入贯彻落实科学发展观，严格执行中央宏观调控的决策、部署和措施，围绕2009年××县政府工作目标，增强政府运用储备土地参与宏观调控的能力，加强政府在土地储备开发中的主导力度，充分发挥土地储备开发对城市发展的保障和引导作用，保证政府公共财政在土地储备开发中的合理投入，促进节约和集约利用土地，保障建设用地尤其是旅游、工业及各类重大项目的用地需求，保证经济社会协调发展。

三、编制原则（略）

四、2009年度总体安排

（一）年度储备土地规模

全县土地储备开发年初结转20公顷，年度新增140公顷。年度新增中，居住用地41公顷、商服用地27公顷、产业发展等其他用地72公顷。重点建设项目土地储备优先安排部署。温泉度假区150公顷规划区内拟收储土地2.5公顷；根据安徽××生态工业开发区管委会反馈意见，在县综合工业园区范围内拟收储土地30公顷，主要用于安徽××铸造公司精密紧固件项目、光伏产业基地项目等6个重大项目建设；白马尖风景旅游区拟储备土地10公顷，用于旅游基础设施、酒店、办公区等项目建设；各镇工业集中区拟储备土地合计19.5公顷。需征收集体土地115公顷，其中农用地75公顷（耕地40公顷）。

（二）年度储备前期开发规模

年度计划完成开发105公顷，其中居住用地30公顷、商服用地20公顷、产业发展用地55公顷。

（三）年度末结存土地储备规模

预计年度末结存土地储备规模 =（140 + 20）- 105 = 55公顷。

（四）年度储备土地供应规模

所有年度完成前期开发的土地争取全部在本年度内进入土地一级市场。

（五）年度储备土地临时利用计划

尽量缩减从土地储备开发验收至入市交易的时间，对于可能会闲置2个月（含）以上的土地，由土地储备中心负责安排土地临时利用，其收入全额上缴县财政。

（六）资金估算

2009年度全县土地储备开发资金需求约10亿元。国土资源储备中心与银行建立信贷关系，争取银行支持。同时，储备资金的筹措还要依靠全年度土地出让金财政留成部分支付，还可采取先用收储合同约定补偿标准，待土地出让后支付收储成本。计划通过财政支持3亿元，其余7亿元需要由土地储备中心进行融资，安排中国建设银行、中国工商银行、中国农业银行、中国银行分别借贷2亿元、1.5亿元、3亿元、5000万元。

五、计划执行安排

（一）建立部门联动机制

对列入本计划的项目，由国土资源局、发改委、规划委等部门定期联合审议。经过联合审议通过的项目，各有关部门应优化审批程序，提高办事效率，缩短前期手续办理时限。

各级乡镇政府、园区管委会应切实负责，组织抓好项目实施过程中征地征收等关键环节，加强沟通，协调解决出现的问题，化解社会矛盾，实现和谐发展。

（二）落实土地储备开发资金

国土部门和财政部门应根据本计划编制土地储备开发项目资金预算，建立国有土地收益基金，专项用于土地储备开发工作。同时，土地储备机构要积极争取金融机构的信贷支持。

（三）建立土地储备开发计划调整机制

在保持总体指标不变的情况下，于年终由土地储备中心按照项目实际情况向县人民政府提出调整申请。

（四）建立计划执行情况的评价机制

计划编制单位要定期开展计划执行情况的统计、检查、评价和通报工作。对计划执行好的乡镇、园区，下一年度应在土地储备开发、农用地转用、土地供应等相关指标及资金上予以倾斜。

六、本计划自颁布之日起执行

附件：××县2009年度土地储备开发计划

宗地编号	项目名称	坐落	面积（公顷）
1	南潭嘉园住宅区	环山公路以北	0.75
2	光伏产业基地	生态开发区西	3
……			

附录5-2：　　　　　建设项目环境影响报告书

（试行）

项目名称：_____

建设单位（盖章）：_____

编制日期　　　年　　月　　日

中华人民共和国生态环境部制

环 境 影 响 评 价 资 格 证 书 （彩色原件缩印 1/3）

评价单位：_____（公章）

项目负责人：_____

评价人员情况

姓　名	从事专业	职　称	上岗证书号	职　责

建设项目基本情况

项目名称				
建设单位				
法人代表			联系人	
通信地址	省（自治区、直辖市）		市（县）	
联系电话		传真		邮政编码
建设地点				
立项审批部门			批准文号	
建设性质	新建□ 改扩建□ 技改□		行业类别及代码	
占地面积（平方米）			绿化面积（平方米）	
总投资（万元）	其中：环保投资（万元）		环保投资占总投资比例	
评价经费（万元）	预期投产日期		年　　月	

工程内容及规模：

与本项目有关的原有污染情况及主要环境问题：

建设项目所在地自然环境、社会环境简况

自然环境简况（地形、地貌、地质、气候、气象、水文、植被、生物多样性等）：

社会环境简况（社会经济结构、教育、文化、文物保护等）：

环境质量状况

建设项目所在地区域环境质量现状及主要环境问题（环境空气、地面水、地下水、声环境、生态环境等）：
主要环境保护目标（列出名单及保护级别）：

评价适用标准

环境质量标准	
污染物排放标准	
总量控制指标	

建设项目工程分析

工艺流程简述（图示）：
主要污染工序：

项目主要污染物产生及预计排放情况

类型＼内容	排放源（编号）	污染物名称	处理前产生浓度及产生量（单位）	排放浓度及排放量（单位）
大气污染物				
水污染物				
固体废物				
噪声				
其他				

主要生态影响（不够时可附另页）

环境影响分析

施工期环境影响简要分析：
营运期环境影响分析：

建设项目拟采取的防治措施及预期治理效果

类型＼内容	排放源（编号）	污染物名称	防治措施	预期治理效果
大气污染物				
水污染物				
固体废物				
噪声				
其他				

生态保护措施及预期效果

结论与建议

| |
| |

附录 5-3： 国家建设征收土地结案申请表、结案证明和结案表

国家建设征收土地结案申请表

用 地 单 位			
建设项目名称			
用地批准文号		用地位置	
联系人		联系电话	
征地补偿方式			
应付征地补偿款（万元）		实付征地补偿款（万元）	
应转非人数		实际转非人数	
应安置劳动力人数		实际安置劳动力人数	

申请单位（盖章）　　　　年　月　日

国家建设征收土地结案证明

××市国土资源局：

根据××市人民政府×政地〔2009〕第×××号文和××市规划局建设用地规划意见书 2009 规意字×××号，×××单位征收我乡×××村土地×××公顷，开发建设×××项目。经核查，该项目征地补偿费共计×××万元已全部支付到位，不存在拖欠征地补偿款问题，双方对此无争议，同意该单位办理征地结案手续。

　　　　　　　　　　　　×××村民委员会　　　　×××乡人民政府
　　　　　　　　　　　　年　月　日　　　　　　　年　月　日

国家建设征收土地结案表

建设单位名称						
建设项目名称				市政府批地文号		
总用地面积合计 公顷	其中	征收集体土地	公顷	建设用地许可证		
		征收集体土地	公顷	代征绿地	公顷
		使用国有土地	公顷	代征道路	公顷
征收集体土地地类统计（公顷）						

续表

农用地							建设用地				未利用地	
小计	水田	旱地	菜地	林地	园地	其他	小计	村庄工矿	交通	水域	小计	其他
撤销建制名称							转居		转工		超转	
征地费用合计(万元)			土地补偿费		安置补助费		青苗补偿费		地上物补偿费		其他	

备注：此表一式四份　　填报人：　　　　经办人：　　　　填报日期：

乡政府盖章　　　　村委会盖章　　　　建设单位盖章　　　　建设用地科盖章

附录 5-4：　　　土地储备开发案例

第6章 城市更新

学习目标

本章将系统介绍城市更新的基本程序,包括城市更新申报、城市更新规划的编制与审批和城市更新的实施。通过本章学习,应当掌握以下主要知识。
- 城市更新的程序
- 城市更新申报的流程
- 城市更新规划编制与审批的方法与内容
- 城市更新实施的主要内容

在本章学习中,学习者可以联系第 2 章 2.3 城市更新程序概述,结合城市更新实际案例进行学习,以加深对知识点的理解,巩固学习成效。

6.1 城市更新申报

城市更新申报按照工作顺序可以划分为评估、申报主体确认、计划申报审批三个步骤。其中,评估一般由潜在的申报主体或政府部门负责;申报主体确认一般有三种模式:权利主体自行申报、权利主体委托单一市场主体申报及政府相关部门申报;计划申报审批由申报主体编制城市更新单元计划并提交给城市更新主管部门审批。

6.1.1 评估

城市更新申报是政府对城市更新项目实施管控的重要抓手,在城市更新申报阶段,审查核心就是申报项目是否符合城市更新政策、标准而被纳入城市更新计划,因此在申报之前对城市更新项目进行评估就显得尤为重要了。另外,城市更新涉及公众利益,对城市更新项目进行评估有助于制订后续的工作计划。

1. **拟定基本单元边界与土地权属现状调查**

拟定基本单元边界是开展城市更新工作的起点,用以划定城市更新工作范围。城市更新单元一般以宗地为单位,在实际工作中,遇到宗地数量多且单宗面积较小的情况,可以将相邻多个宗地作为一个城市更新单元。对无合法用地手续的地块,按照历史用地协议约定的用地范围、规划功能单元、道路、河流及产权边界等因素合理确定城市更新单元。需要注意的是,拟定基本单元边界时,不要切割宗地。

土地权属现状调查需要对计划进行城市更新的范围内的土地权属按照国有建设用地、

集体建设用地、无合法用地手续土地等进行分类调查，要具体到每个土地单元的产权人信息。土地权属现状调查工作是拟定基本单元边界的重要依据，所以在实践中，拟定基本单元边界和土地权属现状调查是同步进行、相辅相成、互相调整的一个过程。

2. 用地及建筑物现状调查

在用地现状调查中，首先需要明确的是城市更新范围内的土地必须是建设用地，不能侵占非建设用地。其次，闲置用地和国有储备土地一般不纳入城市更新范围，如果因规划需要确需纳入城市更新范围，地方政府一般会控制此类用地在城市更新项目中所占的比例。最后，通过用地现状调查，确实证明城市更新范围内用地属于布局散乱、利用不充分、用途不合理等情况。

建筑物现状调查主要包括建筑面积、建筑占地面积及建筑密度、建筑年代等基本信息。政府对城市更新范围内建筑的状况有明确的标准，以确保城市更新政策切实用于真正的城市更新项目。例如，广州市规定的标准为"2009年12月31日前已建设使用，地块上盖物基底面积占入库单元地块面积的比例达30%以上"。

为了达到城市更新项目的政策标准，应根据用地及建筑物现状调查结果再行调整、拟定城市更新基本单元边界，避免借机扩大边界的行为，同时保证边界划定更加合理，确保城市更新项目的实施效率。

3. 权利主体更新意愿调查

城市更新与土地储备不同，土地储备由政府主导，政府可以采用一定的强制力统筹推进，而城市更新的主动性掌握在权利主体手中，所以权利主体的更新意愿直接决定了项目能否启动、正常推进。此阶段的权利主体更新意愿调查无须采用普查方式，只需要对重要权利主体和抽样主体进行了解即可，以定性判断权利主体更新意愿。

4. 公共要素清单调查评估

公共要素清单调查评估可确保开放空间和公共服务设施能够按照城市规划布局落地，完善城市功能，实现城市更新目标。公共要素清单调查评估的核心是城市功能、公共服务配套设施、历史风貌保护、生态环境、公共开放空间、基础设施和城市安全等方面的公共要素。为了更好地发现现状中的公共要素缺失问题、更有效地实现城市更新目标，在城市更新工作前期，需要调查城市更新单元范围内人群迫切希望得到解决的公共要素问题，该调查一般采用不记名问卷调查方式（见专栏6-1）进行。

专栏6-1　深圳市福田区车公庙片区城市更新规划研究公众调查问卷

尊敬的朋友：

您好！为了对福田区车公庙地区未来的更新改造进行有效的控制和引导，深圳市规划和国土资源委会员委托深圳市城市规划设计研究院编制《深圳市福田区车公庙片区城市更新规划研究》，研究范围见附图。本调查问卷的目的是：充分了解居民对本片区现状的评价、对未来发展的意愿以及在生活和工作中对城市各方面的需求。这次调查是不记名的,您的意见对本片区的发展非常重要,请您根据问卷的要求,认真地回答好每一个问题。调查会耽搁您一些时间,谢谢您的支持与合作!

请您在合适的选项前方框内打"√",除非特别说明,一般只选一项。

1. 您对城市更新的了解程度如何?

□清楚了解,十分关注;□基本了解,大概知道;□不了解,不关注;□其他(请列出)_____。

2. 您来车公庙片区的原因是什么?

□工作;□居住;□休闲娱乐;□就餐;□运动健身;□其他(请列出)_____。

3. 您在车公庙的主要出行方式是什么?

□步行;□自行车;□电动车/摩托车;□公交;□出租车;□私家车;□单位班车;□其他(请列出)_____。

4. 您认为车公庙片区的优势主要有哪些?

□周边成熟而齐聚的产业链;□政策的有力扶持;□土地成本比较小;□生态环境比较好;□丰富的原料供给;□合适的地价、租金;□地理位置优越;□公共基础设施齐全(如水、电、交通、通信等);□劳动力和人才资源;□其他(请列出)_____。

5. 您认为车公庙存在哪些问题?

□开发强度低;□道路不畅,交通拥堵;□缺乏相关商住等配套设施;□其他(请列出)_____。

6. 您认为车公庙最需要规划落实哪些设施?(此题多选,选出您认为最迫切需要规划落实的三个选项)

□医疗设施;□体育设施;□商业服务设施;□交通设施;□居住设施;□其他(请列出)_____。

7. 如果政府为支持中小型企业吸引人才而在车公庙提供政策性产业用房和保障性住房,您对此是否赞成?

□赞成建设政策性产业用房;□赞成建设保障性住房;□两者都赞成;□两者都不赞成。

8. 您是否满意本片区的配套设施状况?

□满意;□一般;□不满意。

9. 您认为本片区需增加哪些配套设施?(可多选)

□幼儿园;□小学;□中学;□医院或社康;□文化活动设施;□餐饮;□影剧院;□健身康体设施;□医疗设施;□派出所;□居委会;□邮电所;□其他(请列出)_____。

10. 您是否满意本片区的道路交通状况?

□满意;□一般;□不满意。

11. 您对本片区道路交通设施的改善有什么意见?

□道路拓宽;□道路改线;□新增道路;□维持原状;□增加公交线;□公交改线;□其他(请列出)_____。

12. 您是否满意本片区的停车位状况？

□满意；□一般；□不满意。

如需增加公共停车场，您建议增加的位置：_____。

13. 您对本片区公共交通的评价如何？

□非常满意；□比较满意；□一般；□不太满意；□很不满意。

14. 如您对本片区公共交通不满意，主要原因是什么？

□路线不合理；□密度低（公交少）；□不准点；□价格贵；□营运时间短；□与地铁接驳不方便；□公交设施差；□速度慢；□不安全；□其他（请列出）_____。

15. 您是否满意本片区的游园绿地状况？

□满意；□一般；□不满意。

16. 您对车公庙片区游园绿地有什么建议？

□增设游园绿地；□整理绿化；□更新游园绿地；□维持原状。

17. 您是否满意本片区内的市政设施状况？

□满意；□一般；□不满意。

18. 您对本片区的哪些市政设施不满意？（可多选）

□给水设施；□排水设施；□电力设施；□通信设施；□燃气设施；□环卫设施。

19. 您认为车公庙是否需要进行城市更新？

□需要，大部分区域都需要；□局部地区需要；□不需要，现状规划已经很完善。

20. 您对车公庙片区未来发展的建议是什么？

_____

衷心感谢您的支持与参与！

附图：规划研究范围（略）

深圳市规划和国土资源委会员

深圳市城市规划设计研究院

2015 年 5 月

联系电话：×××××××× 　　联系人：×××、×××

在完成调查后，申报主体应依据政府对公共要素清单制作的要求和城市规划，分析汇总调查数据，制作公共要素清单，相关建议见专栏6-2。

专栏6-2　　上海市城市更新项目公共要素清单深度建议

内　容	深 度 建 议
功能业态	● 判定现状功能是否符合功能发展导向,提出提高业态多样性和多功能复合性的对策、建议
公共设施	● 明确现状需增加配置的社区级公共设施的类型、规模和布局导向 ● 明确现状邻里级、街坊级公共设施的改善意见

续表

内　　容	深 度 建 议
历史风貌	● 针对历史文化风貌区、文物保护单位、优秀历史建筑、历史街区的区域，梳理需遵循的保护要求 ● 提出提升城市文化风貌和文化魅力的对策、建议
生态环境	● 提出是否需要编制环境影响评估的建议以及需重点解决的环境问题 ● 对是否承担生态建设提出对策、建议
慢行系统	● 提出完善慢行系统现状的对策、建议以及对慢行步道的建设引导
公共开放空间	● 提出现状公共空间在规模、布局和步行可达性等方面的问题、对策和建议
城市基础设施和城市安全	● 提出现状交通服务水平、道路系统、公共交通、市政设施、防灾避难、无障碍设计等基础设施和安全方面的问题、对策和建议

5. 综合评估

在完成上述工作后，地方政府针对城市更新项目的可行性进行综合评估，综合评估包括适用性评估和方案评估。

适用性评估分成两个部分：一是城市更新项目与相关政策的适用性评估，即论证城市更新项目的数据与政策文件要求的标准是否吻合；二是城市更新开发方向与城市更新单元所在区域的相关规划和上位规划是否相适应，如果不适应，则需要评估调整规划的可行性。

地方政府会自行或委托中介机构编制城市更新项目方案并对方案进行评估，主要围绕城市更新项目开发规模、功能配比、实施分期、预期收益、法律风险等层面展开。城市更新项目中，拆除重建、功能改变这两类项目均为经济利益推动型，方案评估侧重在投资的可行性论证上；综合整治类项目则一般为财政投资型，方案评估主要集中在社会效益和生态效益的论证上。

6.1.2 申报主体确认

城市更新申报主体确认的方式根据项目权利人和更新方式不同而不同。综合整治类项目一般均由政府组织申报。对于功能改变类和拆除重建类项目，如果权利主体为单一主体，一般可以由权利主体自行申报，也可以由其委托单一市场主体申报，权利主体为引进具有开发经营能力的合作伙伴一般采取这种委托申报方式；如果权利主体为多主体，则必须采用委托单一市场主体申报方式。

例如，市区老旧国有大型工业厂区更新为文化产业园区项目，因为权利主体单一，所以可以由该厂区权利人自行申报功能改变类城市更新项目，但考虑到工业企业没有经营文化产业的能力，则该厂区权利人可以委托拟引入的文化产业经营能力强的合作伙伴作为委托申报主体；再如，某城市老旧苏式风格居民街区更新为特色文旅商业街项目，因为涉及众多居民，权利主体分散，则需要委托市场单一主体申报城市更新项目。

需要注意的是，在城市更新项目中，如果以村集体建设用地为主要更新范围，因为集体土地所有权人为村集体经济组织，所以在项目申报时，此类项目视同单一权利主体，可以由村集体经济组织或其委托的单一市场主体负责申报。

综上所述，申报主体确认中，难度比较大的是委托单一市场主体申报，以下针对此模式分多权利主体和集体经济组织两种类别分别讲解。

1. 多权利主体

多权利主体城市更新项目必须采用委托单一市场主体申报模式，此模式中，确认申报主体工作分意愿征集和意愿公示两个步骤。

（1）意愿征集。城市更新项目与土地储备项目不同，其不属于为公共利益而采取的征收行为，需要遵循平等自愿精神，必须充分尊重权利人的城市更新意愿，维护和保障权利人的合法权益。意愿征集阶段主要征集两个方面的意见：一是权利主体是否同意对其所拥有的物业进行城市更新；二是权利主体是否愿意委托申报主体开展城市更新申报工作。

意愿征集阶段的工作目标是收集权利主体的权属证明材料，取得权利主体同意委托申报主体开展城市更新项目申报工作的证明材料。

权利主体在此阶段需要配合提供相关的身份证明文件和权属证明材料。有效身份证明文件包括权利主体的营业执照、身份证等。权属证明材料包括房产证、土地证，如果没有房产证，需要提供房屋买卖合同、土地出让合同、联建合同、建设工程相关的审批证件等相关权属证明材料。如果产权存在共有人，还需要提供共有产权分割证明文件或共有人一同参与意愿征集的证明文件；如果涉及产权继承、分割的事宜，还需要提供遗嘱、离婚协议及离婚证等法律文件。

权利主体提供的身份证明文件和权属证明材料通过审查后，由权利主体签署城市更新项目申报委托书，明确委托市场单一主体开展项目申报工作。需要注意的是，如果权利主体为法人单位，在签署城市更新项目申报委托书之前必须取得单位授权文件，比如权利主体为公司，则需要根据公司章程的约定取得董事会决议或股东会决议文件。城市更新范围内物业为国有资产的，其权利人必须提交国有资产管理部门的处置审批文件。

（2）意愿公示。城市更新项目遵循平等自愿精神，所以政府一般会规定城市更新意愿征集结果符合一定的标准方可有效，同时为保证意愿征集的过程、结果均公开公正、合法有效，政府会要求对意愿征集结果进行公示。公示材料应当包括城市更新单元的情况说明、更新意愿汇总表、更新单元范围图。

对于意愿征集结果需要符合的标准，各地政府基于当地的实际情况会从权利人数比例、建筑物面积比例等多方面设定适用于当地的标准，只有在征集意愿的结果符合上述全部标准的情况下，城市更新计划方可申报。例如，《深圳市人民政府办公厅印发关于加强和改进城市更新实施工作暂行措施的通知》（深府办〔2016〕38号）规定，零散旧住宅区部分由区政府组织开展前期工作，由区城市更新职能部门申报，权利主体的城市更新意愿应当达到100%。

申报主体在完成意愿征集后应整理征集结果并通过现场张贴、报纸、网站等渠道对意愿征集情况进行公示。在公示过程中，可能有潜在或相关权利人对更新意愿达成情况提出异议，对此，申报人首先需要核实异议人的身份和权属信息，同时做好答疑工作，然后根据核实结果和沟通情况决定是否将其异议纳入意愿征集统计信息。

2. 集体经济组织

对集体经济组织所拥有的用地范围进行城市更新且委托市场单一主体申报的，确定申报主体工作包括申报主体拟定、集体决策、主管部门审定三个步骤。

集体经济组织首先需要通过公开招标、竞争性谈判等方式拟定申报主体。目前，各地政府对集体经济组织的资产交易均有相关政策规定，集体经济组织必须在此框架内开展申报主体拟定工作。集体经济组织拟定申报主体后应按照集体经济组织的类型召开村民大会、村民代表大会或股东大会等集体决策会议，对拟定申报主体、申报主体的工作方案进行讨论并按照集体经济组织的决策程序和要求进行表决。集体经济组织确定申报主体后应准备权属证明文件、申报主体文件、集体经济组织表决文件向主管部门送审，主管部门一般为镇政府或街道办，主管部门审定上述文件后确认申报主体。

6.1.3 计划申报审批

城市更新申报主体确认后，由申报主体启动计划申报审批工作。计划申报审批工作包括专业文件编制、申报材料制作与申报、计划审批三个步骤。

1. 专业文件编制

专业文件编制随地方政府的要求不同而不同，一般包括城市更新项目概念性规划方案、产业发展规划、测绘报告、环境评估报告等。

城市更新项目概念性规划方案可以更直观地展示未来的城市更新成果，特别体现在公共设施配套、街区建设等方面，该方案一般会委托具备规划设计资质的单位编制。申报主体为了提高城市更新意愿达成效果，也会提前委托编制城市更新项目概念性规划方案以向权利主体进行展示。

产业发展规划主要用于未来涉及产业用地的城市更新项目，这是政府落实产业发展规划的重要抓手。申报主体委托专业机构编制产业发展规划后，一般需要先行报送产业主管部门（发改委或工业和信息化部等）以取得产业发展规划审定意见。

城市更新项目如果涉及城中村、无产权面积的物业等问题，申报主体则必须委托具有测绘资质的单位开展测绘工作，包括对土地、房产等面积进行测绘，测绘数据将纳入意愿征集工作中以备使用。在开展计划申报前，由测绘机构编制测绘报告。

如果城市更新项目现状为工业用地，特别是存在污染的工业项目或者城市更新后的部分用地涉及产业布局的，则需要由申报主体委托具备专业资质的环境评估机构开展环境评估工作。如果现状为污染性工业项目用地且环境评估不达标，还需要委托专业机构编制环境修复方案。环境评估报告和环境修复方案一般需要先行报送环境主管部门以取得审定意见。

很多城市更新项目在更新后会大幅地提高土地利用率，这对基础设施的承载力来说是一个巨大的考验，所以部分地方政府要求申报主体在申报城市更新项目的时候提交市政基础设施管理部门出具的承载力审定意见，为取得此文件，申报主体需要委托市政设计部门编制市政基础设施更新可行性论证报告或承载力论证报告。

2. 申报材料制作与申报

申报主体应按照政府城市更新申报要求编制申报材料，申报材料一般包括申请书（表）、申报主体文件、地块详细信息、更新单元范围图纸、现状权属图（表）、建筑物信息图（表）、更新意愿汇总表及证明材料、权属资料、现状照片、专业文件。其中，申请书（表）的内容一般包括项目基本情况、更新单元边界划定合理性说明、申报原因、计划更新方向和开发强度、意愿达成和申报主体确定的情况说明、相关承诺等。

申报材料制作完成后，由申报主体报送城市更新主管部门形成正式申报。城市更新主管部门对申报材料进行形式性审核，主要审核申报材料是否完备、是否符合材料制作要求等。通过形式性审核后，项目进入计划审批环节。

3. 计划审批

城市更新主管部门对申报材料进行正式审查，主要审查内容包括：①城市更新意愿达成情况及申报主体资格认定；②城市更新单元内的现状建设情况核查；③对项目的必要性、更新单元边界划分合理性进行综合评判。

在计划审批期间，政府各职能部门需配合、支持城市更新主管部门，一般需要不动产登记部门协助核实权属文件，规划、产业、环境、市政、公共服务设施管理等部门提供专业审核意见。城市更新主管部门汇总各职能部门的意见后出具修改或反馈意见，申报主体按照意见提交优化文件。优化文件通过再行审定后，城市更新主管部门将城市更新计划公示，公示结束后转国土、规划部门备案，城市更新计划纳入政府年度更新计划。

6.2 城市更新规划的编制与审批

城市更新规划的编制与审批按照工作顺序又可以划分为基础信息核查、城市更新单元规划编制、城市更新单元规划审批三个步骤。其中，基础信息核查主要是为了保障相关权利人的合法权益，解决产权不清问题；城市更新单元规划编制由委托方即市场主体牵头组织，以城市规划专业为核心，在保障城市公共利益的基础上进行多专业协作，以平衡多元主体利益，提高规划可实施性；城市更新单元规划审批包括规划申报、审查与公示、审批与公告三个环节。

6.2.1 基础信息核查

城市更新申报主体在完成城市更新计划申报并获得批准后，为保证城市更新规划编制中的信息完整、准确、合法、有效，城市更新申报主体需向城市更新主管部门申请基础信息核查。基础信息核查的内容主要是城市更新单元范围内土地及建筑物的性质、权属、功能、面积等。

1. 基础信息核查的必要性

基础信息核查在本质上是一次不动产确权的过程，即确认城市更新单元范围内土地、建（构）筑物及附着物的权利归属以及该权利所处的状态。其目的在于明确城市更新单元范围内土地及房屋的权利主体及其应享有的合法权利，以确定最终的补偿主体和补偿标准。开展基础信息核查存在以下必要性。

（1）妥善解决产权不清问题，保证项目顺利推进。城市更新区域一般建成年代较早，由于当时城市规划和土地管理体制的原因，区域内规划滞后，土地及地上建筑物权属状况及使用状况混乱，历史遗留问题众多。在一些城中村用地的城市更新项目中，更存在大量无产权证明、无用地后续、无报建手续的物业。这些产权不清问题如果不能得到妥善解决，不仅会影响城市更新规划的编制，更会影响城市更新的实施。通过基础信息核查这一程序对产权不清问题进行彻底清查并依据相关政策引导相关主体完成产权确权办理可保证项目的顺利推进。

（2）切实保障相关权利人的合法权益，维护社会稳定。城市更新的过程必然涉及物权保护问题，只有依据平等自愿原则，在充分尊重和保护权利人的合法权益的前提下开展城市更新工作才能保障项目的顺利实施，这就要求申报主体必须对城市更新单位范围内的权利主体的身份、产权、权利等核心信息进行核实，保证城市更新单元范围内的土地及建筑物权属清晰、无争议，以防在安置补偿阶段出现差错、纠纷，避免引发破坏社会稳定的事件。

2. 基础信息核查的程序

（1）基础信息核查申请。城市更新申报主体向城市更新主管部门上报基础信息核查申请书（表）、使用权出让合同、用地批复、土地证、房产证、集体建设用地范围图、建设工程审批证件（文件）、测绘报告等材料。

（2）基础信息核查。由城市更新主管部门或由其委托不动产登记管理部门依据申报主体提交的文件，结合规划、国土、不动产登记等档案及信息系统的基础资料对基础信息进行核查。核查结束后分别对土地、建筑物分类形成核查信息及汇总数据并将核查结果函告申报人。

（3）确权办理。针对基础信息核查结果中需要办理确权手续的土地或建筑物，依据政府颁布的各类产权问题确权办理政策，申报人通知并协助产权人向各职能部门申请办理确权手续，在此期间可能需要结合征地、土地出让、听证会等不同程序，也可能需要补缴各类规费。对于不予配合确权的土地或建筑物，申报人要做好沟通解释工作并制定好安置补偿应对方案。

6.2.2 城市更新单元规划的编制

城市更新申报主体在完成基础信息核查工作后，需要委托具有专业资质的规划设计单位开展城市更新单元规划编制工作。城市更新单元规划是指依据城市总体规划、各类专项规划对城市更新单元的更新目标定位、更新方式、土地利用、开发建设指标、公共设施、市政交通、利益平衡、实施分期等方面做出规划。

1. 城市更新单元规划的编制原则

城市更新单元规划的编制一般遵循以下原则。

（1）优先保障和鼓励增加城市基础设施和公共服务设施等公共利益。一般而言，城市更新项目的开发规模与项目收益有显著的正向关联，但过大的开发规模会对更新区域的基础设施和公共服务设施造成过大的压力，甚至会挤占基础设施和公共服务设施的布局用地。为了保障城市可持续发展，在城市更新项目中捆绑落实公共利益成为通用做法，政府通过容积率转移、奖励等政策以确保增加城市基础设施和公共服务设施等公共利益在城市更新规划中得到落实。

（2）尊重利益相关者的多方诉求，实现各方利益的平衡。有别于新增建设用地的规划，城市更新项目规划涉及现有土地及房产权利主体的合法权益，政府无法单凭一方诉求对用地进行规划。城市更新单元规划强调可实施性，既要落实由政府代表和维护的公共利益，又要考虑市场经济效益因素带来的项目实施性问题。为实现多个主体的利益平衡，在城市更新单元规划编制过程中必须引入协商机制，提供协商的平台，促进政府主体、市场主体、相关权利主体以及公众就城市更新单元规划方案达成共识。

（3）贯彻市场运作理念，调动市场积极性。过往的城市规划基本都是由政府委托，由规划机构根据政府的调控目标来编制城市规划。但城市更新是政府引导、市场运作行为，原有的规划编制模式不再适用。城市更新项目均是存量自愿盘活，城市更新单元规划对城市更新后的开发经营收益有着直接的影响。市场主体对于是否愿意开展城市更新项目必须以明确的城市更新单元规划为前提进行投资分析和决策，所以城市更新单元规划必须充分反映市场主体的意图。因此，在城市更新单元规划的编制过程中，市场主体一般会深度参与编制。在城市更新单元规划编制中，政府的主要作用是服务和监督，提供规划协商平台。

（4）多专业协作，提高规划的可实施性。一方面，城市更新项目涉及多方利益，需要将不同主体的诉求反映在城市更新单元规划编制中；另一方面，城市更新项目涉及土地、交通、生态、建筑、产业、经济、社会治理等多方面的目标。所以，仅仅依靠城市规划、市政规划专业是无法完成的。在城市更新单元规划编制的实践中，由委托方牵头组织，以城市规划专业为核心，结合项目特点和需求，灵活组织调动各专业，对城市更新单元规划开展多专业融合的工作，将利益平衡涉及的方方面面内容有机融合到规划方案中可提高规划的可实施性。

2. 城市更新单元规划的编制内容

城市更新单元规划的编制内容一般包括以下几点。
（1）城市更新单元的具体范围、更新目标、更新方式。
（2）城市更新单元的规划控制指标，包括功能控制指标和空间控制指标等。
（3）城市更新单元内基础设施、公共服务设施和其他用地的功能、产业方向及布局。
（4）城市更新单元内的城市设计指引。
（5）城市更新实施措施和计划。
（6）利益平衡方案。
（7）产业部门意见。

3. 城市更新单元规划编制的注意事项

城市更新单元规划需要依据城市总体规划确定的规划用地布局、用地现状、更新需求、更新目标和策略确定城市更新的边界范围，对城市更新项目的用地性质、公共设施建设、开放强度控制等内容进行系统深入的研究。

在编制城市更新单元规划的过程中，可能还需要同步开展专项或专题研究，如公共服务设施研究、城市设计研究、交通影响评价研究、海绵城市建设研究、规划功能研究、市政工程设施研究、历史文化保护研究、建筑物物理环境研究等。

6.2.3 城市更新单元规划的审批

1. 城市更新单元规划的申报

城市更新单元规划编制完成后，由城市更新项目申报主体向城市更新主管部门或规划主管部门报送城市更新单元规划。申报材料包括：①申报表；②申报主体的身份证明；③城市更新单元规划成果；④基础信息核查结果。涉及文化保护的，还需要提交文物保护主管部门的文物保护意见；涉及产业发展的，还需要提交产业发展专项规划和产业主管部门的意见。

城市更新主管部门或规划主管部门在受理城市更新单元规划申报时，对申报材料的内容和深度是否符合相关政策和技术要求进行审查，书面答复申报人并说明理由；符合要求的，正式受理申报。

2. 城市更新单元规划的审查与公示

城市更新单元规划申报受理部门在受理申报后，征求各政府职能部门的意见或组织各政府职能部门进行联审。城市更新主管部门对城市更新单元的规划目标及方向、配建责任、实施分期安排等进行审查。产业主管部门对城市更新单元的产业现状、更新后的产业定位是否符合产业政策、是否属于鼓励发展产业等情况进行审查。规划管理部门对规划方案是否符合上层规划要求进行审查，如果涉及控规调整，则需要按照控规调控程序办理审批事宜。自然资源部门对规划方案是否符合土地利用政策进行审查。市政、公共服务设施主管部门及环保主管部门分别从自身主管内容对规划方案进行审查。

城市更新单元规划申报受理部门汇总政府各职能部门的审查意见后，将规划方案需要修改和完善的内容函复申报主体。申报主体应在按照函复要求修订城市更新单元规划后再次向城市更新单元规划申报受理部门送审。

最终经城市更新单元规划申报受理部门审定的城市更新单元规划方案在政府网站、报纸等相关媒体公示，向社会征求意见。城市更新单元规划申报受理部门负责收集意见，城市更新单元规划编制机构和申报人负责对征求的意见进行答疑。对征求的意见进行评估后，如确需修订和完善，则对规划方案进行修订和完善后重新办理审查和公示工作；如无须修订和完善，则进入城市更新单元规划审批环节。

3. 城市更新单元规划的审批与公告

城市更新单元规划方案通过公示后，城市更新单元规划申报受理部门组织各政府职能部门对规划方案进行审批，最终由城市更新单元规划申报受理部门向申报人出具城市更新单元规划方案审批意见。

经审批通过的城市更新单元规划方案，由城市更新单元规划申报受理部门就规划方案进行公告，同时将规划方案抄送自然资源部门、规划管理部门备案，将其纳入城市规划管理体系。

6.3 城市更新的实施

城市更新的实施在程序上分为实施方案制定、实施主体确定、拆迁与房地产权注销、用地审批与土地出让四个步骤。其中，实施方案由城市更新单元所在区域的县（区）级政府或其授权机构制定；实施主体确定在程序上分为单一主体形成、拆迁安置补偿协议签署、实施主体资格审查、公示与实施主体确认四个步骤；拆迁与房地产权注销涉及安置补偿发放与被拆除房屋交付、强制搬迁、拆除与土地平整、产权注销四个步骤；用地审批与土地出让主要是办理城市更新单元建设用地申请，进而取得建设用地土地使用权，为房地产二级开发做好准备。

6.3.1 实施方案制定

城市更新单元规划获得批准后，城市更新单元所在区域的县（区）级政府或其授权机构应组织编写城市更新单元实施方案。政府依据近期建设与国土空间规划确定年度实施计划及对应辖区内城市更新年度土地供应规模，城市更新单元实施方案应该依据辖区内城市更新年度土地供应规模和已经获得批准的城市更新单元规划编制。

城市更新单元实施方案应当包括城市更新单元内项目的基本情况、进度安排、单一实施主体形成指导方案、搬迁补偿安置指导方案、搬迁及建筑物拆除进度安排、监管措施等相关内容（见专栏6-3）。

 专栏6-3　　深圳市宝安区××街道××项目城市更新单元实施方案

一、更新单元项目基本情况
1. 更新单元名称：深圳市宝安区××街道××城市更新单元
2. 项目名称：深圳市宝安区××街道××城市更新项目
3. 实施主体申报单位：深圳市××公司
4. 更新单元概况

深圳市宝安区××街道××城市更新单元位于宝安区××街道××，改造方式为拆除重建，拆除用地面积为××平方米，拆除建筑面积为××平方米。

5. 计划申报与审批

申报计划进度安排

实施步骤	内　　容	工作进度	时　　间
申报更新单元计划		已完成	2016
申报专项规划		已完成	2016
申报实施方案		申报中	2017-06-25
申报实施主体		申报中	2017-08-01
实施主体确认	预计2014年1月中下旬可以确认	未完成	
拆迁安置	已与改造范围内所有业主签订协议	已完成	
申请用地审批	预计2017年10月开始	未完成	
办理用地规划许可	预计2017年12月开始	未完成	
签订土地出让合同	预计2018年1月完成	未完成	

6. 土地建筑物信息核查情况

根据市规土委宝安管理局对本城市更新单元土地及房屋核查情况的复函，具有合法手续的用地面积约为××平方米，属历史遗留问题决定书已记载的房屋建筑面积为××平方米，约××平方米为国有未出让土地。

7. 专项规划审批情况

该城市更新项目于2016年×月×日被列入2016年城市更新单元规划制订计划；专项规划于×年×月经深圳市××会审议通过。

本城市更新项目拆除用地面积为××平方米，开发建设用地面积为××平方米，计容积率建筑面积为××平方米，其中，办公××平方米，商业面积××平方米，公共配套设施××平方米（包括××设施××平方米，××设施××平方米），产业研发用房××平方米。

二、项目整体实施进度安排

项目投资总额预计约××亿元，主要包括土地成本、建安成本、其他费用、税金等。

该项目总改造用地面积××万平方米，需拆迁房屋总建筑面积××平方米，项目为整体改造不分期（根据项目进度，具体实施时间可提前），资金安排已落实。

工作内容	项目报建	建筑拆迁	工程施工	项目营销	资金安排/万元	备注说明
土地使用权合同签订	2018-01-01					
建筑方案审批意见书	2018-03-15					
建筑工程规划许可证	2018-07-30					
建筑工程施工许可证	2018-08-15					
地下室顶板（正负零）			2018-02-15			
取得预售许可证	2019-03-15					
竣工验收			2019-04-30			
交楼			2019-10-30			
完成销售				2019-09-30		

三、单一主体形成指导方案

拆除范围存在多个权利主体,其他权利主体通过以下方式将房地产的相关权益转移到深圳市××公司,形成单一主体。

(1)权利主体与搬迁人签订搬迁补偿安置协议。

(2)权利主体的房地产被××公司收购。

按照《深圳市城市更新办法实施细则》相关规定,本城市更新项目由深圳市××公司申报为该项目实施主体。

四、搬迁补偿安置情况

×年×月到×年×月,深圳市××公司与深圳市×××公司等×家企业和王×等×个自然人分别签订了搬迁补偿安置协议书,根据协议,由深圳市××公司负责全部的开发资金并负责拆除该更新单元内所有建筑物。

根据《拆迁补偿协议书》,原深圳市××公司的物业补偿方式为采用按照规划建设实施后物业产权移交与货币补偿两种形式相结合的方式;物业补偿标准为按原面积(××平方米)1∶1比例置换办公用途面积;货币补偿按原面积(××平方米)每平方米××元进行,货币补偿总价款为人民币××元(大写:人民币××元整);王×等×个自然人的补偿方式为货币补偿,货币补偿总价款为人民币××元(大写:人民币××元整)。

五、搬迁及建筑物拆除进度安排

业　主	栋　数	建筑面积/平方米	拆除时间
王五	1	200	2017-10
深圳市××公司	1	4500	2017-10

六、保障环境空气质量提升的措施

加强施工扬尘污染控制,督促施工单位严格按照扬尘防治规范要求落实扬尘防治措施。

七、抓好项目实施的安全生产工作

实施拆除阶段:按照相关要求,抓好房屋拆除的安全管理工作。

施工阶段:加强对建筑施工建设现场的安全监管,防止坍塌、高空坠落、物体打击等事故的发生,全面排查建筑工地安全隐患,配合主管部门做好跟踪检查,发现问题及时向深圳市宝安区城市更新局及所在辖区街道汇报,同时制定具体整改措施,落实具体责任人,做到层层抓落实,全面消除各种隐患,确保取得实效。

深圳市××公司
××××年××月××日

城市更新单元实施方案可为后续项目的实施提供指导作用,同时也是政府对项目实施进行监管的参照标准。城市更新单元实施方案的编制单位为政府或其授权机构,该项目未来实施中的监管责任方也是编制该方案的政府。城市更新单元实施方案编制完成后报送城市更新主管部门备案并根据要求将该方案在政府网站、张贴等方式进行公告。

6.3.2 实施主体确定

城市更新单元实施方案经备案公告后,即进入实施主体确定环节。实施主体是指具备一定条件并取得实施主体资格的权利主体,其只能是单一主体。综合整治类城市更新项目的实施主体由政府担任或由政府指定;拆除重建或功能转变类项目,若权利主体为单一主体的,则实施主体可以是权利主体自身或其选择的单一主体;若权利主体为多个,则必须按照程序形成单一主体。需要注意的是,集体用地范围内的城市更新项目在申报阶段视为有一个权利主体,但在实施主体确定阶段必须按照多权利主体执行。以下从单一主体形成、拆迁安置补偿协议签署、实施主体资格审查、公示与实施主体确认四个步骤分别说明实施主体确定阶段的具体内容。

1. 单一主体形成

单一主体的形成方式主要有三种:一是权利主体以房地产作价入股成立或加入公司,入股或加入而形成的公司为单一主体;二是单一主体主动与权利人签订搬迁安置补偿协议或房地产收购协议;三是通过公开招标方式选择合作企业以形成单一主体,招标公告见专栏6-4。涉及多权利主体且主体均为居民的城市更新项目,如城中村城市更新、老旧居民区城市更新,则必须采取第三种方式形成单一主体,招标主体一般为村集体经济组织、县(区)级政府等。以第三种方式形成单一主体的,必须签订合作协议(参见附录6-1)并将协议报城市更新单元实施监管责任方备案。

 专栏6-4　CQ市HZ区TY街ML村城市更新项目公开选择合作企业公告

(项目编号:××-××)

根据CQ市HZ区人民政府TY街道办事处批准,CQ市HZ区TY街ML村经济联合社委托CQ公共资源交易中心对CQ市HZ区TY街ML村旧村全面更新项目公开选择合作企业。现将有关事项公告如下。

一、更新项目基本情况

(一)项目名称:CQ市HZ区TY街ML村旧村全面更新项目。

(二)项目地址及范围:CQ市HZ区TY街ML村。

(三)项目片区居民情况:居民1858户,户籍人口4525人。

(四)项目土地房屋现状

总用地面积	国有土地0.13万平方米(其中,建设用地0.13万平方米,农用地0.001万平方米);集体土地58.78万平方米(其中,建设用地41.49万平方米,农用地17.29万平方米)

续表

房屋建筑面积	43.65 万平方米
更新方式	采取村企合作更新模式，更新范围内集体建设用地转为国有建设用地；本项目用地手续完善后，采用划拨\协议出让方式供地（以规划和自然资源主管部门意见为准），合作企业按照经批准的更新方案及相关规划要求拆除重建实施更新

（五）项目更新规划条件：以政府批复的用地规划条件为准。

二、合作项目内容

（一）本项目通过公开方式选择合作企业确定为竞得人，负责对交易发起人提供的旧村更新项目进行全面更新，更新范围内集体建设用地转为国有建设用地（最终更新范围以实施方案批复为准）。

（二）本项目更新投资总金额约为 63 亿元人民币。开发地块协议出让具体价格标准及协议出让时点按规划和自然资源部门核准要求执行。竞得人负责所有更新成本及资金投入并自行承担和享有开发经营风险和收益，交易发起人不承担开发经营风险，不享有开发地块项目收益。

（三）本项目竞得人应优先进行复建安置房建设，确保按时安排村民回迁；同时，根据经批复的更新实施方案要求，竞得人应严格按照《合作协议》妥善开展拆迁补偿安置工作。交易发起人及更新范围内村民按照《合作协议》享有拆迁安置、经济补偿等相关权益，不承担开发经营风险和收益。

（四）交易发起人负责协助竞得人办理集体用地转国有用地有关申报手续，包括但不限于项目更新方案、规划、建设、不动产登记等各种审批手续；协助竞得人依法取得开发地块的国有土地使用权；负责确认安置房建筑方案（含安置房户型），监督乙方根据设计图纸进行施工；配合临时安置补助费、搬迁补助费、搬迁奖励费等费用的发放工作；负责协调本项目社员、被拆迁单位等被拆迁人、承租人以及项目土地相邻方的矛盾及纠纷，尽力排除阻碍本项目开发的干扰因素；负责清理、解除村集体原有的涉及本项目更新的各类经济合同等相关工作；负责安置房的分配等其他相关工作。

三、交易申请人资格要求

（一）中华人民共和国境内的法人均可申请报名。

（二）具备独立法人资格的企业法人（全资子公司或其母公司），具备房地产开发企业一级资质（以国家住房和城乡建设部门颁发的资质证书为准）。

（三）注册资本不低于 5 亿元人民币（以验资报告为准）。

（四）经审计，企业最近一年度总资产不低于 500 亿元人民币，净资产不低于 200 亿元人民币（以上一年度审计报告为准）。

（五）信用记录良好，企业信誉好，社会责任感强，近 5 年内：

1. 银行信用记录良好，近 10 年内连续 5 次企业资信等级达到 AAA 一级或以上级别（经中国人民银行认可的评估机构出具的评估等级证明）且具有与本项目相匹配的自有资金及融资能力，企业自有资金比例不得低于项目总投资的 30%（竞选文件中提交承诺书）。

2. 在CQ市工商、税务、建设房地产等部门没有违法违规记录，也不存在工程"烂尾"或其他类似违法等情况；没有出现严重的信用和信誉危机，没有处于资产被接管或冻结状态。竞选文件中提交承诺书且在"信用中国"平台（网址：https://www.creditchina.gov.cn）无不良信用记录（由评委评审当日通过"信用中国"网站查询，如经查询申请企业未列入失信黑名单、行政处罚名单，则视为没有不良信用记录）。

（六）具备房地产开发经验，参与竞选企业在近5年内，其房屋建筑面积累计竣工验收超过350万平方米（申请企业直接持股50%以上的子公司的房屋建筑面积可以累计计入该申请企业房屋建筑面积的数据范围）。

（七）申请企业必须具备旧村更新经验，在国内直辖市、省会城市累计取得不少于三条旧村（城中村）更新项目实施方案政府批复，更新范围总占地面积不低于200万平方米（即3000亩）（以市级相关职能部门确认批复文件为准）。

（八）经中国房地产业协会评选为2019中国房地产开发企业100强企业之一，通过中国房地产产业协会官网（http://www.fangchan.com/zt/top500/index.html）可查询。

（九）申请企业应提交2亿元人民币的参选保证金。

（十）本项目不接受联合体报名。

（十一）其他条件。

1. 申请企业经村集体经济组织成员代表会议表决通过同意合作且同意与申请企业签订《CQ市HZ区TY街ML村旧村全面更新项目合作协议》（以下简称"合作协议"），获得合作企业资格，申请企业必须在取得《CQ市HZ区TY街ML村旧村全面更新项目公开选择合作企业合作更新通知书》之日起5日内与村集体经济组织签订合作协议，否则视为申请企业放弃资格。

2. 表决结果确定后，由本村集体经济组织在表决后公示合作企业名单，同时在CQ市公共资源交易中心网站、HZ区人民政府官方网站、村务公开栏公示表决结果，公示时间不少于7日。本集体经济组织成员大会有权在公示期内单方表决最终是否与合作企业签订合作协议，如决定不与合作企业签订合作协议的，则重新进行招商，由CQ公共资源交易中心在30日内退还其参选保证金本金。

3. 申请企业如获得合作企业资格的，必须在被确认为合作企业之日起5日内与本集体经济组织就该项目前期垫付可依规纳入更新成本费用达成一致意见，以签订书面协议为准。

4. 申请企业的实际控制人、主要投资者、控股集团公司、控股母公司符合上述第（一）项至第（八）项关于资质、资产、条件及标准等要求的，可视为申请企业符合相应要求。

5. 申请企业的资格条件解释权归村集体经济组织。

四、本项目通过资格评审方式公开选择合作企业。交易申请人为1个或1个以上的，本次交易活动有效；通过资格评审的候选合作企业为1个或1个以上的，本次交易活动有效；若无企业报名或报名企业均未能通过资格评审，本次交易活动即宣告终止，交易发起人将另行组织交易活动。

五、交易申请人应按照招商文件要求按时足额缴纳交易保证金，交易保证金必须由交易申请人支付。交易保证金缴纳时间以实际到达系统提示的银行账号为准（开户单位：CQ公共资源交易中心，开户行详见网上交易系统提示的银行账号）。相关保证金操作详见《CQ

公共资源交易中心关于投标项目保证金操作指引的说明》中的"政府采购投标保证金"。

六、交易申请人按时足额缴纳交易保证金并进行项目绑定。交易申请人必须在公告规定截止日期前将资格评审文件送达 CQ 公共资源交易中心指定地点。递交资格评审文件截止后当即开标。

七、时间安排

（一）公告时间：××××年××月××日至××××年××月××日（不少于 45 日）。

（二）网上报名时间：××××年××月××日至××××年××月××日 23 时 59 分（不少于 45 日）。

（三）缴交保证金时间：同网上报名时间。

（四）现场递交资格评审文件时间：××××年××月××日 9 时起至 10 时止；递交资料地点：CQ 公共资源交易中心 HZ 交易部第 2 开标室（CQ 市 HZ 区 HZ 大道 2 号）。

（五）开标时间：××××年××月××日 10 时。

八、本次公开选择合作企业交易活动由 CQ 公共资源交易中心发布更新项目公开选择合作企业的公告及招商文件，由资格评审委员会对资格评审文件进行资格评审后，由 CQ 市 HZ 区 TY 街 ML 村经济联合社组织成员代表会议按相应程序进行表决、公示，择优确定合作企业。

九、CQ 公共资源交易中心在收到表决结果后 2 个工作日内在交易中心网站进行公示，公示时间不少于 7 日。公示期满，合作企业应在接到 CQ 公共资源交易中心通知后按照招商文件规定的要求缴纳交易服务费。CQ 公共资源交易中心在收取交易服务费后 2 日内发出《成交确认书》。交易发起人在签订《成交确认书》之日起 5 日内向竞得人发出《合作更新通知书》并签订《CQ 市 HZ 区 TY 街 ML 村旧村全面更新项目合作协议》。

十、其他需要公告的事项

（一）符合资格条件的交易申请人应于网上报名截止前通过网上交易系统进行网上报名。交易申请人必须先行办理 CA 数字证书才能登录系统参加网上报名活动。

（二）《CA 数字证书与电子签章办理指引》《供应商信息系统操作指引汇总（适用于政府采购电子招投标项目）》等相关资料交易申请人可以从 CQ 公共资源交易网服务指南栏目的办事指引中下载并认真阅读。

（三）交易申请人应详尽了解本项目更新情况、所列条件及全部招商文件内容，提交报名申请资料及资格评审文件视同对本次更新项目的情况和招商文件全部内容无异议并全面接受，违反有关条款的，将承担相应的法律责任。

（四）本项目不接受邮寄、电话、传真、电子邮件及口头申请。

（五）本项目不组织现场踏勘。

（六）本项目不组织答疑会。

（七）本次公开选择合作企业的竞选及成员代表表决会议于××××年××月××日 10 时在 CQ 市 HZ 区 TY 街 ML 村村委办公楼三楼会议室举行。

（八）潜在交易申请人或利害关系人对本公告及公开选择合作企业招商文件有异议的，应以书面形式向 CQ 市 HZ 区人民政府 TY 街道办事处提出。

（九）竞得人必须在本项目成交结果公示结束后至《成交确认书》发出前，向 CQ 公共资源交易中心支付交易服务费。具体缴纳标准详见《关于公共资源交易服务费标准及相关指引的说明》，该说明可通过 CQ 公共资源交易网服务指南的办事指引专栏下载获取。

（十）本次更新项目的详细资料和具体要求见招商文件。招商文件可以从 CQ 公共资源交易网下载获取。

十一、联系方式（略）

CQ 公共资源交易中心
××××年××月××日

2. 拆迁安置补偿协议签署

通过公开招标方式形成单一主体后，单一主体需按照城市更新实施方案的要求，就城市更新单元范围内房屋及其他建筑物、附属物等拆迁安置补偿、拆除等事宜进行谈判并形成书面协议。该协议不仅是单一主体与权利主体之间相关权利、义务的载体，也是政府相关职能部门履行监督审查、办理相关认证和回迁安置房产权的依据。拆迁安置补偿协议的签署遵循意思自治[①]、等价有偿的基本原则。

拆迁安置补偿协议的内容包括：①当事人及拆迁房屋产权状况；②补偿方式、补偿金额及支付期限；③回迁安置房的地点、面积、建设标准、建设期限、价格、选房办法、产权办理事宜等；④搬迁期限、过渡安置方式和过渡期限；⑤原房屋拆除和产权注销以及原房屋所附着的义务与责任的承担；⑥协议生效时间和条件。

拆迁安置补偿的内容包括房屋补偿、建筑物及附属物补偿、装饰装修补偿、临时安置补偿、搬迁费、停业停产补偿、搬迁奖励等。

单一主体与权利人签署拆迁安置补偿协议后，对该协议进行公证。在协议签署比例达到当地政府规定的确认实施主体政策标准后，单一主体向城市更新主管部门申报实施主体资格审查。由于城市更新不用于土地储备、棚户区改造等，不属于政府征收行为，无法进行司法裁定的强制征收，所以政府一般规定拆迁补偿协议签署率要达到 100%。

3. 实施主体资格审查

单一主体申请实施主体资格审查时应提交以下材料：①申请书（表）；②申请人身份证明文件；③城市更新单元规划确定的项目拆除范围内土地和建筑物测绘报告、权属证明、抵押及查封情况核查文件；④形成或者作为单一主体的相关证明材料（房产收购协议及付款凭证，房地产作价出资、入股协议及工商登记文件，单一主体中标文件及合作协议、拆迁安置补偿协议及付款凭证、异地安置文件及回迁安置表等）。

城市更新主管部门在收到申报材料后进行审查，重点审查单一主体形成的证明材料，特别需要严格审查、核算拆迁安置补偿协议签署率，确保符合实施主体确认标准。

4. 公示与实施主体确认

实施主体资格审查通过后，城市更新主管部门将城市更新单元范围内土地和建筑物权

[①] 意思自治是指在民事活动中，民事主体的意志是独立的、自由的，不受国家权力和其他当事人的非法干预。也就是说，民事主体在没有非法的外力强迫的情况下，完全根据自己的主观判断来决定民事法律关系的设立、变更和终止。

属情况、单一主体形成情况在城市更新单元现场张贴公示，同时也可以在相关媒体公示。公示结束后，城市更新主管部门完成对公示意见的处理。

经公示无异议后，城市更新主管部门向实施主体颁发合法实施主体资格确认文件，同时实施主体应与城市更新主管部门、项目实施监管责任方签署城市更新项目实施监管协议。城市更新项目实施监管协议是城市更新单元实施方案落地的法律文件，进一步明确了政府对实施主体后续项目实施监管的依据、标准。城市更新项目实施监管协议应该明确的内容包括：①实施主体按照城市更新单元规划要求应履行的移交城市基础设施和公共服务设施用地等义务；②实施主体应当完成搬迁并按照搬迁补偿安置指导方案履行货币补偿、提供回迁房和过渡安置等义务；③城市更新单元内项目实施进度安排及完成时限；④城市更新项目内产业准入的监管约定；⑤城市更新主管部门或项目实施监管责任方采取的监管措施，如设立资金监管账户。

6.3.3 拆迁与房地产权注销

城市更新单元实施主体确定后，实施主体即可启动拆迁工作，完成拆迁工作后，由实施主体向不动产登记部门申请办理房地产权注销工作。

1. 安置补偿发放与被拆除房屋交付

实施主体应严格按照搬迁补偿安置指导方案及拆迁安置补偿协议的约定向权利主体支付补偿款并履行安置义务。权利主体应在协议约定的时间范围内进行搬迁并与实施主体办理房屋验收依据手续。权利主体移交房屋时应保证房屋的完整性，不得破坏房屋结构，不得拆除相关附属设施设备，应按照拆迁安置补偿协议的约定清理房屋。权利主体应将房屋钥匙、产权证原件及委托注销产权证委托书移交给实施主体。

2. 强制搬迁

签署拆迁安置补偿协议后，权利主体或承租人在搬迁期限内拒绝搬迁的，实施主体可依法向仲裁委员会或人民法院起诉，要求权利主体或承租人限期搬迁。若权利主体或承租人不履行裁决，实施主体可以向人民法院申请强制执行。

3. 拆除与土地平整

在完成搬迁工作后，实施主体应制定城市更新单元建筑物拆除方案，该方案包括拆除工作方案、建筑废弃物减排及处理方案，拆除工作方案中应明确建筑物拆除施工单位。实施主体应将城市更新单元建筑物拆除方案报建设主管部门备案并同时申请施工许可证。

实施主体在取得施工许可证后，在城市更新单元内张贴拆除公告，对于规模较大的城市更新项目，拆除公告还应在报纸、电视等媒体上刊登。拆除公告内容包括实施主体、施工单位、施工许可证号、拆除范围、拆除期限等。

拆除工作应依法委托具有相应施工资质的施工单位开展，在施工中要避免出现违法拆除、暴力拆除等事件，做好相应的安全预防措施。涉及爆破施工的，还应提前申请办理爆破许可。

在拆除工作中，对于存在争议、纠纷或产权不明的建筑物以及强制搬迁的建筑物，在拆除之前应办理拆迁证据保全公证，委托公证机关对建筑物及附属物的现状依法采取勘测、拍照、摄像等保全措施，以确保其真实性。在拆除工作中，还需要做好文物保护、市政设施保护等工作，确保区域内文物安全和正常生产生活不受影响。

实施主体在对项目拆除范围内的建筑物及其附属物进行拆除后，应对土地进行平整。土地平整工作包括清除场地内地上地下障碍物、排除地面积水、修建临时施工道路等，以达到后续房地产二级开发的施工条件。

实施主体完成拆除与土地平整工作后，需要向城市更新主管部门申请拆除工作验收，城市更新主管部门对拆除现场进行勘查，根据勘查结果向实施主体出具拆除完成确认文件。

4. 产权注销

实施主体应向不动产登记部门申请房地产产权注销。办理产权注销申请应提交的材料包括：①申请书（表）；②实施主体身份证明文件；③城市更新单元规划批复文件；④房地产权属文件；⑤拆迁补偿安置协议及委托注销产权证委托书；⑥城市更新主管部门出具的拆除完成确认文件。对于强制搬迁项目，还需要提供裁决文件和强制执行文件。对于产权不明、强制搬迁等现象造成的权利人未提供权属文件和委托注销产权证委托书，其权属信息以不动产登记部门登记的信息为准。对于权利人因证件、文件遗失等原因无法提供权属证明文件的，则需要权利人出具承诺函，城市更新主管部门对房屋拆除情况出具确认函，经不动产登记机构核查，拆补偿安置协议所约定权属信息与不动产登记部门登记信息一致的，则可以办理产权注销，否则需要实施主体与权利人重新提交文件。

不动产登记部门对实施主体提交的文件进行审核通过后，实施主体应将产权注销事项在城市更新单元现场张贴和刊登报纸进行公告。公告期无异议或异议不成立，不动产登记部门正式注销上述房屋产权并向实施主体发放产权注销确认文件。

6.3.4 用地审批与土地出让

城市更新单元实施主体完成拆除与土地平整、产权注销工作后，即可办理城市更新单元建设用地申请，进而取得建设用地土地使用权，为房地产二级开发做好准备。

1. 建设用地审批

实施主体向规划主管部门申请办理《建设用地规划许可证》，提交的申请材料包括：①申请书（表），明确申请的开发建设用地及地下空间的范围、面积等；②实施主体身份证明文件；③城市更新单元规划审批文件；④城市更新项目实施监管协议；⑤不动产登记部门出具的产权注销确认文件。如果项目涉及农用地转建设用地，应先行办理农用地转用报批手续。实施主体申请开发建设用地面积不得大于城市更新单元拆除范围内手续完善的各类用地面积与计划一并出让给实施主体的零星未出让国有土地面积之和。

规划主管部门对实施主体的申请事项进行审批，符合条件的，由规划主管部门向实施主体核发《建设用地规划许可证》。

2. 土地出让

实施主体取得《建设用地规划许可证》后，即可向国土主管部门申请办理建设用地的协议出让。具体内容详见本书第 3 章内容。

城市更新项目的土地协议出让地价会有一些特殊处理。一般地，规划容积率在政府指定容积率之下的项目无须缴纳地价款，规划建筑面积在原有建筑面积一定比例之下的部分无须缴纳地价款（很多城市规定比例为 1.5 倍）；规划容积率与移交公益项目面积比例挂钩，一般移交面积大会相应提高容积率；回迁安置房用地同步办理出让手续，应收地价款一般按照评估值或基准地价给予折扣。

实施主体办理完土地出让并按约定缴纳地价款及税费后，城市更新正式转入房地产二级开发，这里不再赘述。

思考与练习

1. 城市更新的基本程序包括哪些阶段？
2. 城市更新申报包括哪些步骤？
3. 城市更新规划编制与审批的工作流程是什么？
4. 城市更新实施的步骤包括哪些？
5. 城市更新中申报主体、权利主体、实施主体的关系是什么？
6. 从房地产开发的角度，城市更新与土地储备的本质区别是什么？

结合既有知识，找一个具体案例探讨：为什么要实施城市更新？当前城市更新还存在哪些问题？应当如何改进？

附录 6-1： CQ 市 HZ 区 TY 街 ML 村旧村全面更新项目合作协议

甲方（村集体经济组织）：CQ 市 HZ 区 TY 街 ML 村经济联合社
地址：_____
联系电话：_____；邮政编码：_____
法定代表人姓名：_____，职务：_____
法人身份证号码：_____

乙方（合作企业）：_____
地址：_____
联系电话：_____；邮政编码：_____
法定代表人姓名：_____，职务：_____
法人身份证号码：_____
委托代理人姓名：_____，职务：_____
委托人身份证号码：_____

为加快推进 CQ 市 __TY__ 镇（街） ____ML____ 村更新项目建设，根据《CQ 市城市更新局关于印发<关于进一步规范城市更新类项目选择合作企业有关事项的意见>的通知》等相关规定，甲、乙双方就 __ML__ 村更新项目（下称本项目）合作开发建设的有关事项，经协商一致，订立如下协议。

第一条　项目概况

（一）项目基本情况

本旧改项目位于 CQ 市 HZ 区 ML 村，东至 ML 村，南至 BL 村，西至 JS 村，北至 LT 村。本村集体经济组织的在册总人口为 4525 人、1858 户。更新范围的总用地面积约为 58.91 万平方米，其中土地利用总体规划中建设面积为 41.62 万平方米，现状建筑总量 43.65 万平方米（最终以政府批复为准）。旧村更新范围的平面界址为 ML 村、BL 村、BJ 村、JS 村、LT 村共 5 个自然村。本更新项目的合作内容主要为以 ML 村整个行政村为单位，对全村实施全面更新。

（二）项目基础数据

详见招商文件。

第二条　合作方式

（三）本项目由乙方独立开发经营，负责所有更新成本及资金投入，总投资约人民币 63 亿元，乙方自行承担和享有开发经营风险和收益。甲方及甲方村民按照本协议享有拆迁安置、经济补偿等相关权益，不承担开发经营风险和收益。

（四）在本协议签订之日起 30 日内，乙方负责协助甲方在 HZ 区成立一家合资公司（最终以政策规定和政府要求为准）作为本项目的更新主体（以下称"项目公司"）。

（五）本项目由甲方提供项目地块（含复建地块、开发地块），乙方承担本项目的更新资金并出资建设复建安置区。政府部门将本项目开发地块协议出让给项目公司，由项目公司进行开发并回收更新资金。

如政府部门将本项目开发地块协议出让给项目公司，则在收到乙方书面要求的 30 日内，甲方应配合乙方办理相关工商变更手续、将其所持有的项目公司 100%股权以注册资本的价格转让给乙方或乙方指定的关联方。

如更新政策、政府主管部门对于开发地块出让有最新的政策要求，甲方应积极配合乙方取得开发地块的国有土地使用权。

第三条　甲乙双方的责任

（六）甲方责任

1. 乙方为甲方通过公开方式选择的合作单位，甲方不得在未经乙方书面许可的情况下，与其他单位签订与本项目相关的任何协议。

2. 甲方向乙方提供本项目建设所需的成员大会、代表大会的表决决议及其他的一切相关文件，包括负责按相关政策规定组织项目拆迁安置补偿方案的表决，协助乙方办理本项目立项、规划、用地、报建等手续。

3. 负责动迁并协助乙方与被补偿人签订补偿安置协议。

4. 协助乙方依法取得开发地块的国有土地使用权。

5. 负责确认建筑方案（含安置房户型），监督乙方根据设计图纸进行施工。

6. 负责安置房的分配工作。

7. 配合临时安置补助费、搬迁补助家费、搬迁奖励费、装修补偿费等费用的分发工作。

8. 认真做好村民的思想工作，力争创造一个和谐、安定的建设施工环境，并尽量排除可能影响本项目顺利开发的干扰因素。

9. 负责清理、解除村集体原有的涉及本项目更新的各类经济合同等相关工作。

10. 其他应由甲方负责的工作。

（七）乙方责任

1．负责项目基础数据调查、更新计划编制、实施方案编制、完善历史用地手续、开发地块土地出让金等与本项目有关的费用、成本。其中，政府前期已垫支的基础数据调查、规划编制、实施方案编制等费用，由乙方负责支付。

2．负责办理本项目更新方案、规划、建设等各种审批手续，并承担相关费用。

3．须付清签订开发地块的《国有土地使用权出让协议》所需的一切费用，包括但不限于土地出让金。

4．负责在规定时间内将复建安置资金存入复建安置资金监管账户（当乙方需要缴纳复建安置保证金时，履约保证金全额转做复建安置保证金）签订监管协议。确保本项目的拆迁补偿及工程资金及时到位，保质、按期推进本项目的开发建设。

5．负责与被补偿人签订补偿安置协议以及地上附着物的拆除工作，承担所有拆迁成本，并尽量避免发生任何对抗性的矛盾和纠纷。

6．保证项目的开发优先建设复建安置房，妥善安置村民。保证在约定的时间内按照约定的工程质量和交楼标准完成复建地块上的住宅、集体物业以及相应配套设施、构筑物及其附属设施（含地下空间部分）的竣工验收工作。

7．乙方承诺如果因为资金问题造成项目安置房建设停工时间超过两年，本协议自行解除，由甲方通过 CQ 公共资源交易中心重新公开选择合作企业参与更新，因此产生的一切费用由乙方承担。

8．其他应当由乙方承担的责任及履行的相关义务。

第四条　担保

（八）为了保证本协议履行到位，乙方自愿在合作协议签订之日的<u>十个工作日内缴纳贰亿元整（¥200,000,000）</u>的履约保证金。履约保证金的使用应按照甲乙双方所签订的《履约保证金账户监管协议》执行。

第五条　违约责任

（九）甲方若违反本协议有关条款造成本协议不能履行，或单方终止协议，甲方应返还履约保证金和乙方前期投入全部费用和损失，并以履约保证金相同金额作为违约金补偿给乙方。

乙方若违反本协议有关条款造成本协议不能履行，或单方终止协议，甲方可没收履约保证金，不予返还，并由乙方承担由此造成的全部经济损失。

（十）本协议签订后，若甲方在未经乙方书面许可的情况下，与其他单位签订与本项目相关的任何协议，甲方须承担因此造成的一切责任并赔偿乙方的全部损失。

（十一）如果由于国家政策或不可抗力造成该项目不能实施，甲、乙双方均不作违约论，双方互不承担责任。

（十二）因甲方原因造成停工、误工，由甲方承担此造成的损失，甲方村民个人行为导致的停工、误工损失不在此列，由甲、乙双方共同协商解决。

第六条　协议的框架性和完整性

（十三）为保证本项目顺利完成，甲方和乙方可根据项目实施情况再签署本项目的具体合作协议或补充协议。

（十四）甲乙双方在履行本协议过程中形成的下列文件均为本协议的附件，与本协议具有同等法律效力。

1．政府有关部门的批复、批准书及附图。

2．经协议各方确认的设计、规划、建设等图纸和相关标准。

3．甲乙双方签订的其他协议或补充协议。

4．其他经甲乙双方确认的文件。

5．其他法律文件。

上述附件可视为对本协议的完善和补充，但原则性内容均不得与本协议发生冲突。

第七条　协议的生效及其他

（十五）本协议自甲、乙双方盖章签字之日起生效。

（十六）未尽事宜，甲、乙双方可根据本项目的具体进展情况和甲乙双方确定的进度计划，及时协商签订补充协议。

补充合同、协议签订后，应当自签订之日起 30 日内抄送区城市行政主管部门和属地镇（街）各一份。

（十七）本协议在中华人民共和国 HB 省 CQ 市_____签订。在本协议履行过程中，如有争议，甲乙双方应及时协商解决；协商不成的，向乙方所在地人民法院提起诉讼。

（十八）本协议一式十份，甲、乙双方各执四份，报送区城市更新部门、属地镇（街）各一份存档，具同等法律效力。

第八条　其他约定

_____
_____
_____

甲方（盖章）：

法定代表人或签约代表：

乙方（盖章）：

法定代表人或签约代表：

签订日期：_____年____月____日

第 7 章　房地产开发前期管理

学习目标

本章将系统讲解房地产开发企业在获取土地使用权后，项目开发前房地产规划与设计管理的具体政策细节，介绍房地产规划与设计指标，在此基础上，结合实际案例，更深一步地讲解房地产开发项目规划设计方案的编制、评价知识。通过本章的学习，应当掌握以下知识。

- 房地产开发前期管理的内容与程序
- 房地产开发规划管理涉及的建设用地选址规划、建设用地规划管理、建设工程规划管理的含义和基本内容
- 居住项目规划与设计的指标体系
- 居住区规划的基本要求和居住区规划方案的编制程序
- 房地产开发项目规划设计方案的评价方法

在学习本章的同时，建议学习者多到房地产开发项目现场和现有物业及小区内进行考察，将书本中的知识与实际工作结合起来。

7.1　房地产开发前期管理概述

7.1.1　房地产开发前期管理的概念与作用

1. 房地产开发前期管理的概念

房地产开发前期管理是指房地产开发企业在获取土地使用权后，按照政府管理的要求申请办理各项审批手续，开展项目开发前的准备工作。

房地产开发前期管理包含两层内涵：其一，房地产开发前期管理是房地产开发企业开展项目开发工作的一个重要过程，是整个项目的龙头，直接决定着项目能否实现经济效益目标；其二，房地产开发前期管理是政府落实房地产开发管理政策的重要抓手。

需要注意的是，房地产开发必须接受城市规划的统一管理。城市规划管理是指城市人民政府按照法定程序编制和审批城市规划并依据国家和各级政府颁布的城市规划管理的有关法规与具体规定，对批准的城市规划采用法律的、行政的、经济的管理办法，对城市规划区内各项建设进行统一安排和控制，使城市中的各项建设用地和建设工程活动有计划、有秩序的协调发展，保证城市规划的顺利实施。因此，城市规划为房地产开发提供了指导，同时规划设计也是房地产开发谋求合理经济效益的必要手段。因此，房地产开发经营者应

增强城市规划意识,了解项目开发所在城市的规划情况,掌握一定的规划知识和技术,做到在城市规划的指导下更有效地从事开发工作。

2. 房地产开发前期管理的作用

随着房地产开发经营进入资本高周转时代,房地产开发企业对房地产开发前期管理越发重视,其对房地产开发项目有三个决定性作用:①直接决定着项目开发建设启动时点,进而影响项目开发进度。例如,10月启动建设可能使项目获得春节返乡置业销售黄金期,而若因为前期管理不到位,12月启动建设,将面临春节放假,项目无法在春节返乡置业销售黄金期达到预售申请条件。②直接影响项目资本周转率。《不动产权证》和《建筑工程施工许可证》的办理进度直接影响了融资资金进入的时点,《建筑工程施工许可证》的办理进度直接影响了销售进度和销售回款,这些都进而影响着融资现金流回正和经营现金流回正周期,造成资本周转率降低。③直接决定项目经济效益。规划设计工作决定了经济技术指标的落实和未来的定价,也影响着建设成本。房地产开发经营属于资金密集型行业,房地产开发前期管理工作通过对资本周转率的影响对投资成本产生重大影响。

7.1.2 房地产开发前期管理的内容与程序

1. 房地产开发前期管理的内容

房地产开发前期管理的内容包括行政审批办理和招投标管理。

行政审批办理包括《建设用地规划许可证》《不动产权证》《建设工程规划许可证》《建筑工程施工许可证》《商品房预售许可证》的申报办理。以上工作中,《建设用地规划许可证》和《建设工程规划许可证》涉及政府规划管理;《不动产权证》和《商品房预售许可证》涉及政府的产权登记管理和商品房销售管理,《商品房预售许可证》涉及预售的前期管理工作;《建筑工程施工许可证》涉及政府的建筑施工管理。

招投标管理包括工程监理、工程勘察设计、工程施工、材料供应四项。根据《必须招标的工程项目规定》(2018年中华人民共和国国家发展和改革委员会令第16号),勘察、设计、施工、监理以及与工程建设有关的重要设备、材料等的采购达到下列标准之一的,必须招标:①施工单项合同估算价在400万元人民币以上;②重要设备、材料等货物的采购,单项合同估算价在200万元人民币以上;③勘察、设计、监理等服务的采购,单项合同估算价在100万元人民币以上。同一项目中可以合并进行的勘察、设计、施工、监理以及与工程建设有关的重要设备、材料等的采购,合同估算价合计达到前款规定标准的,必须招标。

2. 房地产开发前期管理的程序

房地产开发企业在签署土地出让合同后,应根据合同约定缴纳地价款及相关税费并同步申请办理《建设用地规划许可证》。房地产开发企业在缴纳完地价款及相关税费并取得《建设用地规划许可证》后向不动产登记部门申请办理《不动产权证》。在开展上述工作的同时,房地产开发企业会委托地质勘查机构开展地质勘查工作,同时委托规划设计机构开展项目规划设计工作并依次申请规划设计方案审查、建设工程施工图审查和《建设工程规划许可证》核发工作。在完成相应招投标工作和开工准备工作后，房地产开发企业向建设主管部门申请办理《建筑工程施工许可证》。《商品房预售许可证》一般在项目建设过程中办理，符合一定开发投资条件的项目方能办理。

房地产开发企业在签署土地出让合同后，即可开展地质勘查、规划设计等机构的招标工作。在完成初步设计方案和设计概算后，房地产开发企业即可开展施工招标工作，然后由施工企业和设计部门一起编制施工图并送审。但也有地方要求必须先行完成施工图审查后方可开展施工招标。监理招标与施工招标一般同步开展。材料供应招标一般在施工招标完成后开展，根据项目施工进度需要安排。

7.1.3 《建筑工程施工许可证》和《商品房预售许可证》

1.《建筑工程施工许可证》

《中华人民共和国建筑法》第七条规定："建筑工程开工前，建设单位应当按照国家有关规定向工程所在地县级以上人民政府建设行政主管部门申请领取施工许可证。"《建筑工程施工许可证》（见图 7-1）是建设主管部门颁发给符合各种施工条件的房地产开发项目，允许其开工的批准文件，是房地产开发企业进行工程施工的法律凭证，是房地产开发贷款申请的必备证件，也是房地产权属登记的主要依据文件。

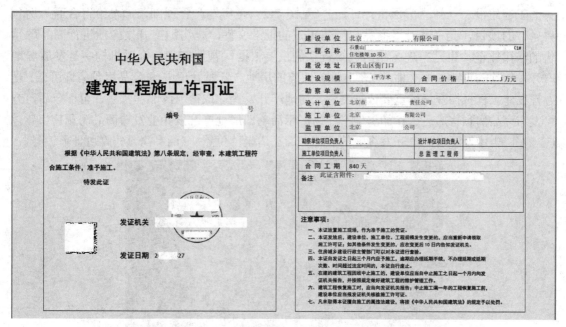

图 7-1 《建筑工程施工许可证》（样本）

一次性办理项目的全部工程的《建筑工程施工许可证》是常规做法，也可以根据房地产开发项目的施工内容分部分办理，如先行办理土方工程的《建筑工程施工许可证》，符合条件后再办理主体工程的《建筑工程施工许可证》，如此可以加快项目前期管理工作和施工进度。房地产开发项目自领取《建筑工程施工许可证》之日起三个月内应予施工，逾期应办理延期手续，不办理延期或延期次数、时间超过法律规定的，《建筑工程施工许可证》自行作废。

《建筑工程施工许可证》申办分申请受理、审查与决定、颁证三个步骤。申请材料包括建筑工程施工许可申请表、《建设工程规划许可证》、施工合同、施工单位中标通知书、建设项目法人承诺书。审查的内容主要包括是否办理该建筑工程用地批准手续；是否已经取得《建设工程规划许可证》；需要土地征收的，其征收进度是否符合施工要求；是否已经确定建筑施工企业；是否满足施工需要的资金安排、施工图纸及技术资料；是否有保证工程质量和安全的具体措施。主管部门根据审查结果决定是否向房地产开发企业颁发《建筑工程施工许可证》，如果不符合颁发条件，应告知其具体原因。

2.《商品房预售许可证》

《中华人民共和国城市房地产管理法》第四十五条规定："商品房预售应当符合下列条件：①已交付全部土地使用权出让金，取得土地使用权证书；②持有《建设工程规划许可证》；③按提供预售的商品房计算，投入开发建设的资金达到工程建设总投资的百分之二十五以上并已经确定施工进度和竣工交付日期；④向县级以上人民政府房产管理部门办理预售登记，取得商品房预售许可证明。商品房预售人应当按照国家有关规定将预售合同报县级以上人民政府房产管理部门和土地管理部门登记备案。商品房预售所得款项必须用于有关的工程建设。"《商品房预售许可证》（见图7-2）是房地产管理部门颁发给符合商品房预售条件的项目，允许其开展商品房预售工作的批准文件，是房地产开发企业进行商品房预售的法律凭证，也是办理商品房按揭贷款的重要依据，甚至在部分金融机构中是发放房地产开发贷款的重要依据文件。在部分地方政府的房地产开发管理中，《商品房预售许可证》是办理在建工程抵押登记的重要依据文件。房地产开发企业取得《商品房预售许可证》后，方可发布商品房预售广告、参加房地产交易展示活动。房地产开发企业发布商品房预售广告，应当在广告中明示房地产开发企业的名称、商品房坐落位置、《商品房预售许可证》编号。

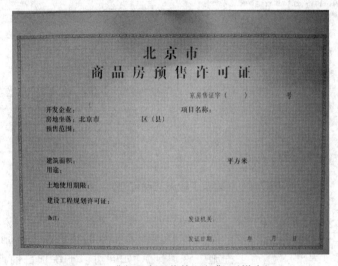

图7-2 《商品房预售许可证》（样本）

对于小型房地产开发项目，一般一次性办理全部可售商品房的《商品房预售许可证》，但对于中、大型房地产开发项目，考虑到压缩现金流回正周期，一般会分楼栋分次办理《商品房预售许可证》，但每栋建筑物不得分割分次办理《商品房预售许可证》。

《商品房预售许可证》申办分申请受理、审查与决定、颁证与公示三个步骤。申请材料包括商品房预售许可申请表、房地产开发企业营业执照及开发资质证书、土地出让合同及补充协议、地价款缴清证明、《不动产权证》、《建设工程规划许可证》、《建筑工程施工许可证》、抵押权人同意申报预售申明、施工单位出具的施工进度说明、房屋预售测绘报告及备案表、预售方案。大部分地区均采取了预售资金监管政策，在此类地区，房地产开发企业还需要办理预售资金监管手续，按照监管要求开立预售资金监管账户。房地产管理部门主要审查材料的齐备情况和是否符合当地预售政策。对于符合条件的，颁发《商品房预售许可证》并将预售许可证在政府网站公示，同时也要求房地产开发企业必须将其悬挂、公示在售楼处。

7.1.4 招投标管理

进行建设项目招投标是引入市场竞争机制，实现房地产开发过程中的进度、成本管理的高质高效低成本，实现科学化、现代化项目管理，推进管理创新的重要环节。招投标管理是未来项目管理中合同管理的基础，对房地产开发项目做好"三控两管"具有至关重要的作用。

1. 招标方式

招标方式可以分为公开招标和邀请招标。房地产开发商可依开发项目的建设规模和复杂程度选择招标方式。

公开招标是指房地产开发项目的招标人在指定的报刊、网络或其他媒体上发布招标公告，吸引众多投标人参加投标竞争，招标人从中择优选取中标单位的招标方式。公开招标是一种无限制的竞争方式，按竞争程度又可以分为国际竞争性招标和国内竞争性招标。

公开招标可以保证招标人有较大的选择范围，可在众多投标人中选定报价合理、工期较短、信誉良好的承包商，有助于打破垄断，实行公平竞争并提高交易的效率和效益。

邀请招标也称选择性招标或有限竞争投标，是指招标人以投标邀请书的方式邀请特定的法人或者其他组织投标，一般选择一定数量的法人或其他组织（一般不少于三家）。

邀请招标的优点在于经过选择的投标单位在房地产开发项目的经验、技术力量、经济和信誉方面都比较可靠，因而一般能保证项目的进度和质量。此外，参加投标的承包商数量较少，因而招标时间较短，招标费用也较少。

2. 招标程序

按照一般做法，招标程序包括如下内容。

（1）申请招标。根据《工程建设项目施工招标投标管理办法》，房地产开发企业必须向当地招投标管理部门登记、申请招标并领取招标用表。房地产开发企业只有在获得招标批准后，方可进行招标。

（2）编制招标文件。招标文件是招标人向投标人介绍工程情况和招标条件的重要文件，也是签订项目承包合同的基础。招标人应当根据招标项目的特点和需要编制招标文件。

（3）编制招标工程标底。编制标底是招标的一项重要准备工作。标底是招标工程的预期价格，是审核投标报价、评标、决标的重要依据之一。通过编制标底，招标人可预先明确自己在拟建工程中应承担的财务义务，从而安排资金计划。

（4）确定招标方式，发布招标公告或投标邀请函。完成标底编制后，招标人即可决定采取何种招标方式并根据决定采取的招标形式发出投标公告或投标邀请函。招标人采用邀请招标方式时，应当向三个以上具备承担招标项目的能力、资信良好的特定法人或者其他组织发出投标邀请函。

（5）投标人资格审查。投标人资格审查的目的在于了解投标人的技术和财务实力以及项目运作经验，限制不符合条件的单位盲目参加投标，使招标获得比较理想的结果。在公开招标时，投标人资格审查通常在发售招标文件之前进行，审查合格者才准许购买招标文件，故称为资格预审。在邀请招标情况下，则在评标的同时进行资格审查或在评标后再进行资格审查，一般称为资格后审。

（6）招标工程交底及答疑。招标人发出招标文件，投标人踏勘现场之后，招标人应邀请投标人的代表开会，进行工程交底并解答疑问。工程交底的内容主要是介绍工程概况，明确质量要求、验收标准、工期要求及费用支付方式以及投标注意事项等。

（7）开标、评标和决标。投标截止后，招标人应按规定的时间开标。开标后，如果全部投标人的报价都超出标底过多，经复核标底无误，招标人可宣布本次投标无效，另组织招标。评标由招标人依法组建的评标委员会负责。评标委员在评审各有效投标后，应按标价从低到高的顺序列出清单并写出评标报告，推荐第一、二、三名候选的中标单位，交给招标人做最后的抉择。

对不太复杂的工程，招标人可在开标会议上当场决定中标单位，同时公布标底。对于规模较大、内容复杂的工程，招标人可根据评标委员会推荐的候选中标单位，就决定标价的各种因素进行调查与磋商，全面衡量，择优决标。决标后，招标人应立即向中标单位发出中标通知书。

（8）签订合同。中标通知书发出后，招标人和中标单位应在约定期限内就签订合同进行磋商，双方就合同条款达成协议。

3. 常见招投标管理

建设工程勘察招标依据《工程建设项目勘察设计招标投标办法》，一般要求房地产开发企业在申请招标时必须符合项目公司已经依法成立、项目已经在中华人民共和国国家发展和改革委员会（以下简称发改委）完成备案、勘察设计有相应资金或者资金来源已经落实、所必需的勘察设计基础资料已经收集完成这四个基本条件。

建设工程设计一般委托给专业的设计机构，若房地产开发企业自身具备设计资质，则无须进行建设工程设计招标。建设工程设计招标一般无须进行招投标行政审批。建设工程设计招标管理依据《建筑工程设计招标投标管理办法》可以采用设计方案招标或者设计团队招标,招标人可以根据项目特点和实际需要选择招标方式。设计方案招标是指主要通过对投标人提交的设计方案进行评审以确定中标人。设计团队招标是指主要通过对投标人拟派设计团队的综合能力进行评审以确定中标人。招标人一般应当对建筑工程的方案设计、初步设计和施工图设计一并招标,确需另行选择设计单位承担初步设计、施工图设计的,应当在招标公告或者投标邀请书中明确表示。

施工招投标依据《工程建设项目施工招标投标管理办法》,一般要求房地产开发企业在申请招标时必须符合项目公司已经依法成立、初步设计及概算已经获得批准、有相应资金或资金来源已经落实、具备招标所需的设计图纸及技术资料这四个基本条件。由于《工程建设项目施工招标投标管理办法》未明确工程监理招标的规则,一般房地产开发项目的监理招投标参照《工程建设项目施工招标投标管理办法》执行,也有部分地方政府另行制定了地方性建设工程监理招标投标管理办法,如《北京市建设工程监理招标投标管理办法》。

材料供应招投标一般无须进行招投标行政审批,依据《工程建设项目货物招标投标办法》,一般房地产开发企业具备下列条件才能进行货物招标:项目公司已经依法成立、项目已经在发改委完成备案、有相应资金或者资金来源已经落实、能够提出货物的使用与技术要求。

7.2 房地产开发规划管理

7.2.1 建设用地选址管理

1. 建设项目选址管理的含义

建设项目选址管理是指城市规划行政主管部门根据城市规划及有关法律、法规对建设项目地址进行确认或选择,保证各项建设符合城市规划安排并核发《建设项目选址意见书》的行政管理工作。

2. 建设项目选址管理的依据

《中华人民共和国城乡规划法》(2019 年修订)第三十六条规定:"按照国家规定需要有关部门批准或者核准的建设项目,以划拨方式提供国有土地使用权的,建设单位在报送有关部门批准或者核准前,应当向城乡规划主管部门申请核发选址意见书。前款规定外的建设项目不需要申请选址意见书。"可见,以出让方式提供国有土地使用权的建设项目不需要申请选址意见书。根据《自然资源部关于以"多规合一"为基础推进规划用地"多审合一、多证合一"改革的通知》(自然资规〔2019〕2 号),将建设项目选址意见书、建设项目用地预审意见合并,自然资源主管部门统一核发《建设项目用地预审与选址意见书》(见图 7-3),不再单独核发《建设项目选址意见书》、建设项目用地预审意见。

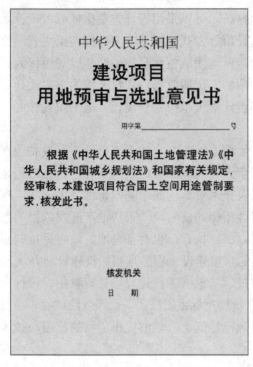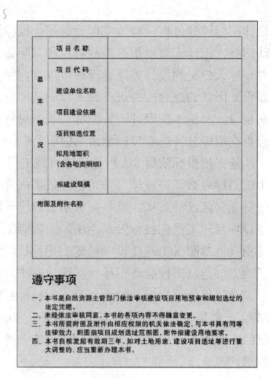

图 7-3 《建设项目用地预审与选址意见书》（样本）

3. 建设项目选址管理的目的与任务

建设项目选址管理的目的与任务主要包括对经济、社会发展和城市建设进行宏观调控；保证建设项目的布点符合城市规划；综合协调建设选址中的各种矛盾，促进建设项目前期工作顺利进行。

4. 《建设项目用地预审与选址意见书》的办理步骤

《建设项目用地预审与选址意见书》的办理共分为提出选址申请、规划管理人员现场踏勘、审查、结果领取四个步骤。

《建设项目用地预审与选址意见书》自批准之日起，有效期为三年，确需延长的，必须在期满前一个月内向规划行政主管部门提出申请，延长期不得超过六个月。

5. 《建设项目用地预审与选址意见书》的申办材料

申办《建设项目用地预审与选址意见书》，申请人必须提交选址申请并按要求提供所规定的文件、图纸、资料，主要材料有：①《建设项目选址意见书》申请表；② 申办《建设项目用地预审与选址意见书》的申请书；③ 申请单位身份资料（如营业执照、身份证等）；④ 现状地形图（用铅笔画出拟用地范围，比例尺为 1:500、1:1000 或 1:2000）；⑤ 自然资源主管部门用地意见函；⑥ 立项批复。

申办《建设项目用地预审与选址意见书》的申请书应当包括建设项目的基本情况；建设项目规划选址的主要依据；建设项目选址、用地范围和具体规划要求。

7.2.2 建设用地规划管理

1. 建设用地规划管理的含义

建设用地规划管理就是城市规划主管部门根据城市规划法规和获得批准的城市规划确定规划区内建设项目用地的选址、定点和范围，审查总平面，核发《建设用地规划许可证》等各项管理工作的总称。

2. 建设用地规划管理的依据

《中华人民共和国城乡规划法》第三十七条规定："在城市、镇规划区内以划拨方式提供国有土地使用权的建设项目，经有关部门批准、核准、备案后，建设单位应当向城市、县人民政府城乡规划主管部门提出建设用地规划许可申请，由城市、县人民政府城乡规划主管部门依据控制性详细规划核定建设用地的位置、面积、允许建设的范围，核发《建设用地规划许可证》。"第三十八条规定："以出让方式取得国有土地使用权的建设项目，建设单位在取得建设项目的批准、核准、备案文件和签订国有土地使用权出让合同后，向城市、县人民政府城乡规划主管部门领取《建设用地规划许可证》。"

3. 建设用地规划管理的目的与任务

建设用地规划管理的目的与任务主要包括控制各项建设，合理使用城市规划区内的土地，保障城市规划的实施；节约集约使用建设用地，促进城市建设和农业的协调发展；协调建设用地的相关矛盾，综合考虑建设用地的社会、经济及环境效益；不断完善、深化城市规划。

4. 建设用地规划管理的内容

建设用地规划管理的内容主要包括控制土地使用性质和使用强度；确定建设用地范围；调整城市用地布局；核定土地使用其他规划管理的要求。

5.《建设用地规划许可证》的办理步骤

《建设用地规划许可证》（见图 7-4）的办理共包括申请材料报送、现场踏勘、根据需要征求有关部门意见、核定建设用地位置和界线、提供规划设计条件、审查建设用地总平面布置、核发《建设用地规划许可证》七个步骤。

根据《自然资源部关于以"多规合一"为基础推进规划用地"多审合一、多证合一"改革的通知》（自然资规〔2019〕2 号），以划拨方式取得国有土地使用权的，经有建设用地批准权的人民政府批准后，市、县自然资源主管部门向土地使用权人同步核发《建设用地规划许可证》、国有土地划拨决定书。以出让方式取得国有土地使用权的，土地使用权人在签订国有建设用地使用权出让合同后，市、县自然资源主管部门向其核发《建设用地规划许可证》。

《建设用地规划许可证》的有效期限为六个月，逾期未申请办理《建设用地规划许可证》

延期的,《建设用地规划许可证》自行失效。申请人需要延续依法取得的《建设用地规划许可证》有效期限的,应当在《建设用地规划许可证》有效期限届满前 30 日提出申请。

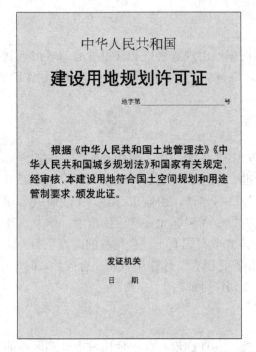
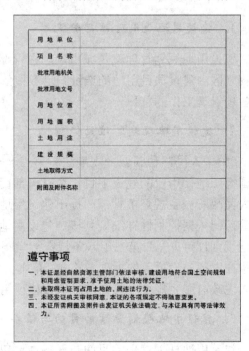

图 7-4 《建设用地规划许可证》(样本)

6. 《建设用地规划许可证》的申办材料

《建设用地规划许可证》的申办材料主要包括:① 申请书;② 申请表;③《建设项目选址意见书》,对于以出让方式提供土地使用权的项目,则提交《土地出让成交确认书》和土地出让合同及相关文件;④ 立项批复;⑤ 建设用地钉桩成果;⑥ 按建设用地钉桩成果及绘图要求绘制的 1∶500 或 1∶2000 地形图。

7.2.3 建设工程规划管理

1. 建设工程规划管理的含义

建设工程规划管理是对城市规划行政主管部门根据城市规划及有关法律、法规和技术规范对各类建设工程进行组织、控制、引导和协调,审查规划方案,核发《建设工程规划许可证》等行政管理工作的统称。

2. 建设工程规划管理的主要内容

建设工程规划管理的主要内容包括建筑管理、道路管理和管线管理。

建筑管理主要是按照城市规划要求对各项建筑工程(包括各类房屋、构筑物)的性质、规模、位置、标高、高度、体量、体形、朝向、间距、建筑密度、容积率、建筑色彩和风格等进行审查与规划控制。

道路管理主要是按照城市规划要求对各类道路的走向、坐标和标高、宽度、等级、交叉口设计、横断面设计、附属设施等进行审查与规划控制。

管线管理主要是按照城市规划要求对各项管线工程（包括地下埋设和地上架设的给水、雨水、污水、电力、通信、燃气、热力及其他管线）的性质、断面、走向、坐标、标高、架埋方式、架设高度、埋置深度、管线相互间的水平距离与垂直距离及交叉点的处理等进行审查和规划控制。管线管理要充分考虑不同性质和类型的管线的技术规范要求以及管线与地面建筑物、构筑物、道路、行道树和地下各类建设工程的关系，对其进行综合协调。

3. 建设工程规划管理的程序

建设工程规划管理分为规划设计方案审查、建设工程施工图审查和《建设工程规划许可证》（见图 7-5）核发三个阶段。

中华人民共和国 建设工程规划许可证 建字第_____号 根据《中华人民共和国城乡规划法》第四十条规定，经审核，本建设工程符合城乡规划要求，颁发此证。 发证机关： 日　　期：	基本情况	用地单位（个人）	
		建设项目名称	
		建设位置	
		建设规模	
	附图及附件名称		
	遵守事项： 一、本证是经城乡规划主管部门依法审核，建设工程符合城乡规划要求的法律凭证。 二、未取得本证或不按本证规定进行建设的，均属违法建设。 三、未经发证机关许可，本证的各项规定不得随意变更。 四、城乡规划主管部门依法有权查验本证，建设单位（个人）有责任提交查验。 五、本证所需附图和附件由发证机关依法确定，与本书具有同等法律效力。		

图 7-5　《建设工程规划许可证》（样本）

房地产开发企业应委托具有设计资质的机构根据规划设计条件编制多套规划设计方案并选择不少于两套规划设计方案作为报批方案。对需要多方案竞选的项目，要组织专家进行评审；需要进行论证的项目则要召开论证会议。城市规划管理部门要对房地产开发企业报送的规划设计方案进行审查，对于需要召开方案论证会或进行公示的项目，要另行召开方案论证会或进行公示。根据审查意见，对于符合规划设计要求的项目颁发《规划设计方案审查意见》（部分地区称为《设计方案审定意见通知书》）。

在取得《规划设计方案审查意见》后，房地产开发企业委托专业机构根据《规划设计方案批准意见》进行施工图设计。在申报《建设工程规划许可证》前，房地产开发企业必须申报建筑工程施工图审查。施工图审查是政府主管部门对建筑工程勘察设计质量进行监督管理的重要环节，是基本建设中必不可少的程序。对需要进行人防工程报建、消防报建等专业报建的项目，在申报施工图审查前，房地产开发企业必须先行向有关专业主管部门进行专业报建，取得审查意见后方可申报施工图审查。施工图一经审查批准取得《施工图审查批准书》，房地产开发企业不得擅自进行修改。如遇特殊情况需要进行涉及主要内容的修改，必须重新报请原审批部门，由原审批部门委托审查机构审查后再批准实施。

在完成规划设计方案审查和建设工程施工图审查后，房地产开发企业向城市规划管理部门报送《建设工程规划许可证》办理申请材料，经受理审查后即可取得《建设工程规划许可证》。

建设单位或者个人在取得《建设工程规划许可证》和其他有关批准文件后，方可申请办理开工手续。建设单位或个人在领取《建设工程规划许可证》并放线后，要自觉接受城市规划行政主管部门的检查，即履行验线手续。若项目的坐标、标高、平面布局形式等与《建设工程规划许可证》的规定不符，城市规划行政主管部门应责令房地产开发企业改正，否则有关建设工程不得继续施工并可给予必要的处罚。建设单位和个人领取《建设工程规划许可证》后因故在一年内不能动工的，应在期满前一个月内向城市规划行政主管部门办理延期手续。未办理延期手续的，其许可证自行失效。

建设工程竣工后，城市规划管理部门是竣工验收的核心主管部门之一，主要负责监督检查建设工程是否符合规划设计要求核准的设计方案，同时检查项目开发建设过程中有关规划设计要求是否得到遵守、配套建设的基础设施和公共服务设施是否已同期建设完毕。城市规划区的建设工程竣工验收后，建设单位应在六个月内及时将竣工资料报送城市规划行政主管部门。

4.《建设工程规划许可证》的申办材料

（1）《建设工程规划许可证》申请表。
（2）土地权属资料（土地使用证或建设用地批准书等）。
（3）1∶500或1∶1000现势性地形图。
（4）规划设计方案审查意见。
（5）施工图中的总平面及平面、立面、剖面图。
（6）道路管线工程必须提供道路管线规划图纸、文件（两套）。
（7）人防等相关专业部门的审查意见。

7.3 房地产开发项目的规划设计

7.3.1 居住项目的规划与设计指标

1. 居住区规划的相关概念

居住区按照居民在合理的步行距离内满足基本生活需求的原则可分为十五分钟生活圈居住区、十分钟生活圈居住区、五分钟生活圈居住区及居住街坊四级，其分级控制规模如表7-1所示。

表 7-1 居住区分级控制规模

距离与规模	十五分钟生活圈居住区	十分钟生活圈居住区	五分钟生活圈居住区	居 住 街 坊
步行距离/米	800～1000	500	300	—
居住人口/人	50 000～100 000	15 000～25 000	5000～12 000	1000～3000
住宅数量/套	17 000～32 000	5000～8000	1500～4000	300～1000

（1）十五分钟生活圈居住区，即以居民步行十五分钟可满足其物质与生活文化需求为原则划分的居住区范围；一般由城市干路或用地边界线所围合，居住人口规模为 50 000～100 000 人（约有 17 000～32 000 套住宅），属于配套设施完善的地区。

（2）十分钟生活圈居住区，即以居民步行十分钟可满足其基本物质与生活文化需求为原则划分的居住区范围；一般由城市干路、支路或用地边界线所围合，居住人口规模为 15 000～25 000 人（约有 5000～8000 套住宅），属于配套设施齐全的地区。

（3）五分钟生活圈居住区，即以居民步行五分钟可满足其基本生活需求为原则划分的居住区范围；一般由支路及以上级城市道路或用地边界线所围合，居住人口规模为 5000～12 000 人（约有 1500～4000 套住宅），属于配建社区服务设施的地区。

（4）居住街坊，即由支路等城市道路或用地边界线围合的住宅用地，是住宅建筑组合形成的居住基本单元；居住人口规模在 1000～3000 人（约有 300～1000 套住宅）并配建有便民服务设施。

2. 用地指标

居住区总用地包括居住区用地和其他用地，其结构体系如图 7-6 所示。

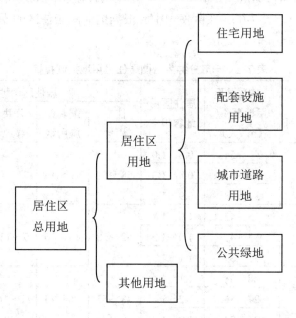

图 7-6 居住区总用地结构体系

（1）居住区用地。居住区用地是指规划居住区内直接为居民服务的各类建（构）筑物所占用的土地面积，是居住区内的住宅用地、公建用地、道路用地和绿化用地等各类用地面积的总和。需要注意的是，居住区用地不包括项目代征的道路、绿化等所占用的土地。

① 住宅用地。住宅用地是指居住区内以供居民居住为用途的建筑物所占用的土地面积。住宅用地一般以各类道路为界线。如果与公共绿地相接，没有道路或其他界线，住宅前后界线以日照距离的一半计算，住宅的两侧界线按3～6米计算；如果与公共建筑相邻且无明显界线，以公共建筑实际所占用地的界线为准。

② 配套设施用地。配套设施用地一般包括公共建筑和服务设施。公共建筑包括邮政、医院、幼儿园以及配套商业网点等；服务设施包括电力变压站、燃气调压站等。公建用地一般按边线计算用地面积，公共建筑与其他性质的建筑在一起时，占地面积分别以不同性质建筑的建筑面积按比例计算；公共建筑的室外用地面积按实际用地面积计算。

③ 城市道路用地。城市道路用地一般指居住用地的主要和次要道路红线间的用地以及广场和公共停车场的用地。一般地，当道路宽度大于24米时，以24米计算；居住区在道路一侧时，该居住区道路用地按照实际道路用地的一半计算。

④ 公共绿地。公共绿地一般是指住区内带状和片状的公共绿化用地，在建筑间距内的绿地不计。

（2）其他用地。其他用地指规划范围内除居住区用地外的各类用地，主要指非直接为居住区居民服务的各类建（构）筑物所占用的土地，包括代征道路、绿化用地和不可建设用地等。

各级生活圈居住区用地应合理配置、适度开发，其控制指标应符合国家规定。《城市居住区规划设计标准》（GB 50180—2018）明确规定了居住区不同级别用地的指标（见表7-2、表7-3、表7-4、表7-5、表7-6），实际使用中应根据生活圈居住区的规模对应使用控制指标表格。

表7-2 十五分钟生活圈居住区用地控制指标

建筑气候区划	住宅建筑平均层数类别	人均居住区用地面积/（m²/人）	居住区用地容积率	居住区用地构成/%				
				住宅用地	配套设施用地	公共绿地	城市道路用地	合计
Ⅰ、Ⅶ	多层Ⅰ类（4～6层）	40～54	0.8～1.0	58～61	12～16	7～11	15～20	100
Ⅱ、Ⅵ		38～51	0.8～1.0					
Ⅲ、Ⅳ、Ⅴ		37～48	0.9～1.1					
Ⅰ、Ⅶ	多层Ⅱ类（7～9层）	35～42	1.0～1.1	52～58	13～20	9～13	15～20	100
Ⅱ、Ⅵ		33～41	1.0～1.2					
Ⅲ、Ⅳ、Ⅴ		31～39	1.1～1.3					
Ⅰ、Ⅶ	高层Ⅰ类（10～18层）	28～38	1.1～1.4	48～52	16～23	11～16	15～20	100
Ⅱ、Ⅵ		27～36	1.2～1.4					
Ⅲ、Ⅳ、Ⅴ		26～34	1.2～1.5					

注：居住区用地容积率是生活圈内，住宅建筑及其配套设施地上建筑面积之和与居住区用地总面积的比值

表 7-3 十分钟生活圈居住区用地控制指标

建筑气候区划	住宅建筑平均层数类别	人均居住区用地面积/(m²/人)	居住区用地容积率	居住区用地构成/% 住宅用地	配套设施用地	公共绿地	城市道路用地	合计
Ⅰ、Ⅶ	低层（1~3层）	49~51	0.8~0.9	71~73	5~8	4~5	15~20	100
Ⅱ、Ⅵ		45~51	0.8~0.9					
Ⅲ、Ⅳ、Ⅴ		42~51	0.8~0.9					
Ⅰ、Ⅶ	多层Ⅰ类（4~6层）	35~47	0.8~1.1	68~70	8~9	4~6	15~20	100
Ⅱ、Ⅵ		33~44	0.9~1.1					
Ⅲ、Ⅳ、Ⅴ		32~41	0.9~1.2					
Ⅰ、Ⅶ	多层Ⅱ类（7~9层）	30~35	1.1~1.2	64~67	9~12	6~8	15~20	100
Ⅱ、Ⅵ		28~33	1.2~1.3					
Ⅲ、Ⅳ、Ⅴ		26~32	1.2~1.4					
Ⅰ、Ⅶ	高层Ⅰ类（10~18层）	23~31	1.2~1.6	60~64	12~14	7~10	15~20	100
Ⅱ、Ⅵ		22~28	1.3~1.7					
Ⅲ、Ⅳ、Ⅴ		21~27	1.4~1.8					

注：各指标含义同表 7-2

表 7-4 五分钟生活圈居住区用地控制指标

建筑气候区划	住宅建筑平均层数类别	人均居住区用地面积/(m²/人)	居住区用地容积率	居住区用地构成/% 住宅用地	配套设施用地	公共绿地	城市道路用地	合计
Ⅰ、Ⅶ	低层（1~3层）	46~47	0.7~0.8	76~77	3~4	2~3	15~20	100
Ⅱ、Ⅵ		43~47	0.8~0.9					
Ⅲ、Ⅳ、Ⅴ		39~47	0.8~0.9					
Ⅰ、Ⅶ	多层Ⅰ类（4~6层）	32~43	0.8~1.1	74~76	4~5	2~3	15~20	100
Ⅱ、Ⅵ		31~40	0.9~1.2					
Ⅲ、Ⅳ、Ⅴ		29~37	1.0~1.2					
Ⅰ、Ⅶ	多层Ⅱ类（7~9层）	28~31	1.2~1.3	72~74	5~6	3~4	15~20	100
Ⅱ、Ⅵ		25~29	1.2~1.4					
Ⅲ、Ⅳ、Ⅴ		23~28	1.3~1.6					
Ⅰ、Ⅶ	高层Ⅰ类（10~18层）	20~27	1.4~1.8	69~72	6~8	4~5	15~20	100
Ⅱ、Ⅵ		19~25	1.5~1.9					
Ⅲ、Ⅳ、Ⅴ		18~23	1.6~2.0					

注：各指标含义同表 7-2

表 7-5 居住街坊用地与建筑控制指标

建筑气候区划	住宅建筑平均层数类别	住宅用地容积率	建筑密度最大值/%	绿地率最小值/%	住宅建筑高度控制最大值/m	人均住宅用地面积最大值/(m²/人)
Ⅰ、Ⅶ	低层（1~3层）	1.0	35	30	18	36
	多层Ⅰ类（4~6层）	1.1~1.4	28	30	27	32

续表

建筑气候区划	住宅建筑平均层数类别	住宅用地容积率	建筑密度最大值/%	绿地率最小值/%	住宅建筑高度控制最大值/m	人均住宅用地面积最大值/（m²/人）
Ⅰ、Ⅶ	多层Ⅱ类（7～9层）	1.5～1.7	25	30	36	22
	高层Ⅰ类（10～18层）	1.8～2.4	20	35	54	19
	高层Ⅱ类（19～26层）	2.5～2.8	20	35	80	13
Ⅱ、Ⅵ	低层（1～3层）	1.0～1.1	40	28	18	36
	多层Ⅰ类（4～6层）	1.2～1.5	30	30	27	30
	多层Ⅱ类（7～9层）	1.6～1.9	28	30	36	21
	高层Ⅰ类（10～18层）	2.0～2.6	20	35	54	17
	高层Ⅱ类（19～26层）	2.7～2.9	20	35	80	13
Ⅲ、Ⅳ、Ⅴ	低层（1～3层）	1.0～1.2	43	25	18	36
	多层Ⅰ类（4～6层）	1.3～1.6	32	30	27	27
	多层Ⅱ类（7～9层）	1.7～2.1	30	30	36	20
	高层Ⅰ类（10～18层）	2.2～2.8	22	35	54	16
	高层Ⅱ类（19～26层）	2.9～3.1	22	35	80	12

注：1. 住宅用地容积率是居住街坊内，住宅建筑及其便民服务设施地上建筑面积之和与住宅用地总面积的比值。
2. 建筑密度是居住街坊内，住宅建筑及其便民服务设施建筑基底面积与该居住街坊用地面积的比率（%）。
3. 绿地率是居住街坊内绿地面积之和与该居住街坊用地面积的比率（%）。

需要说明的是，在城市旧区改建等情况下，建筑高度受到严格控制，居住区可采用低层高密度或多层高密度的布局方式，结合气候区分布，其绿地率可酌情降低，建筑密度可适当提高（见表7-6）。多层高密度宜采用围合式布局，同时利用公共建筑的屋顶绿化改善居住环境并形成开放便捷、尺度适宜的生活街区。

表7-6 低层或多层高密度居住街坊用地与建筑控制指标

建筑气候区划	住宅建筑平均层数类别	住宅用地容积率	建筑密度最大值/%	绿地率最小值/%	住宅建筑高度控制最大值/m	人均住宅用地面积/（m²/人）
Ⅰ、Ⅶ	低层（1～3层）	1.0、1.1	42	25	11	32～36
	多层Ⅰ类（4～6层）	1.4、1.5	32	28	20	24～26

续表

建筑气候区划	住宅建筑平均层数类别	住宅用地容积率	建筑密度最大值/%	绿地率最小值/%	住宅建筑高度控制最大值/m	人均住宅用地面积/（m²/人）
Ⅱ、Ⅵ	低层（1～3层）	1.1、1.2	47	23	11	30～32
Ⅱ、Ⅵ	多层Ⅰ类（4～6层）	1.5～1.7	38	28	20	21～24
Ⅲ、Ⅳ、Ⅴ	低层（1～3层）	1.2、1.3	50	20	11	27～30
Ⅲ、Ⅳ、Ⅴ	多层Ⅰ类（4～6层）	1.6～1.8	42	25	20	20～22

注：各指标含义同表7-5。

3. 项目设计指标

（1）住宅平均层数。住宅平均层数等于住宅总建筑面积与住宅基底总面积的比值。

（2）高层住宅比例。高层住宅（大于等于10层）总建筑面积与住宅总建筑面积的比率。

（3）中层住宅比例。中层住宅（7～9层）总建筑面积与住宅总建筑面积的比率。

（4）人口毛密度（人每公顷）。每公顷居住区用地上容纳的规划人口数量。

（5）人口净密度（人每公顷）。每公顷住宅用地上容纳的规划人口数量。

（6）住宅面积毛密度（平方米每公顷）。每公顷居住区用地上拥有的住宅建筑面积。

（7）住宅面积净密度（平方米每公顷），也称住宅容积率，是指每公顷住宅用地上拥有的住宅建筑面积或以住宅建筑总面积与住宅用地的比值表示。

（8）住宅建筑净密度。住宅建筑基底总面积与住宅用地的比率。

（9）建筑密度。居住区用地内，各类建筑的基底总面积与居住区用地的比率。

（10）绿地率。居住区用地范围内各类绿地的总和占居住区用地的比率。绿地应当包括公共绿地、宅旁绿地、公共服务设施所属绿地和道路绿地（即道路红线内的绿地），不包括屋顶、晒台的人工绿地。

居住区综合技术指标如表7-7所示。

表7-7　居住区综合技术指标

	项　目		计量单位	数　值	所占比例/%	人均面积指标/（m²/人）
各级生活圈居住区指标	居住区用地	总用地面积	hm²	▲	100	▲
		其中 住宅用地	hm²	▲	▲	▲
		其中 配套设施用地	hm²	▲	▲	▲
		其中 公共绿地	hm²	▲	▲	▲
		其中 城市道路用地	hm²	▲	▲	—
	居住总人口		人	▲	—	—
	居住总套（户）数		套	▲	—	—
	住宅建筑总面积		万 m²	▲	—	—

续表

项目			计量单位	数值	所占比例/%	人均面积指标/(m²/人)
居住街坊指标	用地面积		hm²	▲	—	▲
	容积率		-	▲	—	—
	地上建筑面积	总建筑面积	万 m²	▲	100	—
		其中 住宅建筑	万 m²	▲	▲	—
		便民服务设施	万 m²	▲	▲	—
	地下总建筑面积		万 m²	▲	▲	—
	绿地率		%	▲	—	—
	集中绿地面积		m²	▲	—	▲
	住宅套（户）数		套	▲	—	—
	住宅套均面积		m²/套	▲	—	—
	居住人数		人	▲	—	—
	住宅建筑密度		%	▲	—	—
	住宅建筑平均层数		层	▲	—	—
	住宅建筑高度控制最大值		m	▲	—	—
	停车位	总停车位	辆	▲	—	—
		其中 地上停车位	辆	▲	—	—
		地下停车位	辆	▲	—	—
	地面停车位		辆	▲	—	—

注：▲为必要指标
资料来源：《城市居住区规划设计标准》（GB 50180—2018）

7.3.2 非居住项目规划与设计指标

非居住项目一般指酒店、办公、商业、工业等其他用途的房地产开发项目，在规划设计中通常使用下列指标。

（1）建筑容积率。项目规划建设用地范围内全部建筑面积与规划建筑用地面积之比。附属建筑物计算在内，但注明不计算面积的附属建筑物除外。

（2）总建筑面积。各幢各层建筑面积的总和。

（3）建筑密度。建筑密度即建筑覆盖率，指项目用地范围内所有建筑物的基底面积之和与规划建设用地面积之比。

（4）规划建设用地面积。规划建设用地面积指项目用地规划红线范围内的土地面积。

（5）建筑高度。建筑高度指城市规划建设管理部门规定的建筑物檐口高度上限。

（6）绿化比率。绿化比率指规划建设用地范围内的绿化地面与规划建设用地面积之比。

（7）停车位个数。停车位个数指在规划用地范围内设置的地面和地下停车位的总个数。

（8）有效面积系数。有效面积系数指建筑物内可供出租或使用的面积与总建筑面积之比。

除此之外，针对不同的项目，还有一些特殊的指标，如对于厂房项目，还包括跨度（米）、高度（米）；对于酒店项目，有客房数（间）；对于医院项目，有床位数（床）等。总之，需要针对不同的项目设置不同的规划设计指标。

7.3.3 房地产开发项目规划设计方案的编制

目前，我国房地产开发项目主要集中在居住区的开发上，下面重点介绍居住区规划设计的基本要求及其方案编制的主要内容和程序。

1. 居住区规划设计的基本要求

居住区规划应充分满足人的物质与精神生活需要，同时也应满足城市发展的要求，体现资源节约、社会和谐、生态优良的要求。居住区规划设计的基本要求主要包括以下七个方面。

（1）安全的要求。安全包括交通安全、治安安全、防火安全、防灾减灾和抗灾等内容。

（2）卫生的要求。卫生包括日照、通风、采光、噪声与空气污染防治、水环境控制、垃圾卫生处理等。

（3）物质舒适性要求。物质舒适性包括生活便利和环境舒适两个方面，要充分考虑人群的多样性。在生活便利方面，要求居住区合理布局、综合配套、服务半径合理，以保证居民日常生活的便利。环境舒适是指环境与居民的心理、生理要求的适应与和谐，通过建筑布局、绿化等提高声、光、热等环境的舒适度，还包括设施使用的舒适性要求。

（4）精神享受性要求。这是指居民区环境与居民心理要求的适应与和谐，包括美学、居住文化、社区等方面的要求。要求创造优美的居住环境并提高居住区的文化内涵，体现地方文脉与特色。此外，还应有利于促进居民交往，创造归属感和认同感，适应社区发展的需要，促进社区组织和管理机制的建立。

（5）与城市发展相协调的要求。居住区规划应符合城市总体规划的要求并与其周边环境相协调，居住区规划设计应同时对城市发展起到积极的推动作用。

（6）可持续性要求。应强调生态先行的方法，综合考虑用地周围的环境条件和居住区用地的自然条件，充分保护和利用规划用地内具有保留价值的河湖水域、地形地物、植被等并运用有关的技术手段，促进资源节约和循环利用。

（7）产业化要求。居住区规划要为建筑集成化和工业化生产、机械化施工创造条件。

2. 居住区规划设计方案的编制程序

居住区规划应避免局限于对用地内部功能和空间布局的考虑，还要解决居住区与城市的关系以及技术、经济、社会、环境等方面的问题。因此，居住区规划设计应有完整的工作过程和内容，其工作过程可分为调查分析、规划设计、成果表达三个阶段。

（1）调查分析。调查分析是做好居住区规划的重要基础工作，应做到对气候、区位、交通、基地建设条件、基地自然条件、周边环境及设施、地方人文、市场需求、有关政策法规等进行详细调查，全面系统地了解居住区规划的影响因素，论证存在的问题、机会、优势、劣势等。

（2）规划设计。在规划设计阶段，应提出合理的目标定位、功能构成、开发强度以及其他设想并合理地对居住区各项构成要素进行规划。

（3）成果表达。成果表达阶段主要是将规划设计内容成果化并使规划成果体现规范性，达到有关的技术规范、规定的要求，以方便对规划方案进行审查、比较、统计等。

3. 居住区规划设计方案的内容

居住区规划设计方案的主要内容包括规划空间结构、住宅形式与布局选择、配套服务设施、道路交通、公共绿地、竖向及管线综合等多个方面。同时，按照居民区规划设计的层次性特点，居住区规划设计方案在总体规划、控制性详细规划和修建性详细规划等不同层次的规划阶段中的侧重点有所不同。

（1）规划空间结构。一般情况下，居住区包括住宅、道路、配套公共服务设施、公共绿地四个部分，通过对空间结构的分析，将四个部分的要素加以组合，确定基本布局和空间形态。影响居住区规划结构的主要因素包括区位及规划要求、场地及环境条件、人的生活需求、经济性、社会管理制度等。目前，常见的居住区规划空间结构的类型主要有内向型、开放型、自由型等。

（2）住宅形式与布局选择。住宅的形式取决于自然环境、经济水平、技术水平、文化习俗和家庭结构等因素。在《住宅设计规范》中，根据住宅建造层数将住宅划分为低层住宅（1~3层）、多层住宅（4~6层）、中高层住宅（7~9层）、高层住宅（10层以上）。

住宅的布局有行列式、周边式和点群式三种基本形式，如图7-7所示。

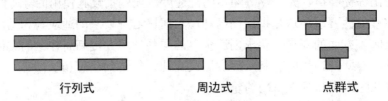

行列式　　　　周边式　　　　点群式

图7-7　住宅布局的三种形式

住宅布置中必须要重点考虑日照和通风，这是居住区规划的根本问题，也是现代城市规划产生的起点。通风包括室内自然通风和室外风环境质量两个方面。在住宅布置中，还需要考虑噪声防治和邻里关系等问题。

（3）配套服务设施。公共服务设施也称为配套公建，决定了居民的生活服务质量和方便程度，是居住区不可或缺的组成部分。居住区配套公建的基本要求是配套水平必须与居住人口规模相对应并应与住宅同步规划、同步建设和同时交付。公共服务设施的规划布局应体现方便生活、减少干扰、有利经营、美化环境的原则，可采用分散、集中、分散和集中相结合的方式布局。而且，为了保证合理的服务半径，关注未来发展需要，规划中还应留有余地。

（4）道路交通。道路系统是居住区的"经脉"，居住区内部道路是城市道路的"末梢"。居住区道路不仅具有组织交通的功能，还具有保持居住环境便利、避免穿越式交通和提供居民交往、休闲场所的功能，同时也是市政管线敷设的通道。居住区道路网结构在形态上有规则式、自由式、混合式等，在交通组织上分为人车混行、人车分流两种形式。

（5）公共绿地。居住区绿地设计是创造健康居住环境的必要手段。在绿地规划设计中，公共绿地应具备可达性、功能性、亲和性。绿地布局应注意人的动态和静态观赏效果，一般在小区入口、中心形成景观节点，创造层次丰富的视觉效果。

（6）竖向及管线综合。居住区的市政工程由居住区给水、排水、供电、燃气、供热、通信、环卫、防灾等工程组成。管线按照敷设方式可以分为架空线路和地下埋设线路，地下埋设线路又可分为直埋管线和沟埋管线。居住区内的管线应尽量采用地下埋设的方式。

竖向规划设计是为了有效利用地形，满足居住区道路交通、地面排水、建筑布置和城市景观等方面的要求，对自然地形改造和利用进行的规划设计，包括道路竖向设计和场地竖向设计。

竖向设计的主要内容包括分析规划用地的地形坡度，为各项建设用地提供参考；制定自然地形的改造和利用方案，合理利用地形；确定道路控制点的坐标和高程以及道路的坡度、曲线半径；确定建筑用地的室外地面标高和建筑室内正负零标高；结合建筑布局、道路交通规划和工程管线规划确定其他用地的标高和坡度；确定挡土墙、护坡等室外防护工程的类型、位置、规模；估算土石方护坡工程量，进行土石方平衡。

4. 居住区规划设计方案的主要成果

居住区规划设计方案的主要成果一般包括规划设计图纸及基础资料两大类。规划设计图纸具体包括以下五部分。

（1）分析图。其具体包括基地现状及区位关系图、基地地形分析图、规划设计分析图。

（2）规划设计图。其具体包括居住区规划总平面图、建筑造型方案图。

（3）工程规划设计图。其具体包括竖向规划图和管线综合工程规划图等。

（4）形态意向规划设计图和模型。其具体包括全区鸟瞰图或轴测图，主要街景立面，住宅、重要地段和空间节点的透视图。

（5）规划设计说明及技术经济指标。规划设计说明应包括设计依据、任务要求、自然条件、区位条件及场地现状分析、规划意图及方法等；技术经济指标应按照规范要求进行计算并使用规范的表达方式。

居住区规划设计的基础资料包括政策法规性文件、自然及人文地理资料。

5. 市场主流住宅形式

在《住宅设计规范》之外，房地产市场逐步形成了适应市场需求的其他住宅形式，其中主流形式有板楼、塔楼和别墅。

（1）板楼。板楼的建筑层数一般不超过12层。板楼的平面图上，长度明显大于宽度，由多个住宅单元组合而成，每单元均设有楼梯或电梯，比较典型的是一梯两户式设计。南北朝向时，位于前面的客厅、主卧等有充足的朝阳面；东西朝向时，前后居室各有半天的朝阳面。在房型的组织上，板楼尽量利于风的直线流动，以常保空气新鲜，同时还强调户与户的独立性，避免因凹凸过多、户与户之间窗户过近而导致互视，从而很好地保证了私密性。

板楼按照其建造的层数可以再划分为高板（18层以上）、小高板（9~18层）、多层板楼（9层以下）。以板楼的进深为标准进行划分，可以划分为厚板（进深在13米以上）和薄板（进深在13米以下）。根据板楼的长度标准进行划分，又可以分为长板和短板（见图7-8），短板项目一般在6个单元以下。

（a）长板经典项目——北京10号名邸

（b）短板经典项目——北京国奥村

图7-8 板楼经典项目

（2）塔楼。塔楼指四五户以上共同围绕或者环绕一组公共竖向交通形成的楼房平面，平面的长度和宽度大致相同。这种楼房的高度为12~35层，超过35层是超高层。塔楼一般是一梯4户到一梯12户。塔楼主要有方塔楼、T形楼、井字形、风车形和蝶形等形式。其中，蝶形是新近出现的比较流行的一种建筑形式，而方塔楼则较多地运用在具有办公用途的建筑中。

板楼和塔楼的区别如表7-8所示。

表7-8 板楼、塔楼的区别

比较因素	板楼	塔楼
建筑密度	低	高
建筑高度	低，容易受遮挡	高，有利于观景，不易受遮挡
出入空间	大	小
容积率	低	高
通风	好	不畅

续表

比 较 因 素	板 楼	塔 楼
朝向	户户朝阳	常有无采阳居室
采光	户户朝阳，南北通透，但容易被其他高层建筑遮挡	存在灰色空间，不易被其他高层建筑遮挡
户型灵活程度	低	高，除少数承重梁之外，户内分隔墙基本都可以拆改
使用率	板楼户型的使用率平均可达到80%，最高可达90%	塔楼户型的使用率常不足70%，受不规则空间局限，很难设计高使用率
销售分摊	低	高，塔楼的过道、电梯、不对称户型等因素造成公摊面积高
单价	高	低，高容积率和高建筑密度降低楼面地价成本

（3）别墅。别墅是住宅之外用来享受生活的居所，一般位于城市郊区或近郊风景优美之处，有较大规模的私家花园，具有较高的私密性。别墅的特点主要有：① 外观造型雅致美观，独幢独户，庭院视野宽阔，花园草木茂盛，有较多绿地；② 内部设计得体，厅大房多，装修精致高雅，厨卫设备齐全，通风、采光良好；③ 有附属的汽车间、门房间、花棚等；④ 社区型别墅公共设施完备，有中心花园、水池绿地，还设有健身房、文化娱乐场所以及购物场所等。

在我国，别墅分为独栋别墅（villa）和联排别墅（house）；而在国外，所说的别墅特指独栋别墅。

独栋别墅即独门独院，有独立空间和私家花园领地的私密性很强的独立式住宅，房屋周围一般都有面积不等的绿地、院落。这一类型的别墅是历史最悠久的一种别墅，也是别墅建筑的终极形式，如图7-9所示。

联排别墅是由几幢小于三层的单户别墅并联组成的联排住宅。一排由二至四个单元连接在一起，几个单元共用外墙，有统一的平面设计和独立的门户，如图7-10所示。其中，两个单元相连的又称为双拼别墅，如图7-11所示。

图7-9 独栋别墅经典项目——北京优山美地

图 7-10 联排别墅经典项目——北京水郡长安

图 7-11 双拼别墅经典项目——北京提香草堂

7.3.4 房地产开发项目规划设计方案评价

房地产开发项目规划设计方案评价是通过综合评分法或层次分析法对多个房地产开发项目规划设计方案进行评估并选定实施方案。

在实际工作中，由于综合评分法简便易行，多采用此方法作为房地产开发项目规划设计方案的评选办法。

综合评分法是对规划设计方案的各项评价指标进行评分，其中定性指标采取专家打分，定量指标则转化为相应的评分，最后将各项指标的得分累计，求出该方案的综合评分值。

设有 k 个方案，每个方案有 n 个评价指标，V_i^k 为第 k 个方案第 i 个指标的评分，则第 k 个方案的综合评分值为

$$V^k = \sum_{i=1}^{n} V_i^k \quad (k=1, 2, \cdots, k)$$

若对评价指标依其重要性赋予不同的权重 W_i（$i=1, 2, \cdots, n$），则综合评分值为

$$V^k = \sum_{i=1}^{n} W_i V_i^k \quad (k=1, 2, \cdots, k)$$

通过上述比较后，综合评分最大的方案为最优方案。

《国家康居住宅示范工程规划设计评分表》（见表 7-9）对国家康居住宅示范工程的评选就采用了综合评分法，房地产开发企业可在此基础上依据市场诉求提炼自己的综合评分方案。

表 7-9 国家康居住宅示范工程规划设计评分表

小区名称：　　　　　　　　　　　　　　专家姓名：

项　目	评审内容	分值	实际得分
一、规划结构（25）	（1）住宅区选址得当，避免不良的环境影响，环境和城市景观相协调	5	
	（2）小区规划布局功能分区明确，用地配置合理，布局结构清晰，整体协调有序	8	
	（3）合理利用原有地形、地物，因地制宜，体现小区特色	6	
	（4）小区的组织结构方便居民生活，有利邻里交往，方便物业管理的需要	6	
二、住宅群体（15）	（5）住宅布置满足日照、通风等要求，保证室内外环境质量，同时做到节地、节能	6	
	（6）小区空间层次清楚、丰富多样，有利于邻里交往和居民生活的安静与安全	5	
	（7）空间尺度宜人，体现地方文化特色城市文脉	4	
三、道路与交通（20）	（8）小区内道路系统构架清楚，分级明确，与城市公交系统有机衔接，方便与外界联系	4	
	（9）小区主次入口设置，符合城市人流方向	4	
	（10）小区道路简明、顺畅，能避免区外交通穿越，同时能满足消防、救护、抗灾、避灾等要求，道路断面选择合理	4	
	（11）组织好区内人行与车行的关系，减少人、车的相互干扰，保障居住环境质量和居民安全；停车位置恰当，数量充足	4	
	（12）小区内道路设计符合无障碍通行的规定	4	
四、绿地与室外环境（20）	（13）小区绿地率满足 30%的要求并尽可能采用多种手法，如垂直绿化、屋顶绿化等扩大绿化覆盖率	6	
	（14）公共绿地位置适当并做到集中绿地与分散绿地相结合、观赏性与实用性相结合，方便居民使用	6	
	（15）景观环境设计注意点、线、面的结合并重点处理好公共绿地、道路沿线及入口等重要部位的景观设计	4	
	（16）小区空间形态美观并具有识别性	4	
五、公共建筑与服务设施（15）	（17）小区公共服务设施配套齐全，布局合理；方便居民日常使用并避免对居民生活造成干扰	8	
	（18）小区公共建筑平面功能合理，造型美观、新颖并与小区环境相协调	7	
六、技术经济分析（5）	（19）各种指标齐全、真实，符合国家有关规定	5	
七、小区规划创新综合附加分		5	
总　计（共 105 分）		105	

注：第七项"小区规划创新"的重点为"建立可持续发展住区，创造舒适健康、高效清洁、和谐优美的居住环境"，评分分值为 5 分。其中，规划创意，评分分值 1 分；节地（建立高效的空间体系，合理提高土地利用率），评分分值 1 分；洁净能源利用，评分分值 1 分；水资源利用，评分分值 0.5 分；环境保护，评分分值 0.5 分；亲和自然，与周围环境融合，评分分值 0.5 分

思考与练习

1. 房地产开发前期管理包含哪些内容?
2. 房地产开发前期管理的程序是什么?
3. 建设项目选址管理的含义、目标与任务分别是什么?
4. 建设用地规划管理的含义与内容是什么?
5. 建设工程规划管理的含义与主要内容是什么?
6. 请绘制居住项目用地指标体系图。
7. 居住区规划的基本要求是什么?
8. 居住区规划方案的编制程序与主要内容是什么?
9. 市场主流住宅形式包括哪些?
10. 尝试组织调查活动,调查消费者最喜欢的房地产开发项目的规划设计样式和最关注的规划因素并以此对《国家康居住宅示范工程规划设计评分表》提出修改意见。

 讨论

房地产开发前期管理工作涉及多专业、多行政审批部门,为了提高房地产开发周转率,试从组织形式、协作机制、操作标准化等方面论述如何实现前期管理工作高效化。

第 8 章　房地产开发项目管理

学习目标

房地产开发项目管理是房地产开发建设中最关键的工作内容，本章对房地产开发项目管理的内容分别进行了深入的介绍，通过本章学习，应当掌握以下知识。

- 房地产开发项目管理的概念、目标与主要内容
- 房地产开发项目质量控制的特点、内容以及施工阶段的质量控制手段
- 房地产开发项目进度控制工作的内容、手段，进度计划的编制程序、方法
- 房地产开发项目的成本构成以及成本控制的主要工作内容和措施
- 房地产开发项目的主要合同关系和合同管理的主要内容
- 房地产开发项目招标的方式和程序
- 房地产开发项目安全管理的内容

在学习本章时，需要对基本概念、原则、内容、方法有准确的理解，对于相关知识应多查阅相应的参考书辅助学习。

8.1 房地产开发项目管理概述

8.1.1 项目与项目管理

项目是指在时间、财务、人力和资源约束等限制条件下，以实现预定目标为唯一任务，由专门组织发起的一组相互协调的受控活动所组成的特定过程。一组为一个共同目标而开展的相互联系的项目被称为项目群或项目集，也称为大项目。例如，房地产开发项目就可以看作一个项目群；而建筑施工项目是房地产开发项目群中的一个子项目，这个项目群还包括市场研究项目、报批项目、销售项目等。

项目管理是在项目活动中建立专门的组织结构、资源关系和独特的文化，合理运用知识、技能、方法与工具，整合启动、规划、执行、监控和收尾五个项目过程，使项目能够在有限资源限定条件下，保持时间、成本和质量之间的平衡，使项目能够实现或超越项目利益相关方的需要，达到项目预定目标。

8.1.2 房地产开发项目的特点

房地产开发项目是指在一个总体设计或总预算范围内，由一个或几个互有内在联系的单项工程所组成的，建成后在经济上可以独立经营核算，在行政上又可以统一管理的单位

工程。房地产开发项目具备以下几个特点。

1. 知识的密集性

房地产开发项目所采用的技术和所涉及的学科知识十分广泛，涉及人文、法律、财务、工程技术、生态环保、新型材料与工艺等诸多方面的问题，需要各种学科和专业知识互相融合。

2. 组织的层次性

房地产开发项目的管理需要把项目建设周期看成一个生命周期，有层次地分级进行。

3. 项目的系统性

现代房地产开发项目具有系统性特点，其庞大的结构、各分支系统中不同技能的有机组合、庞大的信息总量、严密的整体性与过程控制、对环境的适应和改造等都需要从系统工程的高度予以讨论和解决。

8.1.3 房地产开发项目管理的概念

房地产开发项目管理是指房地产开发企业在整个项目的开发建设过程中，通过计划、指挥、检查和调整等手段进行质量、进度、成本、合同与安全等方面的全面管理并与社会各相关部门进行联络、协调，以实现项目的经济效益、社会效益和环境效益。

房地产开发项目管理是房地产开发企业对整个工程项目的开发建设进行的全面管理，是项目开发建设过程中的一项重要管理内容。它贯穿了房地产开发项目的前期、施工期等各个阶段，集中体现了项目建设过程中的各项实务操作，同时也是把项目策划和设计图纸付诸实施，从而产生投资效益的重要管理阶段。因此，一套完整、规范和科学的房地产开发项目管理体系是实现房地产开发项目管理目标的根本保证。

8.1.4 房地产开发项目管理的目标与职能

房地产开发项目管理的目标是对项目成本、时间、资源、质量等要素进行最优均衡控制，实现项目投资计划中的经济效益、社会效益和环境效益。

房地产开发项目管理的基本职能包括计划、组织、控制和协调。

计划是指对房地产开发项目进行计划管理，使项目的开发建设按计划、按顺序、有条不紊地展开。这就是说，通过动态计划管理将工程项目全过程和全部开发活动纳入计划轨道，使项目有序地达到预期总目标。

组织是指通过职责划分、授权、合同的签订与执行以及根据有关法律、法规建立各种规章制度，形成一个高效的组织保障体系，使项目的各项目标得以最终实现。

控制是指对项目的质量、进度和成本进行控制，以获得最大的综合效益。

协调是指对开发项目与外部环境、项目各子系统以及项目不同阶段、不同部门、不同层次之间的关系进行沟通与协调，从而为开发项目提供和谐的公共环境，保证项目开发建设顺利进行。

通常将房地产开发项目管理中的质量控制、进度控制、成本控制、合同管理及安全管理合称为"三控两管"。

8.2 房地产开发项目质量控制

8.2.1 房地产开发项目质量概述

质量是反映满足明确和隐含需要能力的特性总和。房地产开发项目质量是国家现行的法律、法规、技术标准、设计文件及合同中对房地产开发项目工程的安全、使用、经济、美观等特性的综合要求。

质量控制(本书特指房地产开发项目质量控制)是指项目管理机构以国家标准、规范或合同为依据确定质量目标及质量保证、改进措施,对项目决策阶段、设计阶段和施工阶段进行全程质量监督和管理的活动。

房地产开发项目质量不仅包括最终交付的房地产产品本身的质量,还包括项目工作的质量,其质量状况不可预知,也无法通过重复实施予以提升与复制。因此,房地产开发项目质量是指一个项目的过程质量,主要包括立项过程质量、设计过程质量、施工过程质量和竣工验收过程质量(见表 8-1)。

表 8-1 房地产开发项目过程质量的基本内容

项目阶段	过程质量内涵	满足要求的主要规定	质量工作
立项过程	可行性研究报告和项目申请报告;项目投资决策	业主要求;国家政策要求;投资者要求	确定质量目标
设计过程	功能、使用价值的满足程度;项目设计的安全性、可靠性;自然及社会环境适应性;概、预算的合理性;设计进度的合理性	项目勘察、设计合同;有关法规、强制性标准	设计质量控制;实施方案质量控制
施工过程	功能、使用价值的满足程度;项目设计的安全性、可靠性;自然及社会环境适应性;工程造价的控制状况;施工进度	项目施工合同;有关法规、强制性标准	材料设备质量控制;施工工艺质量控制;工序质量控制;各部分工程验收
竣工验收过程	分项、分部工程满足要求的程度;保持和恢复使用功能的能力	项目施工合同;有关法规、强制性标准	质量档案

8.2.2 房地产开发项目质量的特点

房地产开发项目质量的特点是由房地产开发项目自身的特殊性决定的,主要包括以下五个方面。

1. 质量影响因素众多

房地产开发项目需要整合的资源庞大、周期较长,涉及的专业技术人员众多,如决策、设计、材料、机械、环境、施工工艺、施工方案、操作方法、技术措施、管理制度、工作人员素质等,这些均直接或间接地影响房地产开发项目。

2. 质量波动大

由于房地产开发项目具有复杂性、独特性,不能像一般的工业产品一样进行标准化生产,可对其产生影响的因素众多,这就造成房地产开发项目的质量波动较大。

3. 质量离散

房地产开发项目质量的影响因素众多,造成出现质量问题的概率无规律地分布在各个影响因素中,任何一个因素出现问题都可能对项目整体质量造成严重的影响。

4. 质量问题的隐蔽性强

由于房地产开发项目中涉及的中间产品众多,工序复杂,交接频繁,这就使得很多质量问题难以在第一时间被发现,容易产生对于质量问题的错误判断,容易将具有质量问题的中间产品或工序混入开发产品中。

5. 竣工检验的局限性大

房地产开发项目在竣工后需要进行全面的质量检验,由于不能像普通工业产品一样进行拆解检查或样品试验检查,这就使得检查结论存在着很大的局限性。

8.2.3 质量控制的内容

质量控制的主要内容包括以下三个方面。

1. 质量规划

质量规划是确保质量管理成功的一个重要步骤,它是指识别项目及其产品的质量要求和标准并以书面形式描述项目将如何达到这些要求和标准的过程。房地产开发项目的质量规划内容包括质量目标,质量管理工作流程、职责、权限和资源分配,实施书面程序和指导书,实验、检查、检验和评审大纲,达到质量目标的测量方法,修改和完善质量计划的程序及其他措施等。例如,房地产营销质量管理中,质量目标应当是配合公司财务与工程计划完成销售任务并获得良好的社会声誉。这个目标在营销过程中可以被逐步分解到各个营销方案中,营销质量管理也必须贯穿每一个营销方案,即包括从营销方案制定、审批、执行到事后评估的整个流程。职责、权限和资源分配就是房地产营销质量管理的重要构成部分。

2. 质量保证

质量规划的前提是识别项目及其产品的质量要求和标准以及为了实现这些质量要求和标准而制定的规划方案。质量保证是为了确保采用合理的质量标准和操作性定义,制定科学可行的质量标准,建立和完善项目质量管理体系。质量标准可以采用现行国家标准、行业标准,也可以在不违背国家政策与强制性标准的前提下制定项目质量标准。例如,在项目设计阶段,需要采用中华人民共和国国家标准《城市居住区规划设计规范》(GB 50180—2018);在投资分析阶段,可以根据投资人的风险与收益目标自行设计房地产开发项目投资分析要点等。质量管理体系包括体系结构和职责分配、配备必要且合格的资源、持续开展有计划的质量改进活动。例如,在项目施工过程中,房地产开发项目公司、监理公司和建筑施工企业分别建立质量保证机构,形成层层管理、层层把关、责任到人的质量管理体系并且明确管理机构设置和机构各层部门主要负责人及其责任。

3. 质量监督

质量监督是检测并记录执行质量活动的结果,分析项目结果是否符合相关质量标准并提出建议的过程。质量监督包括对工作质量、工序质量和产品质量三个方面的监督。工作质量是指参与项目的人员在为保证项目质量的过程中所表现出来的工作水平和完善程度。例如,在房地产项目投资分析阶段,参与分析人员的职业素质、分析经验与其岗位的匹配程度;在市场调查阶段,后勤部门与市场调查人员的配合完善程度。工序质量是指每道工序的质量结果必须满足下道工序相应要求的质量标准。例如,市场调查的结果需要能够服务于住宅小区的设计工作,让设计出的产品能够在市场上获得充足的消费人群的认可。在房地产开发项目中最能体现工序质量管理重要性的是项目施工阶段,需要从人员、材料、机械、施工工艺和施工环境等多个因素入手做好工序质量管理工作。例如,主体工程质量与进度会影响到设备安装工程的质量与进度,这就需要房地产开发公司、监理公司和建筑施工企业严格按照质量控制体系来控制好主体工程的质量。产品质量是指最终交付的物业满足相关标准或合同的要求,包括适用性、安全性、可靠性、经济性等,如住宅小区的防水状况、办公楼物业的电梯质量状况等。

8.2.4 施工阶段质量控制手段

施工阶段质量控制是质量控制工作中的核心,在施工阶段,一般可采用以下几种手段进行质量控制。

1. 旁站监督

旁站监督是房地产开发商经常采用的一种现场检查形式,即在施工过程中派工程技术人员到现场观察、监督与检查施工过程,注意并及时发现质量事故的苗头、影响质量的不利因素、潜在的质量隐患以及出现的质量问题等,以便及时进行控制。对于隐蔽工程的施工,旁站监督尤为重要。

2. 测量

施工前，房地产开发商的技术人员应对施工放线及高程控制进行检查控制，不合格者不得施工；发现偏差及时纠正；中间验收时，对于数值不合要求者，应指令施工单位处理。

3. 试验

试验数据是判断和确认各种材料与工程部位内在品质的主要依据。例如，材料性能、拌和料配比、成品强度等物理力学性能以及打桩的承载能力等通常需通过试验手段取得试验数据来判断质量优劣。

4. 指令文件

指令文件是房地产开发商运用指令控制权的具体形式，是开发商对施工承包单位提出指示和要求的书面表达文件，用以向施工单位指出施工中存在的问题，提请施工单位注意以及向施工单位提出要求或指示其做什么或不做什么等。开发商的各项指令都应是书面的或有文件记载的，否则有效。如因时间紧迫，来不及做出正式书面指令，也可以通过口头方式将指令下达给施工单位，但随即应按合同规定及时补充书面文件对口头指令予以确认。

5. 规定质量监控工作程序

规定双方必须遵守的质量监控工作程序并按该程序进行工作是进行质量监控的必要手段和依据。例如，未提交开工申请单，未经审查、批准的工程，不得开工；未经签署质量验收单予以质量确认，不得进行下道工序等。

6. 利用支付控制手段

这是国际上通用的一种重要的控制手段，体现了开发商的支付控制权。支付控制权就是对施工承包单位支付任何工程款项均需由开发商批准。工程款支付的条件之一就是工程质量达到规定的要求和标准。如果施工单位的工程质量达不到要求的标准，而施工单位又不能承担处理质量缺陷的责任，不能处理并使之达到要求的标准，开发商有权停止对施工单位支付部分或全部工程款，由此造成的损失由施工单位负责。在房地产开发施工过程中，这是十分有效的控制和约束手段。

8.3 房地产开发项目进度控制

8.3.1 房地产开发项目进度控制概述

房地产开发项目进度控制（以下简称进度控制）是指根据开发项目各阶段的工作内容、程序、持续时间和衔接关系编制项目进度计划并以此计划为依据，综合利用组织、技术、经济和合同等手段对建设工程项目实施的时间进行控制，保证项目能在满足计划规定的时间约束的前提下实现总体目标。

进度控制的最终目的是确保项目进度目标的实现，其核心内容是建设工期控制。本节将分别介绍进度控制工作的内容，分析影响项目进度的因素，阐述控制进度的措施，同时详细说明项目进度计划的编制程序与方法。

8.3.2 进度控制工作的内容

房地产开发项目进度控制工作的主要内容包括以下五个方面。

1. 项目进度计划编制

从简单的房地产经营物业投资到复杂的房地产开发项目，所有项目进程都由很多环节构成，这就需要编制进度计划，实现对项目进度的最佳时间安排，以最小的成本和最少的资源完成项目。项目进度计划的编制是将整个项目工作计划进行结构分解，定义所有活动的逻辑关系，说明每一项工作必须完成的时间节点和完成每项任务所需要的时间。

2. 进度计划分级管理

房地产开发项目的各参与者对计划详细程度的要求不同，为能有效地落实进度计划的执行，实行进度计划分级管理非常重要。在房地产开发项目的整体周期确定后，针对不同层次，应逐级编制一级总体进度计划、二级进度控制计划、三级里程碑与控制节点计划、四级作业计划等，使整个项目中的每一个参与者都有一份适合自己并可执行的计划。例如，一级计划主要涉及开发商、总包商及监理，以明确其各自的进度计划；相应地，二级、三级、四级计划都有具体、明确的主体，级别划分得越深，专业分工越细，主体越多。

3. 进度计划优化

进度计划编制完成后，由于项目的实际执行会受到一定的资源数量与质量的约束，如资金成本、施工工艺对季节的要求等，所以需要项目的管理层根据实际资源状况对计划做出适当调整。资源约束在房地产开发项目中一般有两种情况：一种是资源受限，另一种是资源负荷不平衡。

资源受限是指项目所需资源不足，进度计划无法顺利实施或者进程中断的风险较大。对于存在资源受限情况的房地产项目，应在不超出资源限度和不改变各项工作在逻辑上的依赖关系的前提下，确定资源分配优先级，使项目延期时间最短。例如，开发资金短缺的项目应当向前调整销售工作计划，适度延长工程建设周期，在达到销售条件的情况下，集中资源做好预售工作，以预售资金补充开发资金的不足。

资源负荷不平衡是指进度安排不合理导致项目周期内多种资源负荷不平衡，需求数量波动较大，导致资源闲置或浪费严重，这时需要通过调整项目活动的进度计划，使资源需求量维持在比较稳定的水平，降低资源需求量波动水平以降低资源使用成本。例如，某住宅小区开发项目共规划20栋楼，计划20栋楼同时开工、同步施工建设，实现在最短期限内项目竣工，但是由于实际作业场地限制，会在短期内造成大量的人力、物力资源闲置而无法正常施工，这就需要调整工程施工计划，在作业场地得到最大化利用的前提下实现作业量最大化。

4. 项目工期调整

项目工期调整是指在制订、优化完可行的进度计划后，由于受不可控制性或突发性事件的影响，项目工期被迫压缩或延长。在房地产开发项目中最常见的不可控制性或突发性事件主要包括政府指令、市场变化、激励性契约、前期工作延误、关键资源调整、管理费用高企等。

例如，某房地产开发企业在某市市中心开发该市标志性城市综合体项目，该市市政府为完成当年固定资产投资指标并向新年献礼，要求该房地产开发企业将竣工计划时间提前半年至当年年底。再如，某房地产开发企业在某市的在建 1 号地铁线某一站点上开发大型购物中心，由于地铁 1 号线施工遇到复杂地质问题，通车时间推迟两个月，如果此时该房地产开发企业继续按照原订计划进行施工和市场推广，则投资资金支出后将比原计划多出两个月的占用期，从而提高了资金成本。因此，从降低开发成本的角度考虑，应减缓建筑施工节奏并推迟市场推广活动，在整体上延长项目工期以降低资金占用成本。

5. 项目进度计划执行

项目按照进度计划实施的过程中，由于受到不确定性因素或其他多种因素的干扰，实际进度情况可能会偏离预期计划。进度计划的执行就是以使项目按照计划推进为目标，对项目进度计划执行情况进行持续监控，对比计划找出实施中的偏差，分析偏差产生的原因及其对项目整体进度的影响，决定是否需要采取调整措施并对采取的措施效果加以跟踪，将延误的可能性降到最低。

8.3.3 影响项目进度的因素分析

由于房地产开发项目具有资金庞大、业务复杂、建设周期长、涉及单位众多等特点，影响进度的因素也很多。若要有效地进行项目进度管理，就必须对影响项目进度的各种因素进行全面分析和预测。

影响项目进度的因素包括水文、地质与气象等自然因素，政治、经济、环境等社会因素，技术、人员、材料设备与构配件、施工机械设备、资金等项目因素以及其他不确定因素等。

在上述因素中，人员因素对房地产开发项目的影响程度最大，如建筑单位的安全生产、资金保障、图纸设计匹配性等，还包括关联人员之外的社会因素，如施工干扰、交通管制、环保投诉等。自然因素在进度计划编制中较容易予以考虑，如气候、水文等，但也有不可控制性因素，如地下文物的发现、百年未遇的自然灾害等。

在编制房地产开发项目进度计划前，房地产开发企业必须认真分析既有的技术资料，详细考虑各类潜在的影响因素，对部分不确定性因素进行概率分析并制定突发事件应对方案。

8.3.4 进度控制的措施

项目进度的主要控制方法是筹划、控制和协调，主要措施包括组织措施、技术措施、合同措施、经济措施和信息管理措施等。

1. 组织措施

组织措施主要包括以下四点。
（1）落实项目进度管理部门的技术人员及其具体的控制任务和管理职责。
（2）进行项目分解（如按项目结构、进展阶段、合同结构分解）并建立编码体系。
（3）确定进度协调工作制度，如确定每星期协调会议的举行时间、参加人员等。
（4）分析影响进度目标实现的干扰因素。

2. 技术措施

技术措施主要是采用技术手段加快施工进度，尤其需要不断探索、推广和采用先进的施工工艺、工法、新材料与新设备。

3. 合同措施

合同措施主要包括合同期限与项目开发进度计划协调、合同分类进度监督等内容。

4. 经济措施

经济措施主要是通过经济手段保证资金供给，以确保项目工期，同时采用经济措施惩罚延误进度的合同方，保证合同进度计划的落实。

5. 信息管理措施

信息管理措施主要是利用项目计划进度与实际进度进行动态比较，定期提供进度比较报告等。

8.3.5 进度计划的编制程序

房地产开发项目进度计划的编制程序一般分为以下四个步骤。
（1）将全部项目内容分解和归纳为单项工程或工序。单项工程或工序分解的细致程度可根据工程规模的大小和复杂程度确定。例如，房地产开发项目中的一个施工项目首先可分为房屋建设工程、室外道路、各种室外管道工程等较大的子项工程，每一个子项工程又可分为土方工程、基础工程、钢结构制作与安装工程、屋面工程、砌筑工程、地面工程、其他建筑工程、设备安装工程等。
（2）统计或计算每项工程内容的工作量。一般情况下用工作量表中的计量单位来表示工作量。例如，土方工程和混凝土工程用立方米表示、管道工程用延米表示、市场调查数据用条表示等。另外，项目进度亦可用完成的投资额占总投资额的比例来表示。
（3）计算每个单项工程工作量所需时间，可用天数表示。此处的工作时间是按正常程序和实施总方案中所选用设备的水平，以熟练工人正常工效计算得出的。
（4）按正常实施的各个单项工程内容的逻辑顺序和制约关系排列作业先后次序，从每项作业工序可能的最早开工时间推算下去，可以得出全部工程结束所需的周期；反之，从上述结束日期向前推算,可以求出每一作业工序的最迟开始日期。如果可能的最早开工日期早于最晚开工日期,则说明该项工序有可供调节的机动时间。该项工序只要在最早开工和最晚开工日期之间开工,就不会影响项目的结束日期。

8.3.6 进度计划的编制方法

进度计划的编制方法主要有横道图法、网络图法、里程碑法、进度曲线法等,其中,横道图法和网络图法是最常用的方法。

1. 横道图法

横道图法是用直线线条在时间坐标上表示出单项工程进度的方法。横道图具有形象、直观、易懂、绘制简便等特点,被广泛应用于工程项目的进度管理工作中。对于一些并不十分复杂的建筑工程,采用这种方法编制进度计划比较合适。

用横道图表示的进度计划应包括两个基本部分,左侧是工作任务的划分部分,右侧是横道线部分,对应表达的是相应的工作任务的进度,如图 8-1 所示。以横道图为进度计划,在工程实际进行中,可以把实际进度用虚线表示在图中,与计划进度进行对比,以便调整工程进度。横道图的缺点有三个:一是从图中看不出各项工作之间的相互依赖和相互制约关系;二是看不出一项工作的提前或落后对整个工期的影响程度;三是看不出哪些工序是关键工作和关键线路。

工作内容	2018 年												2019 年									
	1	2	3	4	5	6	7	8	9	10	11	12	1	2	3	4	5	6	7	8	9
1. 一级开发授权	■																				
2. 立项申请		■	■																		
3. 建设用地预审			■	■																	
4. 专业评价意见办理					■	■															
5. 钉桩、勘界				■																	
6. 办理规划意见书						■															
7. 征地拆迁批复办理							■	■													
8. 征地拆迁评估									■												
9. 征地拆迁谈判										■	■										

续表

工作内容	2018年												2019年								
	1	2	3	4	5	6	7	8	9	10	11	12	1	2	3	4	5	6	7	8	9
10. 土地平整与市政建设															■	■	■	■			
11. 项目验收																			■		
12. 挂牌交易																				■	

图8-1 某房地产开发项目总体进度计划横道

2. 网络图法

网络图法是以网络图的形式来表达项目的进度计划（见图8-2）。网络图可确切地表明各项工作的相互联系和制约关系并可以计算出工程各项工作的最早和最晚开始时间，从而可以找出关键工作和关键线路。所谓关键线路，是指在项目中直接影响项目总工期的那一部分连贯的工作。通过不断改善网络计划，就可以求得各种优化方案。例如，工期最短；各种资源最均衡；在某种有限制的资源条件下，编制出最优的网络计划；在各种不同工期下，选择工程成本最低的网络计划等。

此外，在工程实施过程中，根据工程实际情况和客观条件的变化可随时调整网络计划，使得计划永远处于最切合实际的状态，保证工程以最小的消耗取得最大的经济效益。

网络图有单代号网络、双代号网络和时标网络三种表现形式。

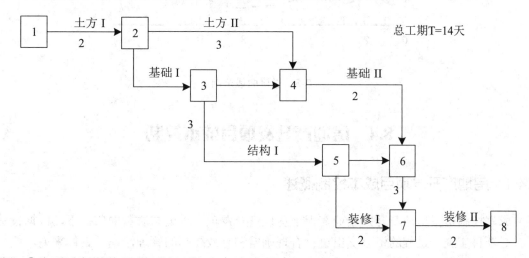

说明：① 该工程分为两段施工，即Ⅰ段和Ⅱ段。
② 施工过程包括四个工序：土方工程、基础工程、结构工程和装修工程。
③ 方框内的数字表示顺序；箭头旁的数字表示工期，即天数。

图8-2 进度计划单代号网络

3. 里程碑法

里程碑法又称可交付成果法，是在横道图或者网络图上标示一些关键事项，这些事项能够被明显地确认，可反映进度计划执行中各个阶段的目标，一般是处于关键线路上的一些关键项目，对项目进度计划能否顺利实现具有重大的影响。通过这些关键事项在一定时间内的完成情况可反映项目进度计划的进展情况，这些关键事项被称为"里程碑"。

4. 进度曲线法

该方法以时间为横轴，以完成的累计工程量（工作量的具体衡量内容可以是投资额、实物工程量的完成情况、人工工时消耗、形象工程等）为纵轴，按计划时间累计完成任务量的曲线作为预订的进度计划，如图 8-3 所示。从整个项目的实施进度来看，由于项目后期收尾工程的实际工程完成量比较小，因此，该进度曲线一般是 S 形的。

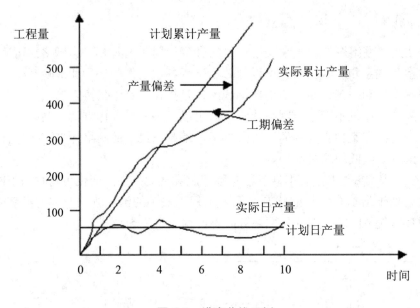

图 8-3　进度曲线示例

8.4　房地产开发项目成本控制

8.4.1　房地产开发项目成本控制概述

成本控制是指房地产开发企业在保证房地产开发项目进度与质量的前提下，依据投资预算对项目实施全过程的资金支出进行合理确定和有效控制的管理活动。具体来说，就是在投资决策阶段、设计阶段、开发项目发包阶段和建设实施阶段把开发项目的成本控制在批准的投资限额以内，随时纠正发生的偏差，确保开发项目投资管理目标的实现，力求在开发项目中合理使用人力、财力、物力，使项目获得良好的经济效益、社会效益和环境效益。建设施工阶段的成本控制最为关键。随着房地产投资的发展，成本控制也被引入了房地产投资领域。在房地产投资活动中，投资者为了保证资金盈利安全和达到预定盈利目标，应严格进行投资预算、资金财务成本控制、交易成本控制、交易额谈判结果控制等。

本节将分别介绍房地产开发项目成本估算方法，成本控制的原则、方法与具体措施。

8.4.2 房地产开发项目成本构成及其估算方法

房地产开发项目成本由开发成本和销售成本两部分组成。开发成本主要包括土地购置费、前期工程款、基础设施建设费、建安工程费、配套公建建设费、间接费以及上述费用产生的财务费用。销售成本主要包括广告费、销售代理费、营销部门管理费用及人员工资。

项目成本估算的主要依据包括项目工作分解结构、资源需求计划、资源价格、工作的延续时间、历史资料等。成本估算的方法有很多，比较常用的有经验估算法、参数模型法、自下而上估算法。

经验估算法又称类比估算法、自上而下估算法，是指利用以前类似项目的实际成本作为估算当前项目成本的基本依据。按这一方法进行估算，要求估算人员有丰富的专业知识和项目建设经验，以保证所做的估算有足够的参考价值。经验估算法是由上到下逐层进行，从最上层或者是最为综合的层级一层层向下分解。使用这种方法可以在较短的时间内获得大致的成本数据，但由于影响项目成本的因素较多，同类项目在不同的时间或地点，投资额可能会有很大的差别，所以这种估算的误差较大。

参数模型法是一种比较科学的方法，它立足于过去对成本产生影响的各种因素在现在和将来仍然起作用这一前提，以过去建设同类项目的资料为基础，运用一定的数学方法进行加工处理和推理，借以估算项目成本。参数模型法主要分为指数估算法和系数估算法。

自下而上估算法就是先算出各个单位的独立成本，然后自下而上地将各项工作的估算成果汇总，从而估算出项目总成本。在这种估算方法中，大量工作都是在中下层进行的并逐层向上传递和沟通。在这个过程中，项目的每个单元以及它们的时间和预算都能被估算出来，同时能尽可能精确地估算费用，所以这种方法的估算结果比较精确，但耗用时间长、费用支出大。

8.4.3 成本控制的原则

1. 设置科学的投资成本管理目标

房地产项目开发是一个周期长、投资大的生产消费过程，建设者的开发经验、知识水平是有限的，再加上科学、技术条件的限制，因而不可能在开发项目开始阶段就设置一个科学的、固定的成本管理目标，而只能设置一个大致的投资成本控制目标，这就是项目投资估算。随着项目建设的反复实践，投资成本控制目标逐渐清晰、准确，即包括设计概算、设计预算、承包合同价等。可见，开发项目投资成本管理目标的设置是随着项目建设实践的不断深入而分阶段设置的。具体来讲，投资估算是进行开发项目设计方案选择和初步设计的成本管理目标。设计概算应是进行技术设计和施工图设计的项目成本管理目标，设计预算或建安工程承包合同价则应是施工阶段控制建安工程成本的目标。

投资成本管理目标的制定既要有先进性，又要有实现的可能性，目标水平一定要能激发执行者的进取心，充分发挥他们的工作潜力和创造性。

2. 设计阶段成本控制是重点

项目成本控制贯穿于房地产项目开发建设的全过程，包括策划、设计、发包、施工、销售等阶段。房地产开发项目投资成本管理的重点是设计阶段的成本控制。从国内外建设工程实践可以看出，对项目投资影响最大的阶段是约占开发项目建设周期 1/4 的技术设计结束前的工作阶段。在初步设计阶段，影响开发项目投资的可能性为 75%～95%；在技术设计阶段，影响项目投资的可能性为 35%～75%；在施工图设计阶段，影响项目投资的可能性为 5%～35%。可见，成本管理的关键是施工以前的投资决策和设计阶段，而做出投资决策后的关键则在于设计。

目前，国内的房地产开发企业普遍忽视开发项目前期工作阶段的成本控制，而把控制开发项目的重点放在施工阶段——审核施工图预算、合理结算建安工程价款。尽管这对于成本管理也有一定效果，但没有抓住管理重点。

3. 变被动控制为主动控制

房地产开发项目管理的基本任务是对项目的建设工期、投资成本和工程质量进行有效的控制，力求使所建项目达到建设工期最短、投资最少、工程质量最高。但是，这样的理想要求实际上不可能完全实现，需要开发商根据建设的主、客观条件进行综合分析、研究，确定切合实际的衡量准则。如果成本控制的方案符合准则要求，成本管理就有可能达到预期目标。

长期以来，人们一直把工程成本控制理解为对目标值与实际值的比较，当实际值偏离目标值时，就分析其产生偏差的原因，确定纠正对策。尽管在房地产开发建设过程中进行这样的项目成本控制是有意义的，但这种方法只能发现偏离而不能使已产生的偏离消失，只能是被动控制。

20 世纪 70 年代初，人们开始将系统论和控制论的研究成果应用于项目管理，将控制立足于事先主动地采取决策措施，尽可能减少或避免目标值与实际值的偏离，即采取主动控制方法。做好房地产开发项目成本控制不仅要在投资决策、设计、发包和施工中被动地控制项目投资，更要主动影响投资决策、设计、发包和施工。

4. 经济与技术结合是成本管理中最有效的手段

有效地进行项目成本管理应从组织、技术、经济、合同与信息管理等多方面采取措施，而技术与经济相结合是项目成本管理中最有效的手段。技术上采取的措施包括设计方案选择，严格审查、监督初步设计、技术设计、施工图设计、施工组织设计，研究节约投资的可能性。经济上采取的措施包括动态比较投资的计划值和实际值、严格审核各项费用开支等。

我国房地产开发企业普遍存在着技术与经济相分离的现象。技术人员缺乏经济观念、设计思想保守且很少考虑如何降低项目投资。同时，设计规范与施工规范落后。而财会、概预算人员的主要责任是依据财务制度办事，他们不熟悉工程建设知识，不了解工程进展中的各种关系和技术问题，难以有效地控制项目成本。为此，迫切需要培养房地产开发综合技术经济人才，在项目建设过程中把技术与经济有机地结合起来，正确处理技术先进与经济合理两者之间的对立统一关系，力求实现技术先进条件下的经济合理，把成本控制观念渗透到各项设计和施工技术措施之中。

8.4.4 成本控制的主要方法

在房地产开发全程中，成本控制的主要方法包括以下几个。

1. 强化成本意识，加强全面管理

成本控制涉及项目建设中各个部门甚至每一个工作人员，强化成本意识、协调各部门共同参与成本控制工作是最基本的做法。计划部门应事先听取现场管理人员的建议，制订切实可行的成本计划。在成本计划实施中，计划部门应时刻注意搜集施工管理人员的反馈信息，以便在需要时进行修改或调整。

2. 确定成本控制的对象

工程成本中有些费用所占比例大，是主要费用；有些费用所占比例小，是次要费用。另外，有些费用是变动费用，有些则是固定费用。在制订成本控制计划之前，要详细分析成本组成，分清主要费用与次要费用、变动费用与固定费用。成本控制的主要对象是主要费用中的变动费用。当然，工程成本中的主要费用与次要费用、固定费用与变动费用都是相对而言的，其划分标准视工程规模和项目性质而定。

3. 完善成本控制制度

完好的计划应当有完善的制度来保证实施。成本管理人员应当首先编制一系列标准报表，规定报表的填报内容与方法。例如，每日各项材料消耗表、用工记录（派工单）、机械使用台班与动力消耗情况记录等。另外，还应规定涉及成本控制的各级管理人员的职责，明确成本控制人员与现场管理人员的合作关系和具体职责划分。现场管理人员要积累原始资料并填报各类报表，由成本控制人员整理、计算、分析并定期编写成本控制分析报告。

4. 制定有效的奖励措施

成本控制中采取奖励措施对调动各级各类人员的积极性和降低成本非常有益。除物质奖励和精神奖励外，为有突出贡献的人员提供专业进修、职级晋升和国内外考察机会等也是非常有效的奖励方法。

8.4.5 成本控制的措施

1. 采取成本节约的实施方案

房地产开发企业应针对项目的特点灵活采取适当的方法，通过对实施方案的比较，选择更有利于节约成本的实施方案以保证成本预算不超支。可以选择充分利用低成本资源的方案或创新与供应商的合作关系的方案，也可以尽可能在实施中吸收先进技术等的方案。例如，在北京城建集团与中信房地产公司开发北京京信大厦的时候，承建单位北京城建集团大胆使用主楼超大平台墙柱梁整体同步滑模施工工艺，使该项目工期大大缩短，有效地节约了开发成本。

2. 完善工程造价

房地产开发项目中的工程建设均采用招标方式确定承包商，招标中普遍采用工程量清单法控制成本，也就是由开发商提供工程量清单，承包商根据清单报价，工程量清单的错漏风险由开发商承担，而承包商在投标报价时，一般会采用不平衡报价，即在保持总价不变的情况下，调低变更可能性较小的分项的单价而调高变更可能性较大的某些分项的单价。为了控制成本，开发商从设计阶段就要严控工程量，同时尽量减少未来工程变更的可能性。对于一时无法把控的分项工程，开发商需要与承包商协商采用风险分担的措施。

3. 控制采购成本

开发商需要根据采购内容、数量、价值、采购周期和供应商等因素选择合适的采购策略，以求利用最少的成本获得所需产品及服务。小额采购要确认价格的合理性，大额采购要结合项目进度计划采用招标方式，持续性采购可以与供应商建立长期合作关系。例如，某开发商开发的项目位于城市郊区，交通不太方便，预计项目的销售价格和销售形势都不够理想，为了获得较好的利润并能快速回款，开发商在选择销售代理机构的时候就不能仅仅以佣金高低作为评判标准，而需要重点考察销售代理机构的过往业绩和其对此项目的理解与销售方案。

4. 跟踪成本计划执行并采取相应纠正措施

房地产开发项目管理是一个动态管理的过程，开发商需要实时监控成本计划的执行，在实际执行中一般需要做好四点：① 分解落实成本控制指标；② 严格控制款项支付；③ 控制合同价款与付款条件；④ 动态跟踪成本变化。

8.5 房地产开发项目合同管理

8.5.1 房地产开发项目合同管理概述

合同管理是房地产开发项目"三控两管"中至关重要的一环。合同管理是指房地产投资主体或房地产开发商依据国家法律、法规的规定，对项目全程进行合同策划、分析、签订、解释并对合同实施过程进行控制的管理工作。

合同管理在房地产开发项目中具有很强的必要性，主要表现在以下几个方面。

1. 建立现代企业制度的基础

在一个市场经济成熟的区域，法律是现代企业发展的基础，合同是企业在市场活动中的重要法律依据，它关系到企业的根本利益。房地产开发领域涉及的利益方较多且投资数额较大，因此，加强对项目合同的管理已经成为建立现代企业制度的重要内容。

2. 规范市场交易行为的手段

规范市场的交易行为包括两个方面的内容。一是规范市场主体的行为。项目合同管理的一个重要内容就是确保项目开发参加方具有市场认可的主体资质，具有参与开发活动的权利能力和民事行为能力，只有这样，才能保证房地产开发市场交易的安全性。二是规范开发市场的价格。市场经济的一个重要特征就是通过市场来调整价格，而不是由政府干预价格。我国目前正在建立一种"政府宏观指导，企业自主报价，竞争形成价格，加强动态管理"的市场价格机制。因此，各方必须充分挖掘市场潜在的优势，通过各种竞争形式形成合同管理的模式，规范各方的价格关系，最大限度地优化己方的利益。

3. 合同履行的保证

由于市场情况瞬息万变，开发过程中各方由于情势的变化或者其他原因，很难保证在开发过程中一直履行自己的义务，一旦有一方退出，不但可能直接导致项目开发无法进行，而且会引发连锁反应，给开发方或者其他参与方造成巨大的经济损失。防范开发行为中的违约风险的一种有效方式就是通过合同约定，强化彼此的权利与义务关系，加强双方的相互监督，明确违约责任。这样，一方面可以使违约情形的出现概率降至最低；另一方面，一旦对方出现违约情形，由于合同已经设定了违约责任的处理方式，就可以使违约产生的后果得到及时的处理，从而使损失降至最低程度。

4. 开拓国际市场

在当今信息资源高度发达的情况下，全球已经形成一个关联的市场，各国的开发商及其他市场参加者都在密切关注着其他国家的房地产市场。经济的全球化使世界各国交往越来越紧密，拓展国外市场已经成为不可抗拒的发展潮流。随着我国经济体制改革的进一步深化，企业走出国门的情况也会越来越多。由于我国进入世界市场的时间较晚，因此有些做法与国际惯例或通行做法大不相同，这对我国企业提出了更高的要求。拓展海外市场有利于发挥我国的技术优势和人力资源优势，有利于促进我国经济的发展。但是，对于国际市场上合同管理的模式及一些相关规则，我国企业还不是非常熟悉，因此加强合同管理就必然要求加强对企业员工素质的培养，规范合同管理的行为，提高合同谈判的技巧，这些都具有十分重要的现实意义。

8.5.2 房地产开发项目主要合同关系

合同关系是当事人通过合同所产生的一系列法律关系，它由主体、内容和客体三个要素构成。房地产开发项目的主要合同关系包括以开发商为主体的合同关系和以承包商为主体的合同关系。

1. 以开发商为主体的合同关系

开发商为了顺利地组织、实施其所承担的开发项目，需要在开发过程中与政府、设计单位、银行等其他主体签署一系列的合同。这些合同通常包括土地使用权出让或转让合同、勘察设计合同、融资合同、咨询合同、工程施工合同、采购合同、销售合同、联合开发或房地产转让合同等。

2. 以承包商为主体的合同关系

承包商是工程施工的具体实施者，是工程承包（或施工）合同的执行者。因为承包商不可能也不需要具备履行工程承包合同的所有能力，所以通常将许多专业工作委托出去，从而形成了以承包商为核心的复杂合同关系。承包商的主要合同包括工程承包合同、分包合同、供应（采购）合同、运输合同、加工合同、租赁合同、劳务供应合同、保险合同、融资合同和联合承包合同等。

8.5.3 合同管理的主要内容

合同管理是房地产开发项目各项管理措施的基本工作点，直接关系到房地产开发项目能否顺利、高效地完成。合同管理的主要内容包括以下八个方面。

1. 建立健全合同管理制度

合同管理制度具体包括明确合同的归口管理部门，明确合同签订、审批、归档备案的流程及管理权限，明确合同专用章的管理。在房地产开发项目中，合同种类和合同主体数量都较为庞杂，在房地产开发公司项目内部也关联到工程部、成本控制部、财务部、营销部、采购部等各个部门，而房地产开发项目自身是一个复杂的工程，需要各项工作能够协调起来，最终需要通过合同来确立各方职责与协调机制。项目管理需要整体统筹，所以房地产开发项目中涉及的各类合同需要一个归口部门（如合同管理部、档案管理部等）统一进行管理并且需要通过建立合同管理制度明确合同签订、审批、归档备案的作业程序及管理权限，对于各类合同用章能够做到制度明确、登记清晰。

2. 合同范本库的建立与管理

合同范本编制工作可以由合同主管部门制订统一工作计划组织开展，对应合同分类分别由相应业务部门完成，如工程类、采购类合同可与工程采购招标文件一并由招标主管部门组织完成编写，设计类可由设计部门组织进行编写。对于国家已经颁布的合同范本要及时纳入范本库。

要制定合同范本使用管理制度，统一颁布合同范本的使用范围、修改权限等，对所有的范本合同，在签订前都要按合同范本使用管理制度进行审查。

3. 建立合同交底制度

岗位调整、人员的流动会造成合同签订与合同执行脱节，致使合同往往只被记录在经办人的头脑中，其他人员只知自身相关工作职责，而对合同总体情况知之甚少，甚至完全不了解合同的具体内容，这就造成了日后产生合同纠纷的隐患。为了防止上述问题的出现，应建立严格的合同交底制度,规定合同交底的范围与程序,同时明确交底责任和监督考核办法。

4. 合同采购控制

以互惠互利为原则,以实现己方利益最大化为目标,在保证项目质量和进度的前提下,根据合同文本确定款项支付、质量工期等细节,对采购行为、内容、结果进行控制与督促落实并根据双方的谈判进度,适时调整合同内容,对签订过程、结果进行监督。

5. 合同分析

合同分析是众多合同执行的依据,要通过合同分析具体落实合同执行战略,还要通过合同分析与解释使每一个项目管理的参与者明确自己在整个合同实施过程中的位置、角色及与相关内外部人员的关系,客观、准确、全面地执行合同内容。

例如,某房地产开发企业与总建筑承包单位签署了工程总包协议,这就需要各个部门集中对工程总包协议进行分析,为下一步的工程分包工作、资金计划安排、甲供(甲供是指甲方提供材料,甲供材料建筑工程是指由基本建设单位提供原材料,施工单位仅提供建筑劳务的工程)合同采购等工作做出计划,合理布置分包工作节奏和安排甲供采购时间、数量、质量等,同时将此类数据转化为财务数据反馈给财务部门。财务部门需要根据公司的财务状况统筹安排资金调度或根据反馈意见、要求调整价款支付节奏等,在工程进度与资金投入安排无法改变的情况下,财务部门与融资部门需要配合做好融资安排。以上就是将一份合同进行分析后明确各部门的职责和分解落实合同事项的过程。

6. 合同实施控制

合同实施过程中的控制是立足于现场的合同管理,其主要工作包括合同实施监督、合同跟踪、合同诊断及针对产生的问题提出的合同措施决策等。建立合同实施保证体系、完善合同变更管理和合同资料的文档管理是做好合同实施控制的关键。

7. 合同解释

在项目实施过程中,难免会出现合同理解上的纠纷,合同各方需要进行沟通、协商,因此就需要企业的合同主管部门进行合同解释。合同解释是化解合同纠纷中最重要的一项工作,是合同顺利实施的重要保障。合同解释一般需要有合同所涉及的专业部门参与。例如,工程成本合同出现纠纷,首先需要明确纠纷点是工程质量、进度还是工程款支付,然后再落实由哪个或哪些关联专业部门对纠纷对象进行沟通、解释。

8. 合同索赔

合同执行过程中难免会出现一些意外情况,若由于一方的原因或过失造成另一方的损失,按照合同规定过失一方应做出赔偿,所以合同双方应树立索赔意识,在合同实施过程中预测和发现索赔机会,及时提出索赔要求和妥善解决合同争执。

8.6 房地产开发项目安全管理

8.6.1 房地产开发项目安全管理概述

安全问题是影响工程建设进度、质量和成本的重要内容，是"三控两管"之一。加强安全管理对提高开发项目的总体经济效益和社会效益有着重要的意义。房地产开发项目的安全管理是指通过技术、契约和管理手段对房地产开发项目实施过程中的各种风险做好应对方案，实时监控项目安全运行状况并对安全事件做出及时处理。

8.6.2 安全风险的类别

房地产项目开发是多专业汇集的复杂工程，在项目实施过程中，内在与外在因素都在影响着项目的安全运行，实际情况随时都有可能发生变化并与设立的规划方案出现差距。根据安全风险的产生原因、性质、结果及彼此间的关系进行分类有助于项目管理人员理解安全管理，识别安全风险，提高处理安全事件的效率、质量。

1. 技术风险

由于技术的复杂性、技术熟练程度或技术缺陷等因素，房地产开发项目的规划设计方案、施工方案、运行方案存在安全风险。例如，2002年12月21日9时20分，广东省韶关市某物业公司零件仓库建筑工地的天沟在无任何预兆的情况下瞬间倾覆、坍塌，压倒南面外围脚手架，导致外墙脚手架上的9名施工工人被压，造成3人死亡、1人重伤、4人轻伤。后经调查，事故发生的一个重要原因就是天沟梁与钢筋混凝土排架柱连接设计不符合技术规范要求。

2. 执行风险

在项目施工过程中，一些与项目设计方案的相关细节存在未知差异的操作以及在执行中的任何违背技术要求的操作都有可能带来安全事故。上述案例中，通过调查还发现，现场施工人员在7.5米高的天沟支模中采用已明令禁止的竹脚手架做顶架，天沟拆模时还安排工人在天沟下方进行贴瓷片、安装铝合金窗橱等立体交叉作业且都没有必要的安全措施，这也是造成事故的重要原因。

3. 管理风险

房地产开发项目是一个复杂的系统工程，项目各级管理人员的计划与组织能力、参与人员的素质、机构设置的合理性、岗位职责设置和各项管理制度的健全程度直接影响到项目运行的安全。在上述案例中，经调查发现，建筑设计室负责人及工程主要负责人未对施工图纸进行认真、严格的审查、审定；出借设计室资质和图章，允许他人以本单位的名义承揽设计工程，允许他人以本单位的名义出图；施工单位管理不严、监督不力，违法违规承接工程且现场管理严重失职。以上这些是造成事故的根本原因。

8.6.3 安全管理内容

安全管理是一个系统工程，房地产开发项目的安全管理一定要贯彻"安全第一，预防为主"的安全管理理念。按照安全管理的流程，安全管理的主要内容包括以下三个方面。

1. 安全管理方案制定

安全管理方案制定是指对项目可能存在的风险进行识别、分类、分析评估，说明各类风险的管理方法，明确各岗位人员的职责，确定事故处理时效，编制安全管理预算。

2. 安全生产监控

安全管理方案的执行持续贯穿整个项目周期，开发主体需要实时对项目运行状况进行监控，以便发现新风险及风险变化状况并且根据安全管理方案实施进行信息反馈、收集和分析。

3. 安全事故应对

安全事故应对是指在安全事故发生时，根据安全管理方案对事故进行分级，同时制定切实可行的应对措施并执行，以减少安全事故的再深化和次生事故的发生，把损失降到最低程度。

 思考与练习

1. 房地产开发项目具有哪些特点？
2. 房地产开发项目管理的概念、目标与主要内容是什么？
3. 房地产开发项目质量具有哪些特点？
4. 质量控制的主要内容包括哪些？施工阶段质量包括哪些控制手段？
5. 进度控制工作的内容与手段分别有哪些？
6. 进度计划编制的程序包括哪几个步骤？
7. 进度计划编制的主要方法包括那些？尝试比较分析各种方法的优劣。
8. 房地产开发项目的成本主要由哪些构成？估算方法有哪些？
9. 成本控制的主要工作内容与措施分别有哪些？
10. 房地产开发项目的主要合同关系有哪些？合同管理的主要内容是什么？
11. 房地产开发项目安全管理的主要内容有哪些？

 讨论

随着房地产行业的转型发展，房地产开发项目管理领域出现了两种模式：一种是房地产企业沿着产业链上下延伸，将更多原本专业外包的工作转为自主作业；另一种是房地产企业在规范技术标准的基础上深化管理，提升专业外包的比例。试论述这两种模式在项目管理中的优、缺点和未来的演变趋势。

第 9 章　房地产营销

学习目标

本章从房地产营销的基本概念和新观念入手，依次介绍了房地产营销基本理论、各类房地产营销模式和房地产营销方案制定知识。通过本章的学习，应当掌握以下知识。

- 房地产营销的概念和阶段划分
- "4P" "4C" 理论的基本知识
- 房地产营销的主要模式
- 委托代理的工作内容
- 房地产营销方案制定的主要内容
- 房地产价格确定方法

在本章学习中，房地产价格确定是核心内容，需要与实践相结合，尽可能多地进行房地产在售项目现场考察。

9.1　房地产营销概述

9.1.1　房地产营销的概念

房地产营销是指营销机构通过提供房地产相关商品和服务满足消费者的生产、生活或投资需求并获得一定利润的经济活动。

房地产营销是一门科学，也是一门艺术。房地产营销通过其专业人员的服务，不仅可以帮助客户选到理想的房地产商品，也可以使企业迅速收回投资，增强市场竞争能力，提高经济效益。

房地产营销的核心是通过既定的程序以及运用随机的技巧促使房地产交易迅速达成，尽快实现商品价值。现代房地产市场营销已经从商品交换过程延伸到以商品交换为核心的各项相关活动中，成为沟通和连接房地产开发、流通、消费与使用的重要手段，涵盖了企业生产经营的各个环节。

9.1.2　房地产营销的新观念

由于不同时期主流消费群体的变化，消费理念也发生了改变和更新。房地产营销只有迎合不断变化的新需求，不断引导或推出新的消费和营销观念，才能在市场中居于积极和主动的地位。目前，国内流行以下几种主要营销观念。

1. 强调文化品位

这是指在房地产产品开发过程中强调文化品位，以迎合特殊消费群体的物质和心理需求，并借此提升产品的价格和品位。常见的方法有以下三种。

一是打"人文文化牌"，即借助人文环境开展项目营销。上海新明星花园就是一个典范。该项目利用名人效应开展各种文化活动，创建"文化园区"，在项目的总体规划和细节的设计上均充分体现其独特的艺术风格。开发商通过先进的理念和文化营销战略使新明星花园获得了巨大的成功。

二是打"金融文化牌"，即利用规划或实际的金融中心建设提高金融文化品位，促进楼盘的销售。

三是打"商业文化牌"，这不仅体现在一些老商业街，更体现在一些新崛起的商业街。例如，北京的新东方广场、西单文化广场等均是集购物、娱乐、休闲于一体，使人们在享受现代购物乐趣的同时也感受到了北京古都的历史文化氛围。

"文化牌"无疑提升了项目的价值，也说明了房地产产业正在不断走向成熟，在提高自身产品品位的同时，对客户文化素质和修养的提高也起到了积极的促进作用。

2. 强调品牌

所谓品牌，代表着房地产项目和企业形象的含金量。品牌是一项重要的无形资产，它可以为企业带来超额的收益和无穷的发展动力。从目前来看，品牌营销在房地产市场竞争中并不十分普遍，但一些精品社区走俏市场的现实说明，随着房地产业进入买方市场和人们住宅消费观念的提升，产品品牌正逐渐成为市场关注的重点。

房地产商品的高价位决定了消费者在购买时不仅仅投入了货币，还倾注了极大的情感希望，包含着对开发商的信赖。在这种情况下，一些知名度低、口碑差的开发商面临困境，而一批宣传到位、知名度高、口碑好的开发商开发出的品牌项目备受青睐。可见，实施品牌战略不仅是行业发展的需要，也是企业发展的需要，更是市场发展的必然要求。

3. 强调生态环境

这主要是指围绕住宅的绿色环境开展营销活动，简单的有提高绿化率、绿地面积，复杂的有请专业园林设计机构做环境规划设计并详细标明花木品种、名称、数量和种植位置，从而在此基础上提出生态环境的概念。强调生态环境不仅是现代人所追求的时尚，也是现代社会发展的必然趋势。

强调住宅的生态环境，实际上是打造一种高效、节能、环保、健康、舒适、生态平衡的居住环境。它不仅符合自然生态规律，也是社会经济可持续发展的要求。随着社会经济的发展、人民生活水平的提高以及住房条件的不断改善，住房的生态环境将成为房地产开发项目评价中最重要的指标之一。目前，国内虽然没有实现标准的住房生态化或生态化住宅，但是从住房市场的发展趋势来看，强调生态环境或在这方面有所建树的房地产项目都有较好的市场前景。

4. 强调知识经济

随着知识经济概念的提出，房地产业也发展出了与知识经济相关的概念。

（1）"学区"概念。对我国的房地产开发商来说，"学区"是一个全新的概念。当今的人才竞争越来越激烈，父母都希望子女能够受到良好的教育，所以越来越多的人在买房置业时首先考虑的因素便是教育环境。开发商在项目规划阶段要重点考虑学校的建设且学校的硬件设备要全面、方便、设计合理。

（2）"社区文化"概念。社区文化是指在一定的区域范围内，在一定的社会历史条件下，社区成员在社区社会实践中共同创造的具有本社区特色的精神财富及物质形态。良好的社区文化能够塑造浓郁的学习氛围与文明、优雅的风尚，将对社区的每个居民产生良好的影响。社区文化不仅是一种氛围，也体现着开发商的实力和项目的品牌效应。

（3）"智能化"概念。尽管打造智能化住宅的投入非常大，但智能化程度越高，开发商在将来所得到的回报就越高。这不仅是由于智能化住宅所蕴含的新的住房消费理念可以满足部分高端消费者的需求，更重要的是其超前的投入迎合了市场发展的要求，具有增值的潜力。目前，国内企业对智能化住宅虽然尚无明确的定义，但公认其核心是适应信息社会的各种需要，给投资者和使用者带来可观的经济效益。这是信息时代对房地产业所提出的新的、更高的要求。

5. 全程营销理念

房地产开发项目的营销策略、营销效果在很大程度上取决于项目前期工作。全程营销理念是让营销贯穿项目的始终：项目前期的投资分析阶段要充分考虑营销人员的专业意见，按照市场的需求设计产品，突出产品优势；项目建设期间即制定营销策划方案并组织营销活动，对后期的销售进行预热；在销售阶段，要依靠对项目前期情况的把握而充分掌握营销活动；在交付阶段，组织设计、工程、物业等部门完成房屋交付及业主入住；在后评估阶段，要针对营销全流程进行复盘，从前期市场分析、产品定位，销售期销售方案、开盘策略、价格制定，交付期客户反馈等方面进行反思，总结经验教训。

6. 侧重新渠道营销

传统房地产营销主要依靠广告、售楼处讲解和参加展会宣传等手段。随着互联网技术的蓬勃发展，房地产营销越来越侧重营销新渠道，从网上房展会、专业购房网站合作走向自媒体营销、App营销。营销新渠道有利于销售额大幅增加，如面对2019年下半年的调控和2020年年初的严峻疫情，恒大启动了手机App恒房通营销，其2020年一季度实现销售额1465亿，同比大增23%，销售回款1133亿，同比大增55%，行业排名第一，刷新公司一季度销售及回款最高历史纪录。

9.1.3 房地产营销三阶段

房地产营销过程一般包括三个阶段。

1. 宣传、沟通阶段

为了使潜在的租客或购买者了解物业的状况，房地产开发企业应采取宣传措施对物业的状况特别是优势进行广泛宣传并与潜在客户进行沟通,解答客户对产品的疑问,提升客户对产品的好感。

2. 谈判阶段

谈判阶段,开发商应与目标客户进行有关价格或租金及合同条件的谈判,积极促成合同的签订,这也是双方博弈的关键阶段。

3. 签约阶段

这是指通过沟通、谈判化解客户的疑惑,使合同条件达到双方均认可的水平,在协商一致后签约。至此,整个房地产营销过程结束。

9.2 房地产营销理论

9.2.1 房地产营销的"4P"理论

杰瑞·麦卡锡(Jerry McCarthy)教授在其《营销学》(*Marketing*,第一版,出版于1960年左右)中最早提出了"4P"理论。不过早在他取得西北大学的博士学位时,他的导师理查德·克鲁维(Richard Clewett)就已使用了以"产品(product)、定价(price)、分销(distribution)、促销(promotion)"为核心的理论框架。杰瑞把"分销"换成"地点"(place),形成了所谓的"4P"理论。

房地产市场营销中的"4P"又可以称为市场营销组合,即在特定时期向特定市场销售特定产品的市场营销决策的优化组合。影响房地产企业业绩的因素有很多,有些存在于企业外部,如人口变化、政策环境、地理因素等,是不可控变量因素;还有一些属于企业内部,如广告和产品设计,是企业内部的可控变量因素。通过对这些变量因素的调控,调整企业经营对策以适应市场目标需求的过程即为营销组合。企业可控的变量因素大致可分为四组:产品(product)、价格(price)、渠道(place)和促销(promotion)。

1. 产品(product)

产品是对目标市场提供的商品和服务。商品包括商品的种类、质量、售后服务。在房地产项目中,产品种类从大类上分为实物资产和权益资产。在此基础上可以继续细分,如实物资产下的别墅、公寓等和权益资产下的房地产投资信托基金、房地产开发企业债券等。质量是产品的生命,实物资产的质量主要是建造质量、软环境等,而权益资产的质量主要是安全性、收益性等。售后服务主要包括物业管理服务、房屋维修服务、权益资产转让交易服务等。服务在营销中主要包括营销机构为销售方提供的营销方案策划、营销管理等。

2. 价格(price)

价格是消费者为获得产品支付的货币的数量。价格是影响企业利润和顾客对产品的认可程度的重要因素。如果消费者看不到某个产品的价值所在,就会去寻找其他替代品。营销者要提出的有关价格的问题可能是"我们的收费是多少?"并引出以下问题:"消费者怎么认识价格?""消费者愿为这个产品或服务支付的价格是多少?""需要我们减价吗?"。

3. 渠道（place）

渠道是指产品传递给消费者的途径。房地产商品是一种特殊的商品，其本身并不流通，不存在物流程序中加价的现象，因此房地产商品的营销渠道也就相对简单一些。房地产营销渠道可以分为直接营销渠道和间接营销渠道两种，直接营销就是开发商直接面对消费者，间接营销则由开发商通过代理人面对消费者。

4. 促销（promotion）

房地产商品的促销不局限于促销活动本身，而是广义上对消费者、员工、终端和经销商的一个促销组合，而且是一个融合了多种促销手法的有效组合。

9.2.2 房地产营销的"4C"理论

"4P"理论是站在销售方的立场考虑，而不是从客户的角度去考虑。1990年，美国企业营销专家劳特明教授提出了整合营销理论，强调用"4C"组合来进行营销策略安排，"4C"营销理论正在逐步取代以往流行的"4P"营销理论。"4C"理论又称整合营销理论，该理论强调消费者（consumer）、消费者购买的便利性（convenience）、购买成本（cost）以及沟通（communication）。生产商已不再强调卖给消费者所制造的产品，而是卖消费者想买的产品；营销代理商的传播重点已由"消费者请注意"转变为"请注意消费者"，消费者成为市场的主角。

1. 消费者（consumer）

房地产对消费者来说是一项相当大的投资，消费者的购买行为非常复杂，只有当物业的综合素质真正满足其需求时才会引发其购买行为。由于不同消费者的生活经历、受教育程度、工作性质、家庭结构、个人审美情趣各不相同，每个人对物业品质需求的侧重点也大不相同。"4C"理论认为了解并满足消费者的需求不能仅表现在一时一处的热情，而应始终贯穿于楼盘开发的全过程。要全面分析土地的地理特征、交通条件、周边社区环境、项目定位和建筑功能；感知小区特色、建筑外在形象以及希望以什么方式来组织各种大小户外空间，希望采用何种安全保障系统；消费者对小区环境要求如何，对车库的需求如何，想要什么样的户型面积、结构、入户平台、采光通风等。

2. 消费者购买的便利性（convenience）

影响消费者购房便利性的因素体现在以下三个方面。

（1）销售咨询人员的服务心态、知识素养、信息掌握量、沟通能力都对消费者及时掌握物业情况、做出购买决策有着重要的影响。

（2）为消费者提供尽可能多的，涵盖各方面的真实、可靠的资料，以赢得消费者的信任。

（3）不断完善和改进购房服务的每一个细节，为消费者提供就近、便捷且价格、信息、质量完全统一的服务，使交易过程变得更加透明化与简约化。

3. 购买成本（cost）

消费者为满足其需求所愿意支付的成本包括消费者因投资而必须承受的心理压力以及为化解或降低风险而耗费的时间、精力、金钱等诸多方面。消费者在购房时必然要面临一系列的风险：建筑质量是否优良、户型结构是否适用、能否及时交付、配套设施是否完善、交通条件能否改善、面积分摊计算是否合理、装修的材质水准如何、物业管理水平如何、有关法律手续是否齐备、所购物业能否得到人际圈的认同等。化解或降低客户心理压力的最有效的方法莫过于树立起让消费者能产生依赖感的企业形象和品牌声誉。其中，品牌是开发商通过专业化、规范化运作机制和不断成功运作而积累出来的，好的品牌才能更高层次地挖掘项目的物业价值。

4. 沟通（communication）

房地产营销中，开发商与客户的沟通可以从两个层面来理解：一是宣传推广，合适的推广定位与媒体配合推广直接影响开发商与客户沟通的有效性；二是在终端上与客户的沟通，主要采用组建客户俱乐部、积分消费、产品推介会、装修、讲座、幸运抽奖、方案征集、拍摄、征文等方式。

9.2.3 房地产销售中的"5S"规则

房地产销售中的"5S"是房地产销售人员通过长期实践总结出来的活动规律，虽然尚未上升为理论，但具有实际指导意义。"5S"包括速度（speed）、微笑（smile）、真诚（sincerity）、机敏（smart）、研学（study）。

1. 速度（speed）

速度即强调在房地产营销活动中要注重办事速度和效率。具体体现在：处理业务时要快捷，办事安排要程序化，要注重沟通技巧和协调能力等，在接听电话、通知变化事项、预约及赴约、交款等待与倾谈等具体事项中能够快速、准确无误地操作。

2. 微笑（smile）

微笑即在与客户的交往中要提倡微笑服务。强调通过健康而体贴的微笑体现出对客户的理解和宽容，以获取客户的认可和信任。需要注意的是，在实际中要避免做作的、讨好的、游移的、虚伪的或奸诈的微笑，这种表现会导致客户反感。

3. 真诚（sincerity）

真诚是做人做事之本，是处理事务和进行人际沟通的润滑剂。一方面要努力做到真诚待客，另一方面也要通过恰当的表现让顾客感受到这种真诚。房地产中介是通过人的服务创造业绩的，房地产经纪业要树立形象必须从真诚开始。

4. 机敏（smart）

机敏的接待方式源自充分的准备及认识。服务人员若以小聪明、小技巧应付顾客不仅无法为顾客解决实际问题，还会给公司和本人造成纠纷与损失。

5. 研学（study）

房地产营销需要研究顾客心理、接待技术、房地产知识和市场资讯，这种学习是持续的、没有止境的。只有不断地学习和积累相关知识和技能，才能为顾客提供高质量的服务。

9.3 房地产营销模式及其选择

9.3.1 房地产营销模式

在房地产营销中，有三种主要的营销模式，即开发商自行租售、委托代理租售和批发租售。

1. 开发商自行租售

自行租售是指由开发商直接销售的方式。由于是与消费者直接接触，自行租售有利于开发商收集消费者对产品的意见，改进企业的工作方式，提高竞争能力和建立良好的企业形象。但是，这种方式要求开发商具有很强的销售能力，要有一个有效的营销机构和一批既懂房地产营销知识又懂相关法规的高素质的营销人员。在下述情况下，开发商一般会选择自行租售。

（1）别墅或高端公寓项目。对于别墅或高端公寓项目，开发商为了保证产品品质，一般采用自行销售方式。特别是对于大型房地产开发公司，它们有完善的市场分析和营销团队并组建了完善的营销网络，更有利于自行销售。例如，龙湖的颐和原著、远洋的万和公馆等。

（2）处于卖方市场。这是指由于市场需求的高涨，市场供给短缺，房地产市场处于卖方市场，房地产开发企业所开发的项目能够在短期内租售完毕。例如，2007年的中国房地产市场处于一种需求旺盛的状态，房地产开发企业只需要发布广告，即可迅速将整个楼盘销售完毕。

（3）项目已经有明确的销售对象。此类项目一般多集中在两限房、定向房、集资房等开发领域，具有明确或固定的销售对象，不存在滞销的市场风险。在商品房开发中也能见到此类项目，如房地产开发企业在开发某项目前期已经与某大型企业达成了团购协议，此类项目就不需要再采用其他的营销模式了。

2. 委托代理租售

委托代理租售是由房地产专业代理机构负责项目的营销工作。委托代理销售时，代理人仅扮演一个中间人的角色，主要负责营销策划、谈判等工作，并不取得所租售房产的产权。对于小型的房地产开发公司而言，它们没有能力长期设立营销部门，采用代理方式可以最大限度地降低营销成本。另外，当市场竞争激烈甚至进入买方市场时，需要专业的营销人员对市场进行分析、策划方可保证项目的顺利销售，为降低风险，房地产开发企业也会采取委托代理租售模式。委托代理租售有以下三种分类方式。

（1）根据代理机构的组成，分为联合代理和独家代理。对于一般的中小型项目，房地产开发企业一般会选择一家代理机构负责租售工作，这就是独家代理。对于大型房地产开发项目或综合性物业项目，房地产开发商会选择两家或多家代理机构，各代理机构均有自身所擅长的市场领域或营销方式，相互之间分工协作，这种代理方式即联合代理。

（2）根据代理委托方的不同，可以分为买方代理、卖方代理和双重代理。代理人单方接受买方或卖方的委托，即为买方代理或卖方代理，代理人仅可以向委托方一方收取佣金。如果代理人同时接受买、卖双方的委托，则为双重代理。在双重代理过程中，代理人必须事先向双方表明可以向双方同时收取佣金，但佣金总额不得高于前两种代理方式。

（3）根据代理机构之间的关系，可以分为首席代理和分代理。一般在大型项目或综合性物业项目中，开发商除了选择联合代理模式外，还可以选择一家机构作为首席代理机构，全面负责项目的委托代理工作。首席代理机构可以再委托分代理，分代理机构负责某部分的代理工作。

3. 批发租售

批发租售又称包销。在批发租售模式中，代理机构或投资客取得房地产产权。此种销售模式在房地产营销中较为少见，一般出现在尾盘项目和房屋出租中。房地产开发项目在销售的最后阶段会出现少量商品房销售缓慢的现象，这就是尾盘。为了降低销售成本，房地产开发企业会采取优惠的方式将尾盘整体出售给代理机构或投资客，由代理机构或投资客对尾盘进行销售。在房地产租赁中，此模式目前呈现快速发展之势，房主将拟出租的房产在一定年限内出租给代理机构，由代理机构全权负责出租，房主仅按照合同的约定向代理机构收取租金，代理机构自行承担市场风险。

9.3.2 委托代理的工作内容

1. 市场定位

委托代理在前期协助开发商开展市场数据分析与调研，在取得土地后为产品定位提供决策依据。

2. 项目策划

通过了解消费者行为、偏好与品位协助开发商或业主进行项目包装及市场宣传，有效引导潜在的投资置业者。

3. 销售签约

委托代理为开发商派驻专业销售团队，使开发企业以更好的形象和更专业化的营销方式加速物业的销售,提高市场运作效率,从而加快了物业开发运作全过程。

4. 融资安排

房地产的购置需要大量资金,特别是对于个人而言,一般均需要融资。代理机构具有良好的融资渠道资源和专业的融资方案设计能力,特别是在一些限贷城市,需要代理机构充分把握并能灵活运用政策。代理机构可以专业地为购房人群提供个性化融资方案并协助执行,有效提高融资成功率,间接拉高房屋成交率。

9.3.3 选择委托代理机构的注意事项

1. 充分了解委托代理公司及其职员的业务素质

由于房地产交易涉及的资金量巨大,因此无论对开发商或者业主,还是对投资置业的人士,都是必须慎重对待的大事。委托代理对于实现公平交易,切实保障参与交易各方的利益具有非常重要的作用,因此在选择委托代理公司时,开发商首先要考察委托代理公司及其职员是否具有良好的职业道德,包括委托代理公司能否代表委托方的利益,能否为委托方保密;在工作过程中是否具有客观、真实、真诚的作风;在物业交易过程中,除佣金外是否会有其他利益。例如,一些代理公司采用保底价按比例收取代理费,超出保底价格部分按另外的比例分成,这就是一种严重违反职业道德的做法。

2. 委托代理公司可投入市场营销工作的资源

很显然,地方性委托代理公司由于受其人员、经验和销售网络的限制,一般没有能力代理大型综合性房地产开发项目的市场销售工作,但大型综合性委托代理公司也未必就能代理所有的大型项目。例如,某国际性委托代理机构曾一度同时代理着北京近 30 个大中型房地产开发项目,其中有些同类型项目处于同一地段,结果代理费比例高的项目销售得十分火爆,但代理费比例低的项目的成交则十分惨淡。究其原因,就是委托代理有意以低佣金做诱饵,垄断同类型物业的租售市场并将自己主要的人力、物力投入代理费比例高的开发项目上。

3. 委托代理公司的过往业绩

考察委托代理公司的过往业绩不是看其共代理了多少个项目或成交额有多少,而是要看其代理项目的成功率。如果某公司代理十个项目,只有两个成功,而另外一个公司代理了两个项目均获成功,显然后者的成功率要远远大于前者。另外,委托代理公司代理每一个项目的平均销售周期也是考察重点之一。

4. 针对物业的类型选择委托代理

目前,我国住宅和公寓的销售常由当地的代理机构办理,当然这些机构也许是全国性甚至是国际性代理公司的分支机构。对工业和商业物业来说,常委托全国性或国际性代理公司。这一点没有一个统一的原则可供遵循,需根据具体问题具体分析。一般来说,全国性或国际性代理公司通常对大型复杂项目有更丰富的代理经验且与大公司有更直接、更频繁的接触；而地方性代理机构对当地房地产市场及潜在的买家或租客有较详细的了解。

5. 认真签订委托代理合同

开发商与委托代理之间通常都有合同关系，签订委托代理合同时，应对合同内容及其隐含意义进行认真考虑。委托代理合同应清楚地说明代理权存在的时间长短，在什么情况下可以中止此项权利，列明开发商所需支付的费用、代理费（佣金）比例并说明何时、在什么条件下才能支付此项佣金。同时，还应在合同中载明是独家代理还是联合代理，涉及雇用另外的代理时，明确什么是首席代理的权利，是否连续处置（租售）该物业（出于对时务和收益的考虑，开发商有时希望分阶段出租或出售某物业）等。花些时间尽可能精确地表述开发商和代理商之间的关系可避免日后造成误解与争议。

9.4 房地产营销方案的制定

房地产营销方案是房地产营销工作的指南，主要包括租售选择、进度安排、价格确定三项主要内容。但在此之前，还应进行市场分析与产品定位等工作，由于这些方面的工作在房地产开发项目前期就已经开展了，故不作为营销方案制定的主要工作内容。

9.4.1 租售选择

开发商首先需要对出租还是出售做出选择，包括出售面积、出租面积及其在建筑物中的具体位置等。对于住宅项目，开发商大多选择出售；对于商用房地产项目，开发商可同时选择出租和租售。

如果建成的物业用于出租，开发商还必须决定是永久出租还是出租一段时间后再卖掉，这将涉及财务安排上的问题，开发商必须按有关贷款合约规定在租售阶段还清全部项目贷款。如果开发商将建成的物业用于长期出租，则其角色转变为物业所有者或投资者。在这种情况下，开发商要进行有效的物业管理，以保持物业对租客的吸引力，延长物业的经济寿命，进而获得理想的租金回报并使物业保值、增值。出租物业作为开发商的固定资产，往往还要与开发商的其他投资或资产相联系，以使其价值或效用得到更充分的发挥。

9.4.2 进度安排

租售进度的安排要与工程建设进度、融资需求、营销策略、宣传策略以及预测的市场吸纳速度相协调。开发商要准备一个租售进度计划控制表，以保证租售工作按预订的计划进行。租售进度计划还应根据市场租售的实际状况进行定期调整。

9.4.3 价格确定

价格是市场营销组合因素中十分敏感而又难以控制的因素。对房地产开发商来说，价格直接关系到市场对其所开发产品的接受程度，影响着市场需求和企业利润，涉及开发商、投资者或使用者及中介公司等各方的利益。随着房地产市场的发展和完善,价格竞争越来越激烈,掌握科学的房地产定价方法,灵活运用定价策略,确保预期利润和其他目标的实现成为房地产开发经营的核心。

1. 价格确定的程序

房地产价格确定的程序一般包括七个步骤:确定定价目标、测算开发经营成本、估测目标市场需求、分析竞争者、选择定价方法并进行测算、确定销售价格和价格审批。

(1) 确定定价目标。定价目标是企业预期通过制定及实施价格策略所应达到的目的,它服从和服务于企业的市场营销战略目标,直接影响定价方法的选择及价格政策的确定。如果房地产企业在市场竞争中处于劣势地位,希望通过扩大市场占有率扭转在市场格局中的不利局面,可以选择低价策略。

(2) 测算开发经营成本。由生产费用理论可知,使企业的必需费用得到补偿是定价的前提,测算开发与经营成本的目的就是为房地产企业定价提供费用数据。考虑到该定价方式的特点,如果直接将测算出的费用数据作为房地产价格,其结果往往偏于保守,所以一般将测算出的开发经营成本数据作为制定价格的下限。

(3) 估测目标市场需求。估测目标市场的需求主要是估测目标消费者的数量、支付能力和对一定价格区间的承受力等。由于没有考虑竞争项目的影响,测算出的消费者的数量和消费者愿意承受的价格水平会过于乐观,因此企业会以本阶段的分析结论作为调整价格的依据和制定价格的上限。

(4) 分析竞争者。房地产市场是一个垄断竞争的市场,企业在定价时不仅要考虑产品之间的替代性,还要考虑竞争者的营销策略。分析竞争者就是要调查和分析竞争者提供的产品和服务,竞争者的价格策略及其变动、反应,竞争者的促销手段等。房地产企业需要在已经确定的上下限价格水平之间,根据竞争者的情况制定合理的价格。

(5) 选择定价方法并进行测算。可供选择的定价方法主要有三种,即成本导向定价法、购买者需求导向定价法和竞争导向定价法。每种定价方法的依据不同,分别适用于不同的环境和定价目标。房地产企业应根据企业的目标和所处的环境来选择适宜的定价方法,初步测算出销售价格。

(6) 确定销售价格。房地产企业需要对初步测算出的价格进行综合权衡和审核,考查其是否符合企业的经营战略和定价目标,是否符合国家的方针政策和法律法规,是否与其他营销策略协调一致,是否符合消费者的利益需求等。

(7) 价格审批。房地产项目预售中,多数城市要求开发商报送销售价格并由相关部门对各业态的销售价格进行审批与公示,符合相关管理条件,如均价、价差、涨幅等才给予审批通过,将价格公示后才可取得预售证并开盘销售。

2. 价格确定的方法

开发商定价有三类方法,即成本导向定价法、购买者需求导向定价法和竞争导向定价法。

(1) 成本导向定价法。

① 成本加成定价法。这是指开发商按照所开发物业的成本加上一定百分比的加成,即

利润率来制定房地产的销售价格，用公式表示就是

$$单价 = 单位面积成本 \times (1 + 利润率)$$

其中，单位面积成本等于开发项目全部成本除以销售面积（开发项目全部成本包括开发成本和经营过程中的支出与税收）；利润率则由房地产投资的风险和整个行业的平均利润率综合测算确定。

② 目标利润定价法。这是根据房地产企业的总成本和计划的总销售量再加上按投资收益率确定的目标利润额来定价的方法，用公式表示就是

$$单价 = \frac{总成本 + 目标利润 + 税金}{预计销售面积}$$

$$目标利润 = 投资总额 \times (1 + 投资收益率)$$

在上式中，投资收益率的确定是本定价方法的关键，其下限是同期银行存款利率，具体取值由企业根据具体情况而定。

目标利润定价法的优点是可以较好地帮助企业实现其投资回收计划；缺点是较难把握，尤其是对总成本和销售量的预测要求较高，预测不准会使得制定的售价不合理，直接影响企业销售目标的实现。

（2）购买者需求导向定价法。

① 认知价值定价法。这是指房地产商根据购买者对物业的认知价值来制定价格的一种方法。用这种方法定价的房地产商认为定价的关键是顾客对物业价值的认知，而不是生产者或销售者的成本。该方法利用市场营销组合中的非价格变量在购买者心目中确立认知价值并要求所制定的价格必须符合认知价值。

② 价值定价法。这是指确定的价格对于消费者来说代表着"较低（相同）的价格，相同（更高）的质量"，即"物美价廉"。价值定价法不仅是制定的产品价格比竞争对手低，而且是对公司整体经营的重新设计，营造公司接近大众、关怀民生的良好形象，同时也能使公司成为真正的低成本开发商，做到"薄利多销"或"中利多销"。

（3）竞争导向定价法。

由于与其他行业相比，房地产行业具有异质性，故房地产商有较大的自由度来决定其产品价格，而购买者对价格差异也不是十分敏感。在激烈的市场竞争中，公司要确定自己在行业中的适当位置，或充当市场领导者，或充当市场挑战者，或充当市场跟随者，或充当市场补缺者。相应地，公司在定价方面也要尽量与自身整体市场营销策略相适应，或充当高价角色，或充当中价角色，或充当低价角色，以应付价格竞争。

① 领导定价法。领导定价法实际上是一种定价策略。通常情况下，如果某公司在房地产业或同类物业开发中实力雄厚，声望极佳，处于龙头老大地位，它就具备了采用领导定价法的条件，进而能够使自身产品价格在同类物业中居于较高的水平。具体方法是将本企业房地产商品的区位、质量、配套、套型、设计、建筑面积等与竞争对手相比较，分析造成差异的原因，判断竞争对手的价格变化趋势，根据企业定价目标进行定价，始终抓住定价主动权，树立市场价格标杆。

② 挑战定价法。当某开发商的物业质量与市场领导者的物业质量相近，其定价比市场领导者的定价稍低或低得较多，则认为该开发商采用了挑战定价法。如果公司资金实力雄

厚，具有向市场领导者挑战的实力或成本较低，则可以采用挑战定价法。虽然利润较低，但可以扩大市场份额、提高声望，争取成为市场领导者。

③ 随行就市定价法。采用随行就市定价法的公司在很大程度上是以竞争对手的价格为定价基础的，不太注重自己产品的成本或需求。开发商一般在以下情况下采用这种定价方法：难以估算成本；公司打算与同行和平共处；如果另行定价，很难了解购买者和竞争者对本公司产品价格的反应。应该注意的是，采用这种定价方法的企业在遇到市场价格急剧变动时，应均衡考虑企业实力、企业形象、未来市场占有率等因素，对全部追随降价或部分追随降价抑或暂且不动做出慎重决策。

3. 分户定价策略

在确定产品整体均价后，需要制定每一户的价格才能进行销售。在制定每一户的价格时，需要考虑该产品在全部产品中的价格关系，确保具有不同优、劣势的产品能够均衡销售。

（1）分栋价差。根据不同楼栋在社区中的位置关系、朝向、临近主路或高压线等不利因素确定每栋楼之间的价差关系。

（2）户型价差。根据不同产品的面积段、户型、面宽等确定不同户型间的价差关系。

（3）横向价差。根据位置不同制定东西边户、中间户的价差以及南北朝向价差。

（4）纵向价差。根据不同楼层、常规楼层、特殊楼层等制定价差（见表9-1）。

表9-1 纵向价差

楼 层	实际价格/ 元每平方米	基础价格/ 元每平方米	价差/ 元每平方米	价差原因
30	11 440	10 000	1440	顶层，客户接受度低，价格相对高区较低
29	11 680	10 000	1680	楼层高区，客户接受度高；高区与中高区跳涨500（22层比23层高500），高区内部价差为40
28	11 640	10 000	1640	
27	11 600	10 000	1600	
26	11 560	10 000	1560	
25	11 520	10 000	1520	
24	11 480	10 000	1480	
23	11 440	10 000	1440	
22	10 940	10 000	940	楼层中高区，产品无太大差异，由于底价较高，把中高区与中低区价格做得相对扁平，价差做小，客户接受度高，给客户更多的选择空间；中高区内部价差为20
21	10 920	10 000	920	
20	10 900	10 000	900	
19	10 880	10 000	880	
18	10 860	10 000	860	
17	10 840	10 000	840	
16	10 820	10 000	820	
15	10 800	10 000	800	

续表

楼 层	实际价格/ 元每平方米	基础价格/ 元每平方米	价差/ 元每平方米	价 差 原 因
14	10 700	10 000	700	应为中低区正常层差,因楼层数字不好,接受度低,降低价格,突出性价比
13	10 760	10 000	760	楼层中低区,产品无太大差异,由于底价较高,把中高区与中低区价格做得相对扁平,价格差做小,客户接受度高,给客户更多选择空间;中低区内部价差 20
12	10 740	10 000	740	
11	10 720	10 000	720	
10	10 700	10 000	700	
9	10 680	10 000	680	
8	10 660	10 000	660	
7	10 640	10 000	640	
6	10 620	10 000	620	
5	10 600	10 000	600	楼层低区,视野、采光受影响,做阶梯价差,突出楼层性价比
4	10 500	10 000	500	
3	10 300	10 000	300	
2	10 000	10 000	0	基价
1	9800	10 000	−200	底层无赠送,客户接受度低,价格较低

本章的附录 9-1 是一个房地产营销策划的案例,供有兴趣者参阅。

 思考与练习

1. 房地产营销的概念是什么?
2. 房地产营销新观念有哪些?
3. 房地产营销包括哪几个阶段?
4. "4P""4C""5S"分别指什么?
5. 房地产营销模式包括哪些?试比较各种模式的优劣。
6. 委托代理的工作内容包括哪些?选择委托代理机构需要注意哪些事项?
7. 房地产价格确定的主要方法包括哪些?
8. 以所在区域在售楼盘为目标,模拟编写房地产营销策划方案。

 讨论

随着城镇化增速的降低,房地产市场逐步走出供不应求的局面,甚至有部分城市出现了供大于求的局面。在这种市场形势下,有时候单纯降价是无法解决销售难题的。面对这一基本面发生变化的市场,未来房地产的营销理念、着力点需要做出哪些变化?

附录 9-1： 东海花苑二期营销推广策划方案

一、前言

一个项目的营销策划、广告推广都需要围绕一个中心，即项目的核心竞争优势开展。东海花苑二期项目的核心竞争优势是什么呢？我们认为应该从三个方面去打造：其一，无与伦比的小区环境；其二，低价位；其三，超值的物业服务。

围绕这一核心竞争优势，下面分别从销售力的分析、销售力的提升、销售力的传播进行剖析。

销售力的分析：主要针对二期目标消费、竞争对手、本项目的优势与劣势进行分析。

销售力的提升：在销售力分析的基础上，结合消费者心理与竞争对手特点，进一步挖掘销售力，形成独特的竞争优势。

销售力的传播：在销售方案既定的基础上，以清晰的广告思路将项目的卖点、核心竞争优势传播给消费者，使消费者产生购买欲望，促进成交。

二、品牌形象的树立

东洲市明发房地产开发有限公司在东洲市已成功开发多个项目，尤其是东海花苑一期小区，其合理的楼距、优美的环境获得了业主的好评，而对南京商厦小户型的开发更受消费者的青睐。在二期楼盘推广中，首先，开发商的实力及诚信宣传对楼盘销售起到了重要作用。其次，在销售过程中，该项目获得东洲市消费者协会颁发的"消费者最信得过楼盘"荣誉。最后，在楼盘认购时，开发商能给买家信心是很重要的。开发商承诺：如迟交楼，每天按房款千分之一支付违约金给买受人。

三、销售力的分析（市场调研及项目分析）

1. 市场实态分析

首先，东洲市房地产市场正处于稳步上升阶段。东洲市作为"三线"城市，随着国家加快小城市建设的步伐，东洲市市区居住人口在未来几年内会逐年递增，对房产的需求也会越来越大。同时，东洲市蕴含"二级市"升格的机遇，房地产的升值存在着很大的可能性。从整体看，东洲市房地产市场在未来一段时间将处于上升阶段，特别是"二级市"的实现会使东洲市房地产价格产生新的飞跃。

其次，市区住宅价格差距缩小，商铺价格随着位置不同而不同。

最后，小区规划合理，户型设计恰当，价格适宜的楼盘易被市场接受。

2. 主要竞争对手分析

（1）奥林花园。

开发商：东洲市成名房地产开发有限公司。

地址：中山路原机床厂用地。

建筑面积：地下 60 800 平方米，地上 4000 平方米。

楼栋数：多层（6层）9栋，小高层（16层）1栋。

楼间距：最小 25 米，最大 48 米。

户型：80～135 平方米，户型设计比较合理，主、次卧面南而居。

价格：一房一价，2580～3100 平方米不等，顶楼价格为 2780 元每平方米（阁楼面积赠送）。

配套：24 小时统一供暖，户户配置节能环保型太阳能热水器。

交楼日期：2008 年 6 月。

优势：地段优势；冬季 24 小时统一供暖。

（2）南山名郡。

开发商：东洲南山置业有限公司。

地址：人民公园北侧。

建筑面积：97 390 平方米，其中住宅 67 550 平方米、商铺 28 650 平方米。

户型：以 89～150 平方米为主。

价格：目前推出的全部是多层价格，一楼 2510 元每平方米，二楼 2550 元每平方米，三楼 2530 元每平方米，四楼 2410 元每平方米，五楼 2170 元每平方米，1～2 栋楼顶层阁楼 1450 元每平方米，其他楼栋阁楼 1090 元每平方米，东户加价 40 元每平方米，西户加价 20 元每平方米，汽车库价格为 2800 元每平方米。

优势：地段优势；价格适中。

（3）华安家园。

开发商：东洲市天君房地产开发有限公司。

地址：东洲市第一中学东面。

占地：338 亩（约 225 334 平方米）。

建筑面积：33 万平方米，纯住宅。

容积率：1.42。

户型：90～220 平方米，一期工程共 600 套。

价格：高层基价 2336 元每平方米，三层以上每层递加 30 元每平方米；多层价格为一楼 2298 元每平方米，二楼 2378 元每平方米，三楼 2398 元每平方米，四楼 2308 元每平方米，五楼 2098 元每平方米，六楼阁楼赠送。

配套：小区采用了分户计量的供暖设备。

优势：名校相依（与东洲市一中一路之隔）；定价比较适中。

（4）其余楼盘详见"十月份东洲市区楼盘调查"。

市场调查总结：据十月份市场调查，目前在东洲市区开发的楼盘项目共 15 个，开发建筑面积约 80 万平方米。以上列举的三个项目，从地理位置到设计风格再到销售价格都与东海花苑二期比较接近，其他楼盘在环境、景观、规模、设计上都与东海花苑二期存在较大差异，可比性不强。通过调查，我们发现：

A．目前市场购买欲望仍然强烈。

B．户型设计合理，价格适宜的楼盘易被市场接受。

C．消费者对买房的考虑因素中，第一是价格，第二是地理位置，第三是户型、配套设施、物业服务等因素。

消费者购房时的主要考虑因素按顺序排列：价格—位置—户型、交通—间隔—环境—配套—装修—外形—开发商—付款。

配套要求按顺序排列：街市—菜场—商店—医院—银行—学校—……

3．目标消费群分析

消费者是市场的主导因素，明确目标消费对象是楼盘生存之本。由于二期产品盘量较大，包含了高层、小高层、多层不同高度的楼宇，同时也包含了大户型（143～180 平方米）、中户型（100～120 平方米）、小户型（70 平方米以下）等不同面积的户型，这种大容量的楼盘必然需要拓宽目标消费对象。我们通过市场调查认为，东海花苑二期的目标消费群主要有以下几种类型。

（1）居住型。

消费对象范围：以东洲市居民为主且以方便孩子入读东洲中学的家庭居多。

年龄：以 28～55 岁为主。

家庭成员构成：三口以上家庭居多。小户型以单亲家庭为主且以女性居多。

收入：工薪阶层较多。

购房付款特点：有 90%的买家采用银行按揭方式。

（2）投资型。

小户型总额不高，适合工薪阶层投资升值。

（3）沿街店面。

经商者居多，但要改造环境；独立门面相对抢手。

根据以上资料，在今后的宣传推广工作中，针对目标消费群应做到：

A．提炼清晰的项目形象，做整体形象宣传。

B．根据目标对象的喜好、心理制定具体改进方案（如商铺尽可能做成独立门面）。

C．根据销售对象采取强有力的销售方法。

4．东海花苑二期规划设计要点

（1）规划设计总体构架。以人为中心，以整体社会效益、经济效益与环境效益三者统一为基准点，着意刻画"城市—绿色—家园"的主题，达到"最适合人居住的环境"的目标。具体达到"十化"：①规划超前化；②户型合理化；③建筑艺术化；④质量标准化；⑤建材环保化；⑥配套完善化；⑦服务酒店化；⑧环境公园化；⑨生活科技化；⑩社区人性化。

（2）项目位置。东海花苑二期位于东洲市区中山路以西、创新路以南、华夏路以北，占地133亩（约88667平方米），东临立新小学、协和医院、体育场，西临市第三中学，南距东洲市第一中学仅500米，北与东洲大酒店隔路相望，属东洲市区"二类"地块。

（3）楼幢结构（见附表1-1）。

附表1-1 东海花苑二期楼幢结构表

序 号	楼层级别	楼幢数量	住户数量	商用面积	建筑面积
1	多层（5层）	14幢	___套	___平方米	___万平方米
2	小高层（8～12层）	3幢	___套	___平方米	___万平方米
3	高层（12层以上）	12幢	___套	___平方米	___万平方米
合 计		29幢			

（4）户型结构（见附表1-2）。

附表1-2 东海花苑二期户型结构表

序 号	套型面积	所占面积比例	说 明
1	143～180平方米	5%	计7750平方米
2	120～143平方米	5%	计7750平方米
3	100～120平方米	35%	计54 250平方米
4	90～100平方米	15%	计23 250平方米
5	70～90平方米	25%	计38 750平方米
6	60～70平方米	15%	计23 250平方米
合 计	—	100%	15.5万平方米

（5）智能化设置。

东海花苑二期设计有以下智能化系统：①远程可视门铃；②重要部位电视监控；③户户报警；④电子巡更；⑤电子公告；⑥背景音乐；⑦远程抄表；⑧自动停车管理；⑨宽带网投入；⑩阳光板集中供热。

（6）景观。

①入口景观，在入口处形成视觉的兴奋点，通过遮掩、先抑后扬最终达到小区中心景观高潮。

②中心景观，在纵横两条景观轴线的交汇处设计众多复合景观（广场、小品等），将绿化、水景、住宅有机串联。

③结合宅间绿地及中心绿化形成两条横向绿带，从而使小区的景观具有更为鲜明的特色。

5．项目SWTO分析

（1）S（优势）。

①用地规模。本项目用地面积达8.9万平方米以上，在市区一带对如此大的地块进行小区的开发无

疑会形成规模效应，这一方面有利于开发商降低项目开发成本费用，另一方面有利于项目形成自我的独立环境，若配以完善的生活配套设施、优雅的绿化环境，营造好小区的生活氛围，必能增强本项目的市场竞争力。

②交通条件。本项目被环城南路、中山路、轻工路和创新路四条城区干道所包围，离市政府、百货大楼仅几分钟路程，去火车站也十分便利。

③周围设施配套。本项目是大型居住区，附近的配套设施应有尽有，与协和医院隔路相望，紧邻立新小学、第三中学，宾馆、超市俱全。

④文化氛围。本项目距东洲市第一中学仅500米，距第二中学、第四中学仅几分钟路程，小区内设有一所幼儿园。所以，本地块所处地段文化气氛浓厚，对于那些渴望自己的孩子在以后得到更好的教育的家长来说，无疑是最佳的选择。

⑤明发房产公司在东洲市已开发多个楼盘，有较高的知名度，口碑较好。

⑥拟引进知名物业公司联合打造小区物业管理品牌，会给销售带来一定的促进作用。

（2）W（劣势）。

①环境。本地块所处地段是工业用地和住宅用地的结合带，北面的造纸厂、化肥厂排污会给本地块带来一定的污染，特别是刮北风时，污染物气味明显；周围车辆乱停乱放，小摊贩到处皆有，给市容美观带来一定负面影响。

②商业。商业经营不如南京路、钟吾路地段。

③东海花苑一期个别楼幢施工质量给二期带来负面影响，一期业主的口碑很重要。

（3）T（威胁）。

①今年开发的楼盘很多且同规模的大盘也不少，会给二期销售带来一定的冲击力。

②广州、上海、北京等大城市的房价有所回落，消费者追涨不追跌的心态明显。

（4）O（机会）。

上面提到的本地块的几大优势，特别是用地规模的优势是本地段其他楼盘无法比拟的。只要我们坚持走高质量、低价位的楼盘路线，充分发挥本项目的优势，会将劣势、威胁调整到最低程度。

6．总结

根据竞争对手的情况、目标消费群的情况以及本项目SWTO综合分析，本项目机会与风险并存，采取的办法就是尊重市场，适应市场，顺应消费人群的心愿，整合与项目有关的各种要素，运用智慧创造出具有前瞻性、差异性、引导性、适应性的产品，以合理的成本、利润达到科学的投入产出比；追求产品供给—需求的完善性，使项目达到预期的市场期望值。我们认为，在需求既定的情况下，价格是引导购买行为发生的重要因素，因此，要科学合理地制定楼盘价格，这样会吸引更多的客户。

四、销售力的提升

对于销售力的提升，建议从以下几个方面入手。

1．从改变或创造环境入手

环境是消费者购房时最重视的因素之一，环境的内涵包括以下四个方面。

（1）大环境：地理位置及周边情况。

（2）中环境：社区规划、社区内园林设计等。

（3）小环境：户型等。

（4）人文环境：社区文化等。

我们认为，在目前地段既定的情况下，应将重点放在社区规划、社区景观设计（中环境）及户型设计（小环境）上。现代社区环境的营造首要满足住户的活动需求，体现生活、休闲、娱乐、活动、交际的功能性。在此原则的基础上，营造全方位、立体化的绿化，使人与自然的完美融合达到和谐统一的境界。在户型设计上要满足不同家庭人口结构、不同人群的需求且100～120平方米三室两厅及70平方米以下一室一厅小户型为主。

2. 从提高物业服务品位入手

东洲市场不大,"口碑效应"在竞争日趋激烈的今天更是起着举足轻重的作用。口碑好的楼盘有利于新客源的产生和提高销售的成功率,而口碑主要取决于现有业主在亲身体验社区的各项配套设施特别是物业服务后的感受。

如今,大众化、普通的服务已远不能满足现代家庭的需求,必须将传统的"物业管理"向深层的"物业服务"过渡。

(1) 东海花苑一期物业服务的提升。一期小区的物业品位在东洲市区是很高的,但物业服务的质量跟不上,要加以改进、提升。

(2) 东海花苑二期物业服务的提升应从以下几个方面入手。

① 保姆服务。开设 24 小时保姆服务中心,为整日忙于工作的业主提供托管服务,包括上学、放学的接送,节假日托管,放学后托管、作业辅导等。

② 开设客户服务中心。邀请星级酒店(如北京大鸭梨酒店)进驻社区,全面管理客户服务中心。利用星级酒店的声誉和经验使居住环境的高素质得到直观的体现。

③ "一线通"呼叫服务。业主与客服中心设置热线电话,24 小时全天候提供服务。

④ 全天候家政服务。具体包括打扫、拖洗地板,擦拭家具与门窗,清洗油烟机,搬运,等等。

⑤ 智能化服务。

3. 从学生选择优等学校入手

子女的教育问题是部分人在购房置业中重点考虑的问题。因此,明发房产公司要与东洲最好的中小学合作,承诺东海花苑业主的子女一定能够入读东洲最好的学校,这将会是吸引目标买家的有效办法。另外,这样既可以体现东海花苑业主的尊贵和优越,对竞争对手而言也是具有首创性的,在一定情况下是不可模仿的。

东洲市区最好的中小学校包括以下几个。

(1) 小学:创新小学。

(2) 初级中学:第三中学。

(3) 高级中学:东洲市第一中学、东洲市第三中学。

4. 从精英家居装修入手

精英处于事业的上升期,工作繁忙,无暇考虑家居装修事宜。对此,东海花苑将为"楼花"提供装修方案,按客户的需要进行装修。

(1) 针对不同户型进行各种风格设计,设计出整体及局部效果图、工程图。

(2) 制作二期不同户型的各种效果图,作为销售资料之一,既可供有需求的业主挑选设计风格,也可在一定程度上掩盖户型的不足,吸引一部分客户。

(3) 一经业主选定风格,提供全套图纸。

除了从以上四个方面入手外,还要针对现在的消费者对开发商存在的种种疑问和顾虑,如能否按时交房、工程质量如何、建筑面积会不会缩水等问题,同东洲市消费者协会合作,利用消费者协会这个权威机构来进行监督,彻底打消消费者买房前的种种顾虑,将处在观望状态的客户迅速拉拢过来。同时,这也是广告宣传中一个十分具有创意的素材。

五、市场定位、卖点整合与定价策略

1. 市场定位

东海花苑二期在前期的推广过程中一定要建立一个明确、清晰的项目形象。东海花苑到底是一个什么样的楼盘呢?我们做如下分析。

(1) 本楼盘基本处于东洲市建成区中心位置。

(2) 建成后的小区,其道路、景观、服务在东洲市都属于一流的。

(3) 户型的组成,大到 180 平方米,小到 40 平方米,有复式,有错层。

根据以上分析，我们提出"城市、绿色、我的家"这一市场定位、主题，可以将东海花苑各项优势充分表达——一种顶级的生活，是最好的、一流的。东海花苑体现了人与人、人与环境自然和谐的主题，只有住进去才能品味到它的价值。

2．卖点整合

我们认为，东海花苑二期在目前竞争比较激烈的市场上要一马当先，必须要打造别人无法比拟的卖点，具体表现在以下方面。

（1）同品质物业中，价格最低。

（2）同规模物业中，环境最佳。

（3）同档次物业中，服务最好。

对应以上三个实质性方面，我们提出以下三个概念卖点。

（1）低价格、高品位——市中心别墅型洋房。

（2）城市、绿色、我的家——纯生态园林式住宅典范。

（3）智能配套、开心品味、时尚生活——人性化物业服务。

3．定价策略

（1）一房一价。

以往常规的方法是以单价乘以面积得出总房价，这样计算的毛病太多，一是在同一楼层推出统一单价忽视了方位、朝向；二是面积（设计面积、合同面积、实测面积）总是有误差的，在交收房款上容易产生争议。实行一房一价的好处在于在定价时既考虑楼层差，还考虑方位、朝向、景观，还可避免因面积误差产生争议。一房一价的制定要根据楼层、朝向、位置拉大差距。

（2）15#、16#楼幢销售参考价（以此价计算房屋总价）。

楼幢共五层，底层为商铺，二至五层为住宅。本楼幢缺少车库，销售可能受到影响。

底层商铺均价在 4000 元每平方米左右。

二至五层住宅：三层最高 2480 元每平方米，每向下或向上一层每平方米递减 20 元；朝向系数（方位差）控制在 6%～10%。

这样定价可把楼价拉开，买家在购买时根据自己的经济能力有更多的选择。朝向、楼层较差的房屋很可能快速被市场吸收（因为总价偏低），促进成交。另外，要拉大一次性付款与按揭付款的折扣差距，刺激一次性付款的买家购买，同时也有利于实施以下提出的三年免息付款方式。

折扣差距的具体安排如下。

① 一次性付款：8.0～9.3 折；

② 银行按揭：9.7 折；

③ 三年免息付款：原价加 2%。

（3）15#、16#楼幢定位表、销控表、销控图（略）。

六、广告推广（宣传策略）

现代营销理念认为，营销即传播。营销的关键在于将有独特价值的信息快速、准确地传达给消费者，让其产生鲜明的印象与认识冲动。

本项目开发分两个阶段进行，开发周期预计 2～3 年。第一阶段开发 10 万平方米，以多层为主，预计 2008 年 2 月破土动工、2008 年 6 月开盘、2008 年年底交付业主使用。第二阶段开发 12 万平方米，根据第一阶段所开发的楼盘销售情况在 2008 年或 2009 年破土动工。

本项目开发周期较长，在广告推广上要前后呼应、综合考虑，每阶段推广内容的侧重要有所不同。本策划书推行的广告推广方案主要是针对第一阶段开发设计的。

广告基调分为两部分：第一部分称为认知宣传，主要介绍产品（楼盘）的卖点，如地理位置、周边社区情况（大环境）、本项目内环境的组成（中环境），户型的设计、风格（小环境）及智能化、人文环境等，使消费者形成认知并产生购买欲望；第二部分为正式发售宣传，应根据销售策略在不同节日组织促销活动。

1. 各种媒体简单评述和分析

（1）报纸。优点是弹性大、及时、易被接受和信任，可以做口号式广告，也可以写软文；缺点是时效短，传阅读者少。

（2）电视。优点是视、听、动作紧密结合且引人注意，送达率高；缺点是成本高。

（3）电台。优点是可选择适当的地区和对象大量使用；缺点是仅有声音效果，不如电视画面吸引人。

（4）单页。优点是成本低；缺点是不被人注意。

（5）户外广告。优点是持续时间长；缺点是没有特定对象。

2. 推广渠道

（1）利用东洲电视台进行推广，这是主渠道。

① 栏目定位主题：东海花苑唱响新家园。

② 栏目设置：三个版块，分别是"东海花苑唱响新家园""东海花苑相亲进行时""东海花苑快乐主妇"。

③ 栏目特色：时代性、主题性、娱乐性、共鸣性，将硬性房地产宣传有机地融入生动活泼的节目中。

④ 栏目贯穿"四个一"：一首主题歌、一个生活小品、一个专题片、一篇抒情散文。"四个一"均以东海花苑为背景而创作。

（详见东海花苑电视宣传策划书）

（2）采用《东洲晚报》和《都市早报》进行推广。

① 在《东洲晚报》上以软文稿形式连续报道。

② 在《都市早报》上以其他形式进行推广。

（3）适当使用彩页、图板展览宣传。

（4）直邮。通过邮政局有针对性地邮递广告资料。

3. 广告阶段划分

（1）第一阶段（预热期）。

推广时间设定：2007年12月31日至2008年5月31日。

推广内容设定：全面介绍东海花苑。

广告诉求点：东海花苑的大环境、中环境、小环境，小区智能化装备，物业服务等。

推广媒体：东洲电视台、《都市早报》、楼书、DM单页、户外广告等。

目的：预告东海花苑的风格、特点，引起消费者注意，使其等待项目的推出。在此阶段，可采用高息借款等手法筹集资金。

（2）第二阶段（优先登记期）。

推广时间：2008年6月1日至2008年6月15日。

推广内容：东海花苑优先登记。

广告诉求点：东海花苑优先登记正在进行。

推广媒体：东洲电视台、宣传彩页、宣传车。

内容设计方案如下。

方案一："100元换5000元"内部认购。

解释：优先登记期交纳100元，在发售期若正式签订购房合同，可充当5000元使用，若未签订购房合同，100元不退还。本项优惠不能与其他优惠同时使用。

方案二："越早认购，折扣越大"。

解释：买主交纳100元诚意金（临时订金）并领取我公司编有序号的认购卡。原则是越早认购优惠越多。售房以前200名为限，即1~20号，优惠折扣8.8折；21~40号，优惠折扣8.9折；41~60号，优惠折扣9.0折；61~80号，优惠折扣9.1折……181~200号，优惠折扣9.7折，平均折扣92.5%。

说明：① 方案一、方案二不能同时使用；② 方案一、方案二实施细则另订。

目的：通过本方案的实施达到争先登记的目的，特别是方案二的实施更能体现"优先"原则。

(3) 第三阶段（预售期）。

推广时间设定：2008年6月下旬以后。

推广内容设定：东海花苑二期楼盘正式公开销售。

广告诉求点：东海花苑楼盘火爆登场。

本阶段是热销期，为了吸引人流，营造现场的旺销气氛，我们将寻求以下三个方面的配合措施。

① 在正式发售日期前，发短信或电话联系已交纳诚意金（订金）和领取认购卡的买家，争取使其全部于发售当日带齐订金、证件等到现场售楼部按顺序选购，形成排队买楼的热销场面。

② 在户外开展现场活动，聘请表演团体或演出公司在楼盘现场举行歌舞表演、时装表演等，吸引青年人士，同时放置多种游乐设施，吸引儿童及其家长到场玩乐，销售人员通过派发楼盘销售资料尽力挖掘买家，促进成交。

③ 现场物业签证活动。邀请东海花苑一期业主、南京商厦业主和东海花苑二期的准买家进行物业质量鉴证活动，由工程部人员现场讲解，建议邀请质监站、消协、公证处一同到现场鉴证，这样可以提高买家对东海花苑在建项目高质量的认识，树立购买信心。

(4) 第四阶段（加推期）。

推广时间设定：各节日。

推广内容设定：促销活动。组合各项销售措施刺激市场，以多种销售渠道共用对目标市场发起波次进攻。

广告诉求点：节日亲情回报活动。方法：公司在节日前制作"××节日亲情回报购房优惠卡"，领取此卡者在规定的时间内购房可享受优惠_____元。其他优惠仍然享受。

最后要说明的是广告推行的时间并不是一成不变的，必须根据工程进度和实际销售情况进行调整。

广告费用预算：东海花苑二期第一阶段用作宣传广告的费用约占销售额的0.5%，即100万元左右，费用分配如下。

① 电视广告制作：45万元。

② 报纸广告发布：25万元。

③ 现场包装：10万元。

④ 楼书、展销会（单张、展板、条幅）：10万元。

⑤ 机动费用：10万元。

七、营销办法

1．销售渠道

为了在短时间内完成销售目标，拓宽买家的层面，要从多渠道进行销售。

(1) 售楼部销售，又称现场销售，这是主要的销售方式。买家要通过不同途径得到售楼信息，首先要到售楼部，同时买家向来注重眼见为实，一般会多次到现场考察才会购买，因此做好现场包装是争取客户的重要手段。

(2) 业务直销：东海花苑一期已有一批老业主，充分调动该批业主的积极性为东海花苑二期进行宣传将会起到事半功倍的效果。采用现金或一些看得见的利益直接刺激旧业主是令旧业主积极宣传的手段。

(3) 社会人士销售：按3‰总额付给佣金。

2．营销策略：低开高走

低开：开盘价偏低。在这期间，将一些朝向、方位、楼层、景观较差的房屋先推出去，以低价格成交。

高走：随着朝向、方位、景观较好的房屋的推出，房价逐步走高。

低开高走策略会给消费者一个暗示：房子又涨价了。其实，低价卖掉的是"较差"的房子，高价卖掉的是"较好"的房子。

3．促销策略

(1) 3年免息付款计划。

计划目的：东洲市场首创，在市场上形成轰动效应。

计划解释：买家银行按揭10年，前3年，银行的利息由开发商交还，剩余7年的利息由买家自行交还。

举例：总价为10万元的房屋采用7成10年按揭，总贷款额为7万元，按银行贷款年息5.6%计算，则7万元一年贷款利息为7×0.056=0.392万元，每月利息为0.392÷12=0.0326万元。开发商给买主支付三年利息合计为0.392×3=1.176万元，返还利息总额占房价的11.76%，换言之，买家等于是8.824折购房。表面上，开发商替买家付的三年利息为1.176万元，但该金额是开发商按月分开支付的，对开发商成本的增加的影响并不大。

计划的支持理由如下。

① 95%的东海花苑二期买家会采用银行按揭方式，3年免息可打消许多消费者给得起首期但供不起的顾虑，十分具有市场杀伤力。

② 采用3年免息可大大拓宽买家层面，扩大目标买家的广度。

（2）业主直销计划。

计划对象：旧业主的亲友、同学、同事。

计划解释：利用明发品牌，通过业主直销计划，利用业主的口碑为楼盘做宣传。

（3）首期10%休闲按揭。

计划解释：首期10%，交付定金后十天内付清；二期10%，于2008年6月30日付清；三期10%，于2008年年底交房时付清；余款70%申请银行按揭。

此举对于开发商来说，买家付清10%首期款和办理按揭后，开发商便可以收回80%的房款，并不会形成资金压力，而对于买家来说，等于多出半年的供款期。

（4）分割销售。

计划对象：商场（底层5000平方米菜场，二层5000平方米超市）。

计划解释：均在招商不果的情况下，可采用南京商厦一二层商铺销售办法实行分割销售。

目标对象：徐州、浙江客户。

（5）搭单。

计划对象：新业主。

计划解释：买家按现行价格购买，若日后介绍其亲朋好友来购买东海花苑达三至五套单位，该买家及其亲朋好友均可在原价基础上享受额外的折扣优惠（具体折扣另定）。

计划理由：① 买家及其亲朋好友都有优惠，买家的优越感油然而生。

② 以利益驱动买家为东海花苑做宣传，往往事半功倍。

（6）造势。

造势方法一：万人免费看明星，看明星楼盘。

造势方法二：策划××××房展会。

造势方法三：购房大奖（实施办法另定）。

八、前期准备工作

1．售楼部

（1）功能分区。

① 接待区：销售人员迎接客户。

② 楼盘展示区：整体规划模型及各款楼式、户型模型。

③ 洽谈区：设洽谈桌椅，中间柱子上设有大屏幕电视循环播放广告。

④ 样板间。

⑤ 配套展示区。

（2）包装。

① 展示区。

第一部分——整体规划模型尺寸为4米×4.5米，该模型展示项目的整体规划、建筑展示。

第二部分——项目分解模型,展示户型剖面等。
第三部分——样板间的包装,追求豪华、时尚、真实。
第四部分——展示智能化系统及某些活动设施。
② 门面。
③ 自助式资料取阅。
2. 销售资料
(1) 楼书:专业的售楼资料,设计风格应时尚、多彩、动感且内容全面,把楼书制成《楼宇使用手册》。
(2) DM:清晰地展现户型结构及尺寸,注明户型优点。
(3) 单页:售楼普及资料,费用低,可大量发放。
(4) 展板:售楼处或展览会放置的资料,全面介绍楼盘信息。
(5) VCD:制作三维动画,能够创造销售热点。
3. 户外广告资料
(1) 在中山路西侧立一大型广告牌,将本项目的鸟瞰图标于其上。
(2) 在百货大楼顶立一大型广告牌,用以宣传本项目。
(3) 在中山路立箱体广告牌。
4. 销售人员的招聘与培训(略)

第 10 章 物业服务

学习目标

物业服务也是一种产品，它是对房地产产品制造与销售工作的延续，也逐步成为影响房地产销售的重要因素。本章从物业的基本概念开始，逐步介绍了物业服务的基本制度、程序与内容并按照居住、办公和商业等不同用途介绍各类物业的服务知识。通过学习本章，应当掌握以下知识。

- 物业与物业服务的概念、物业服务的特征
- 物业服务的基本制度
- 物业服务的程序与内容
- 居住、办公和商业的物业服务内容与重点

在学习本章时，应当始终贯彻人性化服务的理念，从过去的管理思维中突破出来，从服务的角度进行学习、思考。

10.1 物业服务概述

10.1.1 物业与物业服务的概念

1. 物业

"物业"一词是由英语"estate"或"property"引译而来的。物业是指在一定范围内存在并被使用或可以投入使用的各类建筑物及其附属设备、配套设施，包括建筑物所占用的土地等。物业的构成要素包括以下三个。

（1）已建成并具有使用功能的各类建筑物。

（2）与这些建筑物相配套的设备和市政、公用设施。

（3）建筑物所占用的场地、庭院、停车场、小区内道路、绿化等。

由此可见，物业是房产和地产的统一。单体的、不具备任何设施的建筑物不能被称为完整意义上的物业。同样地，一宗尚未开发的土地如果没有建筑物及必要的设施，也不能被称为完整意义上的物业。

2. 物业服务

物业服务在 2007 年以前被称为物业管理，为了突出个人物权的重要性，建设部在 2007 年颁布的《建设部关于修改〈物业管理企业资质管理办法〉的决定》（建设部〔2007〕164 号令）中将物业管理企业改称为物业服务企业，突出其服务的本质。根据中国物业管理协

会发布的《2020物业服务企业上市公司测评报告》，"2020物业服务企业上市公司十强"（见图10-1）中仅中海物业的全称中使用了"物业管理"——中海物业管理有限公司。

排名	证券代码	证券名称
1	06098.HK	碧桂园服务
2	02869.HK	绿城服务
3	06049.HK	保利物业
4	03319.HK	雅生活服务
5	001914.SZ	招商积余
6	02669.HK	中海物业
7	01778.HK	彩生活
8	01755.HK	新城悦服务
8	02606.HK	蓝光嘉宝服务
9	01995.HK	永升生活服务
10	03662.HK	奥园健康
10	02168.HK	佳兆业美好

图10-1　中国物业管理协会——2020物业服务企业上市公司十强

物业服务是指由业主与其选聘的物业服务企业按照物业服务合同约定，对房屋及配套的设施设备和相关场地进行维修、养护与管理，对相关区域内的环境卫生和秩序进行维护。业主，即物业产权人。

物业服务企业是指依法设立、具有独立法人资格、从事物业服务活动的企业。可以从以下几个方面理解物业服务。

（1）物业服务是由业主通过选聘物业服务企业的方式来实现的，业主与物业服务企业之间是委托和被委托的关系，双方的权利和义务通过经济合同的形式明确。

（2）物业服务的依据是物业服务合同，物业服务企业通过提供有偿物业服务获取经济效益。

（3）物业服务的客体是物业，服务的对象是业主及物业的使用人。

（4）物业服务的目的是充分发挥物业的使用价值和经济效益，实现物业的保值与增值，同时取得最佳的社会效益和环境效益。

10.1.2　物业服务的特征

社会化、专业化、市场化是物业服务的三个基本特征。

1. 社会化

物业服务的社会化有两层基本含义：一是物业的所有权人要到社会上去选聘物业服务企业；二是物业服务企业要到社会上去寻找可以代管的物业。简而言之，物业服务是社会化分工的产物。

2. 专业化

分工和专业化是现代经济发展的主要推动力。物业服务不仅涉及多种技术和设备，还涉及物业服务的软环境，因此需要聘用专业的人才。而且随着经济的发展和科技的进步，建设领域不断涌现新技术、新产品，物业的智能化程度越来越高，因此需要更加专业的物业服务人才和服务企业提供相应的物业服务，降低业主的实际使用成本和管理复杂程度。

3. 市场化

市场化是物业服务最主要的特征。在市场经济条件下，物业服务也是一种商品。物业服务企业按照现代企业制度组建并运作，向业主和使用人提供服务；业主和使用人购买并消费这种服务。这种通过市场竞争机制和商品经营的方式所实现的商业行为就是市场化的表现。

10.1.3 我国物业服务的发展

1. 物业服务的发展历程

物业服务行业起源于英国，19世纪60年代，英国政府成立了以廉租房管理为主要工作内容的物业服务机构。我国的物业服务是改革开放后随房地产业的发展而逐渐产生的。借鉴我国香港地区和国外的管理模式，深圳市于1981年3月成立了我国第一家专业的涉外房地产管理公司——深圳市物业服务公司。该公司的出现标志着我国在物业服务上迈出了第一步，是我国对房屋实行企业化、专业化管理的开始。伴随着20世纪80年代末90年代初的房地产开发热潮和大量高层、多功能综合楼宇的出现，物业服务体制被众多开发企业、房地产管理部门和社会人士所接受，各地纷纷借鉴物业服务的先进经验，物业服务行业迅猛发展。1993年6月，深圳市物业服务协会成立，这标志着物业服务作为一个新兴行业的社会地位得到了确认。据不完全统计，目前，全国物业服务企业已逾三万家，从业人员超三百万人，国内行业产值已达到数百亿元并以每年20%以上的幅度递增，物业服务产业经济在我国有着巨大的发展空间。

2. 现阶段物业服务存在的主要问题

随着物业服务行业的发展，具有中国特色的物业服务理论体系逐渐形成，物业服务的专业化水平有较大的提高，法规建设也取得了长足的发展。但是，现阶段我国的物业服务还存在较多问题，主要体现在以下几个方面。

（1）物业服务不规范，没有统一的管理标准。最为突出的是管理费的收取与服务问题，如服务不配套、收费混乱，存在只收费不服务或降低服务标准的现象。

（2）个别物业服务企业忽视自身建设，把自身看成房管所的"翻版"，缺乏企业化经营思想。例如，管理过程中不计成本、年终无核算，缺乏专业化服务和社会化管理概念，专业人才和专业管理措施跟不上发展需要。

（3）物业服务与公用事业脱节。物业服务是综合性管理，需要与许多部门有效配合。因而除物业服务部门自身的努力外，还应与公用事业部门相应的管理措施相协调，如水、电、气的保障等，这些是物业服务能正常运行的基本条件。从近年来的情况看，公用事业保障服务水平不容乐观，中国消费者协会在全国35个主要城市进行的消费者权益保护状况调查表明，公用事业名列受投诉最多的八种行业。

3. 物业服务的发展趋势

国家的"十五规划"提出"推广和规范物业管理"，"十一五规划建议"指出"积极发展文化、旅游、社区服务等需求潜力大的产业""加强和谐社区、和谐村镇建设，倡导人与人和睦相处""积极发展就业容量大的劳动密集型产业、服务业"等。《住房城乡建设事业"十三五"规划纲要》提出："以推行新型城镇化战略为契机，进一步扩大物业管理覆盖面，提高物业服务水平，促进物业管理区域协调和城乡统筹发展。健全物业服务市场机制，完善价格机制，改进税收政策，优化物业服务标准，强化诚信体系建设。建立物业服务保障机制，加强业主大会制度建设，建立矛盾纠纷多元调处机制，构建居住小区综合治理体系。完善住宅专项维修资金制度，简化使用流程，提高使用效率，提升增值收益。转变物业服务发展方式，创新商业模式，提升物业服务智能化、网络化水平，构建兼具生活性与生产性双重特征的现代物业服务体系。"这预示着物业服务在我国大有发展空间。

物业服务行业的发展主要呈现以下趋势。

（1）住宅物业服务仍将以开发商自建自管模式为主。由于目前房地产开发的利润远远超出物业服务的利润，再加上物业服务在消费者购房的决定因素中的比重逐步提高，住宅物业服务作为房地产开发延伸环节的作用将进一步增强。在全国100强物业服务企业中，62%的企业由开发商设立。尽管《民法典》第二百八十四条规定，业主可以自行管理物业，然而由于物业具有综合性、复杂性、专业性的特点，业主自行管理物业的实践不可能成为一种主流模式。所以，住宅物业服务仍会以开发商自建自管模式为主。

（2）物业服务行业的集中度将逐步提高。目前，物业服务公司普遍规模偏小，行业集中度低。根据《2018年全国物业管理行业发展报告》，2017年全国物业服务行业总面积约为246.65亿平方米，前一百家物业服务企业的管理规模约占全行业的32.08%，平均每家服务面积约为3020万平方米。当然，随着我国物业服务企业逐步走向规模化、多元化和跨区域化，行业集中度将逐步提升，市场将涌现一批管理规模大、品牌知名度高的企业。2015年，国内第一单物业费ABS（asset-backed securities，资产支持证券）上市发行成功，截至2020年年末，已上市物业服务企业104家，物业服务企业打开了证券市场融资新渠道，这会极大地促进物业服务企业做大做强，进一步加速行业集中度的提升。

（3）商业物业的市场化程度将提高，市场竞争加剧。商业物业具有良好的营利性，市场吸引力高。商业物业项目的客户对物业服务企业的专业能力、服务理念、人才、品牌等方面都提出了较高的要求。由于物业所有权的转移或开发商出于对物业价值的考虑，最终客户将通过市场竞争的方式选择物业服务公司。市场和客户选择的结果必将使市场竞争加剧，促进物业服务品牌化、规模化的发展，从而提高行业集中度。现有的优势企业会凭借其自身的竞争能力，在增量物业服务市场中争取更大的市场份额。

（4）商业物业的全价值链经营业务会进一步增加。一方面，资产管理、物业经营、物业顾问等业务的高营利性对商业物业服务公司具有很强的吸引力；另一方面，商业物业服务公司一般具有较强的资本实力和较好的人力资源，其主要服务对象也对物业全价值链经营有潜在要求。因此，商业物业服务公司对物业全价值链经营具备良好的匹配度。这样从物业服务行业的发展来看，一些先进的商业物业服务企业应该在立足于物业服务的同时积极地拓展物业经营、物业顾问等多个业务环节，形成物业服务的全价值链经营，以充分发挥协同优势，更好地满足客户需求。

（5）物业服务公司将向管理集成商转型。目前，众多物业服务公司采用一体化管理格局，设有若干专业的分公司或部门，形成独具特色的"小而全"的企业。由于它们在产业发展上不成熟，与之关联的保安、保洁、绿化、维修等专业公司不成规模、成本较高，从而使得这些"小而全"的物业公司的经营运作较为困难。因此，物业服务公司必须发挥一己之长，放弃追求"全"的形式，力争成为物业行业的专业服务商，这样可以利用其规模优势降低成本，同时刺激其他公司将自己的某些业务外包给专业服务商。这样，物业服务行业将实现管理层和作业层的分离，使作业层（包括电梯、保洁、绿化等）逐步实现专业化。物业服务公司成为服务集成商，即专业服务的搜集者和整合者，物业服务企业不再直接向业主提供有形服务，而是通过管理能力整合专业公司为业主提供服务。

10.2 物业服务的基本制度

为了规范物业服务活动，维护物业服务当事人的合法权益，2003年6月8日颁布的《物业管理条例》（国务院令第379号）突出了建章立制的重要作用，确立了业主大会制度、业主公约制度、物业服务招投标制度、物业承接验收制度、物业服务企业资质管理制度、物业服务专业人员职业资格制度和住房专项维修资金制度七项物业服务基本制度。2007年、2016年、2018年国务院对《物业管理条例》进行了三次修订，对上述制度进行了取舍与完善。

10.2.1 业主大会制度

《物业管理条例》规定物业服务区域内全体业主组成业主大会，业主大会代表和维护物业服务区域内全体业主的合法权益。一个物业服务区域只能成立一个业主大会。

1. 业主大会的职责

下列事项由业主通过业主大会共同决定。
（1）制定和修改业主大会议事规则。
（2）制定和修改管理规约。
（3）选举业主委员会或者更换业主委员会成员。
（4）选聘和解聘物业服务企业。
（5）筹集和使用建筑物及其附属设施的专项维修资金。
（6）改建、重建建筑物及其附属设施。
（7）有关共有和共同管理权利的其他重大事项。
其中，第（1）项的议事规则应当就业主大会的议事方式、表决程序、业主投票权确定办法、业主委员会的组成和委员任期等事项做出决定；第（2）项的管理规约应当对有关物业的使用、维护、管理，业主的共同利益，业主应当履行的义务，违反公约应当承担的责任等事项依法做出约定；第（5）项和第（6）项规定的事项应当经专有部分占建筑物总面积 2/3 以上的业主且占总人数 2/3 以上的业主同意。其他事项应当经专有部分占建筑物总面积过半数的业主且占总人数过半数的业主同意。

2. 业主委员会的职责

业主委员会一般由业主大会选举产生，执行业主大会的决定并履行以下事项。

（1）召集业主大会会议，报告物业服务的实施情况。

（2）代表业主与业主大会选聘的物业服务企业签订物业服务合同。

（3）及时了解业主、物业使用人的意见和建议，监督和协助物业服务企业履行物业服务合同。

（4）监督管理规约的实施。

（5）业主大会赋予的其他职责。

根据《物业管理条例》的规定，县人民政府房地产行政主管部门负责本行政区域内物业服务活动的监督管理工作。业主委员会应当自选举产生之日起 30 日内向物业所在地的县人民政府房地产行政主管部门备案。住宅小区的业主大会、业主委员会做出的决定应当告知相关的居民委员会并认真听取居民委员会的建议。

10.2.2 住房专项维修资金制度

随着我国城镇住房制度改革的不断深化，居民个人拥有住房产权的比例越来越高。为了解决在住房产权结构多元化的情形下，住房共用部位、共用设施设备发生维修及更新、改造时向多个业主及时筹集费用的问题，《国务院关于进一步深化城镇住房制度改革加快住房建设的通知》（国发〔1998〕23 号，以下简称《通知》）规定："加强住房售后的维修管理，建立住房共用部位、设备和小区公共设施专项维修资金并健全业主对专项维修资金管理和使用的监督制度。"依据《通知》精神，建设部与财政部制定了《住宅专项维修资金管理办法》，对维修基金的交纳、存储、使用、监督等做了具体规定。此外，《物业管理条例》第五十三规定："住宅物业、住宅小区内的非住宅物业或者与单幢住宅楼结构相连的非住宅物业的业主，应当按照国家有关规定交纳专项维修资金。专项维修资金属于业主所有，专项用于物业保修期满后物业共用部位、共用设施设备的维修和更新、改造，不得挪作他用。"

10.2.3 其他制度

1. 业主公约制度

物业服务往往涉及多个业主，业主之间既有个体利益，也有共同利益。在单个业主的个体利益与业主之间的共同利益发生冲突时，个体利益应当服从整体利益，单个业主应当遵守物业服务区域内涉及公共秩序和公共利益的有关规定。鉴于业主之间在物业服务过程中发生的关系属于民事关系，不宜采取行政手段进行管理。《物业管理条例》对各地实施物业服务中已具有一定实践基础的业主公约制度进行了确认，规定业主公约对全体业主具有约束力并规定开发单位应当在销售物业之前制定业主临时公约。业主公约应对物业的使用、维护、管理，业主的公共利益，业主应当履行的义务以及违反公约应当承担的责任等依法做出约定。开发单位制定的业主临时公约不得侵害物业买受人的合法权益。业主大会有权起草、讨论和修订业主公约，业主大会制定的业主公约生效时，业主临时公约终止。效力业主公约是多个业主之间形成的共同意志的集中体现，是业主共同订立并遵守的行为准则。实行业主公约制度有利于提高业主的自律意识，预防和减少物业服务纠纷。

2. 物业服务招投标制度

物业服务是市场经济的产物，竞争是市场经济的基本特征。《物业管理条例》突出了推行招投标对于促进物业服务健康发展的重要作用，提倡业主通过公开、公平、公正的市场竞争机制选择物业服务企业。鼓励开发单位按照房地产开发与物业服务相分离的原则，通过招投标的方式选聘物业服务企业。

3. 物业承接验收制度

物业承接验收是物业服务的基础工作。根据《物业管理条例》第二十八条、第二十九条的规定，物业服务企业承接物业时，应当对物业共用部位、共用设施设备进行查验，应当与开发单位或业主委员会办理物业承接验收手续，同时规定开发单位、业主委员会应当向物业服务企业移交有关资料。

10.3 物业服务的程序与内容

物业服务是对房地产开发的延续和完善，是一个复杂的系统工程。为保证物业服务有条不紊地顺利启动和正常运行，从规划设计到管理工作的全面运作，各个环节都不容忽视。根据物业服务在房地产开发、建设和使用过程中不同时期的地位、作用、特点及工作内容，本节按先后顺序分四个阶段介绍物业服务工作的主要环节：物业服务的策划阶段、物业服务的前期准备阶段、物业服务的启动阶段以及物业服务的日常运作阶段。

10.3.1 物业服务的策划阶段

物业服务策划阶段的工作包括物业服务的早期介入、制定物业服务方案、制定业主临时公约及有关制度、选聘物业服务企业四个基本环节。

1. 物业服务的早期介入

所谓物业服务的早期介入，是指物业服务企业在接管物业以前的各个阶段（项目决策、可行性研究、规划设计、施工建设等阶段）就参与介入，从物业服务运作的角度对物业的环境布局、功能规划、楼宇设计、材料选用、配套设施、管线布置、施工质量、竣工验收等多方面提供建设性意见。早期介入是在物业的开发建设阶段就考虑项目建成后的使用和管理需求，具有一定的超前性，可以考虑到社会经济发展水平和居住水平提高的需要，协助开发商把好规划设计关、建设配套关、工程质量关和使用功能关，以确保物业的设计和建造质量，为物业投入使用后的物业服务创造条件。早期介入是避免日后物业服务混乱的前提与基础。

2. 制定物业服务方案

房地产开发项目确定后，开发企业就应尽早制定物业服务方案，也可聘请物业服务企业代为制定。制定物业服务方案时，首先，根据物业类型、功能等客观条件以及使用人的群体特征和需求等主观条件规划物业服务消费水平，确定物业服务的档次。其次，确定相应的管理服务标准。最后，进行年度物业服务费用收支预算，确定各项管理服务的收费标准和成本支出，进行费用的分摊，建立完善的、能有效控制管理费用收支的财务制度。

物业服务方案的主要内容包括项目概况；管理的宗旨、方针、内容、目标；管理模式；物业服务的组织结构；物业服务的财务预算；物业服务的各阶段运作。

3. 制定业主临时公约及有关制度

开发单位应当在销售物业之前制定业主临时公约，对有关物业的使用、维护、管理，业主的共同利益，业主应当履行的义务，违反公约应当承担的责任等事项依法做出约定。开发单位制定的业主临时公约不得侵害物业买受人的合法权益。

开发单位应当在销售物业前将业主临时公约向物业买受人明示并予以说明，还应针对物业共用部位和共用设施设备的使用、公共秩序与环境卫生的维护等方面制定规章制度。

4. 选聘物业服务企业

在物业服务方案制定完成并经审批之后，开发商即应根据方案确定的物业服务档次着手进行物业服务企业的选聘工作。达到一定规模的住宅物业的开发单位，应当通过招投标的方式选聘物业服务企业。开发单位应与选聘的物业服务企业签订《前期物业服务合同》。开发单位通过招投标方式选聘物业服务企业时，新建现售商品房项目应当在现售前30日完成；预售商品房项目应当在取得《商品房预售许可证》之前完成；非出售的新建物业项目应当在交付使用前90日完成。

10.3.2 物业服务的前期准备阶段

物业服务前期准备阶段的工作包括物业服务企业内部机构的设置与人员编制的拟定、物业服务人员的选聘与培训以及物业服务规章制度的制定三个基本环节。

1. 物业服务企业内部机构的设置与人员编制的拟定

企业内部机构及岗位要依据所管物业的规模和特点以及业主对物业服务的需求、档次灵活设置。其设置原则就是使企业的人力、物力、财力资源得到高效配置，以最少的人力资源达到最高的运营管理效率和最佳的经济效益。

2. 物业服务人员的选聘与培训

从事物业服务的各工种岗位人员应达到一定的水平，开发单位必须对其上岗资格进行确认。从事电梯、锅炉、配电等特殊工种的人员应取得政府主管部门的资格认定方可上岗。

3. 物业服务规章制度的制定

规章制度是物业服务顺利运行的保障。开发单位应依据国家法律、法规、政策的规定和物业服务行政主管部门推荐的示范文本，结合本物业的实际情况，制定一些必要的、适用的制度和管理细则。

10.3.3 物业服务的启动阶段

物业服务的全面启动以物业的接管验收为标志，从物业的接管验收开始到业主大会选聘新的物业服务企业并签订《物业服务合同》。在此阶段，除了要开展日常的物业服务以外，有四个基本环节需要特别重视，即物业的接管验收、用户入住、档案资料的建立、首次业主大会的召开和业主委员会的正式成立。

1. 物业的接管验收

物业的接管验收包括新建物业的接管验收和原有物业的接管验收。新建物业的接管验收是政府有关部门和房地产开发单位在施工单位竣工验收的基础上对工程技术资料和物业的再验收。接管验收完成后，即由开发单位向物业服务企业办理物业服务的交接手续，也就标志着物业正式进入实施物业服务的阶段。原有物业的验收直接由新的物业服务企业组织接管验收。原有物业的接管验收通常发生在产权人将原有物业委托给物业服务企业管理之时或发生在原有物业改聘物业服务企业，新老物业服务企业交替之时。在这两种情况下，原有物业接管验收的完成标志着新的物业服务工作全面开始。

对物业服务企业而言，物业的接管验收是对包括物业的共用部位、共用设施设备在内的接管验收。

物业的接管验收一般由开发单位和物业服务企业共同组织，原有物业接管验收应当由业主委员会、原物业服务企业和新物业服务企业共同组织验收。通过验收可以明确双方的责任、权利、义务，充分维护业主的权益，也可为物业服务工作创造良好的条件。物业的接管验收是直接关系到物业服务工作能否正常顺利开展的重要一环。在接管验收的过程中，物业服务企业要充分发挥自己的作用，对验收中发现的问题应准确记录在案，明确管理、维修责任并注意审查接收的图纸资料档案。

2. 用户入住

用户入住是指住宅小区的居民入住或商贸楼宇中业主和租户的迁入，这是物业服务企业与服务对象的首次接触，是物业服务中十分重要的环节。用户入住时，物业服务的主要工作是办理入户手续，向业主发放《业主临时公约》等材料，将房屋装饰装修中的禁止行为和注意事项告知业主，还要通过各种宣传手段和方法使业主了解物业服务的有关规定，主动配合物业服务企业日后的管理服务工作，做好用户搬迁阶段的安全防范工作。

3. 档案资料的建立

档案资料包括业主或租住户的资料和物业的资料。

业主或租住户入住以后，应及时建立他们的档案资料，如业主的姓名、家庭人员情况、工作单位、联系电话或地址、收缴管理费情况、物业的使用或维修养护情况等。

物业档案资料是对物业开发建设成果的记录，是以后实施物业服务时工程维修、配套、改造方面必不可少的依据，是更换物业服务企业时必须移交的文件内容。

档案资料要尽可能完整地收集从规划设计到工程竣工，从建筑主体到配套，从建筑物到环境的全部工程技术资料，尤其是隐蔽工程的技术资料。经整理后要按照资料本身的内在规律和联系进行科学的分类与归档。

4. 首次业主大会的召开和业主委员会的正式成立

物业销售和业主入住达到一定比例以上或物业销售满一定年限后，应在物业所在地的区、县人民政府房地产主管部门和街道办事处的指导下成立业主大会并召开首次业主大会。首次业主大会审议并通过业主大会议事规则和业主公约，选举产生业主委员会，决定有关业主共同利益的事项。至此，物业服务工作就从全面启动转向日常运作。

10.3.4 物业服务的日常运作阶段

物业服务的日常运作是物业服务最主要的、具有长期性的工作内容，包括日常的综合服务与管理、系统的协调两个基本环节。

1. 日常的综合服务与管理

日常的综合服务与管理是指业主大会选聘新的物业服务企业并签订《物业服务合同》后，物业服务企业在实施物业服务中所做的各项工作。日常的综合服务管理的主要内容包括房屋修缮管理、机电设备管理、环境卫生管理、绿化管理、治安管理、消防管理、车辆道路管理、社区文化、房屋租赁管理、财务管理、智能化设备管理、各种特约服务、各种专项服务。

2. 系统的协调

物业服务的社会化、专业化、市场化特征决定了其具有特定的、复杂的系统内部与外部环境条件。系统内部环境条件主要是物业服务企业与业主、业主大会、业主委员会的相互关系以及业主之间相互关系的协调；系统外部环境条件就是与相关部门及单位相互关系的协调，如供水、供电、居委会、通信、环卫、房管、城管等有关部门，涉及的范围相当广泛。

10.4 不同类型的物业服务

物业的类型不同，其物业服务的内容和工作重点也是不同的，目前我国的物业服务主要集中在居住、办公和商业物业领域，涉足工业物业的较少。本节重点讲解居住、办公和商业类物业的主要服务内容与重点。

10.4.1 居住物业服务

1. 居住物业服务的特点

居住物业服务主要有以下几个特点。
(1) 统一规划、综合开发。
(2) 规模大、功能全。
(3) 房屋结构整体化、配套设施系统化。
(4) 产权结构多元化、物业种类多样化。
(5) 分期开发，物业新旧程度不同。
(6) 业主的文化水平和经济能力差异较大、管理服务复杂化。
(7) 业主对物业服务的需求、标准不一样。

2. 居住物业服务的主要内容

居住物业服务的主要内容包括以下几个方面。
(1) 物业共用部位的日常维护与管理。
(2) 物业共用设备、设施及其运行、使用的日常维护和管理。
(3) 环境卫生、绿化服务管理。
(4) 交通秩序与车辆停放的管理服务。
(5) 物业管理区域内的治安、消防等协助管理事项的服务。
(6) 物业装饰装修管理服务。
(7) 物业资料的管理。
(8) 开展住宅小区的社区文化活动。
(9) 开展多种形式的便民服务。

10.4.2 办公物业服务

1. 办公物业的概念

办公物业是指国家机关、社会团体、企事业单位用于办理行政事务或从事各类业务经营活动的建筑物，一般又称为写字楼。

自19世纪末以来，办公物业逐步从工业生产物业中脱离出来，特别是进入20世纪后期，办公物业独立成一种特殊的物业形态。随着建筑技术和商务交流设施的发展，办公物业发展得极为迅速，一个城市的办公物业开始向一个或多个中心集中，成为办公商务区。例如，北京的国贸、金融街，上海的陆家嘴，深圳的红岭路等地均为所在城市甚至世界的商务中心区。

2. 办公物业服务的特点

办公物业服务主要有以下几个特点。

（1）物业的地理位置好，一般多位于城市中心和交通便利的繁华地段，物业服务中的车辆指挥管理工作量大。

（2）物业档次高，整体形象好，业主、非业主使用人对物业服务的要求也较高。

（3）物业的机电设备设施多，技术含量高，除正常的供配电、给排水、电梯、消防系统外，还有中央空调、楼宇设备自动化控制系统、楼宇办公自动化系统、楼宇智能化管理系统等。

（4）物业使用人相对不固定，有的更换频繁，物业的租赁服务是物业服务难点。

（5）业主、非业主使用人经营范围广泛，社交活动频繁，社会关系复杂，业主、非业主使用人内部管理隐患多，给物业服务增添了难度。

（6）业主、非业主使用人来自社会各阶层，素质参差不齐。尤其存在短期租赁户，使物业服务的公众管理制度执行难，物业管理服务费等费用拖欠严重。

（7）公共场所人流量大，进出人员难以控制，安全管理责任大。

（8）因为是办公场所，单个物业空间大，甚至整层楼都是连通的，楼内业主、非业主使用人的设施、财产多，人员集中，是防火控制的重点区域，消防安全是物业管理的重点之一。

3. 办公物业分级

进行办公物业服务的第一步，就是通过对写字楼市场的调查分析并结合所管理的写字楼物业本身的状况，对写字楼进行市场定位。为了做到这一点，写字楼物业管理人员通常先对写字楼物业进行分类。写字楼分类在我国尚无统一的标准，专业人员主要依照其所处的位置、自然或质量状况和收益能力进行分类。国外通常将写字楼分为甲、乙、丙三个等级。

（1）甲级写字楼。甲级写字楼具有优越的地理位置和交通环境，建筑物的物理状况优良，建筑质量达到或超过有关建筑条例或规范的要求；其收益能力能与新建成的写字楼建筑媲美。甲级写字楼通常有完善的物业管理服务，包括24小时的维护维修及保安服务。

（2）乙级写字楼。乙级写字楼具有良好的地理位置，建筑物的物理状况良好，建筑质量达到有关建筑条例或规范的要求；由于建筑物的功能不是最先进的（有功能陈旧因素影响），有自然磨损存在，其收益能力低于新落成的同类建筑物。

（3）丙级写字楼。物业已使用的年限较长，建筑物在某些方面不能满足新的建筑条例或规范的要求；建筑物存在较明显的物理磨损和功能陈旧，但仍能满足低收入租户的需求并与其租金支付能力相适应；相对于乙级写字楼，虽然其租金较低，但仍能保持一个合理的出租率。

4. 办公物业服务的内容

办公物业的特殊性决定了办公物业服务的内容与其他物业不同，其服务内容的重点包括以下六个方面。

（1）营销推广。由于办公物业属于收益性物业，要求物业服务能够保证办公物业具有较高的租售率和收益，这就决定了营销推广是一项经常性服务工作。

当今的办公物业除了少部分自用外，大部分都用于出售和出租（主要是出租）。办公物业的整体形象设计塑造、宣传推介，办公空间的分割布局与提升改造，市场分析调研，与买租客户的联络、谈判、签约，客户投诉与要求的受理与处理，客户与经营管理者、客户与客户间关系的协调以及组织客户参加目的在于联络感情的各种联谊活动等均属于办公物业的营销推广工作范畴。

办公物业客户由于受转变投资地点、方向以及兼并、破产等各种原因的影响，具有频繁变动的特点。另外，固有的客户对办公空间重新布置、增减面积、改变设备配置与服务等的要求也经常存在。因此，为吸引和留住客户，写字楼的营销服务工作是一项十分重要的经常性工作，否则就不能保证较高的租售率，从而会影响写字楼物业的收益。

（2）商务服务。大型办公物业机构集中、商务繁忙，一般办公物业都设有能够提供各种商务服务项目的商务中心。

在硬件上，商务中心应配备一定的现代化办公设备，商务中心设备的配备可根据服务项目的增加而逐步添置；商务中心设备的正常使用和保养是保障服务质量的前提条件。商务中心人员在使用设备的过程中应严格按照正常操作程序进行操作，定期对设备进行必要的保养，设备一旦发生故障，应由专业人员进行维修。

在软件上，客户对商务中心服务质量的评价是以服务的准确、周到、快捷程度为标准的。所以，商务中心工作人员在提供服务时，应了解清楚客户所需服务项目、服务时间及服务要求，向客户讲明收费标准，准确、迅速地完成服务项目。

软件齐全的商务中心提供的服务项目包括：翻译服务，如文件、合同等；秘书服务，如各类文件处理；办公系统自动化服务；整套办公设备和人员配备服务；临时办公室租用服务；长话、传真、电信服务；商务会谈、会议安排服务；商务咨询、商务信息查询服务；客户外出期间保管、代转传真、信件等；邮件、邮包、快递等邮政服务；计算机、电视、录像、摄像、幻灯、BP机、手机租赁服务等；报纸、杂志订阅服务；客户电信设备代办、代装服务；文件、名片等印制服务；成批发放商业信函服务；报刊剪报服务；秘书培训服务等。

（3）前台服务。前台是办公物业对外的窗户，直接影响客户对写字楼服务质量的评价，在现代办公物业市场竞争激烈的情况下，前台服务可能会直接决定着物业的市场竞争力。

在大型的办公物业中，前台服务的主要工作内容包括：钥匙分发服务；问讯、引导服务和留言服务；行李搬运、寄送服务，物品寄存服务；信件报刊收发、分拣、递送服务；出租汽车预约服务；提供旅游活动安排服务；票务服务；全国及世界各地酒店预订服务；文娱活动安排及组织服务；外币兑换、电话卡等各类有价卡代售；花卉代购、递送服务；洗衣、送衣服务；代购清洁物品服务；其他各种委托代办服务。

(4) 设施设备管理服务。办公物业的设施设备管理服务主要应做好设施设备管理、维修、保养与更新改造工作。对于设备的维修控制，关键是抓好维修计划的制订和维修制度的完善。一般的维修方法有：① 强制维修法，即不管设备技术状况如何，均按计划定期维修；② 定期检修法，即根据设备技术性能和要求制定维修周期，定期检修；③ 诊断维修法，即根据使用部门的报告和提供的技术资料对设备进行检查诊断，确定要维修的项目或部件，然后进行维修；④ 全面维修，即当设备出现严重磨损、损坏或故障时对主体和部件全面修理。设备的保养一般可建立三级保养制度——日常保养（又称作例行保养）、一级保养和二级保养。设备更新改造的关键是要把握好更新改造的时机，制定切实可行的更新改造方案。

(5) 保安与消防管理。保安管理的主要内容有：贯彻保安管理的基本原则；建立保安部的组织机构；制定严密的安保规章制度；加强治安防范。保安管理的基本原则是：宾客至上，服务第一；预防为主；谁主管，谁负责；群防群治，内紧外松。

加强治安防范是保安日常工作的主要内容，具体包括加强保安措施，配备专门的保安人员和保安设备（报警装置、门户密码开启装置、闭路电视监控器等），加强写字楼内部及外围的保安巡逻，加强对停车场的保安及交通指挥，防止人为破坏治安秩序，杜绝各类可能发生的事故。

消防工作的主要内容有：进行消防宣传；建立三级防火组织；分解防火责任；明确防火责任人职责；定期进行消防检查；建立防火工作制度；配备消防设备设施；做好群防工作；明确火灾紧急疏散程序；建立消防档案；制定灭火方案及重点部位保卫方案。

(6) 清洁卫生服务。清洁是办公物业服务水平的重要标志，也是基于对建筑和设备进行维护保养的需要。日常清洁工作的重点体现在：制定完善的清洁细则；制定部门各岗位的责任制度；建立卫生清洁检查制度；保持楼内公共场所的整洁；提供全面的清洁、美化服务。

10.4.3 商业物业服务

商业物业的范围极为广泛，从小型店铺、百货商场到大型现代化购物中心，面积规模从十几平方米到十余万平方米，其服务的地域范围从邻里、居住区到整个城市甚至全国。

传统的商业区域主要坐落在城市中心商业区，但随着城市道路交通设施、交通工具的发展和郊区人口的快速增长，位于城市郊区和城郊接合部的大型零售商业设施不断涌现，使传统中心商业区的客流得以分散。随着国民收入的逐步提高，人们不再仅仅关注商品的质量和价格，还对购物环境提出了越来越高的要求，这就为适应这种需要而发展起来的零售商业物业服务提供了广阔的前景。

1. 商业物业的分类

商业物业的分类主要依据其建筑规模、经营商品的特点及商业辐射区域的范围三个方面。商业物业通常有五种类型。

(1) 市级购物中心。市级购物中心的建筑规模一般都在 3 万平方米以上，其商业辐射区域可覆盖整个城市，服务人口在 30 万人以上，年营业额在 5 亿元以上。在市级购物中心中，通常以一家或数家大型百货公司为主要租户。按其所服务的对象不同，市级购物中心也有高档和中档之分。

（2）地区购物商场。地区购物商场的建筑规模一般在1万~3万平方米，商业服务区域以城市中的某一区域为主，服务人口为10万~30万人，年营业额在1亿~5亿元。地区购物商场中，中型百货公司往往是主要租户。

（3）居住区商场。居住区商场的建筑规模一般在3000~10 000平方米，商业服务区域以城市中的某一居住小区为主，服务人口为1万~5万人，年营业额在3000万~10 000万元。居住区商场内，日用百货商店和超级市场通常是主要租户。

（4）邻里服务性商店。这些商店的建筑规模一般在3000平方米以下且多在500~1000平方米，服务人口在1万人以下，年营业额在3000万元以下。方便食品、瓜果蔬菜、日用五金、烟酒糖茶及软饮料、服装干洗、家用电器维修等的经营者通常是这些商店的承租人。

（5）特色商店。这些商店通常以其经营的特殊商品或服务及灵活的经营方式构成自己的特色，如专为旅游者提供购物服务的旅游用品商店、精品店商场、物美价廉的直销店或仓储商店、有较大价格折扣的换季名牌商品店等。这类商店的建筑规模、商业服务半径、服务人口、年营业额等差异较大。

2. 商业物业服务的特点

商业物业服务主要有以下几个特点。

（1）进出人员无法控制、成分复杂，安全、消防管理工作量大。

（2）使用人如采取摊位经营、独立柜台经营，则较为分散和独立，统一管理难度大，欠费、逃费现象时有发生。

（3）购物纠纷和矛盾多，物业管理人员一般无权处理，因此公共秩序维护难度比较大。

3. 商业物业服务的内容

商业物业服务的内容包括一般服务和特殊服务。

（1）一般服务。

① 对小业主或承租商的管理。统一产权型商业物业，其经营者都是承租商，可以在承租合同中规定相应的管理条款，对承租户的经营行为进行规范管理，也可以以商场经营管理公约的形式对他们进行管理与引导。对于分散产权型商业物业，一般宜采用管理公约的形式明确业主、经营者与管理者的责任、权利和义务，以此规范双方的行为，保证良好的经营秩序。也可由工商部门、管理公司和业主、经营者代表共同组成管理委员会，由管理委员会制定管理条例，对每位经营者的经营行为进行约束，以保证良好的公共经营秩序。

② 安全保卫管理。商业物业面积大、商品多、客流量大，容易发生安全问题。因此，安全保卫要坚持24小时值班巡逻并要安排便衣保卫人员在场内巡逻。商场晚上关门时，要进行严格的清场。同时，在硬件方面要配套，如安装电视监控器及红外线报警器等报警监控装置，对商场进行全方位监控，为顾客购物提供安全、放心的环境，确保商场的货品不被偷盗。

③ 消防管理。由于商业物业属于人流密集型场所，所以消防安全非常重要。消防工作

要常抓不懈，不仅要管好消防设备、设施，还要组织一支义务消防队并要有一套紧急情况下的应急措施。

④ 设备管理。管理好机电设备，保证正常运转是经营场所管理的一项重要工作。要保证直梯、手扶电梯、中央空调、电力系统等的正常运行，不然就会影响顾客购物和商家经营，造成不必要的损失。

⑤ 清洁卫生及车辆管理。要有专门人员负责场内流动保洁，将垃圾杂物及时清理外运，时时保持场内的整洁、卫生，对大理石饰面等要定期打蜡、抛光。车辆管理要分别设置汽车、摩托车、自行车停放保管区，而且要有专人指挥、看管，维持良好的交通秩序，以防偷盗。

（2）特殊服务。

① 商业形象的宣传推广。公共商业楼宇物业管理的一项重要工作就是要做好商业楼宇形象的宣传推广，扩大公共商业楼宇的知名度，树立良好的商业形象，以吸引更多的消费者。这也是商业楼宇统一管理的一项必不可少的工作。

② 承租客商的选配。公共商业楼宇是一个商业机构群，其所有人主要是通过依靠经营商业店铺的出租而盈利，因而公共商业楼宇的管理者必须十分重视对客商的选择及搭配。

 思考与练习

1. 物业的构成要素包括哪些？
2. 物业服务的基本特征是什么？
3. 业主大会和业主委员会的各自职责是什么？
4. 物业服务的特殊性体现在哪些方面？
5. 物业服务的程序可以划分为哪几个阶段？
6. 居住物业服务的主要内容是什么？
7. 办公物业划分为哪几个等级？
8. 商业物业通常划分为哪几种类型？

 讨论

最近几年，房地产开发企业愈加重视物业服务业务，资本市场对物业服务的认可度也越来越高，但同时业主与物业服务企业的冲突也多有发生。请从资本市场、物业服务企业和业主三个角度论述物业服务未来的理念转变以及如何调整三方认知冲突。

第 11 章 房地产资产管理

学习目标

房地产资产管理是房地产经营活动的基本环节，是实现资产保值增值的重要途径。本章从资产的基本概念开始，逐步介绍了房地产资产管理的概念及作用并着重介绍了房地产资产管理的程序与内容。通过本章学习，应当掌握以下知识。

- 房地产资产管理的概念
- 房地产资产管理与物业服务、设施管理的关系
- 房地产资产管理的作用
- 房地产资产管理的程序与内容

在学习本章时，除了教材中介绍的理论知识，还应当主动结合市场前沿案例进行学习，加强对房地产资产管理的思考与理解。

11.1 房地产资产管理概述

11.1.1 房地产资产管理的概念

1. 资产

资产（assets）是指对过去的交易或事项形成的，由持有人拥有或控制的，预期会给持有人带来经济利益的能够用货币计量的资源。例如，企业拥有的机器设备、不动产、证券、外汇、商标等。

将一项资源确认为资产，除了需要符合资产的定义，还应同时满足以下两个条件：①与该资源有关的经济利益很可能流入持有人，也即该资源有较大的可能直接或间接导致现金和现金等价物流入持有人。对资产进行确认的关键是判断是否存在未来经济利益。如果不具备未来经济利益，即使过去为取得该资源发生过巨额耗费，也不能确认为持有人的资产。例如，已经失效的药品、过时的时装、因老化无法使用的机器、坍塌的房屋等。②该资源的成本或者价值能够可靠地计量，即应当能以货币来计量。例如，出让获取的土地使用权可以以出让成本计量，无偿划拨获取的土地使用权虽然没有可计量的获得成本，但其价值可以评估计量。

2. 资产管理

资产管理（asset management）有广义和狭义之分。广义的资产管理就是对资产负债表

左侧所列全部资产或组合进行管理、运用和处分，以实现特定目标。资产管理的标的可以是有形资产，如房地产、机器设备等，也可以是无形资产，如知识产权、金融资产等。广义的资产管理既包括资产持有人的自我资产管理，也包括资产持有人委托的外部管理。

狭义的资产管理一般仅包括资产持有人委托的外部管理，是资产持有人（投资人）委托资产管理人对其资产进行管理和运营，以实现特定目标的过程，特定目标包括资产保值增值、财产传承、破产隔离等，但资产保值增值是资产管理的核心目标和普遍目标。在此过程中，投资人自行承担投资风险并获得收益，资产管理人为投资人利益履行诚实信用、勤勉尽责义务并收取适当的佣金和（或）收益。所以，我们可以将狭义的资产管理定义为：资产管理人接受投资者委托，根据资产管理合同约定的方式、条件、要求及限制，对受托的投资人资产进行投资和管理，以实现特定目标的行为。例如，投资人购买银行理财产品，投资人委托资产为货币资金，银行作为资产管理人；将自有空置住宅委托给长租公寓管理公司经营，投资人委托资产为房地产，长租公寓管理公司作为资产管理人。

3. 房地产资产管理

房地产资产管理也有广义和狭义之分。广义的房地产资产管理是指投资者自行或委托资产管理者将其持有的资产投资于房地产相关领域并进行管理以实现特定目标的过程。投资者持有的资产可以是货币资金，也可以是房地产；投资领域可以是房地产直接投资，包括房地产开发项目、房地产运营等，也可以是房地产间接投资，包括房地产企业股票、债券、信托等；投资阶段既可以是房地产项目开发阶段，也可以是房地产建成后的运营阶段。

狭义的房地产资产管理是指投资者自行或委托资产管理者将其持有的资产投资于经营性物业的直接投资领域，通过投资组合、物业经营维护实现特定目标的过程。投资者持有的资产可以是货币资金，也可以是房地产；投资领域仅限于房地产直接投资；投资阶段为房地产建成后的运营阶段，即使为获取物业而购买期房，其目的也是为获得建成后的物业而预付资金；投资房地产类型一般为经营性物业，如出租住宅、公寓、商场、写字楼、酒店、工业厂房及一些特殊性经营物业。本章后续内容均以狭义的房地产资产管理为阐述对象。

在过去，还有一个"房地产组合投资管理"的概念，其工作内容包括制定组合投资目标、准则、策略，设计和调整房地产资本结构，负责按照策略进行资产配置和房地产金融品及其衍生品的投资与应用等。随着房地产资产管理的发展，特别是广义的房地产资产管理职能的扩展，房地产组合投资管理已经逐步融入房地产资产管理中，其作为独立概念的意义已不大。

11.1.2 房地产资产管理与物业服务、设施管理的关系

1. 设施管理的概念

设施管理（facility management）按照国际设施管理协会（International Facility Management Association，IFMA）和美国国会图书馆的定义，是"以保持业务空间高品质的生活和提高投资效益为目的，以最新的技术对人类有效的生活环境进行规划、整备和维护

管理的工作"。

传统的设施管理主要集中在设施的运行管理与维护,如大厦空调设施的运行维护、大型医疗设备的定期保养维护等。现在的设施管理已经扩展到将物质的工作场所与人和机构的工作任务结合起来,为人员提供一个安全、高效的工作环境。设施管理的具体工作内容通常包括制定设施的长期财务规划和年度财务规划、设备更新财务预测、为业主提供购买和处置设施的建议、室内布局和空间规划、建筑设计和工程规划、建造和维修工程、设施维护和运营管理、数据管理、安全与综合管理、数据管理与设施管理报告。

2. 设施管理、物业服务与房地产资产管理之间的关系

设施管理与物业服务一起构成对物业的运营服务,房地产资产管理所涉及的工作范围比前两者更广。在正常的经营中,设施管理人和物业服务人是房地产资产管理人所聘请的服务方,房地产资产管理者直接领导设施管理人和物业服务人,指导其制订设施管理与物业服务的策略计划,监督考核其管理绩效。

(1) 房地产资产管理与物业服务、设施管理之间的联系。

①三者的宗旨一致,均为实现房地产资产的保值增值。房地产资产管理的功能目标就是实现投资者的经济利益,一方面,积极、适时地评估、调整房地产资产投资组合;另一方面,不断提升管理的房地产资产的物业服务与设施管理水平,实现物业经营收入的提高。物业服务与设施管理的目标是通过物业服务水平与设施管理水平的提升,保障物业正常运行并尽力提高物业运行质量,间接推动物业经营收入的提高。

②三者互相联系、互相促进。物业服务与设施管理是房地产资产管理的最基础职能,房地产资产管理是物业服务与设施管理的上一阶层,起到监管作用。房地产资产管理通过策略计划制订、监督考核推动物业服务与设施管理的提升,物业服务与设施管理的质量又直接影响这房地产资产管理的绩效,促使房地产资产管理者适时评估、调整投资组合和管理策略。

(2) 房地产资产管理与物业服务、设施管理之间的区别。

①侧重点不同。物业服务与设施管理强调物业的基本功能能够正常发挥,房地产资产管理强调物业与客户资产的保值增值。

②内容不同。物业服务的主要内容是物业维护、保洁、绿化、安全等常规服务项目,设施管理工作主要围绕设施的维修保养展开。房地产资产管理包含的内容非常广泛,向下兼容了物业服务和设施管理的内容,但又包括投资计划、绩效评估等其他内容。

③考评标准不同。物业服务与设施管理的考评标准强调物业的正常运行、业主及使用人的满意度,房地产资产管理的考评则以经济效益为主。

11.1.3 房地产资产管理的作用

1. 促进经济增长

第一,房地产资产管理能够积极吸引、推动投资者将储蓄资金用于房地产投资;第二,房地产资产管理能够有效地提升房地产资产运营质量,刺激管理范围内物业的消费行为;

第三,房地产资产管理是一个关联度较大的产业,可以带动科技、环保、教育、医疗、社区服务等多个相关行业的发展。

2. 提升物业服务与设施管理水平

过去的物业服务与设施管理是被动的,仅仅以满足物业正常运行为基本目标,对业主和使用者的真正需求缺乏应有的了解、认识和回应,服务与管理水平的提升与业主及使用者的日益增长的需求相脱节。房地产资产管理从投资者的角度出发,围绕提升资产价值与效益开展工作,充分考虑、满足使用者的诉求,主动开展管理工作,指导、督促物业服务与设施管理提升水平。

3. 提高房地产投资收益

房地产资产管理是房地产经营活动的基本环节。房地产开发完成后,除直接销售的商品住宅外,其产品价值需要通过经营来实现。房地产资产管理的基本职能就是对房地产资产进行经营,进而升级考虑房地产财务筹划与金融产品应用,最终走向组合投资管理。房地产资产管理就是通过多种专业手段提升房地产资产价值,最终实现房地产投资收益目标。

11.2 房地产资产管理的程序与内容

按照狭义的房地产资产管理内涵,对委托人委托资产为资金的管理业务,房地产资产管理人一般按照以下程序开展房地产资产管理工作。

11.2.1 房地产资产管理的程序

1. 基础工作

基础工作主要包括投资策略制定、项目筛选。

房地产资产管理人首先需要根据自身资源禀赋、专业特长及发展规划制定投资策略,投资策略包括宏观市场分析、投资房地产类型与结构(比例、分布等)、投资目标资产的基本条件及风险应对、投资退出路径等。

确定投资策略后,房地产资产管理人按照投资策略所要求的投资目标资产条件搜寻项目,了解目标资产情况、出售意愿等;经过初步沟通,对物业进行检查,做初步的收购评估和财务分析;通过初步谈判确定价格、交易结构、财税、法务等基本原则,争取签订意向性协议。随后,房地产资产管理人编制立项报告并根据内部决策流程完成项目立项。

2. 投资

投资阶段的工作包括尽职调查、谈判、审批、协议签署、交割五个环节。

在项目立项通过后,房地产资产管理人自行或委托中介机构(一般以审计、法律、评估为主,也有聘请工程设计机构的)对目标资产进行尽职调查,除了正常尽职调查所关注的财务税务、法律诉讼及评估价值外,房地产资产管理人还需要调查物业现状及其改造可能性，评估其未来市场前景等。

在尽职调查完成后，房地产资产管理人编制尽职调查报告初稿，初步确定包含交易价格、交易方式的谈判方案，再与目标物业转让方进行谈判，确定成交价格、交易方案和融资方案。成交价格一般需要特别注意税负承担事宜，成交价格的支付方式一般分为现金支付、证券支付等。交易方案包括交易方式、支付节点、交接节点、交易期内管理等事宜，其中，交易方案一般有房地产资产收购、股权收购两种。制定融资方案的目的是顺利推进房地产资产管理人获取足够资金支付交易价格，应约定双方需要互相配合的事宜，如并购贷款中，可能需要在房地产资产管理人向转让方支付全部价款前办理产权过户及抵押手续，同时需要交易双方在贷款行办理资金监管。

房地产资产管理人在完成谈判后，根据谈判结果编制项目建议书或在原尽职调查报告的基础上增加交易方案等内容，按照公司投资决策程序开始内部投资审批事宜。审批事项的重中之重是对收购对价和未来价值提升的评估。

在完成投资审批后，房地产资产管理人与目标物业转让方商讨交易文件细节，讨论确定后，双方签署交易文件。

在签署完成所有交易文件后，双方按照交易文件的约定开始交割工作，房地产资产管理人向目标物业转让方分阶段支付资金。交割工作主要包括物业接管、档案文件交接和产权变更登记。

3. 运营

运营包括前期准备和运营管理两个部分。

前期准备一般包括物业改造、招商、外包聘请等。物业改造一般在交易文件签署后进行，房地产资产管理人需要安排专业部门或者外聘专业机构对物业改造方案进行设计论证，根据定稿的改造设计方案尽早聘请施工单位对物业进行改造施工。招商工作与改造施工同步开展，以改造设计图纸为招商参考文件。在正式运营前，招商重点为核心客户、主力店招商。外包聘请主要是聘请符合物业发展规划的物业服务、设施管理等机构，主要从提高运营效率、提升物业品质角度筛选外包机构。

运营管理主要包括招商、督促外包机构服务、预算与财务管理等工作。具体内容在11.2.2介绍。

4. 退出

房地产资产管理的核心目标是实现物业保值增值，实现保值增值的价值来源包括管理期间的房地产运营收益和房地产出售增值。合格的房地产资产管理人不仅需要有发现优质资产和运营物业的能力，还需要有强大的资产变现能力。房地产资产的退出路径主要包括两种：转让和证券化。证券化在严格意义上也是一种转让，是指房地产资产管理人将其持有的物业通过发行证券产品并上市交易，如 REITs。房地产资产持有人将其持有的房地产权益转化为证券产品并继续持有只是解决了资产的流动性风险问题，作为底层资产的房地产可能存在的投资风险仍然通过证券产品传导给委托人（投资者）和房地产资产管理人。委托人（投资者）若要实现彻底退出，只能出售其持有的证券产品，也就是说，房地产资产管理人必须终止该受托管理关系或者清盘该证券产品才能实现彻底退出,而房地产资产管理人清盘该证券产品一般需要将其底层房地产资产全部转让并向委托人(投资者)分配全部资金后方可实现。

需要指出的是,如果委托人委托的资产为房地产,则房地产资产管理人在按照上述程序从事房地产资产管理工作时,需要按照该委托的房地产是否需要进行权益变更而进行差异化处理。如果委托的房地产资产权益需要进行变更,比较常见的是委托人以房地产资产置换REITs份额、资产管理类产品份额等,则同样参照上述程序执行。如果委托的房地产资产权益不需要进行变更,只是独立的委托管理关系,则上述程序中,价格一般为双方认可的评估价值而非权益变更的交易价格,其目的在于考核退出时房地产资产的价值变化情况。投资阶段的谈判核心在于双方在成本分担、管理方案、收益分配等方面的内容。房地产资产管理人的投资一般不是用于房地产资产的交易成本支付,而可能存在于改造、运营成本的支付或者垫付,除此之外,整体上仍参照上述程序执行。

11.2.2 房地产资产管理的内容

1. 招商管理

招商管理工作包括市场调查、招商方案制定、招商渠道选定、客户跟踪等。招商管理贯穿整个房地产资产管理过程,不仅仅是在物业收购完成后、开业前的工作。在日常运营管理中,招商管理也是重中之重。

房地产资产价值的影响因素之一就是物业定位是否准确,这就需要房地产资产管理人对市场进行深度调查,制定竞争策略并以此策略为指导制定有效的招商方案。市场调查主要包括潜在客户行业、消费市场、房地产市场和竞争物业等调查分析内容。

招商方案包括物业定位、竞争策略、品牌组合、租金设计、租期设计、招商团队及渠道、招商计划等内容。

招商除自主招商外,一般会借助专业的招商渠道,招商渠道公司一般在某些行业、领域具有资源优势。房地产资产管理人需要根据自身的物业定位和品牌组合计划选定优质招商渠道进行合作,高效、高质量地完成招商工作。

客户入驻后,房地产资产管理人需要制定客户跟踪方案,实时开展客户跟踪工作,包括了解租户经营模式、租户品质评估、租户替换评估。

2. 物业维护保养管理

随着使用时间的延迟,物业的质量会逐年下降,将直接影响到物业经营,适当的物业维护保养对保持甚至提升物业质量至关重要。为了让物业在市场竞争中保持较好的竞争力,房地产资产管理人需要指导物业服务和设施管理机构制订物业维护、维修和保养计划。

除了日常的物业维护保养外,一般物业每过若干年会进行一次大修,甚至是借助大修的机会进行更新,重新对物业运营进行规划,引入大租户、特色租户或者进行业态调整。对于此类物业大修、更新,房地产资产管理人更需要制订详细的物业维护保养计划,通过物业大修、更新,强力提升物业的运营收益和价值。

3. 物业服务与设施管理监督

房地产资产管理人一般会外聘物业服务和设施管理机构,虽然对具体工作进行了外包,但房地产资产管理人需要制定统一、有效的物业服务与设施管理方案、执行细则和考核指标,将物业服务与设施管理融入自身的房地产资产管理中,形成自有的管理体系,以确保管理目标的实现。

房地产资产管理人主要负责外聘机构选择、目标制定、方案与计划审核、执行监督、发现并改进问题、定期考核。

4. 经营风险管理

经营风险包括特定风险、市场风险、执行风险等。特定风险包括火灾、安全生产等,具有随机性、偶发性,处理此类风险需要资产管理人评估风险概率和损失,制定保险购买方案。市场风险包括竞品增加、销售风向变化、经济结构调整等,处理此类风险需要资产管理人实时对市场和物业经营情况进行调查,做好客户跟踪工作,制定完善的市场风险评估机制。执行风险一般是公司经营实务中因执行偏差、制度漏洞而带来的风险,如合约签订失误、串通投标、公章使用无序等,此类风险的处理需要房地产资产管理人制定完善的内控机制并定期对内控机制及其执行情况进行评估。

5. 预算管理

房地产资产管理人需要定期编制预算,一般分年度预算、季度预算和月度预算。年度预算一般根据资产收购时的可行性研究预测结果,结合实际经营情况进行编制,需要充分论证年度预算与可行性研究预测产生偏差的原因。季度预算和月度预算是对年度预算的分解。

当期预算执行完毕,房地产资产管理人必须对预算与实际执行效果进行比对分析,找出产生差异的原因,制定提升措施并以此为基础编制下一期预算。

6. 财务评估

在运营过程中,房地产资产管理人会定期评估物业的财务状况,以此评估经营目标是否达成。财务评估一般采用 EBITDA 指标,EBITDA(earnings before interest、taxes、depreciation and amortization)即扣除利息、税收、折旧及摊销前的净利润,其公式为

$$EBITDA=税后净利润+利息+所得税+折旧及摊销$$

过去在比较一个企业、一项资产的经营状况时,一般会采用净利润、利润率等概念,但对于投资总额高、资本结构多样、运营管理复杂、投资回收期限长的房地产投资来说,采用这些指标是不合适的,也很难与类似物业进行同口径比较。这是因为在净利润的计算中,企业的资本结构、融资决策等主观行为会影响到利息的支出,而折旧及摊销费用具有更强的主观决策性,如摊销年限、折旧方法的选择等,企业过往的经营业绩、利息和折旧及摊销会进一步影响到企业当期的所得税。

EBITDA 的优点是其不考虑利息、所得税、折旧及摊销等因素,可以有效地评估资产的经营状况,可以与类似物业进行同口径比较,同时还可以利用 EBITDA 利息覆盖率即

EBITDA 除以当期财务费用来评估财务安全性。

在财务评估的诉求下，房地产资产管理人根据物业类别分解制定了很多细致的管理评估指标，如用于商场的销售坪效、NOI（net operating income，营运净收入）、NPI（net property income，物业净收入），用于酒店的 GOP（gross operating profit，营业毛利润）以及用于 REITs 的 FFO（fund form operations，营运现金流）、NAV（net asset value，基金净值）等。

7. 融资与证券化

房地产投资属于资金密集型业务，在投资过程中，必然需要通过适当的融资来完成投资行为并获取尽可能高的资本回报。房地产资产管理人除在收购物业时完成并购融资外，在经营过程中，也需要适时评估物业经营状况和资本市场变动，通过融资调整来实现债务结构调整甚至资本回收。

融资除了信贷以外，还可以借助证券化手段，以实现降低融资成本、拉长融资期限的目的，甚至实现资本回收退出。房地产资产管理人在此过程中需要选择合适的市场窗口期，选定中介机构，制定证券化方案和计划，督促各中介机构协同作业。融资的具体方式将在第 12 章详细介绍。

8. 投资组合管理

房地产资产管理人需要实时评估自身持有的物业的价值、价格、增值空间，进而重新调整投资组合，转让部分物业，收购新物业。物业价值取决于经营状况，特别是 EBITDA 这个财务指标，一般采用收益还原法进行评估。价格以市场同类物业交易价格作为参考进而修正获得或者以潜在意向收购方出具的报价作为参考。增值空间基于对市场调查和管理方案优化的评估而获得。

9. 资产管理报告

房地产资产管理人需要定期编制资产管理报告报送投资者。资产管理报告一般分为月报、季报、半年报和年报。月报一般相对比较简单，主要是经营数据，年报相对比较完整，其他报告在两者之间。

资产管理报告的内容一般包括市场分析、业绩指标、运营状况、物业状况、财务状况、后期计划等（参见附录 11-1 汇贤产业信托业绩公告）。

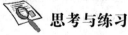
思考与练习

1. 广义和狭义的房地产资产管理概念的区别是什么？
2. 简述房地产资产管理与物业服务、设施管理的关系。
3. 房地产资产管理的程序是什么？
4. 房地产资产的退出路径有哪些？
5. 采用 EBITDA 指标评估房地产资产管理物业财务状况的优势是什么？

讨论

随着房地产市场从增量市场转为存量市场，相较于房地产开发，房地产资产管理将更有前景。请论述传统的房地产开发企业如何转型为房地产资产管理机构。

附录 11-1：　　　　　汇贤产业信托业绩公告

香港证券及期货事务监察委员会、香港交易及结算所有限公司、香港联合交易所有限公司及香港中央结算有限公司对本公告的内容概不负责，对其准确性或完整性亦不发表任何声明并明确表示概不就因本公告全部或任何部分内容而产生或因依赖该等内容而引致的任何损失承担任何责任。

本公告仅供参考，并不构成收购、购买或认购任何汇贤产业信托基金单位的邀请或要约，亦非计划在香港或任何地方招揽任何该等要约或邀请。

汇贤产业信托

（根据香港法例第 571 章证券及期货条例第 104 条获认可之香港集体投资计划）
（股份代号：87001）
由汇贤房托管理有限公司 Hui Xian Asset Management Limited 管理
二〇一九年一月一日至二〇一九年十二月三十一日全年业绩公告

汇贤产业信托

汇贤产业信托是一家房地产投资信托基金，其信托契约由 Hui Xian（Cayman Islands）Limited（以汇贤产业信托的创立人身份）、汇贤房托管理有限公司（作为汇贤产业信托的管理人）与德意志信托（香港）有限公司（受托人）于二〇一一年四月一日订立（经不时修订、修改或补充）之信托契约（信托契约）所构成。汇贤产业信托之基金单位于二〇一一年四月二十九日在香港联合交易所有限公司（联交所）上市。

产业信托管理人

汇贤产业信托的管理人为汇贤房托管理有限公司（管理人）。管理人于香港注册成立，其唯一目的是管理汇贤产业信托。管理人为 World Deluxe Enterprises Limited 的直接全资附属公司，而 World Deluxe Enterprises Limited 的间接持有人分别为长江实业集团有限公司（占 70%）及 ARA Asset Management Limited（占 30%）。

管理人欣然公布汇贤产业信托及其特别目的投资工具于二〇一九年一月一日至二〇一九年十二月三十一日（报告期间）之全年业绩如下：

财务摘要：（略）
主席报告：（略）
管理层讨论与分析：（略）
资产组合概览
于 2019 年 12 月 31 日，汇贤产业信托的资产组合包括以下几个。

（1）汇贤产业信托于 Hui Xian（B.V.I.）Limited 的投资，而 Hui Xian（B.V.I.）Limited 则持有汇贤投资有限公司（汇贤投资）。汇贤投资为于中华人民共和国（中国）成立的中外合作经营企业北京东方广场有限公司（北京东方广场公司）的境外合营伙伴。北京东方广场公司持有北京东方广场的土地使用权及房屋所有权。

（2）汇贤产业信托于 Chongqing Overseas Investment Limited 的投资，而 Chongqing Overseas Investment Limited 则持有重庆投资有限公司。重庆投资有限公司拥有重庆大都会东方广场有限公司的全部权益。重庆大都会东方广场有限公司持有重庆大都会东方广场的土地使用权及房屋所有权。

（3）汇贤产业信托于 Shenyang Investment（BVI）Limited 的投资，而 Shenyang Investment BVI Limited 则持有沈阳投资（香港）有限公司（沈阳投资香港）。沈阳投资香港为沈阳丽都商务有限公司（沈阳丽都）的境外合营伙伴。沈阳投资香港拥有沈阳丽都的 70%分派权益。沈阳丽都为于中国成立的中外合作经营企业，持有沈阳丽都索菲特酒店的土地使用权及房屋所有权。

（4）汇贤产业信托于重庆酒店投资有限公司的投资，而重庆酒店投资有限公司则持有亨事达（香港）有限公司。亨事达（香港）有限公司拥有重庆东广饭店有限公司的全部权益，重庆东广饭店有限公司持有重庆解放碑凯悦酒店（前称重庆海逸酒店）的土地使用权及房屋所有权。

（5）汇贤产业信托于新盛资源有限公司的投资，而新盛资源有限公司持有 Chengdu Investment Limited，Chengdu Investment Limited 为成都长天有限公司（成都长天）的境外合营伙伴。Chengdu Investment Limited 拥有成都长天的 69%权益，成都长天为于中国成立的中外合作经营企业，持有成都天府丽都喜来登饭店的土地使用权及房屋所有权。

业务回顾

1．零售物业组合

汇贤产业信托的零售物业组合包括两个大型购物中心：北京东方广场东方新天地及重庆大都会东方广场商场，提供约 222 000 平方米的零售面积。在充满挑战的经营环境中，收益为人民币 12.23 亿元（2018 年：人民币 12.12 亿元），物业收入净额为人民币 8.93 亿元（2018 年：人民币 8.92 亿元）。

（1）北京东方广场东方新天地。根据北京市统计局的资料，于 2019 年，北京的本地生产总值按年增长 6.1%至人民币 35 000 亿元。社会消费品零售销售额上升 4.4%至人民币 12 000 亿元。北京居民的人均可支配收入实际增加 6.3%至人民币 67 756 元。

尽管零售市场充满挑战，北京东方广场东方新天地的收益仍上升至人民币 11.27 亿元（2018 年：人民币 11.19 亿元）。物业收入净额上升至人民币 8.54 亿元（2018 年：人民币 8.48 亿元）。平均现收月租增至每平方米人民币 1151 元（2018 年：人民币 1126 元）。占用率维持在 98.4%（2018 年：97.6%）。

于报告期间，东方新天地引入多个新租户，包括雅格狮丹（Aquascutum）、真力时（Zenith）、艾斐诗（Emphasis）、Jordan 专卖店、Honma、乐飞叶（Lafuma）、丝湃德（Spyder）、小米、李宁、真美诗（Joy & Peace）及思加图（Staccato）。

（2）重庆大都会东方广场商场。于 2019 年，重庆的本地生产总值按年增长 6.3%至人民币 23 600 亿元。社会消费品零售销售额及城镇居民的人均可支配收入同样按年上升 8.7%。

于 2019 年，重庆大都会东方广场商场正进行全面的资产提升及租户重组计划，而其收益及租金正如预期般受到影响。平均现收月租为每平方米人民币 155 元（2018 年：人民币 165 元），平均占用率为 87.6%（2018 年：84.4%）。体验式零售日益受欢迎，商场亦引入了一系列着重消费者体验的商店及餐饮商户。

2．写字楼物业组合

中美贸易摩擦带来的不确定因素持续，加上中国经济放缓，令中国于 2019 年的写字楼租赁需求疲弱。企业加倍注重成本控制，在扩展计划方面的取态变得更加保守，部分企业甚至缩减租用面积或提前弃租。前述情况加上供应量大增，中国 16 个主要城市的空置率已上升至 24.5%以上*。

汇贤产业信托的写字楼物业组合包括北京东方广场东方经贸城及重庆大都会东方广场商厦。收益按年下跌 1.6%至人民币 12.64 亿元。物业收入净额按年下跌 2.0%至人民币 9.35 亿元。

（1）北京东方广场东方经贸城。北京东方广场东方经贸城由八座楼宇组成，提供逾 300 000 平方米的甲级写字楼空间。来自不同行业的租户组合为东方经贸城带来稳定的收益，多元租户包括金融与银行、会计、科技、法律、医药、媒体及广告，以至消费品、教育与专业团体及政府相关机构等。

东方经贸城的收益为人民币 11.99 亿元，按年下跌 1.5%。物业收入净额为人民币 8.95 亿元，按年减少 2.0%。平均现收月租上升至每平方米人民币 298 元（2018 年：人民币 294 元）。平均成交月租为每平方米人民币 303 元（2018 年：人民币 334 元）。占用率为 90.5%（2018 年：95.9%）。

（2）重庆大都会东方广场商厦。重庆大都会东方广场商厦坐落于解放碑中央商务区的核心位置，租户包括多国领事馆，以及来自保险与金融服务、电子、物流及健康护理等不同行业的跨国企业。商厦的收益为人民币 6500 万元（2018 年：人民币 6700 万元），物业收入净额为人民币 4000 万元（2018 年：人民币 4000 万元）。平均占用率为 89.7%（2018 年：91.8%）。平均现月租为每平方米人民币 113 元（2018 年：人民币 117 元），平均成交月租为每平方米人民币 107 元（2018 年：人民币 120 元）。

* 资料来源：《审时·读市——2020 中国房地产年度展望》，第一太平戴维斯研究（2020 年 1 月）。

3．服务式公寓物业组合

汇贤产业信托的服务式公寓物业组合包括北京东方广场东方豪庭公寓及沈阳丽都索菲特服务公寓。由于部分酒店客房被改造为服务式公寓单位，此物业组合得以扩展，其收益按年上升 12.9%至人民币 1.92 亿元。物业收入净额则按年增长 1.0%至人民币 9500 万元。

于北京东方君悦大酒店将部分客房改造为服务式公寓单位后，北京东方广场东方豪庭公寓于 2019 年 12 月 31 日的公寓单位总数为 809 个。按增量后的单位总数计算，占用率为 87.0%。

沈阳丽都索菲特服务公寓于报告期间正式推出市场，提供 134 个配备齐全的单位，并特设公寓住客专用的入口、大堂接待处及升降机，保障住客私隐，提供舒适便利的环境。

4．酒店物业组合

汇贤产业信托的酒店物业组合包括四家国际级酒店：北京东方广场北京东方君悦大酒店、成都天府丽都喜来登饭店（69%权益）、沈阳丽都索菲特酒店（70%权益）及重庆解放碑凯悦酒店。收益总额为人民币 4.90 亿元（2018 年：人民币 5.35 亿元），物业收入净额为人民币 8900 万元（2018 年：人民币 1.19 亿元）。收益下跌的主要原因为当中两间酒店进行资产提升计划，以及经营环境艰困。

（1）北京东方君悦大酒店。北京东方君悦大酒店的平均入住率为 80.8%（2018 年：75.6%）。平均房价为人民币 1271 元（2018 年：人民币 1273 元），平均可出租客房收入按年上升 6.7%至人民币 1027 元。酒店内的招牌食府"长安壹号"是中国内地唯一一家餐厅获 *Elite Traveler* 杂志读者选为 2019 年"全球 100 最佳餐厅"。

（2）成都天府丽都喜来登饭店（69%权益）。成都天府丽都喜来登饭店的平均每晚房价为人民币 507 元（2018 年：人民币 544 元），入住率为 74.3%（2018 年：71.6%），平均可出租客房收入为人民币 377 元（2018 年：人民币 390 元）。

（3）沈阳丽都索菲特酒店（70%权益）。沈阳丽都索菲特酒店于报告期间继续进行资产提升计划，并正接近完成。平均入住率及平均每晚房价分别为 36.6%（2018 年：28.7%）及人民币 467 元（2018 年：人民币 455 元）。

（4）重庆海逸酒店/重庆解放碑凯悦酒店。汇贤产业信托位于重庆的酒店在报告期间进行翻新工程。酒店于 2019 年 1 月至 4 月以重庆海逸酒店品牌经营，自 2019 年 5 月起命名为重庆解放碑凯悦酒店。翻新工程于 2020 年将继续进行。

财务回顾

1．物业收入净额

截至 2019 年 12 月 31 日年度的物业收入净额为人民币 20.12 亿元。

2. 分派

汇贤产业信托将就 2019 年 7 月 1 日至 2019 年 12 月 31 日期间向基金单位持有人做出分派，总额为人民币 5.48 亿元（2019 年末期分派）。2019 年末期分派金额相当于汇贤产业信托于 2019 年 7 月 1 日至 2019 年 12 月 31 日期间的可供分派收入总额之 90%，并将以人民币派付。于 2019 年 9 月 26 日，汇贤产业信托已就 2019 年 1 月 1 日至 2019 年 6 月 30 日期间向基金单位持有人分派合共人民币 7.25 亿元。汇贤产业信托将就截至 2019 年 12 月 31 日止年度向基金单位持有人分派合共人民币 12.73 亿元。分派金额包括汇贤产业信托若干资本性质的溢利元素，该资本性质项目的金额为人民币 5.83 亿元（2018 年：人民币 9.15 亿元）。

按于 2019 年 12 月 31 日已发行基金单位数目计算，2019 年 7 月 1 日至 2019 年 12 月 31 日期间的每基金单位末期分派为人民币 0.0932 元。加上每基金单位中期分派人民币 0.1245 元，汇贤产业信托于截至 2019 年 12 月 31 日止年度的每基金单位分派合共为人民币 0.2177 元。按 2019 年 12 月 31 日基金单位的收市价人民币 3.28 元计算，分派收益率为 6.6%。

酒店及服务式公寓的折旧于分派表内已做调整，并且归属于可供分派金额。2019 年的金额为约人民币 2.64 亿元。由于根据于 2020 年 1 月 1 日生效的《中华人民共和国外商投资法》，并无以折旧方式归还资本的条文，故此由截至 2020 年财政年度起，折旧金额将不能调回香港及作为可供分派金额的一部分向基金单位持有人分派，预计 2020 年及以后的分派金额将受到影响。而有关金额将留存于中国的资产公司。

3. 暂停办理基金单位持有人过户登记

2019 年末期分派的记录日期将为 2020 年 4 月 2 日（星期四）（记录日期）。基金单位持有人的过户登记将于 2020 年 3 月 31 日（星期二）至 2020 年 4 月 2 日（星期四）（首尾两天包括在内）暂停，期间不会办理基金单位过户手续。末期分派预期将于 2020 年 5 月 15 日（星期五）派付予在记录日期名列基金单位持有人名册的基金单位持有人。

分派再投资安排待获得香港证券及期货事务监察委员会（证监会）的认可后将提呈予基金单位持有人，据此，合资格的基金单位持有人有权以基金单位代替现金分派。合资格基金单位持有人可以选择以现金形式，或收取汇贤产业信托新基金单位作为分派（不予配发任何零碎基金单位），或同时混合以现金及新基金单位元两种方式收取分派。

为符合享有 2019 年末期分派的资格，所有已填妥的过户表格（连同有关基金单位证书）必须于 2020 年 3 月 30 日（星期一）下午 4 时 30 分前送抵汇贤产业信托的基金单位过户登记处香港中央证券登记有限公司以供登记，地址为香港湾仔皇后大道东 183 号合和中心 17 楼 1712-1716 室。

4. 债务状况

于 2019 年 3 月，汇贤投资提用一笔由星展银行有限公司香港分行提供的 8 亿港元三年期无抵押贷款。该笔融资乃用作应付汇贤产业信托集团的一般企业资金需要。

于 2019 年 4 月，汇贤投资提用一笔由恒生银行有限公司、中国银行（香港）有限公司、星展银行有限公司及香港上海汇丰银行有限公司提供的 12 亿港元三年期无抵押贷款。该笔融资乃用作偿还于 2016 年 4 月获授出的现有信贷融资。

于 2019 年 8 月，汇贤投资提用一笔由恒生银行有限公司提供的 5.25 亿港元三年期无抵押贷款。该笔融资乃用作偿还于 2016 年 8 月获授出的现有信贷融资。

于 2019 年 12 月，汇贤投资将东亚银行有限公司提供的 2 亿港元无抵押定期贷款的到期日延长一年。该笔融资乃用作应付汇贤产业信托集团的一般营运资金需要。

汇贤产业信托的所有融资为无抵押且非后偿，与汇贤投资所有其他无抵押及非后偿之债务地位相等。于 2019 年 12 月 31 日，汇贤产业信托的负债总额为人民币 108.71 亿元（2018 年 12 月 31 日：人民币 99.21 亿元）。按汇贤产业信托于 2019 年 12 月 31 日基金单位持有人应占资产净值人民币 259.83 亿元（2018 年 12 月 31 日：人民币 263.73 亿元）计算，汇贤产业信托的债务对资产净值比率上升至 41.8%（2018 年 12 月 31 日：37.6%）。同时，于 2019 年 12 月 31 日的债务对资产总值比率为 23.4%（2018 年 12 月 31 日：

21.5%）。

5. 银行结余及资产状况

于 2019 年 12 月 31 日，汇贤产业信托的银行结余及现金为人民币 68.07 亿元（2018 年 12 月 31 日：人民币 61.07 亿元），且主要以人民币列值。汇贤产业信托并无进行任何货币对冲。

汇贤产业信托间接持有位于中国北京市东长安街一号商业建筑群之权益，项目建筑面积涉及 787 059 平方米，包括 132 584 平方米的购物中心、八幢甲级写字楼、四幢服务式公寓及一家五星级酒店，整项建筑群统称为北京东方广场。汇贤产业信托通过其特别目的投资工具汇贤投资（为北京东方广场公司的境外合营伙伴）持有北京东方广场的权益。北京东方广场公司持有北京东方广场的土地使用权及房屋所有权。

按 D&P China(HK)Limited（D&P China）进行的估值，八座写字楼、购物中心及停车场于 2019 年 12 月 31 日的估值为人民币 294.42 亿元（2018 年 12 月 31 日：人民币 296.18 亿元），较 2018 年 12 月 31 日的估值减少 0.6%。酒店及服务式公寓于 2019 年 12 月 31 日的估值为人民币 56.10 亿元（2018 年 12 月 31 日：人民币 57.30 亿元）。北京东方广场的总估值为人民币 350.52 亿元（2018 年 12 月 31 日：人民币 353.48 亿元），而于 2019 年 12 月 31 日的物业总值为人民币 340.75 亿元，其于 2018 年 12 月 31 日则为人民币 344.43 亿元。

汇贤产业信托间接持有沈阳丽都索菲特酒店拥有人沈阳丽都的 70%分派权。沈阳丽都索菲特酒店位处的青年大街为沈阳南部新建中央商务区的核心地带，酒店建筑面积为 78,451 平方米，楼高 30 层。

于 2019 年，沈阳丽都索菲特酒店的若干客房已转型为服务式公寓以供出租。按 D&P China 进行的估值，沈阳丽都的酒店及服务式公寓物业于 2019 年 12 月 31 日的估值为人民币 8.24 亿元（2018 年 12 月 31 日：人民币 8.20 亿元）。该酒店及服务式公寓物业于 2019 年 12 月 31 日的物业总值为人民币 6.62 亿元（2018 年 12 月 31 日：人民币 7.02 亿元）。

汇贤产业信托间接拥有重庆大都会东方广场的全部权益，其为一项建筑面积为 164 360 平方米的综合商业物业发展项目，当中包括一座购物中心及一座甲级写字楼。重庆大都会东方广场位于重庆渝中区解放碑的中央商务区。

于 2019 年 12 月 31 日，D&P China 对上述购物中心、写字楼及停车场的估值为人民币 36.75 亿元（2018 年 12 月 31 日：人民币 36.78 亿元）。于 2019 年 12 月 31 日，该等物业的物业总值为人民币 36.27 亿元（2018 年 12 月 31 日：人民币 36.37 亿元）。

汇贤产业信托间接拥有亨事达（香港）有限公司的全部权益，因而间接拥有重庆解放碑凯悦酒店（前称重庆海逸酒店）全部权益。该项目为一幢 52 238 平方米及楼高 38 层的酒店大楼，毗邻重庆大都会东方广场。

于 2019 年 12 月 31 日，D&P China 将重庆解放碑凯悦酒店的酒店物业估值为人民币 4.27 亿元（2018 年 12 月 31 日：人民币 4.06 亿元）。于 2019 年 12 月 31 日，酒店物业的物业总值为人民币 3.99 亿元（2018 年 12 月 31 日：人民币 3.85 亿元）。

汇贤产业信托亦透过 Chengdu Investment Limited 间接拥有成都天府丽都喜来登饭店 69%权益。成都天府丽都喜来登饭店为一幢 56 350 平方米的 37 层高酒店大楼，位于成都市中心地标天府广场的北部。

于 2019 年 12 月 31 日，D&P China 将成都天府丽都喜来登饭店的酒店物业估值为人民币 7.13 亿元（2018 年 12 月 31 日：人民币 7.27 亿元）。于 2019 年 12 月 31 日，酒店物业的物业总值为人民币 6.40 亿元（2018 年 12 月 31 日：人民币 6.64 亿元）。

6. 基金单位持有人应占资产净值

于 2019 年 12 月 31 日，基金单位持有人应占资产净值为人民币 259.83 亿元（2018 年 12 月 31 日：人民币 263.73 亿元）或每基金单位人民币 4.4187 元，较 2019 年 12 月 31 日基金单位收市价人民币 3.28 元溢价 34.7%（2018 年 12 月 31 日：每基金单位人民币 4.5807 元，较 2018 年 12 月 31 日基金单位收市价人民币 3.19 元溢价 43.6%）。

7. 资产抵押

汇贤产业信托并无将其物业抵押予任何金融机构或银行。受托人（作为汇贤产业信托受托人）及汇贤产业信托的若干特别目的投资工具就本集团信贷融资提供担保。

8. 承担

于 2019 年 12 月 31 日，除就沈阳丽都索菲特酒店、成都天府丽都喜来登饭店、重庆大都会东方广场及重庆解放碑凯悦酒店之资产提升计划的资本承担外，汇贤产业信托并无任何重大承担。

雇员

于 2019 年 12 月 31 日，汇贤产业信托（透过其附属公司及其分公司）在中国香港及内地雇用总共 1105 名员工，其中 1074 名雇员履行酒店营运职能及服务，而 31 名雇员则处理酒店营运职能及服务以外的法律、监管及其他行政事宜，并进行及提供商业职能及服务，包括租赁及若干其他物业管理职能及服务。

除上文披露者外，汇贤产业信托由管理人负责管理，于 2019 年 12 月 31 日并无直接聘用任何员工。

企业管治：（略）

认可架构：（略）

年度业绩之审阅：（略）

已发行之新基金单位：（略）

基金单位之回购、出售或赎回：（略）

公众持有之基金单位：（略）

刊发 2019 年年报：（略）

基金单位持有人周年大会：（略）

承董事会命

汇贤房托管理有限公司

（作为汇贤产业信托的管理人）

管理人主席

×××

香港，2020 年 3 月 16 日

于本公告日期，管理人的董事为×××先生（主席兼非执行董事）、×××先生、×××先生及×××女士（执行董事），×××先生及×××先生（非执行董事），以及×××先生、×××教授及×××博士（独立非执行董事）。

财务资料：（略）

第 12 章 房地产金融

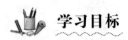 **学习目标**

本章根据目前国内主流的房地产融资形式主要介绍了房地产项目融资的基本知识并简要介绍了在我国刚刚进入实质操作阶段的 REITs 与抵押贷款证券化的相关知识。通过本章的学习，应当掌握以下知识。

- ✧ 金融市场与房地产金融市场的基本知识
- ✧ 房地产项目融资的定义与方式
- ✧ 各种房地产项目融资方式的概念与程序
- ✧ 房地产资产证券化产品的交易结构
- ✧ REITs 的分类与特征

本章内容的理论性较强，特别是房地产资产证券化知识，需要读者多加研读。另外，房地产项目融资受监管政策变化的影响较大，学习者需要结合监管政策变化，灵活运用本章知识。

12.1 房地产金融概述

12.1.1 金融与金融市场

1. 金融与金融市场的概念

金融是对货币流通、信用活动以及与二者相联系的经济活动的总称。广义的金融泛指一切与信用货币的发行、保管、兑换、结算、融通等有关的经济活动，甚至包括金银的买卖；狭义的金融则专指信用货币的融通。金融的内容可概括为货币的发行与回笼、存款的吸收与付出、贷款的发放与回收、金银和外汇的买入与卖出、有价证券的发行与转让以及保险、信托、国内和国际的货币结算等。

金融活动根据在资金提供方与需求方之间是否需要第三方参与并提供信用而分为直接金融活动（或称"直接融资"）和间接金融活动（或称"间接融资"）。直接金融活动由资金提供方与需求方之间直接进行资金融通，在此活动中，中介机构只提供推介、顾问等服务，而不提供信用。例如，企业发行债券、股票、ABS 产品等，证券公司仅仅担任承销商、簿记等角色。间接金融活动由第三方（一般为提供信贷的金融机构）利用自身信用从资金提供方处获取资金，然后将资金提供给资金需求方。最主要的间接金融活动就是商业银行的存贷活动。目前，我国金融市场主要以间接金融活动为主。

金融市场是指资金供需双方通过信用工具进行交易而融通资金的市场，换言之就是实现货币借贷和资金融通、办理各种票据和有价证券交易活动的市场。金融市场又称为资金市场，包括货币市场和资本市场。

融资活动一般都是在金融市场进行的，因而了解金融市场的有关知识对于正确筹划融资活动具有重要意义。

2. 金融市场的主要功能

金融市场在市场经济中的主要功能包括以下几个。

（1）融资功能。金融市场的存在为各类资金的相互转化和资金的横向融通提供了媒介与场所，通过金融市场，资金供应者和需求者可以在更大范围内自主地进行资金融通，把多渠道的小额货币资金聚集成大额资金来源，通过各类金融工具箱为资金需求者提供多种融资渠道。

（2）资金调节功能。在宏观层面，中央银行可以通过公开市场业务调节货币供应量，这既有利于国家控制信贷规模，又有利于使市场利率由资金供求关系决定，从而更好地促进利率作用的发挥。在微观层面，金融市场可以通过资金成本市场化调整来调节市场资本供需平衡。

（3）投资功能。对于资金供给者而言，金融市场为其提供了重要的投资渠道，使其可以根据自己的风险偏好选择适合自己的金融工具进行投资。

（4）分散风险功能。金融市场为投资者提供了多种多样的金融工具，使其可以自行进行投资组合，以分散投资风险。

（5）信息功能。金融市场在运行中会产生大量的经济运行数据并培育众多围绕金融市场的经济研究和数据处理人才，金融市场由此成为一个直接反映经济运行情况的信息源。一方面，这些信息可作为政府判断经济形势、预测发展趋势、评估政策效果、制定新政策的重要依据。另一方面，这些信息也左右着投资者和各行业从业者对宏观经济形势、行业发展趋势、投资策略的判断。例如，证券交易所披露的房地产行业年报可以使投资人了解房地产行业利润的变动情况，从而判断房地产市场的变化趋势。

12.1.2 房地产金融与房地产金融市场

1. 房地产金融与房地产金融市场的概念

房地产金融是指围绕房地产开发、流通和消费过程而进行的筹资、融资、结算等金融活动，是对与房地产有关的各种货币资金的筹集、融通等信用活动的总称。

房地产金融市场就是从事房地产业经济活动的货币资金的供需双方通过金融工具的交易实现资金融通的市场。

房地产金融市场可以分为一级市场、二级市场和衍生品市场。一级市场是由资金提供方、第三方中介与资金需求方直接形成资金融通的市场，如开发贷款、按揭贷款、信托贷款、股票发行、保付代理等业务形成的市场。二级市场是以一级市场形成的金融资产为基础资产，构建标品金融工具，在金融交易市场进行发行、交易的市场，如 ABS、RMBS (residential mortgage-backed securities，住房抵押贷款支持证券)、REITs等业务形成的市场。衍生品市场是以一级、二级市场形成的金融资产为基础，衍化、派生出以杠杆和信用交易为特征的新金融合约的市场，如债券期货、可转债、信用违约互换（credit default swap，CDS）等。

2. 房地产金融市场的构成要素

房地产金融市场由资金需求者（筹资者）、资金供应者（投资者）、信用中介（金融机构）、金融工具（筹资凭证）和交易场所五个要素构成。

（1）资金需求者。资金需求者是金融工具的发行者（出售者）或货币市场上的资金借贷者，既包括从事房地产经营活动的公司、个人、团体和各种机构，也包括进入房地产交易市场的个人和团体。

（2）资金供应者。资金供应者是各种房地产金融工具的购买者，其将暂时闲置的资金用购买金融工具的形式或以直接贷款的形式提供给资金需求者。资金供应者包括公司、个人、社会团体、金融机构等。

（3）信用中介。信用中介是指在资金的需求者和供应者之间起桥梁、媒介作用的专门组织，即各类金融机构，包括各类商业银行、投资银行、证券公司、财务公司、保险公司、信托公司、基金公司等。它们通过吸收存款、发行金融工具、债券或证券等方式募集资金用于发放贷款、投资或者替资金的需求者发行债券或证券并通过这些金融活动充当金融市场中介服务的角色。

（4）金融工具。金融工具是指在金融市场上借以交易的工具。金融交易是一种有偿转让资金使用权的活动，为了可靠地确定债务关系及资金使用权交易的代价，金融交易必须借助于金融工具。金融工具既是筹资者发行据以筹集资金的凭证，也是投资者出让资金使用权取得利息或利益的凭证。目前，市场上主要的金融工具包括债券、股票、票据、保险单、基金股份、抵押契约等。

（5）交易场所。交易场所是指资金供需双方进行资金融通的交易地点，如银行、证券交易所、资金拆借市场等。

3. 房地产金融机构

房地产金融机构作为房地产金融的信用中介，是指为开办房地产金融业务而建立的各种银行和非银行房地产金融机构。

（1）银行房地产金融机构。在传统意义上，银行房地产金融机构多指从事房地产金融活动的商业银行，如在国内主要有中国建设银行、中国工商银行、中国农业银行、中国银行、交通银行、光大银行等。

（2）非银行房地产金融机构。非银行房地产金融机构主要包括信托公司、保险公司、资产管理公司、金融资产投资公司、公积金中心、金融租赁公司、证券公司等。

4. 房地产金融的分类

房地产金融的分类方法包括按融资人分类、按财务分类、按金融工具分类等多种方法。

按融资人分类，房地产金融可以分为房地产企业金融、房地产项目金融、房地产个人金融。其中，房地产企业金融包括企业发行债券、股票、引入战略投资者，房地产项目金融包括项目股权融资、夹层融资、项目并购贷款，房地产个人金融包括购房按揭贷款、住房抵押消费贷款。

按照融资人是否将融入资金纳入资产负债表而分为表内融资和表外融资。表内融资即该项融资会带来资产负债表资产增加，同时也带来负债或所有者权益增加，如开发贷款、发行债券等；表外融资即该项融资既不在资产负债表的资产方表现为某项资产的增加，也不在负债及所有者权益方表现为负债的增加，如假股真债、租赁、资产证券化等。

按照财务分类，表内融资依据融入资金进入资产负债表的债务或权益科目而分为债务融资、权益融资，但随着房地产金融的发展，逐步出现了混合融资和夹层融资。债务融资形成的是企业的负债，需要还本付息，其支付的利息计入财务费用，可以在税前扣除，在企业破产清算时，债务偿还优先于股东分配，包括开发贷款、并购贷款、债券、信托贷款等；权益融资形成企业的所有者权益，具有永久性，不可撤回，在企业破产清算时处于最后分配序列，包括股票、股权投资等；混合融资具有权益和债务融资的双重性，部分具有可转换性，比较典型的如可转债、认股权证；夹层融资一般以债务融资为基础，同时附加一定的分红权益给予投资者或给予投资者一定的股权认购期权，常见于私募产品对企业或项目的投资。混合融资和夹层融资在财务报表上的处理需要根据融资条款具体分析确定。目前比较特殊的是永续债和优先股。永续债[①]的归属虽然在《企业会计准则第 22 号——金融工具确认和计量》《企业会计准则第 37 号——金融工具列报》及财政部《永续债相关会计处理的规定》（财会〔2019〕2 号）中有所规定，大部分企业将其计入权益，但在业界尚存在争议。优先股按照《国务院关于开展优先股试点的指导意见》（国发〔2013〕46 号）可以设置转换和回购等特殊条款，根据条款的不同，依据财政部《金融负债与权益工具的区分及相关会计处理规定》（财会〔2014〕13 号）而进行债务或权益分类。

按金融工具分类，以金融工具是否为标准化产品而分为标品金融和非标金融。标品金融一般是指具有等分化、可交易、信息披露充分、集中登记、独立托管、公允定价、流动性机制完善、在银行间市场或证券交易所市场等国务院同意设立的交易市场交易等特征，除此之外的均为非标金融。标品金融有股票、债券、中期票据、ABS 等，非标金融有银行贷款、信托投资或贷款、保险资产管理计划等。

12.1.3 我国的房地产融资

1. 我国的房地产融资方法

房地产金融的本质是以房地产为底层资产的资金融通，从需求者的角度来说就是解决融资问题，从供给者的角度来说是解决投资问题。我国现代房地产市场起步晚，房地产融资工具也较为匮乏，进入 2010 年之后，我国的房地产融资才逐步形成多渠道、多样化的特点。

我国的房地产融资在实践中分为企业融资和项目融资。企业融资是以盘活企业资产流

---

① 永续债（perpetual bond）是一种没有明确到期日或到期日非常长（一般超过 30 年）的债券，为混合资本工具，是对介于普通优先级债务与普通股之间的全部资本工具的统称，通常兼具债务和股权两种特性。

动性、维持企业经营或拓展新投资为目标，以企业整体资产和信用为融资基础、预期收益或权益为偿付而获得资金的行为，该行为获得的资金不指定投资于特定具体项目。项目融资是以特定项目的开发建设和（或）持续经营为目标，以该项目的资产为融资基础、预期收益或权益为偿付而获得资金的行为。

国内的房地产企业融资方法一般包括发行股票、债务融资工具（如债券、中票、短融、定融等）、资产证券化、引入股权投资、租赁等，目前主要的融资方法是前三种。需要注意的是，我国不允许金融机构向房地产开发企业发放流动资金贷款。项目融资根据融入资金进入时点分为前期融资和开发建设融资。前期融资的方法一般包括夹层融资、引入股权投资等。开发建设融资方法一般包括银行开发贷款、资管类产品贷款（如信托计划、保险资金债权投资计划等提供的贷款）。夹层融资目前最主要的方法是假股真债，一般由资管类产品（如信托计划、资产管理计划、私募基金等）对项目公司入股或收购项目公司股权，约定作为实际融资人的项目公司股东在特定条件下按照约定价格向资管类产品回购项目公司股权，此类融资一般为固定收益，部分会在此基础上参与项目公司的少量分红。引入股权投资一般是房地产项目公司原股东因开发资金或开发能力等原因引入资管类产品或其他企业作为新股东，三者同股同权参与项目开发管理、经营，按股权比例承担风险并享受收益。银行开发贷款和信托贷款目前是国内房地产开发企业最主要的项目开发建设融资方法；保险资金债权投资计划只能用于非住宅开发类房地产项目融资，但可用于项目开发建设，也可以用于项目经营。

为融资而开展的租赁可以是房地产企业融资，也可以是项目融资。随着2020年房地产金融整顿的进行，为了规避监管，可转债、私募债、永续债、定融等融资工具也从房地产企业融资延伸到项目融资中。

2. 房地产融资的原则

房地产融资无论是通过权益融资、债务融资还是混合融资、夹层融资，均要坚持以下两项基本原则。

（1）适度性原则。适度性原则是指资金的筹集一定要适应经济活动的实际需要，无论是融资规模还是融资时机、期限、方式，均要适度。

融资规模适度是指筹集资金的额度既要保证合理供应，又不能超过合理要求，既要满足经济活动的需要，又要在安全合理的负债限度内；融资时机的适度是指应把握好合适的融资时机，既要审时度势，选择在资金市场上筹集资金的最佳时机，又要密切配合经济活动的进行，把握好资金的投放时机，关注筹集、运用、转化、回收资金的最佳时机；融资期限的适度是指应合理搭配各种资金的举债时限，短期借款要与长期借款相协调，还款时间既要与生产经营活动相配合，又要尽可能分散、均匀，避免过度集中，以尽可能地降低还贷压力；融资方式的适度是指要把融资活动当作经济活动的一个有机构成进行系统研究，要根据需求和可能选择最好的融资方式组合。

（2）效益性原则。效益性原则是指在制定融资方案、进行融资决策时，应当从经济上判断融资方案的可行性。这种分析和判断一般包括融资成本、经济效益和风险三项内容。

① 融资成本。资金筹措的本质就是获取一定资金在一段时间内的使用权，而这种使用

权的获取是要付出代价的,这种代价在经济上的表现便是融资成本。尽可能使融资成本极小化,即付出最小的代价实现融资目标是融资效益性原则的主要内容。

② 经济效益。融资的原始动机是提高经济效益,因而,融资方案所带来的经济利益的大小应当是衡量其经济效益提高能力的重要内容。在实际资金筹集过程中,人们一般用融资杠杆来评价融资方案的经济效益。描绘经济杠杆的常用指标有融资利润率、融资成本率、融资成本效益指数等。

③ 风险。融资中的债务融资一般会造成公司负债的增加,而权益融资会造成公司股权"稀释",削弱投资发起人对公司的控制权,混合融资与夹层融资在负债增加和公司股权"稀释"上具有不确定性,这些都将带来风险,风险的大小与融资方案有极大的关系,一个好的融资方案应当把融资所可能带来的风险降到最低限度。

12.2 房地产项目融资

房地产项目融资包括前期融资和开发建设融资。开发建设融资主要包括银行房地产开发贷款和信托房地产开发贷款,二者统称房地产开发贷款。

12.2.1 房地产开发贷款

1. 房地产开发贷款的概念

房地产开发企业通过银行或信托公司的信贷所获得的贷款主要用于房地产开发项目,此类贷款称为房地产开发贷款。房地产开发贷款是指对房地产开发企业发放的,用于房屋建造、土地开发过程的本、外币贷款。我国禁止金融机构向房地产开发企业发放流动资金贷款,禁止向土地储备机构发放土地储备贷款,金融机构可以为城市更新项目提供拆迁安置补偿贷款,政策性金融机构(主要为国家开发银行)可以为棚户区改造项目提供政策性贷款用于一级开发。

2. 房地产开发贷款的申请条件

向银行申请房地产开发贷款,房地产开发企业及其开发项目必须满足以下九项条件。

(1)必须是经国家房地产业主管部门批准设立,在工商行政管理机关注册登记,取得企业法人营业执照并通过年检,取得行业主管部门核发的房地产开发企业资质等级证书的房地产开发企业。

(2)已获得当地人民银行颁发的有效贷款卡(或证),在申请银行开立基本账户或一般账户,部分银行要求申请企业必须在该行办理一定量的存款和结算业务。

(3)开发项目与其资质等级相符。

(4)项目开发手续文件齐全、完整、真实、有效,应取得土地使用权证明、《建设用地规划许可证》、《建设工程规划许可证》、《开(施)工许可证》,按规定缴纳土地出让金。

(5)项目的实际功能与规划用途相符,能有效地满足当地市场的需求,有良好的市场租售前景。

（6）项目的工程预算、施工计划符合国家和当地政府的有关规定，工程预算总投资能满足项目完工前由于通货膨胀及不可预见等因素追加预算的需要。

（7）贷款用途符合国家有关法规和政策。

（8）项目资本金比例达到国家政策要求并且项目资本金必须在银行贷款到位之前投入项目建设。

（9）能提供足值有效的抵押、质押或资信程度高的保证担保。

需要注意的是，信托公司与银行办理房地产开发贷款的申请条件是有差异的，主要体现在"432"政策的细节要求上。"432"是指四证齐全（《不动产权证》《建设用地规划许可证》《建设工程规划许可证》《建筑工程施工许可证》）、自有资金投入达到项目总投资的30%（30%为行业通行称谓，具体以申请时国家发展和改革委员会要求的固定投资项目资本金比例为准）、房地产开发二级以上资质。信托公司与银行办理房地产开发贷款时的异同点主要包括：对于四证齐全的要求是一致的；对于金融产品投资项目公司的资金为自有资金投入，大部分银行不认可，而信托基金公司基本都认可；银行业监管部门并未要求银行在审批房地产开发贷款时必须认定项目公司或其股东具备房地产开发二级资质，而信托业监管部门要求信托公司在审批时必须严格执行房地产开发二级以上资质的认定，随着银保监会（中国银行保险监督管理委员会）《关于开展"巩固治乱象成果促进合规建设"工作的通知》（银保监发〔2019〕23号）的贯彻执行，该项要求更加严格。

3. 房地产开发贷款的申请材料

房地产开发贷款的申请材料包括基本材料、贷款项目材料和担保材料三部分。基本材料主要是贷款申请企业的基础证件资料，包括营业执照、税务登记证、公司章程、贷款卡（证）、财务报表及审计报告、董事会决议等。贷款项目材料主要包括贷款项目土地权属文件、规划批准文件、工程总承包合同、项目总投资测算及建筑资金缺口证明、项目可行性报告、开发项目的现金流量预测表及营销计划等。担保材料根据担保方式不同，所提供的材料也不同。担保包括保证、抵押和质押三种。采用保证方式的，需要提供还款保证人的资信证实材料、保证人的内部授权或决议文件；如果采用抵押或质押方式，必须提供抵（质）押物的清单、评估报告、保险单、权属证件、同意抵（质）押承诺函等资料。

4. 房地产开发贷款的申请程序

向银行申请房地产开发贷款的程序如图12-1所示。

借款人申请借款时，应首先填写《借款申请书》并按贷款人提出的贷款条件和要求提供有关资料。

银行或信托公司受理借款人申请后，应按自身内部规定程序指定调查人员调查借款人是否符合贷款条件，对工程项目的可行性和概、预算情况进行评估，测定贷款的风险性，提出贷与不贷、贷款额度、期限、利率和担保方式等方面的意见，形成项目尽职调查报告，同时应委托房地产评估机构对抵押物进行抵押价值评估并提交房地产抵押评估报告。

银行或信托公司风控人员对调查人员提供的尽职调查报告、房地产抵押评估报告及所依据的资料、文件进行审查核实并提出审查意见。在调查、审查的基础上，由银行或信托公司内部对贷款审批进行决策。

贷款人同意贷款的，应当根据《贷款通则》的规定与借款人签订《借款合同》并依据有关法律规定严格审查担保的合法性、有效性和可靠性，办理有关手续。

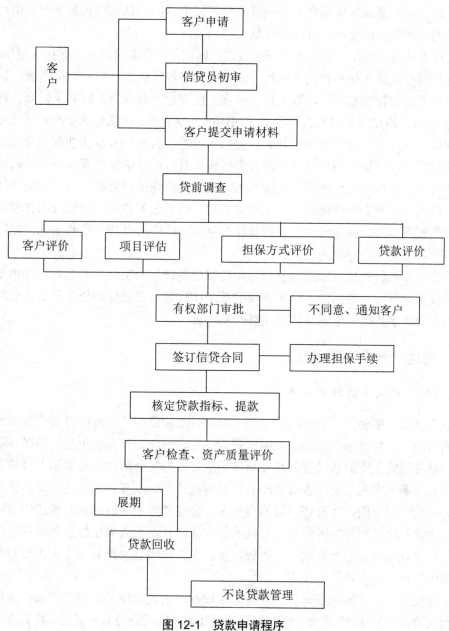

图 12-1 贷款申请程序

5. 房地产开发贷款的使用

房地产开发企业在获得房地产开发贷款后，贷款资金主要用于房地产开发项目建设阶段的人工、材料、设备、管理费和其他相关成本支出。

房地产开发贷款在房地产开发融资中处于关键地位。房地产开发贷款主要由商业银行作为资金提供人,一般以开发建设中的房地产项目作为房地产开发贷款的主要抵押物。在特殊情况下,如项目尚未开工建设或者建设投资额度极低,贷款人还要求借款人提供别的担保,如用其他房地产做抵押或由第三方提供担保等。房地产开发贷款随工程建设的进度分阶段拨付,同时要确保房地产开发贷款被用于既定目的,从而确保房地产价值随着贷款的拨付额的增加而同步增长,以保障贷款人的利益。

需要注意的是,银行发放房地产开发贷款,原则上,资金只能以"受托支付"①的形式由银行直接付给借款人交易合同中的约定对象,如工程承包方、材料供应商等。但是,信托公司不具有账户管理职能,所以信托公司在发放房地产开发贷款时并不需要执行"受托支付",也没有严格按照项目开发进度拨付房地产开发贷款,这就为房地产开发企业利用信托公司的房地产开发贷款实现地价款融资提供了可能。房地产开发企业利用符合信托公司房地产开发贷款申请标准的项目(一般称为融资项目)申请房地产开发贷款,以需要真实融资的项目(一般称为用款项目)土地作为抵押物,信托公司向融资项目发放房地产开发贷款后,房地产开发企业利用各种资金往来处理,将资金最终调动至实际用款项目,用于支付地价款或置换原有的地价款融资的做法是利用房地产开发贷款变相实现前期融资,这种方法是存在违规利用贷款的风险的。

保险资产管理机构也可以通过发行保险债权投资计划为房地产开发项目提供资金,但保险债权投资计划对投资标的、信用增级的要求比较高且受到保险资金投资不动产相关政策的限制,原则上不能用于商品住宅投资开发项目。

12.2.2 房地产开发前期融资

1. 房地产开发前期融资的渠道

房地产开发前期融资一般是指房地产开发项目在满足申请房地产开发贷款前所开展的资金融通活动,主要是为了解决土地购买资金不足、前期开发资金不足的问题。房地产开发前期融资在形式上一般通过引入开发项目的股权投资资金解决,在渠道上目前主要通过资产管理类产品来实现。资产管理类产品包括信托计划、私募基金、资产管理计划等。投资者因为风险偏好不同,在投资中对本金安全、分红等方面的诉求或对被投资项目的评判也不同,以致在交易结构中做出不同的技术性安排,从而形成夹层投资和股权投资,两者虽然在形式上均表现为对开发项目的股权投资,但存在明显的差异。下面主要对资产管理类产品融资渠道进行介绍。

(1)信托计划。我国的资产管理业务起步较晚,最先出现的是信托产品,遵循《中华人民共和国信托法》。信托是指委托人基于对受托人(信托公司)的信任,将其合法拥有的财产委托给受托人,由受托人按委托人的意愿以受托人的名义,为受益人的利益或者特定的目的,进行管理或者处分的行为。在房地产融资业务中,由信托公司发起、设立资金信托计划,向投资者募集资金并向房地产开发项目提供信托贷款或进行股权投资,房地产开

---

① 受托支付是贷款资金的一种支付方式,指贷款人(依法设立的银行业金融机构)根据借款人的提款申请和支付委托将贷款资金支付给符合合同约定用途的借款人交易对象,目的是减小贷款被挪用的风险。

发项目向信托计划偿付本息或分配投资本金及收益,信托公司向委托人(即投资者)分配投资本金及信托收益。

(2)私募基金。伴随着五次整顿后的信托业大发展,房地产私募基金也乘势而起。私募基金是相对于公募基金而言的,公募基金是指向社会公众即普通投资者公开募集的资金,而私募基金是私下或直接向特定群体募集资金进行集合投资。私募基金一般有两种类型:一是基于签订委托投资合同的契约型私募基金;二是基于共同出资入股或合伙成立具有法人资格的公司以及有限合伙型私募基金。在2014年《私募投资基金监督管理暂行办法》出台前,我国的私募基金主要以公司或有限合伙型私募基金为主。

(3)资产管理计划。随着2012年证监会颁布《基金管理公司特定客户资产管理业务试点办法》《证券投资基金管理公司子公司管理暂行规定》《证券公司客户资产管理业务管理办法》以及保监会在2012年、2013年先后颁布《关于保险资金投资有关金融产品的通知》《基础设施债权投资计划管理暂行规定》《关于保险资产管理公司开展资产管理产品业务试点有关问题的通知》,证券公司、公募基金的资产管理子公司及保险公司的资产管理业务蓬勃发展起来。

私募基金及证券公司、公募基金的资产管理子公司及保险公司的资产管理计划产品在基本原理上均来源于信托,但由于各类资产管理机构及产品分属不同的监管机构,监管政策之间存在较大的套利空间,随着资产管理业务的蓬勃发展,金融风险也在累积。为了规范资产管理行业的发展,2018年3月28日,中共中央总书记、国家主席、中央军委主席、中央全面深化改革委员会主任习近平主持召开中央全面深化改革委员会第一次会议并发表重要讲话,会议审议通过了《关于规范金融机构资产管理业务的指导意见》。该资产管理新规统一了同类资产管理产品的监管标准,可有效地防控金融风险。随后几年,各金融监管部门在此资产管理新规的指引下加强了对资产管理类产品的规范整顿。首先,取消了除信托计划、保险债权投资计划之外的债权投资职能;其次,强化信托计划提供开发贷款融资的合规标准,逐年压降信托计划的融资业务规模,推动信托业务向非融资类业务发展。

2. 房地产开发前期融资的条件

开展房地产开发前期融资的项目一般需要符合下列条件。

(1)合法有效的项目公司且最好仅持有并开发本融资项目,项目公司存续时间越短越佳。

(2)大股东及实际控制人具备良好的房地产开发经验且具有房地产开发资质。

(3)项目公司、大股东及实际控制人信誉良好,不存在不良征信记录。

(4)项目产权清晰、手续合法,项目公司股权未被限制。

(5)融资项目盈利能力强,未来流动性良好,融资后财务安全系数较高。

(6)融资项目具有办理开发贷款等再融资能力。

3. 房地产开发前期融资的程序

房地产开发前期融资在程序上共分为前期准备、资产管理产品推介与设立、投后管理和退出清算四个阶段。

（1）前期准备。前期准备阶段的主要工作包括融资接触、项目立项、尽职调查、项目初审、项目投资决策、监管报备、交易文件拟定与合约签署。

①融资接触。融资人根据需要开展房地产开发前期融资项目的基本情况、融资需求与各资产管理机构进行初步接触并就交易条件、融资成本与融资效率等进行洽谈，综合确定一家或几家可继续深入谈判的资产管理机构。

②项目立项。资产管理机构业务人员根据对融资人及其项目的基本了解做出继续跟进的决定后，拟定项目立项申请并报资产管理机构立项。

③尽职调查。对立项通过的项目，资产管理机构根据内部风险控制要求，由业务人员协同评估师、律师和会计师等中介机构对融资人及融资项目进行尽职调查，融资人根据尽职调查的需要提交相关资料。在尽职调查中，资产管理机构一般会搜集融资人及其主要股东、具体房地产项目、抵（质）押资产（若有）的资料，重点是法律风险、债务情况、项目证照、开发计划、投资测算。

④项目初审。资产管理机构业务人员根据尽职调查所收集的资料和各中介机构出具的相关报告编制尽职调查报告。尽职调查报告除详细披露尽职调查所获得的信息并进行分析外，重点需要拟定投资方案且该方案已经获得融资人的认可，对投资方案进行合规论证，对项目投资风险进行评判并提出风险控制措施。最终尽职调查报告必须明确论证结果。

资产管理机构业务人员向资产管理机构提交尽职调查报告及相关资料申请项目初审，初审一般由资产管理机构的多个部门进行分专业详细审查，风险控制部门对融资人、项目及方案进行投资风险评估；合规部门对项目及方案进行合规审查，随着资产管理行业的规范，对资产管理机构经营的合规风险进行防控越来越重要；部分资产管理机构还会安排专门的投后管理部门对项目投资的投后管理方案进行专项审查。最终由各审查部门出具评审意见并督促业务部门完善资料、方案、风险控制措施等。

⑤项目投资决策。通过项目初审后，由业务部门提交资产管理机构的投资决策委员会进行投资决策，投资决策委员会根据业务部门的介绍、各审查部门的审查意见对项目提出问题并由各部门解答，最终按照投资决策程序对项目进行投资表决。

⑥监管报备。投资决策通过的项目由资产管理机构向其监管部门申请项目报备，一般，监管部门会对项目进行合规审查并给予审查意见，资产管理机构必须按照监管部门的审查意见进行解答或修订投资方案，最终获得备案通过或备案失败的结果。

⑦交易文件拟定与合约签署。报备通过的项目由资产管理机构业务部门根据投资决策委员会的表决意见、监管部门的审查意见起草交易文件并报信托公司风险控制与合规部门审核、修订。资产管理机构与融资人及关联人就交易文件进行谈判并最终达成一致后签署合约。

（2）资产管理产品推介与设立。资产管理机构制作产品说明书和产品推介书等推介文件向潜在投资人推介资产管理产品，一般通过资产管理机构直销、委托金融机构推介、第三方理财机构推介这三种方式。资产管理产品推介不得进行公开营销宣传，不得承诺投资资金保本或保收益。资产管理产品通过推介，募集资金达到资产管理产品设立的条件后，资产管理机构督促融资人按照交易文件的约定办理工商登记变更、董事会成员改选、公证、保证及抵（质）押（若有）等手续。募集资金全部划入资产管理产品托管账户并按照交易文件划付资金。

（3）投后管理。为了落实交易文件中的风险控制措施，资产管理机构需特别关注资产管理产品存续期间项目的财务运营、事项表决、项目监控和风险防范，定期对项目及融资人进行现场检查，对项目公司或融资人的申请事项进行审批。同时，资产管理机构作为受托人，需要勤勉尽责，定期或不定期地向资产管理产品受益人披露管理报告。

信托公司一般会控制项目公司的印章、证件，根据项目公司财务状况和对项目现场检查情况对项目公司的资金拨付申请进行审批，对项目公司流入资金进行管控，流入资金包括融资获得资金和销售资金等。除上述基本管理事项外，部分资产管理机构会对项目公司的董事会制度、财务制度和内控制度进行优化，委派专人担任项目公司的董事，甚至包括财务负责人，董事按照交易文件的约定对项目公司的重大事项进行表决。

由于我国资产管理行业起步较晚，特别是房地产开发前期融资业务，资产管理机构普遍缺乏专业的投后管理能力。为了加强投后管理，目前普遍采用将投后管理外包给专业风险管理机构的管理模式，该模式下，资产管理机构作为资产管理产品的受托管理人仍然为投后管理第一责任人和最终决策人。

（4）退出清算。根据交易文件，资产管理产品达到退出条件后，资产管理机构会与融资人洽商退出方案。资产管理产品的退出一般存在两种退出情况：一是正常退出，一般由融资人（项目股东）或其指定方收购资产管理产品持有的项目公司股权或者项目公司开发销售完成后清算实现投资退出；二是非正常退出，投资项目出现了风险，如开发项目非正常停工、销售不畅、资金链断裂、法律纠纷等且出现风险后融资人（项目股东）自身无能力收购资产管理产品持有的项目公司股权，一般由资产管理机构通过处置项目公司资产或其持有的项目公司股权实现投资退出。

无论哪一种退出情况，资产管理机构均需要对资产管理产品持有的资产进行清算，主要是其持有的项目公司股权价值。需要注意的是，此处所说的股权价值并不一定等于资产评估所理解的公司股权价值，需要根据交易文件的投资本金及收益分配条款、股权及分红权调整条款等进行清算。资产管理机构需要就清算结果、退出方案与融资人或潜在收购方进行洽谈并最终确定清算结果，融资人或潜在收购方按照清算结果、退出方案与资产管理机构签署退出交易文件并支付相应资金。

资产管理机构将收到的资金按照资产管理产品文件的约定对资产管理产品进行清算并分配财产，资产管理机构编制产品清算报告送达资产管理产品受益人，产品清算报告向资产管理产品受益人详细披露信息直至受托人责任予以免除。

4. 房地产开发前期融资的交易结构

按照资产管理新规及金融监管政策，房地产开发前期融资只能采取股权投资的方式进行，具体交易结构如图12-2所示。

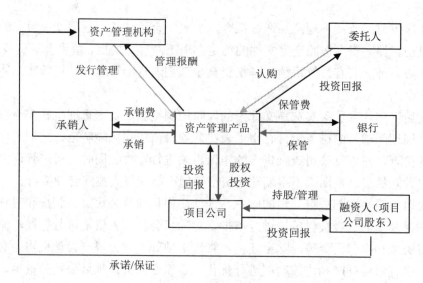

图 12-2 房地产开发前期融资的交易结构

资产管理产品可以是单一委托人提供资金形成的单一资金资产管理产品,也可以是多个委托人提供资金形成的集合资金资产管理产品。资产管理产品按照资产管理机构是否承担主动管理责任又可以分为主动管理型产品和通道型产品。集合资金资产管理产品只能是主动管理型产品,通道型产品的投资标的选择、投资风险均由委托人自行承担,资产管理机构根据委托人的指令执行投资管理,而主动管理型产品的投资标的选择、投资管理均由资产管理机构自主决策、执行,投资风险在原则上由委托人承担,但资产管理机构失职的情况除外。

为了控制风险,资产管理机构可能会对资产管理产品进行结构化设计,将资产管理产品的劣后级出售给第三方或寻求融资人以自有财产(如资金、持有的对项目公司的债权等)认购,向投资人发行资产管理产品的优先级部分。按照资产管理新规,优先级与劣后级的比例不得超过 1∶1。资产管理产品获得回收本金及收益后,优先向优先级受益人分配直至达到应分配上限,然后再向劣后级投资人进行分配。

资产管理产品一般通过受让项目公司股权或对项目公司增资扩股两种方式进行投资,其资金一般形成股权交易对价或对项目公司的注册资本及资本公积。在监管机构允许情况下,资产管理产品可以向项目公司提供股东借款,但此方式的合规性在行业监管中存在较大的争议,大部分监管机构不允许此类投资方式的存在。

理论上,资产管理产品对房地产开发项目进行的股权投资应该与融资人同样作为项目公司股东,享有同等权利、承担同等风险,即同股同权同风险,但鉴于我国资产管理行业发展现状,此类同股同权同风险的投资业务发展得较为缓慢。当前很多资产管理产品对房地产开发前期融资开展的是夹层投资业务。夹层投资业务在交易设计上一般会形成一定的基准收益,并且该基准收益会通过融资人的承诺或保证、对赌设计、特殊的资金分配机制而实现,在基准收益的基础上再获取投资项目一定的浮动收益。夹层投资业务在行业监管中也存在较大的合规争议,特别是通过融资人的担保、虚假对赌、强制回购而实现固定收益的产品被认定为"假股真债",目前是明令禁止的。

12.3 股票与债券融资

发行股票和债券是房地产企业传统的、最主要的融资手段。

12.3.1 股票融资与债券融资概述

1. 股票融资概述

通过发行股票融资是房地产开发企业股权融资中最常用的一种方式,也是房地产开发企业获得持续资金支持的最佳融资方案。根据发行次序,股票发行分为首次公开发行和上市公司新股发行两种。其中,上市公司新股发行包括公开发行和非公开发行两种方式。房地产开发企业在完成首次公开发行股票后,如果需要再次通过股票发行融资,可以申请发行新股。根据股票性质,股票发行分为普通股发行和优先股发行,其中首次公开发行在原则上必须是普通股。

优先股是指依照《中华人民共和国公司法》,在一般规定的普通种类股份之外另行规定的其他种类股份,其股份持有人优先于普通股股东分配公司利润和剩余财产,但参与公司决策管理等权利受到限制。发行人应当以现金的形式向优先股股东支付股息,在完全支付约定的股息之前,不得向普通股股东分配利润。上市公司可以发行优先股,发行方式包括公开发行和非公开发行;非上市公众公司可以非公开方式发行优先股。目前优先股尚未成为国内房地产企业融资的主要方式。

2. 债券融资概述

通过发行债券融资是房地产开发企业债务融资中最常用的一种方式,是指发行人以借贷资金为目的,依照法律规定的程序向投资人要约发行代表一定债权和兑付条件的债券的法律行为。债券发行是证券发行的重要形式之一,是以债券形式筹措资金的行为过程。通过这一过程,发行者以最终债务人的身份将债券转移到它的最初投资者手中。

由于我国债券类产品发行市场较多,主管部门也较多,故债券类产品在不同发行市场具有不同的产品称谓,具体如表 12-1 所示。

表 12-1 债券类产品名称

发行市场	主管部门	名　称
证券交易所	中国证券监督管理委员会	公司债
银行间市场	国家发展和改革委员会	企业债
银行间市场	中国银行间市场交易商协会	非金融企业债务合作工具,细分为短期合作券(短融,commercial paper,CP)、中期票据(中票,medium-term notes,MTN)、超级短期合作券(超短融,super&short-term commercial paper,SCP)、非公开定向发行债务合作工具(private placement note,PPN)
金融资产交易所	金融资产交易所	私募债,定向融资计划

目前，证券交易所禁止房地产企业发行私募债，但金融资产交易所未禁止房地产企业发行私募债。

可转债全称为可转换公司债券，指可转债持有人可按照发行时约定的价格将债券转换成公司的普通股票的债券。如果债券持有人不想转换，则可以继续持有债券，直到偿还期满时收取本金和利息或者在流通市场出售变现。如果持有人看好发债公司股票增值潜力，在宽限期之后可以行使转换权，按照预定转换价格将债券转换成为股票，发债公司不得拒绝。目前可转债尚未成为国内房地产企业融资的主要方式。

12.3.2 首次公开发行股票

1. 首次公开发行股票的条件

根据《中华人民共和国证券法》《股票发行与交易管理暂行条例》和《首次公开发行股票并上市管理办法》的有关规定，首次公开发行股票并上市必须符合下列要求。

（1）主体资格。A股发行主体应是依法设立且合法存续的股份有限公司，发行人自股份有限公司成立后，持续经营时间应当在三年以上，经国务院批准的除外。

（2）公司治理。发行人已经依法建立健全的股东大会、董事会、监事会、独立董事、董事会秘书制度，相关机构和人员能够依法履行职责；发行人的董事、监事和高级管理人员符合法律、行政法规和规章规定的任职资格；发行人的董事、监事和高级管理人员已经了解与股票发行上市有关的法律法规，知悉上市公司及其董事、监事和高级管理人员的法定义务和责任；内部控制制度健全且被有效执行，能够合理保证财务报告的可靠性、生产经营的合法性、营运的效率与效果。

（3）独立性。应具有完整的业务体系和直接面向市场独立经营的能力；资产应当完整；人员、财务、机构以及业务必须独立。

（4）同业竞争。与控股股东、实际控制人及其控制的其他企业间不得有同业竞争，募集资金投资项目实施后也不会产生同业竞争。

（5）关联交易。与控股股东、实际控制人及其控制的其他企业间不得有显失公平的关联交易；应完整披露关联方关系并按重要性原则恰当披露关联交易，关联交易价格公允，不存在通过关联交易操纵利润的情形。

（6）财务要求。发行前三年的累计净利润超过3000万元人民币；发行前三年累计净经营性现金流超过5000万元人民币或累计营业收入超过3亿元；最近一期期末无形资产（扣除土地使用权、水面养殖权和采矿权等后）占净资产的比例不高于20%；过去三年的财务报告中无虚假记载。

（7）股本及公众持股。发行前不少于3000万股；上市股份公司股本总额不低于人民币5000万元；公众持股至少为25%；如果发行时股份总数超过4亿股，发行比例可以降低，但不得低于10%；发行人的股权清晰，控股股东和受控股股东、实际控制人支配的股东持有的发行人股份不存在重大权属纠纷。

（8）其他要求。发行人最近三年内主营业务和董事、高级管理人员没有发生重大变化，实际控制人没有发生变更；发行人的注册资本已足额缴纳，发起人或者股东用作出资的资产的财产权转移手续已办理完毕，发行人的主要资产不存在重大权属纠纷；发行人的生产经营符合法律、行政法规和公司章程的规定，符合国家产业政策；发行人最近三年内没有重大违法行为。

2. 首次公开发行股票的程序

首次公开发行股票的程序一般包括改制与设立股份公司，尽职调查与辅导，申请文件的制作与申报，申请文件的审核，路演、询价与定价，发行与上市。详细工作步骤如图12-3所示。

改制与设立股份公司	• 拟定改制重组方案，聘请中介机构对改制重组方案进行可行性论证 • 对拟改制的资产进行审计、评估，签署发起人协议和起草公司章程等文件 • 设置公司内部组织机构，登记设立股份有限公司
尽职调查与辅导	• 保荐机构和其他中介机构对公司进行尽职调查、问题诊断、专业培训和业务指导 • 完善组织结构和内部管理，规范企业行为，明确业务发展目标和募集资金投向 • 对照发行上市条件对存在的问题进行整改，准备首次公开发行申请文件
申请文件的制作与申报	• 企业和所聘请的中介机构按照证监会的要求制作申请文件 • 保荐机构进行内核并负责向交易所尽职推荐 • 符合申报条件的，交易所在规定的工作日内受理申请文件
申请文件的审核	• 交易所正式受理申请文件后，交易所审核部门对申请文件进行审核并出具审核报告 • 申报文件及审核报告提交交易所上市审议委员会审议并由其出具审核意见 • 交易所向证监会提起注册程序，证监会进行形式审查并出具注册意见
路演、询价与定价	• 获得注册决定后，企业在指定期刊上刊登招股说明书摘要及发行公告等信息 • 证券公司与发行人进行路演，向投资者推介和询价并根据询价结果协商确定发行价格
发行与上市	• 根据中国证监会规定的发行方式公开发行股票 • 向证券交易所提交上市申请 • 办理股份的托管与登记，挂牌上市 • 上市后由保荐机构按规定负责持续督导

图12-3 首次公开发行股票的程序

随着注册制改革的推进，申请文件的申报对象和审核主体由证监会更改为交易所。一般首先由交易所审核部门就申报材料进行审核问询并可根据需要对发行人及其保荐人、证券服务机构进行现场检查，交易所审核部门出具审核报告随同申请文件报该交易所上市审议委员会进行审议；上市审议委员会通过合议形成是否符合发行条件、上市条件和信息披露要求的审议意见，对发行人存在尚待核实的重大问题，无法形成审议意见的，经合议可以暂缓审议；交易所参考上市审议委员会的审议意见对申请材料进行最终审核，审核通过的将出具发行人符合发行条件、上市条件和信息披露要求的审核意见并提请中国证监会履行注册程序。证监会收到交易所报送的审核意见、发行人注册申请文件及相关审核资料后，履行发行注册程序。发行注册主要关注交易所发行上市审核内容有无遗漏，审核程序是否符合规定以及发行人在发行条件和信息披露要求的重大方面是否符合相关规定。中国证监会认为存在需要进一步说明或者落实事项的，可以要求交易所进一步问询。证监会同意注册的决定自做出之日起1年内有效，发行人应当在注册决定有效期内发行股票，发行时点由发行人自主选择。注册完成后，就进入路演、询价与定价程序。

12.3.3 上市公司发行新股

1. 上市公司公开发行新股的条件

上市公司公开发行新股的条件包括基本条件、具体条件、配股①特别规定、增发②特别规定。

（1）基本条件。
① 具备健全且运行良好的组织机构。
② 具有持续盈利能力，财务状况良好。
③ 公司在最近三年内财务会计文件无虚假记载，无其他重大违法行为。
④ 经国务院批准的国务院证券监督管理机构规定的其他条件。

（2）具体条件。
① 上市公司的组织机构健全、运行良好。公司章程合法有效，股东大会、董事会、监事会和独立董事制度健全，能够依法有效履行职责；公司内部控制制度健全，能够有效保证公司运行的效率、合法合规性和财务报告的可靠性；内部控制制度的完整性、合理性、有效性不存在重大缺陷；现任董事、监事和高级管理人员具备任职资格，能够忠实和勤勉地履行职务，不存在违反我国《公司法》第一百四十八条、第一百四十九条规定的行为且最近36个月内未受到过中国证监会的行政处罚、最近12个月内未受到过证券交易所的公开谴责；上市公司与控股股东或实际控制人的人员、资产、财务分开，机构、业务独立，能够自主经营管理；最近12个月内不存在违规对外提供担保的行为。

② 上市公司的盈利能力具有可持续性。最近三个会计年度连续盈利，扣除非经常性损益后的净利润与扣除前的净利润相比，以低者作为计算依据；业务和盈利来源相对稳定，

---

① 配股是上市公司向原股东发行新股、筹集资金的行为。按照惯例，公司配股时新股的认购权按照原有股权比例在原股东之间分配，即原股东拥有优先认购权。
② 增发是上市公司向不特定对象公开募集股份的行为。

不存在严重依赖控股股东、实际控制人的情形;现有主营业务或投资方向能够可持续发展,经营模式和投资计划稳健,主要产品或服务的市场前景良好,行业经营环境和市场需求不存在现实或可预见的重大不利变化;高级管理人员和核心技术人员稳定,最近12个月内未发生重大不利变化;公司重要资产、核心技术或其他重大权益的取得合法,能够持续使用,不存在现实或可预见的重大不利变化;不存在可能严重影响公司持续经营的担保、诉讼、仲裁或其他重大事项;最近24个月内曾公开发行证券的,不存在发行当年营业利润比上年下降50%以上的情形。

③上市公司财务状况良好。会计基础工作规范,严格遵循国家统一会计制度的规定;最近三年及一期财务报表未被注册会计师出具保留意见、否定意见或无法表示意见的审计报告;被注册会计师出具带有强调事项段的无保留意见审计报告的,所涉及的事项对发行人无重大不利影响或者在发行前重大不利影响已经消除;资产质量良好,不良资产不足以对公司财务状况造成重大不利影响;经营成果真实,现金流量正常;营业收入和成本费用的确认严格遵循国家有关企业会计准则的规定,最近三年资产减值准备计提充分合理,不存在操纵经营业绩的情形;最近三年以现金或股票方式累计分配的利润不少于最近三年实现的年均可分配利润的20%。

④上市公司最近36个月财务会计文件无虚假记载且不存在下列重大违法行为:违反证券法律、行政法规或规章,受证监会行政处罚或刑事处罚;违反工商、税收、土地、环保、海关法律法规或规章,受行政处罚且情节严重,或受刑事处罚;违反其他法律法规且情节严重的行为。

⑤上市公司募集资金的数额和使用符合规定:募集资金数额不超过项目需要量;募集资金用途符合国家产业政策和有关环境保护、土地管理等法律和行政法规的规定;除金融类企业外,本次募集资金使用项目不得为持有交易性金融资产和可供出售的金融资产、借予他人、委托理财等财务性投资,不得直接或间接投资于以买卖有价证券为主要业务的公司;投资项目实施后,不会与控股股东或实际控制人产生同业竞争或影响公司生产经营的独立性;建立募集资金专项存储制度,募集资金必须存放于公司董事会决定的专项账户。

⑥上市公司不得公开发行证券的情形:本次发行申请文件有虚假记载、误导性陈述或重大遗漏;擅自改变前次公开发行证券募集资金的用途而未作纠正;最近12个月内受到过证交所的公开谴责;上市公司及其控股股东或实际控制人最近12个月内存在不履行向投资者做出的公开承诺的行为;上市公司或其现任董事、高管人员因涉嫌犯罪被司法机构立案侦查或涉嫌违法违规被证监会立案调查;严重损害投资者的合法权益和社会公共利益的其他情形。

(3)配股特别规定。上市公司向原股东配售股份简称"配股",除符合上文规定外,还应当符合下列特殊规定。

①拟配售股份数量不超过本次配售股份前股本总额的百分之三十。
②控股股东应当在股东大会召开前公开承诺认配股份的数量。
③采用《证券法》规定的代销方式发行。

(4)增发特别规定。上市公司向不特定对象公开募集股份简称"增发",除符合上文规定外,还应当符合下列特殊规定。

①最近3个月会计年度加权平均净资产收益率不低于6%。扣除非经常性损益后的净

利润与扣除前的净利润相比,以低者作为加权平均净资产收益率的计算依据。

②除金融类企业外,最近一期期末不存在持有金额较大的交易性金融资产和可供出售的金融资产、借予他人款项、委托理财等财务性投资的情形。

③发行价格应不低于公告招股意向书前 20 个交易日公司股票均价或前一个交易日的均价。

2. 上市公司非公开发行新股的条件

非公开发行股票是指上市公司采用非公开方式向特定对象发行股票的行为。上市公司非公开发行新股条件包括特定对象条件、股票发行条件及禁止事项等。

(1) 特定对象条件。

① 特定对象符合股东大会决议规定的条件。

② 发行对象不超过 10 名。

③ 发行对象为境外战略投资者的,应当经国务院相关部门事先批准。

(2) 股票发行条件。

① 发行价格不低于定价基准日前 20 个交易日公司股票均价的 90%。

② 本次发行的股份自发行结束之日起,12 个月内不得转让,控股股东、实际控制人及其控制的企业认购的股份,36 个月内不得转让。

③ 募集资金使用符合《上市公司证券发行管理办法的规定》①第十条的规定。

④ 本次发行将导致上市公司控制权发生变化的,还应当符合中国证监会的其他规定。

(3) 禁止事项。

① 本次发行申请文件有虚假记载、误导性陈述或重大遗漏。

② 上市公司的权益被控股股东或实际控制人严重损害且尚未消除。

③ 上市公司及其附属公司违规对外提供担保且尚未解除。

④ 现任董事、高级管理人员最近 36 个月内受到过中国证监会的行政处罚,或者最近 12 个月内受到过证券交易所的公开谴责。

⑤ 上市公司或其现任董事、高级管理人员因涉嫌犯罪正被司法机关立案侦查或涉嫌违法违规正被中国证监会立案调查。

⑥ 最近一年及一期财务报表被注册会计师出具保留意见、否定意见或无法表示意见的审计报告,保留意见、否定意见或无法表示意见所涉及事项的重大影响已经消除或者本次发行涉及重大重组的除外。

⑦ 严重损害投资者合法权益和社会公共利益的其他情形。

3. 上市公司发行新股的程序

上市公司发行新股的程序一般包括尽职调查、董事会决议、股东大会决议、申请文件

---

① 根据《上市公司证券发行管理办法的规定》第十条规定,上市公司募集资金的数额和使用应当符合下列规定:①募集资金数额不超过项目需要量;②募集资金用途符合国家产业政策和有关环境保护、土地管理等法律和行政法规的规定;③除金融类企业外,本次募集资金使用项目不得为持有交易性金融资产和可供出售的金融资产、借予他人、委托理财等财务性投资,不得直接或间接投资于以买卖有价证券为主要业务的公司;④投资项目实施后,不会与控股或实际控制人产生同业竞争或影响公司生产经营的独立性;⑤建立募集资金专项存储制度,募集资金必须存放于公司兼董事会决定的专项账户。

制作与申报、申请文件审核、发行上市等几个步骤，基本与首次公开发行上市工作的内容一致。不同之处是董事会决议和股东大会决议。

在申请发行股票前，董事会应对以下事项进行决议并提交股东大会批准。

（1）本次证券发行的方案。
（2）本次募集资金使用的可行性报告。
（3）前次募集资金使用的报告。
（4）其他必须明确的事项。

股票发行议案经董事会表决通过后，应当在两个工作日内报告证券交易所，公告召开股东大会的通知。使用募集资金收购资产或者股权的，应当在公告召开股东大会通知的同时披露该资产或者股权的基本情况、交易价格、定价依据以及是否与公司股东或其他关联人存在利害关系。

股东大会就发行股票做出的决定至少应当包括下列事项。

（1）本次发行证券的种类和数量。
（2）发行方式、发行对象及向原股东配售的安排。
（3）定价方式或价格区间。
（4）募集资金用途。
（5）决议的有效期。
（6）对董事会办理本次发行具体事宜的授权。
（7）其他必须明确的事项。

股东大会就发行股票事项做出决议，必须经出席会议的股东所持表决权的 2/3 以上通过。向本公司特定的股东及其关联人发行股票的，股东大会就发行方案进行表决时，关联股东应当回避。股东大会通过本次发行议案之日起两个工作日内，上市公司应当公布股东大会决议。

12.3.4 债券发行

1. 债券发行的方式

按照发行对象，债券可分为私募发行和公募发行两种方式。

（1）私募发行。私募发行是指面向少数特定的投资者发行债券，一般以少数关系密切的单位和个人为发行对象，而不对所有的投资者公开出售。具体发行对象有两类：一类是机构投资者，如大的金融机构或是与发行者有密切业务往来的企业等；另一类是个人投资者，如发行单位内部的职工或是使用发行单位产品的用户等。私募发行一般多采取直接销售的方式，不经过证券发行中介机构，不必向证券管理机关办理发行注册手续，可以节省承销费用和注册费用，手续比较简便。但是，私募债券不能公开上市，流动性差，利率比公募债券高，发行数额一般不大。

（2）公募发行。公募发行是指公开向广泛而不特定的投资者发行债券，目前国内最主流的公司债和企业债大多采用公募发行。公募债券发行者必须向证券管理机关办理发行注册手续。由于发行数额一般较大，通常要委托证券公司等中介机构承销。公募债券信用度高,可以上市转让,因而发行利率一般比私募债券利率低。公募债券一般采取间接销售,具体方式又可分为以下三种。

① 代销。代销指发行者和承销者签订协议,由承销者代为向社会销售债券。承销者按规定的发行条件尽力推销,如果在约定期限内未能按照原定发行数额全部销售出去,债券剩余部分可退还给发行者,承销者不承担发行风险。采用代销方式发行债券的手续费一般较低。

② 余额包销。余额包销即承销者按照规定的发行数额和发行条件代为向社会推销债券,在约定期限内推销债券如果有剩余,必须由承销者负责认购。采用这种方式销售债券,承销者承担部分发行风险,能够保证发行者筹资计划的实现,但承销费用高于代销费用。

③ 全额包销。首先由承销者按照约定条件将债券全部承购下来并且立即向发行者支付全部债券价款,然后再由承销者向投资者分次推销。采用全额包销方式销售债券,承销者由于承担了全部的发行风险,可以保证发行者及时筹集到所需要的资金,因而包销费用也较余额包销费用高。

2. 公募债券发行的条件

(1) 公司的生产经营符合法律、行政法规和公司章程的规定,符合国家产业政策。
(2) 公司内部控制制度健全,内部控制制度的完整性、合理性、有效性不存在重大缺陷。
(3) 经资信评级机构评级,债券信用级别良好。
(4) 公司最近一期未经审计的净资产额应符合法律、行政法规和主管部门的有关规定。
(5) 最近三个会计年度实现的年均可分配利润不少于公司债券一年的利息。
(6) 具备健全且运行良好的组织机构。

3. 公募债券发行的禁止事项

存在下列情形之一的,不得发行公募债券。
(1) 最近36个月内公司财务会计文件存在虚假记载或公司存在其他重大违法行为。
(2) 本次发行申请文件存在虚假记载、误导性陈述或者重大遗漏。
(3) 对已发行的公司债券或者其他债务有违约或者迟延支付本息的事实,仍处于继续状态。
(4) 严重损害投资者合法权益和社会公共利益的其他情形。

4. 公募债券发行的程序

公司债与企业债目前均已完成注册制改革,由核准制改为注册制。公募债券发行程序与注册制下上市公司发行新股程序基本一致,包括尽职调查、董事会制定发行方案、股东大会决议、编制和报送募集说明书与发行申请文件、申请材料审核并注册、债券发行。与新股发行程序不同的是董事会制定发行方案、股东大会决议及债券发行。

董事会制定的方案包括下列内容并需将下列内容提交股东大会决议。
(1) 发行债券的数量。

(2) 向公司股东配售的安排。
(3) 债券期限。
(4) 募集资金的用途。
(5) 决议的有效期。
(6) 对董事会的授权事项。
(7) 其他需要明确的事项。

注册制改革后，公司债的申请材料受理、审核机构为交易所，注册机构为证监会；企业债的申请材料受理机构为中央国债登记结算有限责任公司，审核机构为中央国债登记结算有限责任公司、中国银行间市场交易商协会，注册机构为国家发改委。

发行公募债券可以申请一次注册、分期发行。

12.4 房地产资产证券化

12.4.1 资产证券化概述

1. 资产证券化的概念

资产证券化（asset-backed securitization，ABS）是指将缺乏流动性的但有预期现金流收入的资产转换为在金融市场上可以自由流通的证券，使之具有流动性的行为。根据美国证券交易委员会给出的资产证券化的定义，以基础资产未来所产生的现金流为偿付支持，通过结构性重组、信用增进，转变为可以在金融市场上销售和流通的证券，以实现融资的过程。基础资产是具有预期现金流收入的特定应收款资产池、其他金融资产池或单一资产。

资产证券化源于 20 世纪 70 年代的美国住房抵押证券，随后证券化技术被广泛运用于各类资产，20 世纪 80 年代在欧美市场蓬勃发展，20 世纪 90 年代特别是 1997 年金融危机后在亚洲市场获得迅速发展。2005 年，人民银行和银监会联合发布《信贷资产证券化试点管理办法》，随后建设银行和国家开发银行获准进行信贷资产证券化首批试点。2011 年 5 月，中国银监会发布了《关于中国银行业实施新监管标准的指导意见》，该意见使得调整后的各银行总资本和核心资本缺口巨大，为了弥补此缺口，信贷资产证券化业务在我国开始呈现"井喷"状态。2004 年，证监会发布《关于证券公司开展资产证券化业务试点有关问题的通知》，这标志着由证监会监管的资产证券化业务开始试点，为区别银监会监管的信贷资产证券化，该业务被称为企业证券化。2005 年 8 月，国内第一单企业资产证券化产品——中国联通 CDMA 网络租赁费收益计划发行成功。截至 2021 年 2 月 11 日，我国累计发行了信贷资产证券化和企业资产证券化等产品共 109 187.62 亿元。

2. 资产证券化的分类

根据基础资产构成分类，资产证券化分为不动产证券化、应收账款证券化、信贷资产证券化、未来收益证券化（如高速公路收费）、债券组合证券化等类别。在美国，通常将以房地产抵押贷款为基础资产的证券化产品称为 MBS（mortgage-backed security，抵押支持证券），将其他基础资产形成的证券化产品称为 ABS。MBS 又分为 RMBS（residential mortgage-backed security，个人住房抵押贷款支持证券）和 CMBS（commercial mortgage-backed security，商业地产抵押贷款支持证券）。ABS 又分为狭义 ABS 和 CDO，其中狭义 ABS 的基础资产一般为某一类同质资产，如汽车消费贷款、信用卡贷款、学生贷款、设备租赁权、高速收费权等。CDO（collateralized debt obligation，担保债务凭证）的基础资产一般是一系列债务工具，如高收益贷款、债券、MBS 等，根据债务工具的不同又可细分为 CLO（collateralized loan obligation，担保贷款凭证，基础资产为高收益贷款）、CBO（collateralized bond obligation，担保债券凭证，基础资产为企业债券）、CSO（collateralized synthetic obligation，担保合成凭证，基础资产是信用衍生品）、CIO（collateralized insurance obligation，担保保险凭证，基础资产是保险或再保险合同）和 SFCDO（structured finance CDO，结构性金融担保债务凭证，基础资产是结构性金融产品）等。

按资产证券化发起人、发行人和投资者所属地域不同，可将资产证券化分为境内资产证券化和离岸资产证券化。国内融资方通过在国外的特殊目的机构（special purpose vehicles，SPV）或结构化投资机构（structured investment vehicles，SIVs）在国际市场上以资产证券化的方式向国外投资者融资称为离岸资产证券化；融资方通过境内 SPV 在境内市场融资则称为境内资产证券化。目前，我国国内发行的资产证券化产品均为境内资产证券化，也有我国资产在境外发行的离岸证券化产品，如 1996 年 8 月在美国发行的广州珠海高速公路过路费为基础资产的 2 亿美元 ABS。

根据证券化产品的属性分类，资产证券化可以分为股权型证券化、债券型证券化和混合型证券化。

在我国分业监管体系下，资产证券化主要有银保监会主管的信贷 ABS、证监会主管的企业 ABS、交易商协会主管的资产支持票据（asset-backed notes，ABN），另外还有少量的银保监会主管的保险机构资产支持计划（见表 12-2）。信贷 ABS 主要由银行业金融机构发起，以各类信贷、租赁资产为基础资产，以信托为特殊目的载体（SPV），由人民银行注册、银保监会备案；企业 ABS 由企业发起，基础资产实行负面清单制（主要是各项企业债权和收益权），由证券公司专项资管计划或基金子公司专项资管计划为 SPV，由交易所出具无异议函并由基金业协会备案；资产支持票据（ABN）的发起人及基础资产与证监会主管的企业 ABS 类似，不过 SPV 主要为信托公司，由交易商协会注册。

表 12-2 我国不同资产证券化产品的主要特征

项　目	信贷资产证券化	企业资产证券化	资产支持票据（ABN）	保险机构资产支持计划
基础资产	各类信贷、租赁资产等	负面清单制（各项债权和收益权）	与企业资产证券化类似	与企业资产证券化类似
原始权益人	银行业金融机构	企业	企业	企业
特殊目的载体（SPV）	信托	券商专项资管计划或基金子公司专项资管计划	信托	保险公司资管计划

续表

项　目	信贷资产证券化	企业资产证券化	资产支持票据（ABN）	保险机构资产支持计划
审批方式	人民银行注册、银保监会备案	交易所出具无异议函、基金业协会备案	交易商协会注册	银保监会审批
发行方式	公募/私募	私募	公募/私募	私募
交易场所	银行间市场	交易所、机构间私募产品报价与服务系统、场外交易市场等	银行间市场	上海保险交易所

资料来源：海通证券公司

3. 资产证券化的产品结构与流程

（1）资产证券化的产品结构。根据资产证券化的定义，持有基础资产的原始权益人将其资产出售给由证券公司设立的 SPV 以实现破产隔离，SPV 以其购入的基础资产未来的现金流收入为偿付来源在交易所发行资产证券化产品，投资者购入资产证券化产品并持有或转让获得投资收益。在资产证券化过程中，需要由评级机构、评估机构、律师事务所、会计师事务所等中介机构提供服务。基础资产转让给 SPV 后，理论上由 SPV 发起设立机构担任资产管理人，但由于 SPV 的发起设立机构不具有专业的资产管理能力，一般会反向委托给原始权益人继续担任资产管理人。资产证券化产品的基本原理结构如图 12-4 所示。

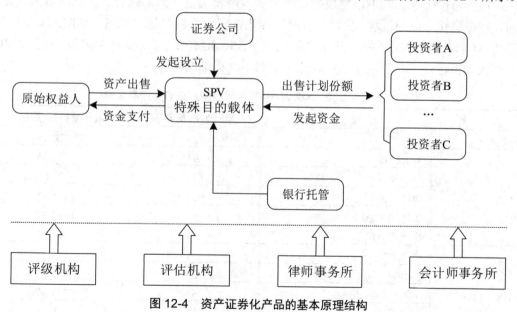

图 12-4　资产证券化产品的基本原理结构

（2）资产证券化的基本流程。资产证券化的基本流程包括构建基础资产池、设立 SPV、设计交易结构、产品发行与上市、资产交割与管理五个步骤。

①构建基础资产池。发起人根据自己的融资需求和拥有的资产情况将未来能够产生现金流的符合资产证券化要求的基础资产进行剥离、整合，形成基础资产池。发起人一般为原始权益人或原始权益人的实际控制人。

②设立SPV。计划管理人根据发起人的委托设立SPV，原始权益人向SPV转让基础资产，实现基础资产的破产隔离。SPV一般是资产支持计划或信托计划，属于非法人主体。计划管理人一般为证券公司、基金子公司或信托公司，如果计划管理人为证券公司，一般其同时也是资产证券化的承销机构。

③设计交易结构。证券公司牵头组织评级公司、评估公司、会计师事务所、律师事务所、托管银行、增信机构、资产管理人等设计交易结构完成产品分级、增信、评级，起草并签署交易文件。

④产品发行与上市。SPV通过承销机构向投资者销售资产证券化产品，资产证券化产品一般分为公募和私募两种销售方式。目前国内的资产证券化产品基本都是私募，只能向合格投资者销售。产品发行完成后转交易所上市交易形成二级交易市场。

⑤资产交割与管理。SPV将发行资产证券化产品所募集资金按照交易文件约定的价格支付给原始权益人实现资产交割，同时SPV向各服务机构支付服务费。SPV完成资产交割后，SPV或其按照交易文件委托资产管理人对基础资产池进行管理直至证券化产品清算结束，主要工作包括收取基础资产池的现金流、资金划转、报税、行政管理事务，在证券化产品结算日按照约定分配本金或（和）收益。

12.4.2 房地产资产证券化概述

房地产资产证券化是指以房地产资产或房地产相关资产为基础资产，以融资为主要目的而发行证券化产品的过程。房地产资产证券化在国内主要包括CMBS、类REITs、REITs、物业费ABS、购房尾款ABS、房地产供应链ABS、RMBS等①（见表12-3）。由于RMBS的发行人为银行，不属于企业融资业务，本书不再详细阐述。

表12-3 截至2021年2月10日中国房地产证券化产品统计②

类别	二级类别	累计发行单数/只	累计发行规模/亿元
RMBS	RMBS	226	18 770.35
ABS	类REITs	91	1735.26
	CMBS	174	3823.81
	房地产供应链ABS	927	6111.92
	购房尾款ABS	167	1990.92
	物业费ABS	59	561.87
ABN	类REITs	1	70
	CMBN	25	461.6
	房地产供应链ABN	134	737.87
	购房尾款ABN	12	119.25
	物业费ABN	0	0
合计		1816	34 382.25

---

① 各类ABS在银行间市场被称为CMBN（商业地产抵押贷款支持票据）和ABN，与交易所发行的CMBS和各类ABS产品原理一致，后续若无特殊说明，本书均以交易所发行产品为阐述对象。

② 截至本书成稿日，我国国内尚未有REITs产品发行。

12.4.3 物业费资产证券化

根据我国《物业管理条例》等相关法规的规定，特定物业管理区域或社区（不限于住宅、商业、工业性质）内的业主可以委托专业的物业服务企业对社区进行管理，基于物业服务合同和有效的义务履行，物业服务商对业主享有物业服务费给付请求权。作为房地产行业内轻资产运营的物业服务企业一般很难获得传统的银行贷款，而其持有并有效履约的物业服务合同具有期限长、现金流稳定的特点，较为符合资产证券化业务对基础资产的要求，因此物业费 ABS 逐步成为物业服务企业主要的融资工具。

物业服务费 ABS 交易结构主要有物业费债权转让 ABS 和物业费应收账款质押 ABS 两种方式。

1. 物业费债权转让 ABS

住宅物业和非住宅物业在物业费获取上存在较大的差异，住宅物业的物业费单价低但稳定性强，非住宅物业的物业费单价高但稳定性差。根据《资产证券化基础资产负面清单》，业务形态属于不同类型且缺乏相关性资产的资产组合不能同时作为基础资产入池。因此，以物业费债权作为基础资产的 ABS 项目只能选择一类物业，选择两类及以上物业的物业费为基础资产的，无法发行物业费债权转让 ABS。在物业合同期限覆盖上，对于物业服务合同债权作为基础资产的 ABS 项目，物业服务合同期限应与 SPV 存续期限匹配（见图 12-5）。

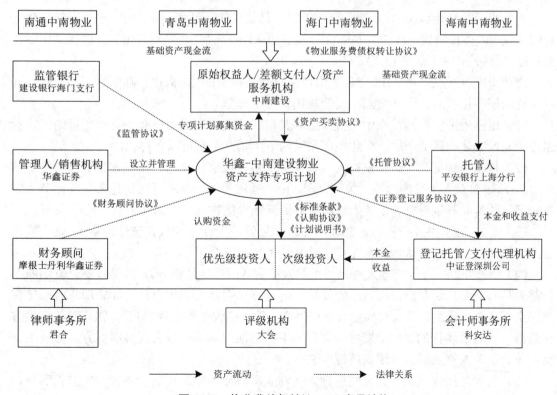

图 12-5 物业费债权转让 ABS 交易结构

物业费债权转让 ABS 交易结构包括组建基础资产池、设立 SPV 并发行资产证券化产品、资产交割、监管与托管四个部分。

（1）组建基础资产池。原始权益人与各物业服务提供方（一般均为原始权益人的关联企业）分别签署《物业费债权转让协议》，受让物业服务提供方享有的物业服务债权资产，涉及物业费、停车管理费等收费事项。

（2）设立 SPV 并发行资产证券化产品。计划管理人设立 SPV，该结构中 SPV 一般为资产支持计划，投资人认购资产支持证券并缴付认购资金。

（3）资产交割。计划管理人与原始权益人签署《资产买卖协议》，以募集资金收购原始权益人基于物业服务合同及债权转让协议享有的特定期间内物业费债权和其他附属权利。自原始权益人指定账户收到收购款项起，SPV 即享有基础资产的全部权益。由计划管理人与原始权益人在资产交割日后的 15 个工作日内于中国人民银行征信中心办理应收账款转让登记。计划管理人与原始权益人签署《资产服务协议》，委托原始权益人作为资产管理人对基础资产进行管理。

（4）监管与托管。监管银行根据《监管协议》的约定，在现金流划转日将资金归集账户内款项划入 SPV 账户，由托管人对专项计划资产进行托管。SPV 账户收到基础资产产生的现金流后，计划管理人按照产品说明书向托管人发出分配指令，托管人根据分配指令将相应资金划拨至登记托管机构的指定账户用于产品分配。

2. 物业费应收账款质押 ABS

物业费债权转让 ABS 对基础资产要求较高且债权转让过程烦琐，因此不直接转移物业合同债权、以委托贷款债权作为基础资产发行的 ABS 产品比较具有普遍性，也就是物业费应收账款质押 ABS（见图 12-6）。

物业费应收账款质押 ABS 交易结构包括组建质押资产池、构建基础资产、设立 SPV 并发行资产证券化产品、资产交割、监管与托管五个部分。

（1）组建质押资产池。原始权益人选取其自身或其管理公司持有并有效履行的《物业服务合同》组建质押资产池。在此类产品结构下，物业类别可以多样化。

（2）构建基础资产。原始权益人与委托贷款银行或信托公司、债务人签署《委托贷款合同》，原始权益人一般为债务人关联公司，由其通过委托贷款银行或信托公司向债务人发放委托贷款形成基础资产。债务人以其质押资产池内的物业费收入作为贷款还款来源。

（3）设立 SPV 并发行资产证券化产品。计划管理人设立 SPV，该结构中 SPV 一般为资产支持计划，投资人认购资产支持证券并缴付认购资金。

（4）资产交割。计划管理人与原始权益人签署《资产转让协议》，以募集资金收购原始权益人持有的委托贷款债权。自原始权益人指定账户收到收购款项起，SPV 即享有基础资产的全部权益。计划管理人与物业服务提供方签署《应收账款质押协议》，物业服务提供方将其持有并有效履行的《物业服务合同》项下特定期间对应债务人（被服务方，如业主、租户等）享有的物业费应收账款质押给 SPV。

（5）监管与托管。债务人及至质押人（物业服务提供方）在监管银行开立监管账户，监管银行根据《监管协议》的约定在现金流划转日将资金归集账户内款项划入 SPV 账户，由托管人对专项计划资产进行托管。SPV 账户收到基础资产产生的现金流后，计划管理人按照产品说明书向托管人发出分配指令，托管人根据分配指令将相应资金划拨至登记托管机构的指定账户用于产品分配。

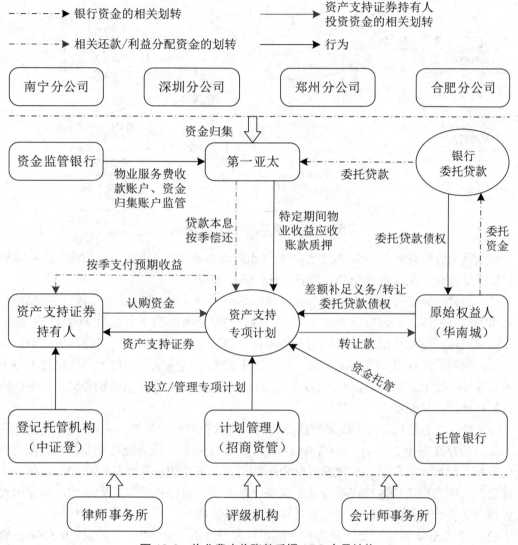

图 12-6　物业费应收账款质押 ABS 交易结构

12.4.4　购房尾款资产证券化

房地产企业与购房人签署《商品房认购合同》且完成网签、备案，购房人除支付首付款外，通过办理银行按揭贷款用于支付购房款余款。由于按揭贷款银行放款相对滞后，房地产企业无法快速形成现金回流。房地产企业以《商品房认购合同》中的应收购房尾款为基础资产发行证券化产品，能够实现预售资金提前回流，提高资金使用效率（见图 12-7）。

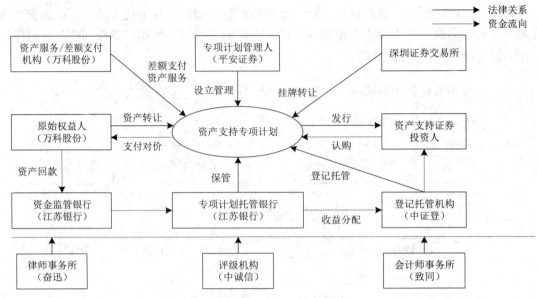

图 12-7 购房尾款 ABS 交易结构

物业费应收账款质押 ABS 交易结构包括组建基础资产池、设计交易结构、设立 SPV 并发行资产证券化产品、资产交割、监管与托管五个部分。

（1）组建基础资产池。房地产企业一般以享有《商品房认购合同》应收账款权益的项目公司为原始权益人，可以是单个项目公司持有的符合条件的《商品房认购合同》项下的应收账款组建基础资产池，也可以由多个项目公司持有的符合条件的《商品房认购合同》项下的应收账款组建基础资产池，后一种情况下需要指定一家公司作为原始权益人与项目公司签署《应收账款转让协议》，由各项目公司将其持有的《商品房认购合同》项下的应收账款债权转给原始权益人。

（2）设计交易结构。由于按揭贷款类的购房尾款存续期一般在 3~6 个月，而资产证券化产品一般存续期为 2~3 年，两者直接存在期限错配问题，设计循环购买结构，在资产证券化产品存续期内收到的购房尾款继续用于购买符合条件的新入池基础资产；打包入池的基础资产可能在存续期内出现不合格、灭失、涉诉等，设计置换和回购结构，由原始权益人置换同等符合条件的基础资产或支付现金回购基础资产。

（3）设立 SPV 并发行资产证券化产品。计划管理人设立 SPV，该结构中 SPV 一般为资产支持计划，投资人认购资产支持证券并缴付认购资金。

（4）资产交割。计划管理人与原始权益人签署《资产买卖协议》，以募集资金收购原始权益人持有的基础资产。计划管理人与原始权益人签署《资产服务协议》，委托原始权益人作为资产管理人对基础资产进行管理。

（5）监管与托管。原始权益人和项目公司在监管银行开立监管账户，监管银行根据《监管协议》的约定，在现金流划转日将资金归集账户内款项划入 SPV 账户，由托管人对专项计划资产进行托管。SPV 账户收到基础资产产生的现金流后，计划管理人按照产品说明书向托管人发出分配指令，托管人根据分配指令将相应资金划拨至登记托管机构的指定账户用于产品分配。

12.4.5 房地产供应链资产证券化

供应链 ABS 是围绕核心企业，以应收账款为基础资产为上下游企业提供融资的资产证券化产品。房地产供应链 ABS 就是以房地产企业为核心企业的供应链 ABS。房地产企业通过支持供应商发行房地产供应链 ABS 解决供应商账期问题，同时缓解房地产企业的付款压力，拉长付款周期，进而提升房地产企业的资金周转率（见图 12-8）。

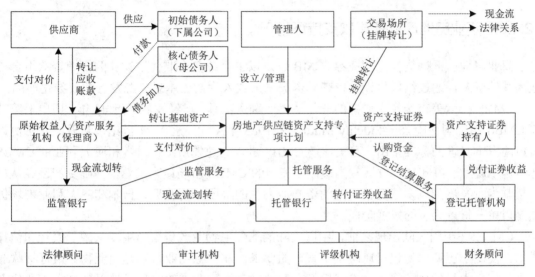

图 12-8 房地产供应链 ABS 交易结构

房地产供应链 ABS 交易结构包括组建基础资产池、设计交易结构、设立 SPV 并发行资产证券化产品、资产交割、监管与托管五个部分。

（1）组建基础资产池。原始权益人（一般为保理机构）与各个供应商签署《应收账款转让协议》并通知初始债务人，债务人为房地产企业的各项目公司。应收账款的转让必须真实的，转让对价常常取决于原始权益人与供应商的协商结果，平价或折价方式均有可能，但转让的对价应当公允。原始权益人收购的应收账款的债务人应该为同一核心企业或其实际控制企业。在房地产供应链 ABS 中，应收账款是基于供应商与债务人最初签订并履行基础交易合同而产生的。除合法有效外，这些基础交易合同需要满足一些必备条件，即供应商必须已经履行了基础交易合同项下的义务且债务人付款的条件已经满足，同时债务人履行其付款义务不存在抗辩事由和抵销情形。也即，供应商已经履行主要合同义务且正处于等待债务人付款的状态。原始权益人完成应收账款受让后作为资产服务机构按照一定的合格标准，筛选出应收账款债权并构建一个基础资产池。

（2）设计交易结构。与购房尾款 ABS 一样，设计循环购买、置换和回购结构。

（3）设立 SPV 并发行资产证券化产品。计划管理人设立 SPV，该结构中 SPV 一般为资产支持计划，投资人认购资产支持证券并缴付认购资金。

（4）资产交割。计划管理人与原始权益人签署《资产买卖协议》，以募集资金收购原始权益人持有的基础资产并由原始权益人通知初始债务人；然后初始债务人向 SPV 出具买方确认函，确认付款义务；而核心企业也向 SPV 出具付款确认函，确认将与初始债务人共同承担付款义务。计划管理人与原始权益人签署《资产服务协议》，委托原始权益人作为资产管理人对基础资产进行管理。

（5）监管与托管。监管银行根据《监管协议》的约定，在现金流划转日将资金归集账户内款项划入 SPV 账户。由托管人对专项计划资产进行托管。SPV 账户收到基础资产产生的现金流后，计划管理人按照产品说明书向托管人发出分配指令，托管人根据分配指令将相应资金划拨至登记托管机构的指定账户用于产品分配。

12.4.6 商业房地产抵押贷款支持证券

商业房地产抵押贷款支持证券（CMBS）是以单个或多个非住宅物业的抵押贷款组合构建为基础资产，通过结构化设计以基础资产未来收入为偿还本息来源发行的证券化产品。

CMBS 在欧美市场作为成熟的非住宅物业融资工具，已经发展了近 40 年。历史上第一单 CMBS 由美国保险公司 Fidelity Mutual 于 1983 年发行。进入 21 世纪，随着巴塞尔协议对风险资本管理的标准推出，欧美市场 CMBS 进入高速发展期。日本和澳大利亚的 CMBS 起步于 20 世纪 90 年代，发展较为缓慢。美国的 CMBS 市场最为成熟，基础资产已经从单一贷款为主发展到以多笔贷款组成的资产池为主的阶段，而欧洲、日本和澳大利亚市场仍然是以单一贷款为主的发展阶段。

CMBS 在中国大陆出现之前，中国大陆的非住宅物业融资渠道主要来源于银行和信托贷款。受制于巴塞尔协议对风险资本管理的要求，非住宅物业特别是商业物业银行贷款业务占用银行大量的风险资本，造成银行对发放经营性物业贷款的积极性受到打击，非住宅物业的融资渠道更加狭窄，融资成本居高不下，融资利率与投资利润率倒挂严重。市场倒逼之下诞生了中国的 CMBS 业务。2016 年 8 月，中国境内第一单 CMBS 在上海证券交易所发行成功。截至本书成稿之时，中国境内已发行的 CMBS 均以单一贷款为基础资产。

CMBS 与传统融资工具相比，具有以下特点。

（1）产品标准化并形成流动性。CMBS 作为标准化金融产品，交易成本较低且银行投资 CMBS 比发放经营性物业贷款将极大地降低风险资本的消耗，使得 CMBS 成为市场广泛认可的投资品种，具有良好的流动性。

（2）分层定价，充分竞争。CMBS 均采用结构化设计，通过对产品的不同层级分别进行信用评级，针对不同投资者的风险偏好提供产品的不同层级。CMBS 在发行时采用簿记建档竞价模式，让同一风险偏好的投资者充分竞价，定价更加市场化更加透明，实现每个层级的极致竞价，实现降低产品的加权平均成本的目的。

（3）投资风险分散。CMBS 发展到一定阶段是以信贷资产池为基础资产的产品为主，相较于单笔贷款，具有分散风险的作用。

（4）税收优化。CMBS 在交易结构中无须完成物业产权的转移，不会产生因产权交易而发生的税费。同时，CMBS 在融资方财务报表中会产生大额债务，其还本付息可有效降低融资方的所得税。

CMBS 刚进入中国的时候，均采用双层 SPV 结构，首先通过信托计划作为第一层 SPV

构建对融资人债权和对物业抵押权,然后再通过资产支持专项计划作为第二层 SPV 发行证券化产品募集资金受让信托收益权。采用此结构的原因是中国的不动产抵押登记规则的执行在各地具有较大的差异,大部分地区的不动产登记部门均不接受信托和银行以外的机构作为抵押权人办理抵押等(见图 12-9)。

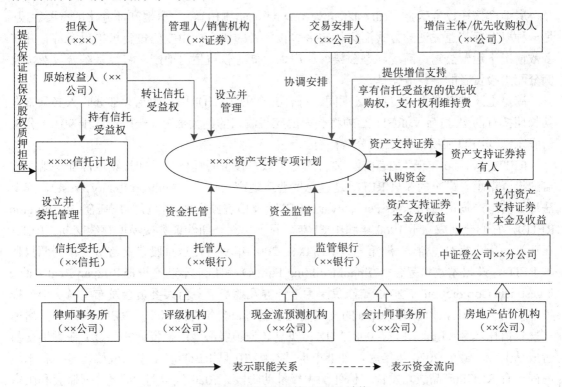

图 12-9 双 SPV 的 CMBS 结构

在初始发行的几单 CMBS 中,均采用了资金信托计划,在此结构中,需要原始权益人委托信托公司向融资人发放贷款,也就是说在发行 CMBS 之前,原始权益人必须提供一笔过桥资金,这提高了交易的难度,同时资金信托需要信托公司更高的风险拨备,抬高了交易成本。后来该结构被改良,采用了财产权信托,也就是原始权益人以其持有的对融资人的既有债权为委托资产,既有债权包括但不限于股东借款、往来款等,委托信托公司设立财产权信托,该模式有效地降低了信托计划设立的难度和成本。

2020 年单层 SPV 结构的 CMBS 产品出现。2020 年 4 月 10 日,由中信信托担任计划管理人的"中信信托——南京世茂希尔顿酒店资产支持专项计划"于上海证券交易所成功发行,该单为国内首单单层 SPV 结构的 CMBS 产品,以信托计划为单层 SPV。2020 年 5 月 22 日,由华泰证券(上海)资产管理有限公司担任计划管理人的"华泰佳越——仁恒皇冠假日酒店资产支持专项计划"于上海证券交易所成功发行,这是国内首单无信托的单层 SPV 结构 CMBS 产品,以资产支持专项计划为单层 SPV。

12.4.7 房地产信托投资基金

1. 房地产信托投资基金概述

房地产信托投资基金（real estate investment trusts，REITs）是房地产证券化的重要手段，是一种以发行收益凭证的方式汇集特定多数投资者的资金，由专门投资机构投资持有并在多数情况下运营公寓、商场、办公楼、厂房、仓储等收益型房地产，将投资综合收益按比例分配给投资者的一种信托基金。

满足上述定义成为 REIT，必须同时符合三个条件：①REIT 的绝大部分收入必须来自其长期持有的房地产；②REIT 必须将获得的应税收入的绝大部分（一般不低于 90%）分配给股东；③REIT 必须由投资者分散持有。

REITs 于 1960 年诞生在美国，其目的是为散户投资者提供一个间接获取商业房地产收益的投资渠道。最早的 3 只 REITs 是温思罗普房地产信托（Winthrop Realty Trust）、宾夕法尼亚房地产投资信托基金（Pennsylvania REIT）及华盛顿房地产投资信托基金（Washington REIT），它们分别成立于 1960 年和 1961 年，目前仍然在纽约证券交易所存续交易。REITs 在亚洲的历史相对短暂，亚洲第一只 REITs 是 2001 年 9 月在东京股票交易所上市的两只日本 REITs，即日本建筑基金（NipponBuilding Funds）和日本不动产投资（Japan Real Estate Investment Corporation）。2005 年，我国香港证券及期货事务监察委员会发布了《房地产投资信托基金守则》，为香港 REITs 的发展奠定了基础，当年香港第一只 REITs——领汇房地产投资信托基金（Link REIT，00823.HK，现更名为领展房地产投资信托基金）在香港交易所成功上市，截至 2020 年年底，香港市场共存续 10 只 REITs。至本书成稿之时，我国境内尚未有 REITs 产品成功发行，仍处于积极推动阶段。2020 年 4 月 24 日，证监会和国家发改委联合发布了《关于推进基础设施领域不动产投资信托基金（REITs）试点相关工作的通知》（证监发〔2020〕40 号）；8 月 6 日，证监会发布了《公开募集基础设施证券投资基金指引（试行）》（2020 第 54 号公告），正式启动基础设施 REITs 试点工作。从政策要求看，目前能够试点的基础资产也仅局限于基础设施领域，而不像境外 REITs 的基础资产以经营性房地产为主。

2. REITs 的分类

（1）按投资业务划分。按照 REITs 投资业务的不同，可以划分为权益型 REITs、抵押型 REITs 和混合型 REITs 三种。权益型 REITs 是以收购、经营管理、更新、维护物业为主营业务，偶尔出售所其持有物业，主要收入是房地产经营收入，部分国家或地区允许 REITs 投资开发新的物业。抵押型 REITs 主要为房地产开发商和置业投资者提供抵押贷款服务或经营抵押贷款支持证券（MBS）业务，主要收入来源是抵押贷款的利息收入；混合型 REITs 则同时经营上述两种形式的业务。其中，权益型 REITs 占主流地位。

（2）按信托性质划分。按照 REITs 的信托性质不同，可以分为传统 REITs、伞型合伙 REITs（UP-REITs）和多重合伙 REITs（DOWN-REITs）三种。在 REITs 早期，REITs 资产的管理运营外包给独立的服务商负责，其房地产资产则由 REITs 直接持有（见图 12-10）。

第 12 章 房地产金融

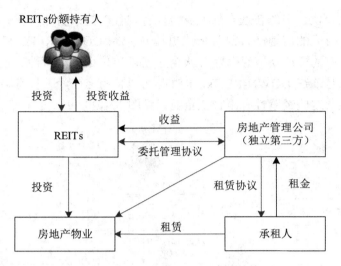

图 12-10 传统 REITs 产品结构

UP-REITs 与传统 REITs 不同，它不再直接持有房地产资产，而是通过设立一家合伙企业间接持有和管理运营房地产资产，就是物业持有人（一家或者多家）用他们所持有的若干收益性物业出资成立"经营性有限合伙企业"并将所拥有的资产换取经营性合伙企业份额凭证（operating partnership，OP 单位）成为经营性有限合伙企业的有限合伙人，同时该经营性有限合伙企业发行 REITs 并由 REITs 担任经营性合伙企业普通合伙人。投资者可以用现金购买 REITs 份额，而经营性有限合伙企业也可以用现金收购或以 OP 单位换取房地产资产。在一段禁售期后，有限合伙人就可以将其持有的 OP 单位转换为 REITs 份额从而获得流动性（见图 12-11）。

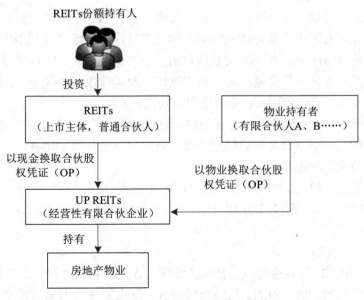

图 12-11 UP-REITs 产品结构

DOWN-REITs 是在 UP-REITs 基础上发展而来的，它既能直接拥有和经营大部分房地产，又能以经营性合伙公司的普通合伙人身份拥有和管理其余房地产（一般是新收购或有限责任合伙人出资形成的房地产），这种形式更具灵活性。DOWN-REITs 和 UP-REITs 一样，物业持有人将所拥有的资产换取经营性合伙企业 OP 单位成为经营性有限合伙企业的有限合伙人。但不同的是，在 DOWN-REITs，REITs 可以持有多个经营性有限合伙企业的普通合伙份额并实际经营这些经营性有限合伙企业（见图 12-12）。

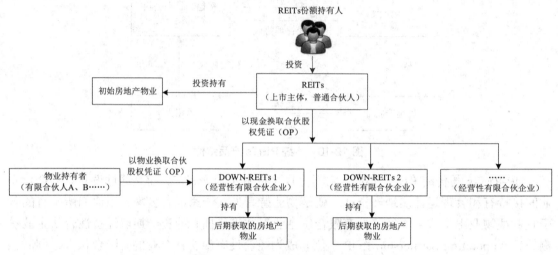

图 12-12　DOWN-REITs 产品结构

3. REITs 的特征

REITs 的特征主要包括以下五个方面。无论采用何种结构，REITs 因具有这些特征而成为世界上最重要的投资品之一。

（1）流动性好。房地产作为不动产，销售过程复杂，属于非货币性资产，流动性差，资产拥有者很难在短时间内将其兑换成现金，因此直接投资房地产存在很大的变现风险。然而，公开上市的 REITs 可以在证券交易所自由交易，未上市的 REITs 的信托凭证在一般情况下也可以在柜台市场进行交易流通，马上变现，流动性仅次于现金。因此，相对于传统的房地产实体投资而言，REITs 的流动性相对较强。

（2）波动性低。REITs 的波动性小于股票，这是由于 REITs 的市场影响因素较少，大多数房地产投资信托每季度和每年的经营业绩都具有可预测性和稳定性，几乎不用担心其会受到重大负面效应的冲击。

（3）现金回报高。REITs 的高收益主要基于以下三点。

①股利支付比例高，按照有关法律规定，REITs 净收益的 95% 必须以分红的形式返还投资者。

②REITs 的收益波动小。

③税收优惠，REITs 具有避免双重征税的特征，在支付股利时具有递延纳税功能。

（4）投资风险相对较低。REITs 风险相对较低，这主要是因为 REITs 管理的专业性、投资风险的分散性和监督的独立性。REITs 对房地产进行专业化管理，这是散户投资者所难以进行的。从某种意义上讲，REITs 具有基金产品的特征。REITs 一般拥有一系列房地产构成的投资组合，比单个的房地产商或个人投资者拥有更多样的房地产产品，这样，REITs 就保证了投资者资产组合的效益。股票市场上的 REITs 所拥有的物业遍布各地，购买多个 REITs 股票会使投资涵盖多种物业且分布在不同地区，从而保证投资更加安全。大部分的 REITs 属于公募性质的投资机构，因此第三方监督的力度更大。随着机构投资者越来越多地参与到 REITs 市场，公众获得的信息也将越来越多，REITs 运作的透明度也会越来越高。

（5）抵御通货膨胀。作为以房地产为价值基础的 REITs 产品具有很强的保值功能，可以很好地抵御通货膨胀。通货膨胀来临时，物价上涨，房地产物业的价值也随之迅速攀升，以房地产物业作为基础的 REITs 的收益水平和股票价格也会随之上升，能够在一定程度上抵消通货膨胀的影响。

12.4.8 类房地产信托投资基金

REITs 尚在我国试点推动过程中，基于境外 REITs 经验和境内 CMBS 的特点，我国开创性地发明了类房地产信托类投资基金，即 REITs 产品。类 REITs 是通过在交易所发行资产支持专项计划募集资金，通过 SPV 持有项目公司的股权，由项目公司持有房地产资产，由 SPV 向项目公司提供股东借款并以项目公司持有的房地产资产作为抵押增信。类 REITs 使得投资者在享有物业运营收益的同时能够享有物业增值收益。类 REITs 在发行资产支持专项计划时和 CMBS 一样进行分层，其中优先级投资者享有固定收益，劣后级投资者享有浮动收益，包括物业运营收益中与分配给优先级投资者后的盈余和处置房地产资产后的增值（见图 12-13）。

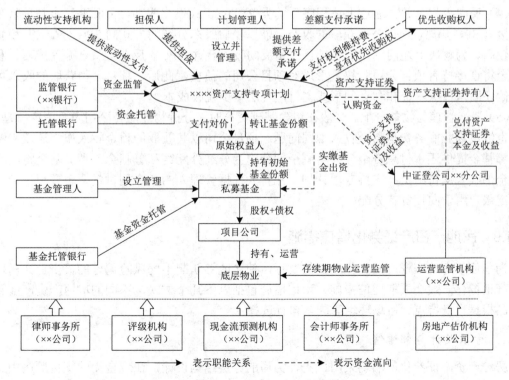

图 12-13 类 REITs 的交易结构

类 REITs 的交易流程包括以下内容。

（1）基础资产与项目公司（SPC）选择。基础资产需要成熟、在运营的经营性物业，一般以商业、办公、公寓、物流类为主，基础资产权属清晰，无法律瑕疵，权利未受限制。选定基础资产后，还需要选定持有基础资产的项目公司。项目公司除持有基础资产外，必须无其他存续资产、负债、法律纠纷，也无其他必须履行的合同义务。如果持有基础资产的产权公司具备上述条件，则以产权公司为项目公司，否则由产权公司以基础资产为出资全资子公司作为项目公司。

（2）资产重组。因为类 REITs 需要在项目公司层面构建负债，而选择或设立的项目公司持有基础资产但并未构建基于基础资产抵押的负债。为了解决上述问题，由项目公司实际控制人或其关联方作为发起人设立一家特殊目的公司（Specific Purpose Company，SPC），同时由基金管理人设立一只有限合伙型私募基金，发起人认购并实缴一部分私募基金有限合伙份额。私募基金自发起人手中收购 SPC 的全部股权，然后由 SPC 收购项目公司的全部股权，其收购资金由私募基金向 SPC 提供股东借款。通过上手资产重组后，发起人持有私募基金认缴份额；私募基金全资持有 SPC 的股权并向 SPC 提供股东借款，但该借款仅签署了借款协议并未履行，SPC 以其收购的项目公司持有的基础资产做抵押担保；SPC 全资持有项目公司股权，并通过项目公司持有基础资产产权。

（3）类 REITs 发行。资产管理计划管理人设立资产支持专项计划并向合格投资者发行，募集资金后，由资产支持专项计划向发起人收购其持有和认缴的私募基金份额。私募基金将资金分为 SPC 股权转让价款和对 SPC 的股东借款两个名目完成支付。SPC 将其获得的全部资金以收购项目公司股权价款的名义支付给项目公司原股东方。

（4）反向吸收合并。通过上述程序后，类 REITs 正式设立成功，但私募基金与项目公司直接有 SPC 隔离，项目公司获取的收益只能以税后股东分红的方式向 SPC 分配，其税负成本较高。为解决上述问题，则由项目公司反向吸收合并 SPC。反向吸收合并完成后，私募基金将直接持有项目公司股权且形成对项目公司的债权，此后，项目公司获取的收入可通过偿还股东借款本金和利息的形式支付，合法减少税收成本。

（5）资产管理与收益分配。一般在组建基础资产时，分拆物业服务公司负责资产管理，同时也解决物业服务费与租金收入混同问题。项目公司以其获取的租金收入作为还款来源向私募基金提供还本付息资金，并将剩余部分作为分红分配给私募基金。私募基金将其获得的全部收入支付给资产支持专项计划，托管人根据管理人的指令划付资金至登记托管机构指定账户用于向投资者分配。

12.4.9　房地产资产证券化增信措施

为了便于房地产资产证券化产品的发行，使之能够匹配不同风险偏好的投资者，房地产资产证券化一般会采取增信措施，增信措施包括以下几个方式，不同的房地产资产证券化产品根据自身特点、市场环境等因素自行选择。

1. 分层设计内部增信

房地产资产证券化产品均采用优先、劣后的分层结构设计，在现金流的支付顺序中，通过较低档次证券的本息偿付顺序劣后于较高档次的证券，降低优先级资产支持证券的风险，起到对较高档次证券的信用支撑作用。在实际产品设计中，优先级、劣后级本身还可以进一步分层，如优先级 A、优先级 B 等。一般而言，较厚的劣后分层对投资人的保障更强，但会影响资产本身对原始权益人的融资杠杆效应，具体的分层比例结合基础资产的分散度和违约率等假设前提以及融资人的融资需求来设定。

2. 基础资产现金流超额覆盖

房地产资产证券化中基础资产池本金的加权平均收益率大于合计的相关服务费率以及预计的优先级收益率，基础资产现金流超额覆盖为优先级资产支持证券提供信用支持。

3. 基础资产质押或转让

基础资产直接转让给 SPV 或者质押给 SPV，确保 SPV 对基础资产的直接控制力，在债务人及差额补足义务人不能履行全额本息偿付的情况下，计划管理人可代表投资人利益主张优先权益。

4. 担保

原始权益人或其关联公司不可撤销地向计划管理人或投资人出具差额补足、债务加入等承诺，对 SPV 收入资金不足以支付费用及兑付日应付优先级资产支持证券的当期收益及本级的差额部分承担补充偿付义务。

5. 维好承诺

为了保证基础资产初始持有人在资产证券化产品存续期内能够持续、稳定的经营，原始权益人或其关联公司也会采用运营流动性支持的增信措施，即维好承诺。基础资产初始持有人包括物业服务提供方、初始债务人等。

 思考与练习

1. 金融与金融市场的概念分别是什么？
2. 房地产金融市场的构成要素是什么？
3. 房地产项目融资的定义与融资方式分别是什么？
4. 房地产融资的原则是什么？
5. 论述各类房地产项目融资方式的优劣。
6. 房地产企业融资的主要方式及各自的特点是什么？
7. 房地产资产证券化概念及主要产品是什么？
8. REITs 按其投资业务和信托性质的不同可以分为哪几个类别？

 讨论

房地产金融化是房地产市场发展的必然结果，但房地产金融化会将房地产行业风险与金融风险深度绑定，一旦出现危机会波及整个金融体系。请论述需要建立什么样的房地产金融监管体系才可以促进房地产金融健康发展。

参 考 文 献

[1] 曹振良. 房地产经济学通论[M]. 北京：北京大学出版社，2003.
[2] 张红. 房地产经济学讲义[M]. 北京：清华大学出版社，2004.
[3] 刘洪玉，郑思齐. 城市与房地产经济学[M]. 北京：中国建筑工业出版社，2007.
[4] 朱亚兵. 房地产开发经营与管理[M]. 上海：立信会计出版社，2007.
[5] 罗以振. 房地产开发经营与管理[M]. 合肥：安徽人民出版社，2000.
[6] 何红. 房地产开发经营与管理[M]. 北京：化学工业出版社，2008.
[7] 任宏. 房地产开发经营与管理[M]. 北京：中国电力出版社，2009.
[8] 中国房地产估价师与房地产经纪人学会. 房地产基本制度与政策[M]. 北京：中国建筑工业出版社，2005.
[9] 谭术魁. 房地产开发与经营[M]. 2版. 上海：复旦大学出版社，2008.
[10] 刘洪玉，中国房地产估价师学会. 房地产开发经营与管理[M]. 北京：中国建筑工业出版社，2004.
[11] 刘秋雁. 房地产投资分析[M]. 大连：东北财经大学出版社，2007.
[12] 周小平，熊志刚，王军艳. 房地产投资分析[M]. 北京：清华大学出版社，2011.
[13] 拉斯·特维德. 逃不开的经济周期[M]. 董裕平，译. 北京：中信出版社，2008.
[14] 王宏胜. 土地一级开发业务指南[M]. 北京：中国大地出版社，2007.
[15] 王宏新，王昊，伍松林. 土地一级开发实务指南[M]. 北京：化学工业出版社，2007.
[16] 李燕华，姚建军. 房地产开发经营[M]. 北京：清华大学出版社，2008.
[17] 瞿富强. 房地产开发与经营[M]. 北京：化学工业出版社，2006.
[18] 樊志全. 土地确权理论与制度[M]. 北京：中国农业出版社，2006.
[19] 吕萍. 房地产开发与经营[M]. 北京：中国人民大学出版社，2002.
[20] 张红，殷红. 房地产金融学[M]. 北京：清华大学出版社，2007.
[21] 王巍. 房地产信托投融资实务及典型案例[M]. 北京：经济管理出版社，2012.
[22] 徐盛华，刘彤. 项目管理[M]. 北京：清华大学出版社，2011.
[23] 陈关聚. 项目管理[M]. 北京：中国人民大学出版社，2011.
[24] 宋光辉. 资产证券化与结构化金融——超越金融的极限[M]. 上海：复旦大学出版社，2013.
[25] 何志阳. 一本书搞懂房地产[M]. 北京：化学工业出版社，2017.
[26] 林华. 中国资产证券化操作手册[M]. 北京：中信出版社，2016.
[27] 司马晓，岳隽，杜雁，等. 深圳城市更新探索与实践[M]. 北京：中国建筑工业出版社，2019.
[28] 唐燕，杨东，祝贺. 城市更新制度建设：广州、深圳、上海的比较[M]. 北京：清

华大学出版社，2019.

[29] 钟澄，贺倩明．深圳城市更新政策研究[M]．北京：中国社会科学出版社，2019．

[30] 葛春凤，李贵良．房地产金融实务[M]．武汉：武汉理工大学出版社，2012．

[31] 周以升，张志军，万华伟．CMBS 国际经验和中国实践[M]．北京：中信出版集团，2017．

[32] 薛立，杜冰．物业与资产管理[M]．大连：大连理工大学出版社，2019．

[33] 彼得·M．法斯，迈克尔·E．沙夫，唐纳德·B．泽夫．美国房地产投资信托指南[M]．刑建东，陶然，译．北京：法律出版社，2010．

[34] 胡喆，陈府申．图解资产证券化：法律实务操作要点与难点[M]．北京：法律出版社，2017．

[35] 拉尔夫·L．布洛克．REITs：房地产投资信托基金（原书第 4 版）[M]．宋光辉，田金华，屈子晖，译．北京：机械工业出版社，2014．

[36] 弗兰克·J．法博齐，维诺德·科塞瑞．资产证券化导论[M]．宋光辉，刘璟，朱开屿，译．北京：机械工业出版社，2014．

[37] 张健．房地产资产管理、基金和证券化[M]．北京：中国建筑工业出版社，2019．